일본의 방위산업

: 전후의 발전궤적과 정책결정

아연동북아
총서 _08

일본의 방위산업

: 전후의 발전궤적과 정책결정

| 김진기 지음 |

아연출판부
고려대학교 아세아문제연구소

| 차 례 |

| 표 차례 |

아연동북아총서 발간에 부쳐

탈냉전 이후 동아시아의 역동적 발전은 역내의 정치-외교, 경제 질서뿐만 아니라 문화, 사상, 종교 등의 제 영역에서 새로운 변화를 추동하고 있다. 이런 변화는 일국적 차원의 고찰로는 해명될 수 없는 복잡하고도 민감한 초국가적(transnational) 현상을 낳고 있다. 특히 동북아시아는 지리적 인접성, 공통의 역사-문화적 경험, 협력과 공존의 필요성 등으로부터 연유하는 초국가적 사고와 움직임이 활성화되고 있다. 이런 동북아에 대한 이해를 심화 확대하고 새로운 해석과 전망을 제공하기 위해서는 국가별 연구나 학문 분과의 분절적 연구를 넘어 동북아시아를 분석의 단위로 삼는 다학문적·학제적 연구가 요청된다.

동북아시아 연구가 갖는 실천적 의미는 매우 중요하다. 주지하듯이 동북아시아는 세계의 어느 지역보다도 급속한 변화와 발전상을 보여 주고 있음에도 불구하고, 여전히 근대성의 문제와 냉전의 구도에 얽매여 있는 곳이다. 20세기 전반기의 제국주의 침략과 식민 경험은 오늘에도 국가적·민중적 기억을 지배하고 있다. 냉전의 산물인 남북 분단과 북한의 핵 위협은 동북아시아의 커다란 불안 요소가 되고 있다. 국가 간 역사 및 영토 분쟁 또한 동북아의 평화로운 발전에 장애로 남아 있다. 그러나 우리는 불편한 역사적 경험과 현재의 불안정이 다른 한편으로 동북아시아의 여러 구성 요소들을 상호 긴밀히 연결시키고, 그로부터 문제 해결을 위한 공통의 기반이 마련될 수 있음에 주목한다. 동북아시아는 대립과 갈등의 무대이기도 하지만, 평화와 공존의 모색을 위한 토대이기도 하다. 이제 동북아 연구는 동북아가 처한 현실을 객관적으로 진단하고, 평화로운 미래를 건설하는 시대의 요청에 부응하지 않으면 안 된다.

고려대학교 아세아문제연구소(이하 아연)는 대표적인 동북아시아 지역 종합연구소로서 학제 간 연구를 통한 동북아 지역 연구를 이끌어 왔다. 1957년 설립된 이래 아연은 구한국외교문서와 공산권연구총서 및 동아시아연구총서, 중국 연구총서, 한일공동연구총서, 민주주의총서 등 연구 성과의 체계적 집성을 통해 학문적 차원에서 현실을 진단하고 바람직한 미래의 방향을 전망하는 대학연구소의 역할을 충실히 수행해 왔다. 2008년부터는 한국연구재단의 인문한국(HK)사업 해외지역학 분야의 지원 기관으로 선정되어, '동북아시아의 초국가적 공간: 사상·사회·문화·제도의 교류와 재구성'이라는 연구 어젠다를 중심으로 10년 기간의 대규모 프로젝트를 진행하고 있다. 이제 아연은 지난 50여 년 동안 축적된 연구 경험과 현재 진행 중인 인문한국사업의 성과, 각종 동북아 지역 연구 지원, 국내외 소장 학자 교류 지원 프로그램 등을 기반으로 해 〈아연동북아총서〉를 발간한다. 이 총서의 성과가 동북아 공동의 문제를 해결하고 조율하며 바람직한 미래를 모색하는 장이 될 수 있기를 기대하면서, 관심 있는 분들의 격려와 질정을 바란다.

2010년 10월

아세아문제연구소장 이내영

제1장

들어가는 글

1. 문제의식

1. 경제와 안보

'경제 발전'과 '국가 안보', 이 두 가지는 근대국가의 형성 이후 모든 국가가 일관되게 추구해 온 목표다. 경제력 증진과 군사력 증강이라는 국가 목표를 달성하기 위해 각국은 경제정책과 안보정책을 각각 따로 수립해 왔을 뿐만 아니라 한정된 자원을 어떻게 효율적으로 배분할 것인가에 관심의 초점을 맞추어 왔다. 그러나 근대국가 이후의 역사적 경험은 양자가 상호 배타적이거나 별개의 주제가 아니라 서로 밀접한 관계에 있음을 보여 주고 있다. 즉 근대국가의 출현 이후 강대국들이 보여 준 궤적은 그 어떤 경제 대국조차도 자신의 경제적 역량을 넘어선 과도한 군사력을 투사할 경우 국력의 쇠퇴 과정을 겪는다는 것을 보여 줌으로써(Kennedy 1987), 이 두 가지 국가 목표가 현실에서 밀접한 관련성을 맺고 있음을 보여 주고 있다. 그럼에도 불구하고 이들에 대한 논의는 학문적 측면에서뿐 아니라 정책적 측면에서도 상호 분리된 별개의 주제로서 다뤄져 왔다. 전자의 측면에서는 정치학과 경제학이라는 분과 학문의 하위 주제로서, 후자의 측면에서는 경제정책과 안보정책이라는 틀 속에서 별개의 주제와 정책으로 논의되어 온 것이다.

경제와 안보를 각각의 논리 속에서 별개의 주제로 바라보는 시각은 전후 일본의 경제 발전을 분석하는 데 있어서도 비슷한 모습으로 나타났다. 즉 전후 일본의 비약적인 경제 발전이 미일안보체제라는 틀 속에서 미국의 전적인 안전보장을 담보로 가능했다는, 일반적으로 받아들여지고 있는 사실이 그것이다. 이런 인식은 일본이 자신의 안보를 미국에 의존하고 있다는 점을 부각시킴으로써 일본이 자신의 경제력에 걸맞은 군사력을 갖고 있지 못하다는 점을 강조한다. 또한 일본의 방위비가 국민총생산에서 차지하는 비율이 1%에 미치지 못하는 사실을 지적하면서 일본이 자신의 경제력에 걸맞은 국제적 영향력을 가지기 위해서는 방위력을 증강시킬 수밖에 없으며, 방위력 증강을 통하여 일본은 '비정상적 국가'(abnormal state)에서 벗어나 국제적 공헌이 가능한 국가가 될 수 있다는 점을 강조한다.

그러나 제4차 방위력정비계획이 끝나는 1970년대 중반 이후의 일본은 경제적 측면뿐 아니라 군사적 측면에서도 이미 대국의 지위에 올랐다는 것이 일반적인 평가다(Alexander 1993; Samuels 1994). 이런 평가의 기저에는 민간 부문에서의 뛰어난 기술력이 군사기술에 그대로 적용 가능하며 또한 군수 부문으로 전환될 수 있다는 점이 전제되어 있다. 즉 현대 무기 체계에서 차지하는 기술력의 중요성에 따라 군수용과 민수용의 구분이 큰 중요성을 갖지 못하고 있는 실정에서, 단순히 외형적 측면에서 과거의 재래식 무기 또는 병력 수에 의해 일국의 방위력 수준을 평가하는 것은 큰 의미를 갖지 못한다는 것이다.

실제로 구소련이 붕괴되던 시점에 이미 일본은 방위 예산과 기술적 측면 모두에서 명실상부하게 미국, 러시아에 이어 세계 제3위의 군사 강국으로 발돋움한 것으로 평가되고 있었다. 이는 한편으로는 1970년대 이후 계속된 엔화의 가치 상승, 그리고 일본 경제 규모의 비약적 확대에 따라 일본의 방위 예산이 절대 액수 면에서 상당한 증가가 이뤄져 왔다는 점과, 또 다른 한편으로는 현대 군사 무기가 가진 성격상 민간 부문에서의 뛰어난 일본 기술력이 군사 장비로 상당 부분 전환될 수 있었다는 점에서 일본이 기술 경제력에서의 우위성을 그대로 무기화할 수 있는 강점을 가지게 되었던 데 기인한다. 즉 일본의 방위산업에 있어서 중요한 것은 첨단 기술이 산업용뿐만 아니라 군수용으로도 사용 가능한 범용(汎用) 기술 — 주로 상업용이지만 군용 기재에도 이용할 수 있는 것 — 이라는 점에 있으며, 이런 첨단 기술을 방위산업에 접목함으로써 방위력 향상을 가져왔다는 점이다.[1]

미국은 이런 점을 일찍부터 인식하여 1984년 8월의 국방성 보고서에서 "일본의 산업계가 범용 기술로서 개발해 온 일본 독자적인 방위 관련 기술의 중요성이 계속 증대되고 있다"(米國防省·國防科學委員會 1984, 49)고 언

1_당시 일본의 기술 수준을 나타내는 대표적인 예로는 일본의 미쓰비시전기(三菱電機)가 항공자위대의 차기 지원 전투기용으로 개발한 신형 레이더 장치를 미 공군에 1993년 7월경 공여하는 계약을 맺었던 점을 들 수 있다. 이는 일본이 독자 개발한 본격적인 군사용 기재를 미국에 공여하는 첫 사례로 꼽힌다. 일본은 무기 수출 금지 3원칙에 의거하여 무기나 무기 기술의 수출, 이전을 금지하고 있으나 미국에 대해서는 기술이전에 한해 예외적으로 인정하고 있다["米空軍にFSXレーダー," 『日本經濟新聞』(1993/01/26)].

급하면서 일본과의 기술협력, 산업 간 협력을 권고하고 있다. 그럼에도 불구하고 1980년대 말 FS-X(Fighter Support Experimental, 차기 지원 전투기) 개발을 둘러싼 양국 사이의 갈등 이후 일본은 방위산업 부문에서 미국에의 일방적 의존을 축소시키면서 독자적 기술 개발에 노력해 왔다. 그 결과 어떤 경우에는 일본만이 가진 독특한 기술 때문에 과거의 일방적인 미국 의존적 양상에서 벗어나 상호 의존적인 양상을 보여 주고 있다(*SIPRI* 2007, 404).

그렇다면 일본은 어떻게 경제력과 군사력을 동시에 강화하는 데 성공할 수 있었는가? 일본은 어떻게 자국 산업의 기술력을 향상시키는 동시에 군수 부문의 기술력도 강화할 수 있었는가? 이 연구는 바로 이런 문제의식에서 출발한다. 즉 일본의 경제발전에는 미국의 안전보장이 전제되어 있다는 사실을 인정한다 하더라도, 경제와 안보를 별개의 시각으로 파악하는 관점에서는 오늘날의 일본이 군사적으로도 이미 상당한 수준에 도달해 있다는 사실을 설명하기에는 불충분하다는 것이다. 필자는 이를 전후 일본의 방위산업 발전 전략이 어떠한 변화를 보이고 있는지에 대한 분석을 통하여 살펴보고자 한다. 이런 측면에서 본 연구의 목적은 전후 일본의 방위산업 정책이 지향했던 목표가 무엇이었으며, 이런 목표는 어떤 결정 구조와 과정에서 나타났는가를 살펴보는 것이다.

2. 왜 방위산업인가.

방위산업은 '병기 등의 군수품을 생산하는 군수공업(방위 기기 산업)'[2]을 일컫지만, 일본의 방위산업은 방위산업이 가진 일반적 특성 이외에 일본적 환경이라는, 타국과는 조금 다른 성격을 동시에 갖고 있다. 여기서 언급하는 일본적 환경으로는 무기 수출 금지, 비핵 3원칙, 방위비의 GNP 1% 한도, 방위산업에 대한 국내의 부정적 인식과 여론, 방위에 대한 미국에의 의존 등을 들 수 있다. 이런 측면들을 고려하여 일본의 방위산업이 지닌 성격을 방위산업의 일반적 특성들과 함께 살펴보면 다음과 같다.

먼저 국내적 차원에서 살펴보면 첫째, 일본의 방위산업은 수요의 거의 전부를 방위청에 의존하고 있기 때문에 국가의 정책에 따라 수주가 변동된다. 이는 바로 일본의 방위산업이 일본의 방위정책과 밀접한 연관을 맺고 있음을 의미한다. 둘째, 방위산업은 고도의 기술력이 요구되기 때문에 한편으로는 사양화가 빠른 반면 다른 한편으로 타 산업으로의 기술 파급효과가 크다. 셋째, 경제성을 무시하고서 제작되는 예가 종종 있으며 이런 경우에는 정부의 지원이 절대적이다. 넷째, 방위산업은 고도의 생산기술과 기밀 유지가 요청되기 때문에 생산량이라든지 점유율 등에서 고정적이기 쉽다. 이는 다른 측면에서 보게 되면 그만큼 안정적인 수요를 확보하고 있다는 의미가 된다. 이 가운데 첫 번째를 제외한 나머지는 사실 다른 나라의 경우와 차이가 없다. 즉 일본의 경우 무기 수출 3원칙에 의해 무기 수출이 금지되어 있기 때문에 방위산업체들이 정부 수요에 전적으로 의존하고 있다는 점을 제외하고는 일본의 방위산업 또한 다른 국가와 동등한 환경에 있다는 것이다.

2_'방위산업'과 '군수산업'은 실제로 같은 의미로 쓰인다. 단지 일본의 경우, 전자를 사용하는 인사들이 '방위'에 대한 일본 정부의 해석에 동의하여 자위대의 존재 이유 등에 대해 긍정적인 태도를 나타내는 데 반해, 후자의 경우 무기 수출 금지 등과 같은 헌법적인 측면을 중시하여 일본의 재무장에 강한 경계심을 나타내는 인사들이 주로 사용하는 경향이 강하다 (Drifte 1986, 2).

다음으로 국외적 측면에서 일본의 방위산업이 가진 특징은 미국의 대일정책의 영향력을 많이 받는다는 점이다. 이의 이유로서는 우선 전후 일본의 방위가 미국의 세계 전략의 일환으로서 상정된 것이었기 때문에 일본의 방위산업 또한 미국의 대일정책에 많은 영향을 받지 않을 수 없었다는 점이 있다. 이는 일본의 방위산업이 전후 미국의 무상원조와 미군의 발주로 시작된 점과도 무관하지 않은 것이며 전후 일본의 방위정책이 항상 미일안보조약에 근거하여 마련되었기 때문에 나타나는 성격이기도 하다. 미국 영향력의 또 다른 측면은 일본의 경제력 발달, 특히 첨단산업 기술의 여러 부문에서 일본이 앞서 나감에 따라 나타나는 것으로 방위산업에 고도의 기술력이 요구되면서 타 산업에의 기술 파급효과가 크다는 점 때문에 미국 측으로서도 관심을 가질 수밖에 없었다는 점을 들 수 있다. 특히 1980년대 이후 일본의 기술력이 부각됨으로써 미국은 국가 차원에서 일본의 방위산업에 대해 관심을 보이고 있다고 할 수 있다.

이상과 같은 점들에서 일본 방위산업정책에 대한 연구의 중요성은 드러난다. 첫째, 방위산업이 가진 복합적인 성격으로 인해 방위산업정책에는 자민당과 외무성, 방위청, 통산성, 대장성 등 일본의 주요 정부 성청이 모두 관여하고 있으며, 각 성청 사이의 입장 대립이 뚜렷이 드러난다. 특히 타 예산과의 중요성을 고려하는 대장성과 산업체의 입장을 대변하는 통산성의 입장이 방위산업정책에서 극명히 대비되어 드러난다. 그러므로 이는 일본의 권력 구조, 특히 관료를 중심으로 한 각 성청 간의 관계 또는 관료들과 정치인들의 관계를 살펴볼 수 있는 적절한 예가 될 수 있다. 둘째, 미국과의 관계가 항상 상수로서 존재하기 때문에 일본이라는 국가가 대외적인 영향력에 어떻게 대처하는지를 명확하게 알 수 있다. 따라서 일본의 국가기구가 세계 정치 경제적 상황의 변화, 특히 미국의 대일정책에 어떻게 대응하는가가 분명하게 드러난다. 나아가 일본의 경제력 상승으로 인해 나타나는 미·일 관계의 위상 변화에 국가가 어떻게 대처하는가를 살펴볼 수 있다. 셋째, 앞서 언급한 경제적 이유, 즉 기술이전의 효과를 고려하여 재계가 적극적으로 방위산업정책에 관여했다는 점이다. 따라서 관료, 정치인들과 재계의 관계를 살펴볼 수 있는 적절한 예가 될 수 있다. 나아가 일본의 재계가 자본의 수준에서 미국의 대일정책에 어떻게 대응하고 미국의 자본, 구체적으로는 군수산업체와 어떠한 관계를 맺고 있는지를 살펴볼 수 있는 사례가 될 것이다.

요컨대 방위산업이 가진 특징들로 말미암아 일본의 방위산업정책에 대한 연구는 일본 내 정치 구조 속의 정치인, 관료, 재계라는 주요 행위자들 간의 관계를 살펴볼 수 있는 적절한 예가 될 수 있을 뿐 아니라, 일본의 국가기구와 자본이 세계 정치 경제적 상황의 변화에 어떻게 대응하는가를 분명하게 드러내 주는 사례가 될 것이다.

2. 이론적 검토

이 책에서 논의하고자 하는 분석 대상인 '방위산업'과 '일본의 방위산업정책'에 대한 기존 연구는 두 가지 측면에서 살펴볼 수 있다. 첫 번째는 일반적인 방위산업에 대한 담론들 또는 논의 구조에 대한 검토이며, 두 번째는 일본적 특수성을 배경으로 나타난 일본의 방위산업에 대한 기존 연구의 검토이다.

1. 방위산업정책을 둘러싼 이론적 논의들

1) 방위산업의 특수성

방위산업, 구체적으로 무기 생산은 다음과 같은 점들에서 여타 산업과는 구별되는 독특한 특징을 갖고 있다. 이런 특징들은 다음과 같다. 첫째, 무기 생산은 폭력 수단을 만드는 것이기 때문에 다른 형태의 생산보다는 훨씬 국가의 통제와 규제를 많이 받는다. 둘째, 방위산업도 다른 산업 부문과 마찬가지의 경제 조건하에서 작동하기는 하지만 구매가 국가적 차원에서 이뤄진다는 측면에서 군수생산을 둘러싼 경제 조건은 예외적 경제 상황에 노출되는 경우가 많다. 이런 경제 조건으로 인해 군수산업은 특정 생산 영역에서 과점 또는 독점을 보장받으며, 나아가서는 해외 경쟁자로부터도 보호를 받는 경우가 많다(Kurtz 1999, 133).

폴 던(Paul Dunne)은 무기 생산의 뚜렷한 특징에 대해, 비용보다는 첨단 기술 무기의 성능에 대한 강조, 정부가 지원하고 보장하는 대규모 연구·개발(R&D) 프로그램, 계약·경쟁·수출 등에 있어서 정부의 영향력과 규제를 든다. 여기서 시장기구는 국가와의 계약으로 대체되며, 이 계약에서 정부는 요구 조건을 구체화하고 연구·개발과 생산을 위한 계약자를 직접 선택하여 협상하면서 이 계약자에게 안정적인 시장을 보장하게 된다(Dunne 1995). 요컨대 무기 시장은 전통적으로 독점적 경향이 많이 나타났으며 정부와 산업 간의 결합이 계속 증대되는 방향으로 진전되어 왔다는 점에서 일반적인 산업정책이나 시장 논리와는 다른 성격을 가진다.

이런 측면에서 방위산업정책을 둘러싼 논의 구조는 국가 안보라는 측면에서 국가가 개입할 수밖에 없는 정치적 성격을 가지면서도 산업정책이라는 측면에서는 경제적 성격을 동시에 갖고 있다. 이는 곧 방위산업정책에 대한 논의가 정치적 측면과 경제적 측면을 가진 동시에 일반론적인 성격과 각국의 상황에 따른 특수성을 가지고 있다는 것을 의미한다.

2) 방위산업의 정치적 측면

방위산업에 대한 논의의 정치적 측면을 살펴보면 첫째, 제2차 세계대전 후 냉전적 국제 질서의 진전과 함께 방위산업은 전 세계적 규모에서 수직적·위계적으로 전개되는 양상을 보였다. 물론 이런 위계질서를 어떻게 범주화할 것인가에 대한 명확한 기준이 있는 것은 아니지만 연구자들은 전 세계 방위산업의 위계질서를 3~4개 군으로 나누었다.

예를 들어 키스 크라우제(Keith Krause)는 미국이나 구소련과 같은 국가를 무기산업의 혁신 그룹(critical innovators)으로, 그리고 서구 국가들을 선진 군수 기술의 적응·수정 그룹(adapters and modifiers)으로, 나머지 국가군들을 군수 기술의 복제나 재생산 그룹(copiers and reproducers)으로 나누었다(Krause 1992, 26-33). 앤드류 로스(Andrew L. Ross) 또한 크라우제의 정의를 따르면서도 중국과 일본 같은 무기 생산 국가를 두 번째 범주에, 한국, 타이완, 브라질 같은 신흥공업국을 세 번째 범주에 포함시키고, 멕시코, 나이지리아와 같은 소규모 무기 생산국을 네 번째 범주로 구분한다. 반면 리처드 비칭거(Richard A. Bitzinger)는 영국, 프랑스, 독일과 같은 국가를 미국과 함께 첫 번째 범주로 구분하고 있다(Ross 1989, 1-31; Bitzinger 2003, 6-7).

이런 범주화가 방위산업정책과 연관성을 갖는 이유는 제2차 세계대전 이후 각국에서 나타난 방위산업정책이 이런 범주화에 따라 이뤄졌기 때문이다. 즉 방위기술에서 가장 앞선 일군의 국가들은 대체적으로 기술적인 혁신을 중시하여 신기술 개발과 신무기 시스템을 선호하는 방위산업정책을 취하는 반면, 이보다 조금 뒤떨어진 범주의 국가들은 새로이 개발된 신

기술을 자국의 사정에 맞게 수정하거나 개량하는 정책을 취한다. 세 번째 범주의 국가들은 선진국의 장비나 무기 시스템을 그대로 수입 또는 라이선스생산 방식의 방산정책을 취하게 된다.

둘째, 이런 범주화와 관련하여 제2차 세계대전 이후 각국에서 나타난 방위산업정책은 크게 두 가지로 대별된다. 냉전 시기의 미국과 구소련에서 주로 나타났던 군수 특화 방위산업정책과, 일본이 추구한 바와 같은 민·군 겸용 방위산업정책이다. 전자가 민·군 간의 기술 교류에 대한 고려가 없거나 군사 보안 장벽에 의하여 민수와 군수 기술 간에 벽을 설정함으로써 군수에 특화된 무기를 개발하는 양자 독립 기술 발전형(spin-away)을 의미한다면, 후자는 군수와 민수 간의 기술 교류나 초기 공정 과정에서의 공동 작업, 부품의 공유 등을 적극 장려한다. 특히 기술적 측면에서 민·군 겸용 방위산업정책에서는 군수 기술의 민수 이전(spin-off)이나 민수 기술의 군수 이전(spin-on)을 고려한 민·군 겸용 기술(dual use technology)의 개발에 중점을 두게 된다(Samuels 1994, 14-32). 즉 전자가 방위산업의 군사적 측면에 초점을 맞춘 정책이라면, 후자는 방위산업이 가진 산업적·기술적 파급효과 등 경제적 측면에 중점을 둔 정책이라 할 수 있다.

냉전 시기의 미국과 구소련은 전자의 대표적인 국가였다. 즉 이들은 전 세계에 걸친 국방 전략을 펼치는 국가들로서 당연히 방위산업의 경제적 측면보다는 군사적 측면을 우선시할 수밖에 없었다. 미국과 구소련에 비해 전 세계적인 차원에서 군사력을 전개시키지는 않았지만 영국과 프랑스의 방위산업에서도 군사적 측면이 우선시되는 양상이 많이 나타난다.[3] 이와

3_이는 영국과 프랑스의 대표적인 방산 기업들이 군수에 특화되어 있다는 점에서도 나타난다. 양국을 대표하는 기업인 BAE Systems와 Thales의 경우 총 매출에서 군수 매출이 차지하는

같이 군수 특화 방위산업정책을 취하는 국가의 경우 방위산업에 대한 국가의 영향력이 절대적이다. 즉 국가가 연구·개발에 대한 지원을 할 뿐 아니라 시장성보다는 첨단 기술적 성격을 강조하게 되고 생산, 판매, 기술이전 등의 활동에 대해 정부가 통제권을 갖는 것이다.

그러나 탈냉전 이후 각국에서 나타나고 있는 방위산업에 대한 접근은 점진적이기는 하지만 과거의 군사적 목적에 한정되었던 군수 특화형 방위산업정책에서 민·군 겸용형 방위산업정책으로의 변화를 보여 주었다. 즉 탈냉전 이후의 국제 질서에서 군사력보다는 경제력의 상대적 중요성이 커지자, 각국은 민·군 겸용의 산업 개발 또는 민·군 겸용 기술 개발에 중점을 두는 양상을 보이는 것이다. 일찍이 군수 특화 전략을 취했던 미국과 러시아, 중국이 탈냉전 이후 군수 부문의 산업 기반을 민수로 전환하고자 노력하고 있는 것은 바로 이를 증명한다.[4] 사실 냉전 시기 구소련이나 미국에서 나타났던 군수 특화 발전 전략은 풍부한 자원과 경제적 토대를 바탕으로 군수에 자원을 집중시킬 수 있었던 미국이나 구소련에서 취할 수 있는 정책이었다. 따라서 탈냉전 이후 각국의 방위산업정책은 냉전 시기와 비교해 안보정책으로서의 성격보다는 산업정책으로서의 성격이 상대적으로 더 중요시되는 양상을 보여 주고 있다.

비중이 매해 거의 60~70%를 상회하고 있다. 이에 대해서는, *SIPRI*(各年度) 자료를 참고하라.

4_이에 대해서는 1996년 이후 본(Bonn)국제전환센터에서 해마다 발간하는 자료집 *Conversion survey*(annual); Gansler(1995) 참고. 그리고 미국 클린턴 행정부의 전환 노력에 대해서는 김진기(2003)를 참고.

3) 방위산업의 경제적 측면

방위산업정책이 지닌 경제적 측면의 논의는 양적 측면과 질적 측면에서 살펴볼 수 있다. 전자가 방위산업정책을 전체적인 경제성장과 관련해서, 또는 타 산업과는 별개의 독자적 산업으로 파악하지 않고 일국의 경제적 토대와 관련하여 살펴보는 시각이라면, 후자는 방위산업정책을 기술적 토대와 관련하여 살펴보는 것이라 할 수 있다.[5]

먼저 방위산업과 경제성장 또는 군수생산의 경제적 영향력에 대한 논의는 군비 지출의 경제적 영향이라는 좀 더 일반적인 논의와 관련된다. 방위비 지출의 변화가 경제적으로 어떤 효과를 미치는가에 대한 이제까지의 연구들은 혼재된 결과들을 나타낸다. 방위비 지출이 경제성장, 고용, 투자, 생산성, 국제경쟁력, 인플레이션, 수출 등과 같은 경제적 측면과 어떤 관련성을 갖는지에 대해서는 많은 연구들이 이뤄졌다(US Defense Conversion Commission 1992). 이 연구들 — 국가별 또는 분야별 — 중 어떤 것들은 방위비 지출의 긍정적 효과를(Benoit 1973; 1978, 271-280; Ward and Davis 1992, 748-755; Ward et. al. 1991, 41-63), 어떤 것들은 부정적 효과를(Russet 1970; Wolpin 1883, 120-156; Smith 1980, 19-32; Scheetz 1991, 65-81) 보여 준다. 그러나 15개국의 사례를 중심으로 경제성장과 군비 지출의 상관관계를 연구한 닐스 글레디치(Nils P. Gleditsch) 등의 연구는 국가에 따라 그 상관관계가 다르다는 점을 보여 주면서, 군비 지출이 경제성장에 어떤 영향을

5_이 외에도 방위산업과 직접적인 관련을 가진 것은 아닐지라도, 정치·경제적 측면에서 전쟁이 경제에 미치는 영향, 무기 거래와 군비 경쟁 등도 방위산업과 간접적인 관련을 갖고서 논의가 전개되고 있다. 이에 대한 대표적인 연구로는 Hartley and Sandler(1995); Hartley and Sandler(2007)를 참고하라.

미치는지에 대한 명확한 해답은 제시하지 못하고 있다(Gleditsch 1996; Intriligator 1996). 다만 최근 전환(conversion)을 주장하는 학자들은 무기 생산이 군수 기술혁신을 통해서뿐만 아니라 소득과 고용의 승수효과로 전체 경제에 긍정적 효과를 가져올 수 있으나, 민수생산에 대한 직접적 투자에 의한 효과가 군수생산으로부터 파생되는 부차적 효과보다는 크다고 주장한다(Gleditsch 1996, 27-350; Stewart 1991, 189-207).

두 번째로, 방위산업정책이 민수산업토대와 어떤 관련을 갖고 있는가에 대한 논의다. 흔히 언급되는 '무기 생산'이란 군사 장비의 일반적인 생산을 지칭하지만 이는 산업의 수평적 측면과 수직적 측면을 모두 포괄하고 있다. 여기서 수평적 측면이란 방위산업이 한 부문으로 독립되어 있지 않으며 항공산업, 전자산업, 조선산업과 같은 산업의 여러 부문에 걸쳐 있다는 것을 의미한다. 다음으로 수직적 측면이란 방위산업이 시스템 종합 산업이기 때문에 무기 체계를 생산하는 과정에는 많은 층(tiers)이 있다는 것을 의미한다. 이런 층에는 원재료, 부품, 소재, 하위 시스템, 마지막 조립과 모든 시스템의 통합이 있으며, 이런 과정을 거쳐 최종적인 무기 시스템은 완성되는 것이다. 물론 이런 모든 것들에 앞서 디자인 단계와 연구·개발·시험·평가(RDT & E : Research, Development, Test and Evaluation) 단계도 있다(Gansler 1989b, 239-286). 첫 번째 언급한 경제성장과의 관련에서 방위산업을 바라보는 시각이 거시 경제정책과 연관된 것이라면, 두 번째 부분은 방위산업을 산업정책과 관련시켜 살펴보는 시각이라 할 수 있을 것이다.

마지막으로, 방위산업과 기술 발전과의 관련성에 대한 논의다. 앞서 살펴본 방위산업의 경제적 영향력, 산업적 토대와의 관련성에 대한 논의는 방위산업 발전 전략을 살펴보는 데 있어서 충분히 고려해야 할 사항이지만 방위산업이 가져올 기술적 파급효과 또한 고려하지 않으면 안 된다.[6] 경제적 측면에서 군수생산이 거시 경제와 산업에 미치는 영향에 대한 계량적 연구들은 군수생산이 타 산업 부문에 미칠 기술 파급효과라는 변수까지 계량화한 것은 아니다. 다시 말해 국가 경제에서 무기 생산이 갖는 상대적 중요도는 비교적 작다고 하더라도 그것의 기술적 영향력은 훨씬 중요할 수 있다. 이는 제2차 세계대전 이후 군수 부문의 많은 기술이 민수 부문으로 파급되었던 미국의 예에서 명확히 알 수 있다.[7] 물론 최근 민수 부문, 특히 전자 부문의 급속한 발전으로 기술 수혜의 방향이 민수에서 군수로 이전되는 기술적 파급효과(spin-on)로 역전되는 양상을 보이고 있기는 하지만, 그럼에도 불구하고 여전히 군수 부문의 기술혁신이 민수 부문으로 이전되는 기술적 파급효과(spin-off)를 무시할 수는 없다.[8]

4) 각국별 특수성

이상에서 살펴본 논의들이 방위산업정책의 정치적·경제적 성격과 관련된 일반론적 성격을 가지고 있다면, 방위산업정책의 또 다른 측면으로 각국에서 나타나는 특수성과 관련된 논의를 들 수 있다. 즉 논의의 수준을

6_군사비 지출과 기술 발전의 상관관계에 대해서는 Rosen(1988, 134-168); Chan(1988, 913-920); Rutten(2006)을 참고.

7_Gansler(1995, 7-9); Rutten(2006). 러튼은 이 책에서 미국의 6개 산업(호환성 있는 부품 산업과 대량생산, 항공기산업, 에너지산업, 컴퓨터와 반도체산업, 인터넷, 그리고 우주산업)에 대한 분석을 통해 군사 관련 연구·개발과 획득이 기술 발전에 매우 큰 기여를 했음을 밝히고 있다.

8_Spin-off, Spin-away, Spin-on의 개념에 대해서는 Samuels(1994, 14-32); Ruttan(2001, 547-551)을 참고. 그리고 Spin-on effect에 대해서는 Alexander(1993)를, Spin-Off effect에 대해서는 Kubbig(1986, 199-227)을 참고.

전 세계적 차원에서 볼 때는 방위산업정책을 군수 특화 발전/민·군 겸용 발전, 경제성장, 기술 토대 등과 관련한 정책으로 일반화하는 것이 가능하지만, 또 다른 한편으로 각국의 방위산업은 각국이 처한 안보 환경, 경제 수준, 심지어는 방위산업에 대한 인식까지도 다르기 때문에 정책 또한 다르게 나타날 수밖에 없다는 것이다.

요컨대 각국의 방위산업정책은 각국의 안보정책, 산업정책, 기술 수준, 경제 수준 등에 따라 다를 수밖에 없을 뿐 아니라 특정 국가의 역사적 배경과 문화적 배경에 따라서도 다르다. 따라서 방위산업에 대한 연구는 방위산업 전반에 대한 일반적인 연구라기보다는 특정 국가의 방위산업정책이나 발전 전략 등을 대상으로 이뤄지는 경우가 대부분이었다.[9] 이런 측면에서 일본의 방위산업에 대한 기존의 연구를 살펴보도록 하자.

2. 일본의 방위산업에 대한 기존의 연구들

1) 기존 연구의 검토

일본의 방위산업 또는 정책 결정에 대한 기존의 연구는 크게 미국과 일본에서의 연구로 나누어 살펴볼 수 있다. 이 중 미국 학자들의 대표적 연구로는 마이클 친워드(Michael Chinworth), 리처드 새뮤얼스(Richard Samuels), 마이클 그린(Michael Green)의 연구를 들 수 있으며(Chinworth 1992; Samuels 1994; Green 1995), 일본에서의 연구로는 고야마 히로타케(小山弘健), 기하

9_이런 측면에서 방위산업이 차지하는 비중이 매우 큰 미국을 중심으로 방위산업에 대한 연구가 가장 활발하게 전개되었다는 점은 당연한 결과라고 봐야 할 것이다.

라 마사오(木原正雄)의 연구를 들 수 있다(小山弘健 1972; 木原正雄 1994). 일본 방위산업에 대한 미국의 연구들은 일본 방위산업정책의 결정 구조가 어떤지, 방위산업정책에 참여하는 주요 행위자들의 에토스(ethos)가 어떤 특징을 갖고 있으며 어떻게 형성되었는지, 그리고 미·일 관계라는 변수가 일본 방위산업정책의 결정 과정에 어떤 의미를 갖고 있는지에 초점을 맞추어 분석한다.

반면 일본 내의 연구들은 일본의 방위산업 비대화가 가져올 부정적 영향 또는 일본 방위산업의 미국 종속화라는 시각에서 연구가 주로 이뤄졌다. 이들의 시각은 마르크스-레닌주의적 시각, 특히 제국주의 국가로서의 미국과 그 종속국으로서의 일본이라는 시각에서 접근하는 경향이 강하다. 따라서 이들 연구는 산업정책 또는 정책 결정에 대한 분석이라기보다는, 일본 방위산업의 역사적 전개 과정 또는 경제에 대한 부정적 영향력 등을 주로 강조하는 것이다. 이 외에도 미국에서 나온 각종 보고서, 그리고 일본의 연구자들과 저널리스트들이 분석한 저작들이 있으나[10] 여기서는 대표적인 연구로 판단되는 친워드, 새뮤얼스, 그린의 연구를 중심으로 살펴본다.

10_일본의 방위산업에 대해 미국과 일본에서 나타난 연구로는, 전자의 경우 Drifte(1986), Alexander(1993)를 비롯한 GAO(미 의회 회계검사원)의 보고서 등을 들 수 있으며, 후자의 경우 エコノミスト(1968); 城田登·山村喜晴·白西紳一郎(1971); 木川田榮(1971); 富山和夫(1979); 松永惠一(1979); 鎌田慧(1979); 毎日新聞社 軍事問題取材班(1982); 朝日新聞 名古屋本社 社會部(1983); 前田哲男(1983); 吉原公一郎(1988) 등을 들 수 있다. 미국의 경우 현황을 중심으로 한 보고서 형태의 연구가 비교적 많이 나타났다면, 일본의 경우 저널리스트의 연구가 상대적으로 많이 나타나고 있다.

① **마이클 친워드**

친워드의 연구는 패트리어트 지대공미사일, F-15, FS-X의 세 가지 구체적인 사례들을 중심으로 일본 방위산업정책의 목적은 무엇이며 이 결정에 관여하는 주요 행위자와 그들의 주된 관심사는 무엇인지, 그리고 그 과정에서 나타나는 특징은 무엇이며 미국은 이런 과정에서 어떤 역할을 하는지에 대해 살펴보고 있다. 이 책에서 나타나는 친워드의 주장은 다음의 두 가지로 요약 가능하다.

첫째, 일본의 정책 결정 영역에서 모든 행위자들이 공유하고 있는 점은 국산화에 있으며, 이는 국내 대체재 개발, 수입 대체화와 첨단 시스템의 국내 생산과 함께 외국 기술의 흡수에 중점을 두는 모습으로 나타난다. 둘째, 일본의 방위산업정책 또는 장비 구매정책은 다원화되어 있지만 대부분의 행위자들에 있어서 무기의 개발과 배치는 경제/상업적 영역에서의 응용을 위한 수단이다. 즉 정책의 목적이 근대 무기 체계의 확보에 있기는 하지만, 일본이 충실한 방위체제를 갖춰서 이 지역의 군사 강국으로 발돋움하고자 하는 장기적 측면의 전략은 이들에게 있어서는 부차적이다. 앞의 세 가지 사례들을 통해 볼 때, 단지 방위청만이 군사력 강화를 추구하고 있지만 이 경우에 있어서도 일본 정부 내에서 자신들의 관료적 지위를 강화시키려는 목표가 더 중요한 것으로 친워드는 파악하고 있다(Chinworth 1992, 162-176).

이런 시각에서 친워드는 일본 방위산업정책 결정 과정에서 나타나는 특징들을 다음과 같이 정리한다. 첫째, 일본의 방위정책 또는 방위산업정책, 장비 구매정책 과정에서 주요한 역할을 하는 행위자는 방위청, 통산성, 외무성, 대장성, 재계, 주요 정치인, 안전보장회의와 미국이다(Chinworth 1992, 2-29). 그러나 이 중 어느 한 요소도 압도적이거나 절대적인 권한은 갖지 못하며 반대로 그 어떤 행위자도 그 결정 과정에서 완전히 배제되지는 않는 구조를 보여 준다. 따라서 일본 방위산업정책의 결정 과정은 매우 다원적이다. 둘째, 각 사례들에서 나타난 일본 측 행위자들의 주장은 그 행위자들이 지닌 나름대로의 합리적인 측면에서 파악이 가능하다. 즉 각 행위자들은 자신들의 이해관계와 목표, 그리고 대상을 갖고 있다. 그리고 일본 방위산업정책의 결정 과정은 이런 각 행위자의 합리적인 주장들을 만족시키는 형태로 절충되어 나타나게 된다. 셋째, 일본의 방위 장비 조달 과정에 있어서 가장 특징적인 점은 국제적 압력과 국내의 이익을 조화시키는 과정이다. 넷째, 정책 결정이 국제적 압력에 좌우되는 면이 있다면, 구체적으로 계약이 결정되는 단계에서는 외국의 영향력이 사실상 배제된다. 즉 이 연구에서 나타난 사례들을 보면 정부와 기업 조직 간의 비공식적인 상호 협의는 최종 결정 이전에 이미 이뤄지고 있다는 것이다.

이상에서 간략하게 살펴본 친워드의 연구는 당시 주로 보고서 중심으로 이뤄지고 있던 일본 방위산업에 대한 연구를 정책 결정 과정에 초점을 맞추어 본격적인 학술적 연구 대상으로 삼았다는 점에서 신선한 충격이었다. 그러나 친워드의 연구가 결정적으로 빠뜨리고 있는 점은 연구 속에서 대부분의 행위자들이 공유하고 있는 것으로 전제하고 있는 국산화, 방위기술의 경제/상업적 영역에서의 응용 등과 같은 가치들이 어떻게 나타났으며, 어떻게 공유할 수 있었는가라는 것에 대한 설명이었다.

② 리처드 새뮤얼스

친워드의 연구에 뒤이어 나타난 새뮤얼스의 연구는 사실 이런 질문에 답하는 것이었다. 즉 새뮤얼스는 친워드가 단순하게 주장했던 '국산화'의 뿌리가 어디에 있는가를 규명하면서 그것의 이데올로기적 기초가 메이지 시대의 지도자들이 추구했던 '식산흥업'과 '부국강병'에 그 뿌리를 두고 있음을 보여 준다. 새뮤얼스는 이의 구체적 내용으로 (국내)산업의 보호, 보조금의 지급, 새로운 기계의 임대와 양도, 모범적인 국영기업의 설립과 소유권의 궁극적인 양도 등을 든다(Samuels 1994, 37). 그리고 일본의 기술과 안보 이데올로기, 즉 부국강병과 식산흥업은 산업 발전과 군대의 동원, 그리고 전쟁을 거치면서 일본의 정치·경제제도로 진화되어 갔다고 주장한다.

이런 기술·안보 이데올로기는 국산화, 파급, 육성이라는 세 가지 형태를 띠고 전개되었으며 이는 결국 제국주의 일본의 군사적 기술 민족주의로 이어졌음을 보여 준다(Samuels 1994, 42). 여기서 "국산화(*kokusanka*, 國産化)란 기술의 토착화를 통한 독립과 자주의 노력, 파급(*hakyu*, 波及)이란 경제 전반에 이를 확산시키려는 국가적 노력, 그리고 육성(*ikusei*, 育成)이란 기술 지식이 확산될 수 있도록 일본 기업을 키우고 유지하려는 국가적·지역(지방)적·(산업)부문별 노력"(Samuels 1994, ix)을 의미한다. 새뮤얼스가 보기에 이와 같이 전전에 주조된 기술 중시의 사고는 전후에도 그대로 이어져 전후 일본의 기술에 대한 갈망으로 나타났다(Samuels 1994, 139-148). 이를 위해 전후의 일본은 미국에의 의존 속에서 라이선스, 공동 생산이나 공동 개발 프로그램 등을 통하여 선진 기술을 습득했으며,[11] 이렇게 습득한 (토착화된) 기술은 전전과 마찬가지의 경로, 즉 파급과 육성을 통해 일본의 전체적인 기술 수준을 상승시켰다(Samuels 1994, 278-318).

요컨대 일본은 19세기의 중상주의에서 시작하여 20세기 군국주의를 거치면서 이어져 온 기술 민족주의에 의해 강대국으로 성장하는 것이 가능

11_새뮤얼스는 이를 '의존을 통한 자주화의 패러독스'(The Paradox of Autonomy through Dependence)라고 표현하고 있다(Samuels 1994, 271).

했다는 것이다. 기술 민족주의의 중심에 있는 것은 기술의 국산화, 파급, 육성이며 이를 가능하게 하는 것은 여러 제도들이라는 것이다. 새뮤얼스는 메이지 이후 기술 민족주의에 기초하여 만들어진 일본 경제의 관습들(protocols)을 다음과 같이 정리한다. 방위생산은 민간경제 속에 포함될 수 있고, 협력은 경쟁과 공존 가능하고, 파트너는 전략적으로 이용될 수 있으며, 기술혁신과 생산은 민족적 특성을 가진다(Samuels 1994, 320-330).

새뮤얼스의 연구는 친워드가 빠뜨렸던 '국산화' '기술 중시' 등의 유래를 역사적 맥락에서 규명해 냈을 뿐 아니라, 이런 기술 민족주의가 일본 경제에서 관습화되어 일본 사회에 정착함으로써, 책 제목 그대로 '부국강병'(rich nation, strong army)이 가능하게 되었다고 파악했다. 이와 같은 새뮤얼스의 연구는 친워드의 연구가 빠뜨리고 있었던 중요한 부분들을 메꾸는 데에는 성공했지만, 그럼에도 불구하고 다음과 같은 의문은 남는다.

첫째, 기술의 토착화, 기술 민족주의라는 점에 대해 일본 사회의 주 구성원들이 공통된 인식을 갖고서 이를 진행시켜 왔다면, 친워드가 주장하는 정책 결정 과정에서의 다원성을 어떻게 설명할 것인가라는 문제다. 물론 새뮤얼스의 연구 초점은 정책 결정 과정에 대한 분석이 아니라 기술의 중시와 토착화, 민·군 겸용 기술 개발의 전통 등과 같은 일본 기술 민족주의의 속성에 대한 연원과 내용 규명에 있다. 그럼에도 불구하고 방위산업정책 결정 과정에서 나타나는 다원성이란 측면에서 보게 되면 정책 결정 과정의 모든 구성원들이 기술의 토착화, 기술 민족주의라는 가치에 동의하고 있었다고 보기는 힘들다. 둘째, 기술 민족주의가 메이지 이후의 일본에서 하나의 문화(ethos) 또는 관습(protocol)이 되었다 하더라도 전전과 판이하게 달라진 전후 일본의 상황에서도 이것이 어떻게 지속될 수 있었는가라는 의문이다. 즉 정치체제, 경제체제가 완전히 달라지는 하드웨어적 변화에도 불구하고 기술 민족주의라는 전전의 사상적·문화적 가치가 어떻게 전후에도 이어질 수 있었는가라는 점이다.

③ 마이클 그린

'얽매임'과 '버림'의 딜레마

새뮤얼스의 뒤에 나타난 그린의 연구는 독자적 방위생산을 위한 일본의 전후 노력이 어떤 양상으로 전개되어 왔는지를 제2차 세계대전 이후부터 시계열적으로 살펴본다. 그의 문제의식은 전후 끊임없는 국산화 노력과 기적 같은 경제 회복에도 불구하고 왜 일본에서 독자적인 군수산업체가 출현하지 않았는가에 있다. 그린이 보기에 전후 일본의 방위력정비계획에서 독자적인 무기가 없는 것은 생산능력이나 자원이 부족해서가 아니다. 실제로 1990년대 방위 계획의 신무기 목록에서 일본의 산업계가 설계하고 생산하고자 했던 경항공모함, 독자적 전투기, 독자 훈련기는 포함되어 있지 않다. 그린이 보기에 일본의 방위력정비계획에서 이런 품목들이 빠진 것은 일본의 설계능력 또는 생산능력 등의 자원이 부족해서가 아니라, 국산화의 장점을 둘러싸고서 치열하게 전개되어 왔던 40년간의 정책 토론의 희생물이었기 때문이다(Green 1995, 2-3). 여기서 그린이 도입하는 개념은 '얽매임'(entrapment)과 '버림'(abandonment)이다.

국산화를 주장하는 일본의 산업화론자들과 보수주의자들은 독자적인 방위생산이 국가 산업을 강화시키고, 군수 병참 능력을 향상시켜 국가 안보에 더 큰 자율성을 가져다줄 것이라 주장한다. 그린이 보기에 이런 주장은 메이지 일본의 근대화론자들의 주장을 그대로 따르는 것이다. 독자적 방위생산론자들은 또한 약소국이 직면하는 딜레마도 주장한다. 즉 강대국의 위협을 억제하기 위해서는 또 다른 강대국과 동맹을 맺는 것이 필요하지만, 이럴 경우 약소국(일본)은 항상 '얽매임'과 '버림'의 위험에 직면하게 된다는 것이다. 얽매임이란 강대국의 분쟁에 직접적인 이해관계가 없음에도 불구하고 약소 동맹국이 휘말리게 되는 것을 의미하며, 버림은 동맹 관계의 강대국이 동맹을 포기함으로써 약소국이 안보상의 위험에 처하게 되는 것을 의미한다.

여기서 문제는 '버림'을 피하기 위해 강대국과의 동맹 관계를 강화하면 '얽매임'은 증가하게 되고, '얽매임'을 피하기 위해 독자적인 정책과 역량을 강화시키면 '버림'의 위험이 증대된다는 것이다. 자주화론자들이 보기에 독자적인 생산능력의 향상은 이런 딜레마로부터 약소국을 보호해 줄 뿐 아니라 동시에 미래의 '버림'에 대한 위험 방지책이 되기도 한다. 이런 측면에서 일본의 자주화론자들은 독자적인 방위생산을 주장한다. 즉 무기의 자주적 생산은 미·일 동맹 내에서 일본이 자주성을 지킬 수 있는 주요한 수단이다. 무기의 자주적 생산은 일본의 안보를 위해서 필요할 뿐 아니라 동맹이 초래할 '버림'과 '얽매임'에 대한 방지책이기도 하다.

그러나 그린이 보기에 이와 같은 국산화 옹호론자들의 주장에 대한 반대 또한 일본 내에 강하게 존재하고 있었다. 대학, 정부, 기업과 같은 일본의 많은 기술·경제 행위자들은 자신들이 방위생산과 엮이는 것을 의식적으로 피해 왔다. 일본의 정책 담당자들 또한 방위생산의 자주성 추구가 독자적인 정치·경제적 행동을 오히려 제약할 수 있다는 점을 알게 되었다. 예를 들어 일본의 독자적인 방위생산 노력이 미국과의 사이에서 기술·경제적 분쟁으로 전개되었을 때, 이는 곧 군사적·경제적 '버림'의 위험을 증대시켰던 것이다. 뿐만 아니라 자주화를 위한 국내 개발 프로그램이 진행되었을 때 군사적 효율성이란 측면에서 더 많은 비용이 들어갔으며, 역설적이게도 이는 '얽매임'의 위험성과 함께 미국 역량에 더욱더 의존적이 되게 했던 것이다.

일본의 경제적·기술적 성장으로 자주방위생산에 드는 비용이 감소될 것이라 생각하기 쉬우나 사실은 반대라고 그린은 주장한다. 일본의 산업이 첨단 소재, 마이크로 전자 부문 등과 같은 결정적 기술에 있어서 우위성을 갖고 있지만, 군사 자주화의 궁극적 목표인 시스템 통합에서는 미흡하기 때문이다. 즉 시스템 수준에서의 군사기술은 일본이 따라잡기 어려울 정도로 빨리 변화해 왔으며, 이는 국산화에 대한 기회비용을 적지 않게 가져왔다는 것이다(Green 1995, 4-5).

자주화론과 수입론

그린에 의하면, 자주국방 기술의 발전과 산업토대의 성장으로 일본의 대미 의존도는 줄어들어야 함에도 불구하고 오히려 증가했을 뿐 아니라, 미국과의 군사 협력도 증대되어 왔다. 즉 전후 40년 동안 자주방위생산을 추구해 오면서, 일본은 자주방위 생산능력이 미국으로부터의 의존 탈피가 아니라 동맹 구조 내의 영향력을 높여 주는 기제로 작용할 것이라 판단하게 되었다는 것이다. 이런 맥락에서 그린은 국산화를 둘러싼 일본 내 논쟁의 진전이 어떻게 전개되어 왔는가를 중점적으로 살펴보고 있다. 그린이 보기에 일본 내 자주화론자들과 반대론자들 간의 논쟁, 즉 무기를 국내 생산할 것인가, 수입할 것인가는 다음의 다섯 가지 이슈와 관련되어 있다. 그리고 이런 논쟁을 살펴봄으로써 탈냉전 이후 일본의 정치 엘리트들이 어떤 전략적 선택을 할 것인지를 가늠해 볼 수 있다고 주장한다.

첫 번째는 기술 민족주의이다. 즉 국산화를 하려는 동기는 기술 민족주의로 설명될 수 있다고 하면서, 이는 민족주의적 성향의 정치인들에게서 감정적·정서적 측면으로 나타난다고 언급하고 있다. 두 번째는 산업정책적 측면이다. 이는 정서적 측면과는 구별되는 합리적 근거를 가진다. 즉 국가의 산업화와 경제성장을 위한 수입 대체의 중요성이란 측면이다.[12] 세 번째는 거시 경제정책적 측면이다. 대표적으로 일본 대장성과 주요 금융기관들은 방위생산이 국민소득의 성장에 기여하는 바가 적다는 점, 자주적 방위생산을 추구함으로써 미·일 동맹을 해칠 수 있다는 점, 그리고 예산상의 문제라는 세 가지에 근거해서 자주적 방위생산에 부정적이다.[13] 네 번째는

12_국가의 산업화와 경제성장을 위한 수입 대체의 중요성은 일찍부터 많은 논자들이 주장한 바 있다. 독일의 프리드리히 리스트(Friedrich List), 미국의 알렉산더 해밀튼(Alexander Hamilton)이 대표적인 논자들이며, 전후 이런 주장은 조지프 슘페터(Joseph A. Schumpeter)에게로 이어져 그는 고전적 경제 요소들만으로는 경제성장을 달성하기 어려우며, 따라서 국가들은 기술 토대를 확립하기 위해 정부의 개입을 통한 비교 우위를 창출할 수 있다고 했다. 이에 대해서는 Schumpeter(1942)를 참고. 또 다른 한편으로 냉전 질서 붕괴 후 미국의 시장 자유민주주의체제가 세계를 주도하게 될 것이라는 프랜시스 후쿠야마(Francis Fukuyama)에 대한 데이비드 윌리엄스(David Williams)의 반박에서도 이런 주장은 나타난다. 즉 윌리엄스는 19세기 독일의 발전주의자 리스트의 개념을 도입하여 국가가 산업 발전에 핵심적 역할을 해야 하며 이런 국가 발전주의 원칙에 근거한 체제가 일본이므로 이는 후쿠야마의 주장에 대한 반증이 될 수 있다고 주장하고 있다. 이에 대해서는 Fukuyama(1992)와 Williams(1994)를 참고하라. 윌리엄스 주장의 배경에는, 이 책이 쓰여졌던 무렵의 일본경제가 장기불황에 들어가기 전의 시점으로, 당시 일본경제가 매우 건실하여 전세계 국가들에게 일본이 모범적인 국가로 받아들여지고 있었다는 점을 고려하지 않으면 안 된다.

13_구체적으로 이들은 다음과 같이 주장하고 있다. 방위산업이 경제성장에 도움이 되었던 한국전이나 베트남전은 예외적 상황이다. 그리고 미·일 동맹을 해치게 되면 미국과의 동맹으로 얻을 수 있는 거시 경제적 차원의 혜택도 손상을 입을 수 있다. 예산상의 비효율성에 대해서는 자주적으로 설계·개발된 무기가 대체적으로 수입품보다 비용 면에서 고비용이다. 뿐만 아니라 일본 방위시장이 협소하고 무기 수출이 금지되어 있으므로 서구의 방산업계들이 누리는 규모의 경제가 성립하지 않는다. 대표적인 예가 1960년대 후반 일본이 개발을 추진했던 T-20 제트 훈련기의 경우이다. 이는 미국의 경쟁기에 비해 세 배의 비용으로 추진되었음에도 불구하고 최종 단계에서는 12배의 비용으로 완성했다. 이에 대해서는 Green(1995, 20-22)을 참고하라.

안보정책이다. 강대국과의 동맹에서 나타나는 '얽매임과 버림'의 딜레마를 어떻게 해결할 것인가에 대한 문제에서도 양자의 시각은 차이가 있다. 국산화론자들은 자주적 방위생산이 동맹에서 일본의 자율성을 높여 줄 것이라 주장한다. 반면 반대론자들은 방위생산에서의 자주성을 양보함으로써 일본은 아시아에서 더 많은 자율성을 누릴 수 있다고 주장한다.[14] 다섯 번째는 군사적 역량(military capability)이다. 국산화론자들은 병참 지속성 차원에서, 반대론자들은 구입 비용과 성능이라는 측면에 초점을 맞추어 자신의 논리를 전개한다. 즉 국산화론자들은 수입 무기의 경우 유지·보수 비용이 많이 들고 적기에 부품 공급이 되지 않아 성능 유지가 어렵다는 점을, 그리고 반대론자들은 국내 개발에 훨씬 비용이 많이 든다는 점을 주장하고 있는 것이다(Green 1995, 28-29).

이상에서 살펴본 다섯 가지 요소, 즉 기술 민족주의, 산업정책, 거시 경

14_표면적으로 자주화론자들의 주장은 단순하다. 자주 외교정책 또는 자주방위가 바로 무기의 자주적 개발과 직접적으로 연관이 있다는 것이다. 자주적 방위생산은 자주국방에 결정적이며, 자주 국방은 외교정책의 자율성에 결정적이라는 것이다. 이에 대한 반대론자들의 주장 또한 명쾌하다. 어느 정도의 자주적 방위생산은 용납될 수 있을지라도, 미국의 모든 무기 시스템을 대체하려는 공격적 노력은 궁극적으로 동맹 관계를 해칠 것이라는 것이다. 미국과의 동맹 관계에서 중요한 것은 상호 의존이 가져다주는 장점이며, 여기서 무기의 상호 운용성(weapons interoperability)은 상호 의존의 중요한 기제다. 자주적인 무기 개발은 안보 공동체의 개념을 약화시킬 뿐 아니라, 토착 무기 시스템의 설계 과정에서 일본은 필연적으로 독자적인 방향으로 무기를 개발하게 될 것이고, 이는 상호 운용성을 저하시키고 산업 간의 경쟁을 증대시킬 것이다. 양측 사이에 협력보다 경쟁이 격화된다는 것은 미국과의 대등한 협조자로서의 개발보다는 일본의 경제적 강점을 강화하는 방향으로 나아가게 될 것이고 이는 동맹의 약화로 이어진다는 것이다. 즉 국산화 주창자들과 마찬가지로 반대론자들 또한 미국과의 밀접한 방위 협력이 더 많은 자율성을 일본에 가져다줄 것이라 주장한다. 나아가 아시아에서 일본의 리더십은 미·일 동맹을 확고히 하는 데 달려 있다고 주장한다(Green 1995, 22-25).

제정책, 동맹 관계, 그리고 군사적 역량이라는 요소가 일본의 방위생산 문제에서는 서로 착종되어 나타나기 때문에, 일본에서의 무기 획득 결정은 일본의 안보정책, 산업정책, 그리고 미국과의 관계를 둘러싼 주요한 토론의 대리전적 성격을 띠고 있다는 것이다.

이런 시각에서 그린은 전후 일본 방위산업의 발전 방향을 둘러싼 자주화론자들과 반대론자들의 논쟁을 시계열적으로 살펴보고 있다. 구체적으로 1950~69년까지를 방위산업의 정치적·기술적 성장 시기, 1970~76년의 4차방(4차 방위력정비계획) 시기를 국산화의 정점 시기, 1976~86년은 양국 방위 협력과 일본 기술 민족주의 사이의 모순이 증대되어 FS-X 개발 문제로 표출된 시기, 그리고 마지막으로 탈냉전 시기의 동맹과 방위생산을 다룬다. 이상의 분석을 통하여 그린이 시기별로 내린 결론은 다음과 같다.

첫째, 3차방 이전까지 미국은 기꺼이 기술이전을 해주었으며 일본의 자주적인 방위기술을 발전시키는 데 기여했다. 둘째, 4차방을 거치면서 일본 방위생산의 자주화는 한층 진전되었다. 그러나 이 시기부터 미국은 방위생산에 대한 일본의 접근법이 안보적 측면보다는 경제·기술적 측면에 있음을 파악하게 되어, 일본의 방위생산을 지지하던 입장에서 미국 장비의 구입을 요구하기 위한 압력 행사로 태도를 바꾸게 된다. 셋째, 1980년대 초 미국은 일본의 토착 기술이 가진 강점을 알게 되었으며 이에 방위기술 협력을 제안하게 된다. 일본의 산업계는 그동안의 정치·군사 협정들에서 나타난 바와 같이 이 협정이 양국 간의 동맹 관계를 안정시키는 것으로 간주하여, 이 협정이 일본의 국산화 추구에 장애가 되지 않을 것이라고 생각했다. 넷째, FS-X를 계기로 기술 자주화가 정치적 이슈와는 분리될 수 없음이 나타났고 국산화는 좌절되었다.

일본의 방위 지출은 증가하고, 첨단 기술은 더 많아졌으며, 아시아에서 미국의 정치·경제적 패권이 쇠퇴하는 상황에서 어떻게 중요 장비의 국산화가 좌절되었는가. 이에 대한 그린의 답변은 마지막, 즉 탈냉전 시기에 나타난 방위생산의 양상에 있다. 그린은 전후 진행된 두 가지 경향, 즉 전 세계적인 기술 확산과 국산화에 수반되는 정치적 비용의 증가로 인해, 이전까지 국산화에 일치된 목소리를 내었던 국산화론자들의 태도가 FS-X 사례에서 보듯이 다양화되어 나타났다고 주장한다(Green 1995, 154-155). 그린이 보기에 전자의 경향, 즉 전 세계적인 기술 확산으로 인해 부품부터 시스템까지 모든 구성 요소를 자국의 생산물, 자국의 기술, 자국의 기업에 의존한다는 것은 과거보다 훨씬 많은 비용을 필요로 하게 되었다. 그리고 후자의 대표적인 경우는 FS-X를 둘러싼 미·일 간의 갈등에서 나타났다. 즉 일본의 주권을 포기했다는 이시하라 신타로(石原愼太郎)의 비난에도 불구하고 미국과의 공동 개발을 관철시킨 나카소네 야스히로(中增根康弘)는 동맹의 중요성이라는 정치적 고려 때문에 이를 강행했다고 주장한다.

그린이 보기에 미·일 동맹은 일본 보수층을 결집시키는 매우 중요한 기제로도 기능하고 있어, 공통의 외부 위협에 대한 대처 이상의 정치적 의미를 지니고 있다고 본다. 즉 자민당 정치인들에게 있어서 미·일 동맹은 소련을 저지한다는 것 이상으로 일본의 국내 정치와 대외 관계에서 자신들에게 큰 이익이 되고 있다. 따라서 일본의 정치인들은 국산화가 미·일 관계를 해칠 경우의 정치적 비용을 고려할 수밖에 없었다는 것이다.[15]

15_예를 들어 FS-X의 경우 TRDI, 통산성 항공장비국, 항공자위대, 자민당 방위족 의원, 경단련 등의 의견이 다양하게 분출되었다. 상업용 항공기를 미국과 공동 개발하고자 했던 통산성은 도시바 사건과 미국과의 무역역조를 해결하는 데 진력함으로써 이 문제에서 한 발짝 물러섰으며, 항공자위대는 대장성과 야당의 방위 예산 삭감을 우려해 미국의 정치적 지원을 바라는 입장이었고, 산업계는 증대되고 있었던 보잉으로의 부품 수출이 영향을 입을까

요컨대 국산화를 옹호하는 그룹들이 일치된 목표를 가진 것으로 보이지만 이들은 애초부터 다양한 이익을 대변하고 있었다. 물론 자주화를 추진했던 기술자, 정치인, 관료들에게 있어서 기술 민족주의가 공통된 정서적·이데올로기적 공감대로서 작용하기는 했지만, 자주화라는 국가 전략이 절대적인 것은 아니었다. 각 집단이 추구하는 우선점이 달랐기 때문에, 자주적인 방위생산의 정치적·기술적 기회비용이 증가함에 따라 국산화 연합에는 자연스럽게 균열이 나타났다는 것이다.

그린의 연구는 친워드와 새뮤얼스가 간과하고 있던 점들을 모두 설명하고 있다. 즉 친워드가 간과했던 기술의 토착화, 방위기술의 경제/상업적 영역에서의 응용 등과 같은 가치의 유래에 대해서는 새뮤얼스의 연구를 이어받으면서도, 방위산업정책 결정 과정에서의 다원성은 전후 진행된 두 가지 경향, 즉 전 세계적인 기술 확산과 국산화에 수반되는 정치적 비용의 증대로 일치된 목소리를 내었던 국산화론자들의 목소리가 다양화되었기 때문이라는 설명으로 해결하고 있다. 그러나 그린의 연구에서도 다음에 대한 의문은 남는다. 첫째, FS-X 이후 국산화론자들 사이에 균열이 나타났다면 그 이전의 방위산업정책 결정을 둘러싸고서는 주요 참여자들 사이의 대립은 없었는가라는 문제다. 둘째, 그린도 새뮤얼스와 마찬가지로 기술 민족주의가 메이지 이후의 일본에서 하나의 문화(ethos) 또는 믿음으로 굳어졌다고 말한다. 그러나 왜 그렇게 되었는가, 즉 외형적 측면에서 전전과 판이하게 달라진 전후 일본의 상황에서도 기술 민족주의와 같은 일본의 문화, 정서 등이 어떻게 지속될 수 있었는가에 대한 해답은 제시하지 못하고 있다.

우려했으며, 자민당의 방위족 의원들은 이 문제로 기존의 서열에 분란을 일으키길 원하지 않았다(Green 1995, 155-156).

2) 기존 연구들의 특징과 함의

앞서 살펴본 연구들에서 나타나는 특징 또는 공통점과 이런 특징들이 내포하고 있는 함의를 살펴본다면 다음과 같은 점을 들 수 있다.

첫째, 이들 연구에서 공통된 점은 지역적으로는 미국, 그리고 시기적으로는 1990년대 초·중반에 나타났다는 점이다.[16] 즉 일본의 경제적·기술적 급성장과 미국의 상대적 쇠퇴로 1980년대 후반 들어 기존 국제 질서의 재편성에 대한 논의가 활발하게 전개되고 있던 상황에서 이런 연구들이 나왔다는 것이다. 이는 곧 일본의 경제적 부상이 군사적으로는 어떤 의미를 갖고 있는가, 나아가 국제사회에서 차지하는 일본의 비중과 역할이 경제적 측면에서뿐 아니라 군사적으로도 확대될 수 있을 것인가에 대한 관심에서 이들 연구가 나타난 것이라고 할 수 있다.[17]

이들 연구가 나타난 시기적 공통점은, 일본의 고도성장을 배경으로 한 근대화론자들의 등장 배경과 유사한 측면을 보인다. 즉 한국전 이후의 일시적 불황기를 거쳐 오일쇼크가 발생하기까지의 시기에 일본이 보여 주었던 고도의 경제성장은, 비서구 국가로서 유일하게 근대화에 성공한 나라로 많은 관심을 불러일으켜 일본이 근대화 성공의 대표적 사례가 됨과 동시에 타국이 본받아야 할 모델이었던 것이다. 이와 같은 맥락에서 경제력을 손상시키지 않으면서도 방위력 증대에 성공한 모습으로 비춰졌던 1990년대 초반 일본의 사례 또한 다른 나라들, 심지어는 미국에서도 모델이 될 수 있

16_물론 이들 연구에 앞서서 일본 방위산업의 특징이 민·군 겸용에 있다는 점을 살펴보았던 Drifte(1986)의 연구가 있기는 하지만, 주로 현황 분석에 치우치고 있다.

17_당시 일본의 경제적 부상과 미국의 상대적 쇠퇴가 초래할 새로운 국제 질서의 모습에 대해서 여러 가지 의견 또는 시나리오가 제시되었다. 이에 대해서는 Russett(1985); Inoguchi(1987a; 1987b; 1989); Strange(1987); Akaha and Langdon(1993)을 참고하라.

다는 인식이 이 연구들에서 나타나고 있다. 새뮤얼스의 표현대로, "메이지 시대의 부국강병과 식산흥업정책에서 발전된 기술 안보 이데올로기는 미국에 불가능한 도전은 아니다. 일본 역사의 교훈으로부터 배워야 한다"(Samuels 1994, 341)는 것이다.

둘째, 이 연구들이 암묵적으로 전제하고 있는 것은 일본 사회의 특이성 또는 예외성이다.[18] 즉 일본 방위산업의 존재 양태와 정책 결정 과정, 강조

18_지역 연구에 종사하는 연구자들 중 문화 중심적 접근론자들이 대체적으로 특정 지역의 독특성 또는 예외성을 강조한다면, 사회과학적 접근론자들은 대체적으로 지역 연구의 보편화, 일반화를 주장하는 경향이 강하다. 일본에 대한 많은 연구들에 대해 스톡윈(J. A. A. Stockwin)은 지나친 단순화의 위험이 있다고 하면서도 다음 〈표〉와 같이 양측을 대비시켜 나타내었다.

표 | 일본 연구자들이 보이는 태도 유형

긍정적·우호적(positive·favourable)	부정적·비판적(negative·critical)
확산되어야 할 모델 (Japan as a model to emulate)	수정되어야 할 모델 (Japan as a model to correct)
우파(right)	좌파(left)
공헌자로서의 일본(Japan as a contributor)	위협자로서의 일본(Japan as a threat)
보편주의자(universalist)	문화주의자(culturalist)

자료: Stockwin(2003, xxii).

이 도표에서 나타나는 유형들은 좌측과 우측을 대비시켜 나타낸 것이며 좌측의 각 항목들 간 또는 우측의 각 항목들 간의 상관관계는 없다. 즉 일본에 대해 긍정적인 태도를 보인다고 해서 보편주의적 태도를 지녔다거나, 이데올로기적으로 우파적 성향에 있는 것은 아니다. 이와 함께 그는 연구자들이 일본 정치의 특징을 나타내는 데에서도 대조적인 측면을 보인다고 하면서 이런 특징들로서 역사적 연속성(historical continuity)과 역사적 불연속성(historical discontinuity), 민주적(democratic norms and practices) 측면과 권위적(authoritarian norms and practices) 측면, 평등 지향적(egalitarian norms and practices) 요소와 위계질서적(authoritarian norms and practices) 요소, 시장 지향적(market orientation) 정향과 국가주의적(statist orientation) 정향 등으로 나누어 언급한다. 즉 전후의 일본이 전전과 연속적인가 아닌가, 그리고 전후의 일본 사회가 민주적인가 권위적인

점 등이 서구와는 다르다는 인식을 바탕에 두고서 이것이 무엇인지, 그리고 이런 특징들이 어디에서 유래되는 것인지에 대해 논의하고 있다.

이런 특이성 구명은 사실 일본이라는 특정 지역을 분석 대상으로 하는 지역 연구의 특성에 기인한 불가피한 것이라고 할 수 있다. 즉 권력(국가)·재화(시장)·시민사회를 각각 분석 대상으로 하는 사회과학의 주된 분과 학문인 정치학·경제학·사회학의 경우, 근대국가 출현 이후 국가나 시장, 시민사회와 같은 분석 대상의 일반화가 가능하다.[19] 예를 들어 강제적 수단의 배타적 지배나 비인격적 지배(법치국가)와 같은 근대국가의 기본 특징들은 근대국가의 출현과 형성 과정을 거치면서 근대 이후의 어느 사회, 어느 국가에서나 적용이 가능했다. 그러나 지역 연구의 분석 대상인 지역의 경우 그 분류 기준이 무엇이냐에 상관없이 다른 지역과 차이를 갖게 마련이며, 지역 연구는 이런 차이점과 지역적 특징을 구명하는 것을 학문적 목표로 한다. 지역 연구의 유래가 유럽 제국들의 제국주의적 진출에 있었다는 점, 그리고 오늘날의 지역학이 제2차 세계대전 직후 미국의 점령정책[20]을 뒷받

가, 국제사회에 위협적인가 아닌가 등의 다소 이분법적인 특징들로서 일본을 분석하고 있는 것이다. 요컨대 전후 일본에 대한 연구들은 은연중에 일본에 대한 가치가 개입되어 있는 것으로, 다소 도식화시키면 크게 두 가지 입장 또는 가치를 바탕으로 전개되어 왔다. 즉 일본 옹호론(Japan apologists)과 일본 비판론(Japan bashers)이 그것이다. 전자가 전후의 일본을 확산되어야 할 모델(Japan as a model to emulate)로 본다면, 후자의 경우는 전후 일본은 잘못된 것이므로 수정되어야 할 모델(Japan as a model to correct)로 본다. 이에 대해서는 Stockwin(2003) 참고. 그러나 보편적인 시각에서 일본을 바라볼 것을 주장하는 스티븐 리드(Steven R. Reed)는 일본 연구자들 가운데 실제로 일보 옹호론자 또는 일본 비판론자의 양 진영 중 어느 한편에 명확하게 속한다고 말할 수 있는 사람은 거의 없다고 말한다. 이에 대해서는 스티븐 리드(1997, 13) 참고.

19_이에 대해서는 박상섭(1994, 159-172); 이매뉴얼 월러스틴(1994; 1997) 참고.

20_이에 대한 대표적인 연구가 Benedict(1954)이다.

침하거나 소련, 중국과 같은 다른 지역 이해를 위해 나타났다는 측면에서 보게 되면 지역 연구와 사회과학 사이의 긴장은 당연할 수밖에 없다.[21]

셋째, 이들 연구에서는 정책 결정의 주요 행위자로 정치인, 재계, 관료를 분석의 중심에 둔다. 이는 정치체제를 설명하는 모델들이 상정하고 있는 주요 행위자 가운데서 국민이나 이익집단, 노동조합 등의 행위자를 배제한 것이다. 무의식적으로 이들을 배제함으로써 나타나는 모델은 전후 일본 정치의 연구에서 최초로, 그리고 가장 흔하게 등장한 엘리트 모델이다.[22] 이 모델은 사회에 대한 국가기구의 지배 이미지를 강조한다. 따라서 이들은 정책 결정에 있어서도 국가기구의 역할, 특히 행정 관료제를 담당하고 있는 엘리트의 역할을 강조한다. 이들이 주장하는 바를 정리하면 첫째, 정치사회가 권력을 가진 소수의 엘리트와 대중으로 나뉘어 있다. 둘째, 엘리트들 사이에는 가치관, 시각, 정책에 대한 합의가 이뤄져 있다. 셋째, 정부 정책은 본질적으로 엘리트의 의견을 반영한다 등이다(村松岐夫·伊藤光利·辻中豊 1999, 59-60). 이 중 새뮤얼스가 "일본 정치는 갈등 상황의 연속"

21_지역 연구의 필요성, 나아가 지역 연구의 보편성에 중점을 둘 것인가 독특성에 중점을 둘 것인가에 대한 문제를 둘러싸고서 벌어졌던 논쟁으로는 Bates(1997); Johnson(1997)을 참고하라.

22_이 모델로는 몇 가지를 들 수 있다. 첫째, 전전 일본에서의 천황제 군대, 내무성, 경찰 등 치안 관료제의 역할과, 전후의 대장성, 통산성 등의 경제 관청의 역할에 착안한 관료 지배 모델. 둘째, 관료 지배 모델에서 출발하여 미국의 파워 엘리트 모델에 착안한 것으로, 자민당 수뇌, 고급 관료, 재계 수뇌의 결합을 강조하는 삼두제 파워 엘리트 모델. 셋째, 일본 정치를 해석하는 데 강력한 영향을 끼쳤던 제임스 아베글렌(James C. Abegglen)의 일본주식회사론. 넷째, 찰머스 존슨(Charlmers Johnson)의 발전 지향형 국가 모델. 카첸슈타인(Katzenstein)의 '강한 국가-일본 모델' 또한 기본적으로는 이런 사고에 바탕하고 있다. 이에 대해서는 Mills(1956); Abegglen(1970); Kaplan(1972); Johnson(1982); Katzenstein(1988)을 참고.

이었다고 주장하면서도 "일본의 엘리트들이 갈등을 피하고 공공 여론을 조작하여 합의를 이뤄 국가적 어젠다를 지배한다"(Samuels 1994, 332)고 함으로써 '상호 동의'를 강조하여 전반적으로 엘리트들 간의 합의에 초점을 맞추었다면,[23] 친워드와 그린의 경우 엘리트들 사이의 경쟁과 대립에 초점을 맞춤으로써 다원성을 강조했다고 할 수 있을 것이다.

마지막으로, 친워드의 연구보다 시기적으로 뒤에 나온 새뮤얼스와 그린의 저작에서는 전전 일본과의 연속성을 전제하고서 논의를 전개하고 있다. 즉 일본의 기술에 대한 강조가 메이지 이후 일본이 추구해 왔던 '식산흥업' '부국강병'에서 유래를 찾을 수 있으며 국산화 또한 이의 연장선상에서 파악이 가능하다는 것이다. 나아가 이런 문화가 산업적 측면에서는 중상주의적 성격을 띠었다면, 군사적 측면에서는 전시동원체제를 거치면서 형성된 협조체제에 기인한다는 것이다. 이는 한편으로는, 전전과 전후를 연속적 시각에서 파악하는 노구치 유키오(野口悠紀雄),[24] 그리고 앤드류 고든(Andrew Gordon)과 같은 미국 역사학계의 '통전기'(trans-war) 주장[25]과 일

23_이는 석탄 산업, 전력 산업과 석유 산업 등 일본의 에너지 시장을 역사적으로 분석한 또 다른 그의 책에서도 나타난다. 이 연구에서도 그는 '상호 동의의 정치'(politics of reciprocal consent)라는 개념을 사용한다. 그는 일본의 에너지 정책에 있어 통산성과 업계의 관계를 분석하면서, 일본의 산업 발전은 강한 국가의 지도와 관료 주도에 의한 것이 아니라 관료와 업계의 교섭을 중핵으로 하는 '상호 동의의 정치'에 의한 것이라고 주장했다. 여기서 국가의 역할은 민간 배당을 확보해 주고 위험(risk)을 사회화하여 비용을 전가하는 '보증인'(guarantor)의 역할이다. 이런 국가의 의사가 민간에게 받아들여진다는 것이다. 이에 대해서는 Samuels(1987)를 참고하라.

24_노구치는 전시체제에서 형성된 금융체제가 전후에도 계속되고 있다고 보며, 일본의 산업 발전 또한 전시체제에서 발전된 것이라 주장한다. 이런 요소들을 그는 일본형 기업, 간접 금융, 관료 체제, 재정제도, 토지제도 등에서 찾고 있다(野口悠紀夫 2002).

25_'통전기'란 공황기로부터 전중기(1927~45)를 거쳐 전후기에 이르기까지 일본 사회의 정

맥상통하며, 또 다른 한편으로는 존슨, 카렐 판 볼페런(Karel van Wolferen) 등 수정주의자들과 같은 시각이라 할 수 있다.

3. 여전한 의문점들, 그리고 규명되고 보완되어야 할 것들

이상에서 살펴본 기존 연구들은 전후 일본 방위산업에서 나타나는 기술 민족주의라는 이데올로기, 국산화에 대한 집착, 민·군 겸용 기술에 대한 강조 등의 구체적 내용이 무엇인지, 그리고 이런 사고가 어디서부터 유래했는지에 대한 적절하고도 뛰어난 분석을 했다. 그럼에도 불구하고 필자가 앞서 제기한 문제들을 비롯하여 여전히 의문점은 남는다. 이런 것들을 정리하고 보완하는 측면에서 이 연구들이 가진 문제점들과 함께 이 책에서 살펴볼 내용을 제시해 보면 다음과 같다.

첫째, 이들 연구는 전후 일본의 방위산업정책이 매우 성공적으로 이뤄졌으며, 그 결과 일본 방위산업체가 주요 장비의 자주화와 기술의 토착화에 성공했다는 것을 공통적으로 전제하고 있다. 이런 시각은 좀 더 넓은 측면에서 보게 되면 일본의 산업정책을 긍정적으로 바라보는 시각과도 관련된다. 즉 전후 일본의 성공적인 경제 발전은 관료 주도의 성공적인 산업정책에 기인한다는 것이다. 이들 연구는 일본의 산업정책에 대한 긍정적 시각, 즉 일본의 산업정책이 매우 일관되고도 효율적으로, 그리고 장기적인 시각에서 수행되었다는 인식에 바탕을 두고 일본의 경제성장을 설명한다.[26]

치·경제·사회제도에서 연속성이 발견된다는 사실을 강조하기 위해 사용되는 용어로 고든은 대략 1920~50년대를 통전기로 보고 있다. 이에 대해서는 Gordon(2002)를 참고.

이런 주장에 대해 대니얼 오키모토(Daniel I. Okimoto)는 일본의 산업정책을 긍정적으로 파악하는 연구들이 철강, 자동차, 조선 등 성공적인 산업에 집중하는 경향이 있으며, 덜 성공적인 분야인 화학, 도·소매업, 항공산업 등은 간과하고 있다고 주장한다(Okimoto 1989, 3). 필자가 보기에 일본의 방위산업정책에 대한 이들의 긍정적 평가 또한 이 연구들이 나오던 시점에서 나타났던 일본 기술력에 대한 높은 평가에 기인한 결과론적인 해석에서 크게 벗어나지 않는다. 왜냐하면 전후 미국의 대일 점령정책의 요체가 바로 민주화와 비군사화[27]에 있었던 만큼, 전후 초기 정부 차원의 방위산업정책은 제대로 존재하지 않았으며 그 결과 일본의 방위산업은 사실상 궤멸 상태였기 때문이다.

뒤의 제4장에서 살펴보는 바와 같이 한국전쟁을 계기로 방위산업을 육성시키고자 했던 통산성과 산업계 인사들의 의도 또한 사실상 좌절됨으로써 당시 일본의 방위산업은 겨우 명맥만 유지하는 상태였다. 그리고 실제로 일본에서 방위산업이 비약적으로 발전하는 것은 1970년대 3차방과 4차방을 거치면서라고 할 수 있다.[28] 이런 사실에도 불구하고 이들 연구는 일본의 방위산업이 전후 계속해서 단선적인 발전을 해온 것으로 전제하고 논의를 전개하고 있다.

요컨대 필자가 보기에 이 연구들에서 나타나는 일본의 방위산업정책에 대한 긍정적 시각은 전후 일본 방위산업정책에 대한 구체적 논의에 근거했

26_대표적인 연구로는 Kaplan(1972)이 있다.

27_존 다워(John W. Dower)는 점령 당국의 민주화정책이 절차와 형식에 있어서 매우 비민주적이고 권위주의적으로 이뤄졌다는 역설적인 사실도 지적하고 있다. 이에 대해서는 Dower(1999), 특히 Chapter 14를 참고.

28_이에 대해서는 제3장과 제5장을 참고.

다기보다는, 당시 전 세계적으로 일본 경제의 성공 요인으로 자주 회자되었던 일본 정부의 경제정책과 산업정책에 대한 긍정적 평가의 연장선에서 나타난 측면이 강하다. 이런 측면에서 이 책에서는 전후 일본 방위산업정책에 대한 구체적 논의를 통해 전후 일본의 방위산업이 단선적으로 발전해온 것이 아니라는 점, 그리고 방위산업정책의 입안에 있어서도 각 시기별로 국가기구와 재계, 정치인들의 영향력이 서로 다르게 나타나고 있다는 점을 살펴보게 될 것이다.

둘째, 첫 번째 논의와 관련된 것으로, 이들 연구가 전제하고 있는 것은 방위산업의 질적 측면, 즉 기술에 대한 강조이다. 이들 연구에서 공통적으로 나타나는 '국산화' '기술 민족주의' '범용 기술에 대한 강조' 등은 바로 이를 나타낸다. 그러나 전후 일본 방위산업이 재개될 때 기술적 요소가 과연 중요한 요소였는가에 대한 것은 검토가 필요하다. 왜냐하면 기술적인 필요성에서 방위산업계가 주요 장비의 국산화를 요구하기 시작하는 것이 제4차 방위력정비계획에서부터이기 때문이다. 4차방 이전까지 방위산업정책을 둘러싸고 벌어졌던 논쟁은 주로 방위력정비계획의 총 규모와 관련된 것이었다. 즉 4차방을 계기로 일본의 방위산업정책은 양적 측면에서 질적 측면을 중시하는 면모로 바뀌었던 것이다.

따라서 전후 일본의 방위산업이 일관되게 질적 측면을 강조했다는 이들의 주장은 검증이 필요하다. 물론 한국전쟁 초기 일본 경제의 회복 단계에서 통산성과 산업계의 몇몇 인사들은 방위산업이 경제적 측면만으로는 설명할 수 없는 메커니즘을 갖고 있다는 것을 인식했다. 미국 무기 체계의 라이선스생산, 방위기술의 실험 등이 단순한 수입 이상으로 일본의 기술력 향상에 기여한다는 것이었다. 그러나 이런 인식에도 불구하고 이 책에서는 전후 초기에 나타났던 일본의 방위산업에서 중요시되었던 것이 질적 측면보다는 양적인 측면이었다는 점, 그리고 이것이 질적으로 전환을 겪는 시기는 훨씬 뒤인 4차방 전후였다는 점을 살펴볼 것이다.

셋째, 새뮤얼스와 그린 모두 전후 일본 방위산업의 발전과 자주화를 메이지유신 이후 추진되었던 일본 근대화의 연장선상에서 파악하고 있다. 그러나 메이지 시기의 일본과 전후 일본이 근대화라는 측면에서는 비교가 가능할지 모르지만, 방위산업의 경우 그 환경이 다르다는 점에서 동일선상에서 비교하기는 어렵다. 그린에 의하면 전후 1952~93년 사이에 이뤄졌던 일본의 군사력 증강은 방위생산에 있어서의 자주화가 국가의 주권을 신장시킨다는 메이지 시기 지도자들의 생각을 증명하는 시기였다. 전후 국제국제체제에서 일본의 취약한 지위, 기술적 후진성은 메이지 초기의 상황과 유사했고, 미국은 기꺼이 기술이전을 해주었으며 일본이 자주적인 방위기술을 발전시키는 데 기여했다(Green 1995, 153).

그러나 전후의 상황 전개는 그린이 주장하는 바와는 다르게, 오히려 정반대의 양상을 보인다. 즉 메이지 시기의 일본이 유신 이후 거의 10년 단위로 전쟁에 돌입하는 전시경제 상황에서 군국주의화되는 양상을 보인다면,[29] 전후 일본의 경우 군비는 최대한 억제되었으며 따라서 방위생산 또한 억제되었다. 이런 상황에서 일본의 군사력 증강과 방위생산의 자주화가 이뤄졌다는 그린의 주장은 전후 일본 방위산업이 처했던 상황에 대한 고려 없이 나타난 결과만을 가지고서 전전과 동일시하는 우를 범한 것이다.

29_메이지유신의 출발점으로 삼는 1868년 이후 일본이 참여하는 주요 전쟁을 살펴보면, 반막부파 내부의 전쟁인 서남전쟁(1873)을 제외하고도, 청일전쟁(1894), 러일전쟁(1904), 제1차 세계대전(1914), 만주사변(1931), 중일전쟁(1937), 그리고 제2차 세계대전으로 이어진다.

전전과는 다르게 군비가 최대한 억제되는 상황에서 군사력 증강과 방위생산의 자주화라는 결과가 나타났다면, 이는 분명 다른 이유로 설명되지 않으면 안 된다. 이 책에서는 전후 방위생산 자주화가 가능했던 이유가 민수 토대와 관련한 방위산업정책에서 비롯된 것이라 파악한다. 필자는 전전 일본의 군사력 증강이 모든 자원의 집중으로 나타난 결과라면, 전후 일본의 방위력 증강은 한정된 자원으로 민수 토대와 민수 기술에 바탕을 둔 '방위산업토대'(DIB, Defense Industrial Base)를 구축한 결과라는 점을 이 책에서 살펴볼 것이다.

마지막으로, 새뮤얼스의 주장과 마찬가지로 그린 또한 기술 민족주의가 메이지 이후의 일본에서 하나의 문화, 관습 또는 이데올로기화된 믿음으로 굳어졌다고 주장한다. 그러나 앞부분에서 언급한 바와 같이 외형적 측면에서 전전과 판이하게 달라진 전후 일본의 상황에서 이것이 어떻게 지속될 수 있었는지는 의문이다. 즉 새뮤얼스와 그린의 연구에서는 기술 민족주의를 메이지 시대에 형성된 일본의 관습으로 보면서도, 이것이 어떻게 전후에도 변함없이 계속해서 유지되었는지에 대한 설명은 없다. 전전 일본의 천황 주권, 천황제 국가, 통제 사회, 소수 재벌 중심의 경제는 전후 국민주권, 의회 민주주의국가, 개방사회, 자유경쟁 자본주의자본주의체제로 전환되었다. 이와 같은 전면적 변화에도 불구하고 메이지 시기의 에토스가 남아 있다면 이는 어떻게 가능한 것인지에 대한 설명이 필요하다는 것이 필자의 생각이다.

3. 이 책의 접근법과 사례의 선정, 분석의 틀

1. 몇 가지 개념의 문제

일본의 방위산업정책을 살펴보기 위해 이 책에서 계속 언급할 방위비, 방위산업, 산업정책에 대한 개념은 엄격한 정의 없이 일반적으로 사용되고 있다. 그러나 막상 개념 정의에 들어가게 되면 용어도 다를 뿐 아니라 학자마다, 기관마다 다르게 사용되는 경우가 많다. 혼동을 피하기 위해 몇 가지의 개념 정의를 한다면 다음과 같다.

1) 방위비

방위비에 대한 정의는 일치되어 있지 않을 뿐 아니라 각국에서 방위비로 발표하는 비용에 포함되는 항목 또한 국가마다 다르다. 방위비 또는 군사비에 대한 각국의 정의는 적용 항목이나 범위뿐 아니라 용어 자체도 국방비, 군사비, 국방 지출 등 다양하게 나타난다. 일본의 경우 헌법상 군대를 가지지 못하게 되어 있으므로 국방비라는 용어는 쓰지 않으며 방위 지출, 방위 예산 등으로 표현하고 있다. 그러나 용어를 어떻게 사용하든 이들 용어들이 공통적으로 갖고 있는 의미는 '군사 목적에 지출되는 경비'라 할 수 있다. 여기에는 무기 개발과 구입, 유지, 보수, 관리비를 비롯하여 군인 급여, 급식, 의복, 병영 유지비, 주둔 외국군에 대한 지원비 등 많은 항목들이 있다.

군사비에 대한 정의로 가장 많이 사용되는 것은 대체적으로 NATO(북대서양조약기구), IMF(국제통화기금), UN(국제연합)의 세 개 기관이 산정하는 방법이다.[30] 이 세 기관이 산정하는 국방비는 국방비에 포함시키는 항목이 조금씩 다르기 때문에 각국별로 조금씩 차이가 난다. 예를 들어, 군인연금의 경우 NATO와 UN은 국방비로 포함시키고 있으나 IMF는 포함시키지 않는다. 또 무기 생산에 대한 보조금, 전환 보조금의 경우 NATO는 국방비에 포함시키지만 UN과 IMF는 포함시키지 않는다.

이 가운데 NATO의 정의는 가맹국들의 공평한 부담 원칙을 적용하기 위한 내부적 목적을 가지고 만들어진 것이지만, 스톡홀름 국제평화연구소(*SIPRI*), 미국의 ACDA(Arms Control and Disarmament Agency, 군비관리군축국)와 같은 다른 기관들의 기초 자료로도 많이 사용된다(Brzoska 1995, 51). NATO의 군사비 정의에 의하면 ① 군사력의 유지를 위한 지출(인건비, 연금, 연구·개발, 장비 획득비 등), ② 군사/방위/전략적 목적을 위한 다른 지출(무기 생산 보조금, 전환 보조금, 타국에의 군사원조 등), ③ 타 전력을 위한 지출(국경 경비대, 헌병 경찰, 경찰 등), ④ 인도적 구원 활동이나 평화 유지 활동, ⑤ 신용 구매에 의한 획득 비용 등의 항목을 군사비로 규정하고 있다(Brzoska 1995, 48-49). 이 책에서 사용되는 방위비에 대한 정의는, 일반적으로 가장 널리 사용되며 객관성도 확보되어 있다는 측면에서 NATO의 정의를 따른다.

2) 방위산업

방위산업에 대한 정의는 방위비보다 더욱 복잡하다. 우선 용어부터가 '방위산업'(Defense Industry) '군수산업'(Military Industry) '무기산업' 또는

30_이에 대해서는 Brzoska(1995), 특히 pp. 48-52를 참고.

'병기산업'(Arms Industry) '무기 생산'(Arms Production) 등으로 다양하게 나타날 뿐 아니라 실질적인 생산과정과 생산품에 있어서도 민수와의 구분이 모호한 경우가 많기 때문이다. 이와 관련하여 살펴보아야 할 개념이 '방위산업토대'(DIB:Defense Industrial Base)[31] 또는 '방위기술 및 산업토대'(DTIB: Defense Technology and Industrial Base)이다. 방위산업이나 군수산업의 개념은 정의하기가 어려울 뿐 아니라 산업의 여러 영역에 걸쳐 있기 때문에 '방위산업토대'라는 용어가 포괄하는 영역은 방위산업 또는 무기산업보다도 더 광범위하다. 개념상으로 이는 "국가 안보 목적에 필요한 무기를 디자인, 개발, 제조, 유지하고 방위 장비를 지원하는 사람, 제도, 기술 노하우와 시설들의 결합(combination)이며, 이는 세 가지 광범위한 요소, 즉 연구·개발(R&D)과 생산 및 유지(production and maintenance)"(US Defense Conversion Commission 1992, 4)로 정의된다. 즉 국가가 필요로 하는 군사 장비를 공급하고 유지하기 위해 필요한 모든 자원을 포괄하는 개념이라 할 수 있다.

던은 '방위산업토대'를 세 가지로 범주화하여, 파괴적이고 치명적인 무기 체계, 파괴적이지는 않지만 전략적인 생산물(운반 수단이나 연료 등), 군사적 목적으로 사용될 수 있는 다른 생산물(식량, 피복 등)로 위계화해 나누었다(Dunne 1995, 402). 물론 이런 위계화가 중요도의 순서를 반영하는 것은 아니다. 대부분의 무기 체계는 전략적 수단 없이는 작동되기 어려우며 군인들 또한 식량 없이는 전투가 불가능하기 때문이다. 이 책에서는 '무기산업' '병기산업'은 첫 번째 범주인 '파괴적이고 치명적인 무기 체계'를, 그

31_DIB에 대한 개념에 대해서는 Dunne(1995, 402-406); Ruttan(2001, 551-552)을 참고.

리고 방위산업과 군수산업은 세 범주를 모두 포함하는 개념으로 사용할 것이다. 이 외의 용어들은 별도의 설명이 없는 한 동일한 의미로 사용할 것이다. 예를 들어 '무기'와 '병기', '방위산업'과 '군수산업' 등은 별도의 설명이 부가되지 않는 한 거의 동일한 의미로 다룬다.

이렇게 정의하더라도, 방위산업 또는 군수산업을 엄밀히 구분하거나 정확하게 개념 정의를 내리기는 쉽지 않다. 즉 이 개념들을 산업 영역에 엄밀하게 적용시키기란 어려울 뿐 아니라 적절한 데이터를 찾아내기도 쉽지 않다. 따라서 연구자들 또한 이 용어들을 비교적 탄력적으로 — 특히 경험적 연구에 있어서는 — 사용하고 있다. 이 책에서 사용할 방위산업에 대한 개념 정의도 던이 제시한 범주 내에서 탄력적으로 살펴보게 될 것이다. 즉 이 책에서는 일본의 방위산업정책을 네 가지 사례, 즉 전후의 방위 재생산, 제4차 방위력정비계획, FS-X 공동 개발, 미·일 간 방산 협력을 중심으로 살펴보기 때문에, 첫 번째 사례와 두 번째 사례의 경우 일본 방위산업의 전체적 측면을 조망한다는 측면에서 앞서 언급한 방위비 지출의 범주에 들어가는 부분을 방위산업으로 간주하여 논의가 이뤄질 것이다. 그러나 세 번째와 네 번째 사례의 경우 전투기라는 구체적인 장비와 미·일 간에 협력이 논의되는 품목 또는 미·일 간의 방산 협력 분야를 중심으로 살펴보게 될 것이다.

요컨대 첫 번째, 두 번째 사례에서 언급되는 방위산업이란 NATO의 정의, 따라서 스톡홀름평화연구소가 사용하는 방위비 규정에 따라 방위비에 들어갈 수 있는 부분을 방위산업으로 간주한다. 즉 군사적 목적을 위한 생산물이나 서비스, 그리고 이들과 관련된 기술은 모두 방위산업에 포함된다. 군사 장비는 군사적 목적을 위한 장비이며 따라서 석유, 전자, 사무실 컴퓨터나 의복 같은 일반적 목적의 상품은 방위비에 포함되지 않는다. 군사 서비스 또한 정보 기술, 수리, 유지, 보수 등과 같은 기술을 포함하지만 군사적 목적에 한정된 것만 포함한다(*SIPRI* 2010, 272-273).

3) 산업정책

산업정책이 무엇이냐에 대한 개념 정의 또한 필요한 것으로 보인다. 산업정책이 무엇이냐에 대해서는 금융정책, 통화정책과 같은 거시 경제정책으로부터 개별 산업정책에 대한 보조금 지급 등에 이르기까지 많은 개념 정의가 있다.[32] 찰머스 존슨에 의하면, 산업정책은 "전 세계적 경쟁력을 유지하기 위해 한 국가 내의 다양한 산업들을 발전시키거나 또는 경비 절약을 위한 긴축의(retrench) 의도로 행하는 정부 활동들"(Johnson 1984, 7)로서 이는 통화정책, 재정정책과 함께 경제의 세 가지 축을 이룬다. 이어서 존슨은 산업정책은 "모든 정부 조치들이 시장경제에 중요한 충격을 가져온다"는 인식을 가진 태도(attitude)가 중요하다고 하면서 산업 부문에 대한 정부의 직접적이고도 적극적인, 그리고 주도적인 역할에 강조점을 두고 있다. 오키모토는 산업정책을 "요소 투입의 생산성을 높이려는 목적으로 특정 부문들과 산업체(그리고 만약 필요하다면 개별 기업까지)가 요구하는 정책을 집행하기(administer) 위해 정부 권위와 자원을 사용하는 것"(Okimoto 1989, 8)이라 정의한다. 이어서 오키모토는 공공 정책이 경제 전반을 다루는 거시경제 영역이라면 산업정책은 미시적인 산업 부문을 다루는 것이라고 주장하고 있다.

산업정책에 대한 두 사람의 개념 정의에 있어 존슨이 오키모토보다는

32_이에 대한 논의에 대해서는 Johnson(1984)을 참고.

좀 더 국가 또는 관료의 적극적인 역할을 주장하고 있다는 점에서 차이가 있지만, 그럼에도 불구하고 이들에게서 공통적으로 나타나는 것은 산업정책의 주체와 대상은 정부와 산업이라는 것이다. 이 책에서도 존슨과 오키모토의 정의를 참고하여, 정부가 산업 영역에 영향력을 미치기 위해 취하는 모든 정책은 산업정책으로 간주한다.

이런 개념 정의에 더하여, 구체적으로 이 책에서 살펴볼 방위산업과 관련해서 다음과 같은 측면들은 분석 대상에서 제외한다. 첫째, 일본의 방위정책과 관련된 정책은 직접적 분석 대상은 아니므로 제외된다. 물론 방위정책이 방위산업과 밀접한 관련을 갖고 있기 때문에 이에 대한 간략한 언급과 배경적 검토는 이뤄지겠지만, 이 책에서 주로 다룰 내용은 방위산업정책에 대한 것이지 방위정책에 대한 것은 아니다. 둘째, 첫째 부분의 연장선상에서 안보정책, 동맹 정책, 외교정책 또한 일본의 방위산업과 밀접한 관련은 맺고 있지만 직접적인 분석 대상이 아니므로 이 영역 또한 필요한 경우를 제외하고서는 서술에서 제외한다.

2. 이 책의 접근법

1) 국가 중심적 접근법

일본의 방위산업정책을 살펴보기 위해서는 방위정책과 산업정책이라는 두 측면에서 접근할 필요가 있다. 우선 일본의 방위정책이 전후 미국과의 동맹을 기조로 형성되었다는 점은 주지의 사실이다. 물론 전후 강화조약과 미일안보조약의 개정을 둘러싼 과정에서 야당과 국민의 격렬한 반대에 직면하여 일본 사회가 양분되기도 했지만,[33] 그럼에도 불구하고 일본의 방위정책은 미·일 동맹의 축 위에서 계속 전개되어 왔다. 이 과정에서 평화 헌법, 비핵 3원칙(1967년), 무기 수출 3원칙(1967년), 방위비의 대(對) GNP 비율 1%라는 각의 결정(1976년)은 일본의 방위정책을 규정짓는 기본 방침으로 정해졌다. 즉 1960년의 '안보 투쟁' 이후 일본의 방위정책에서 야당과 국민의 반대와 같은 정치적 요인은 크게 축소되었으며, 그 결과 방위정책에 대한 시민사회의 영향력 또한 매우 제한적이었다.

한편 일본의 경제성장과 정부의 역할을 보는 시각으로서는, 시민사회에 대한 정부와 관료의 강한 통제력을 중시하는 국가 중심적 '정부 중시 모델', 그리고 정책결정과정에서 야당과 기업의 역할을 강조한 다원주의적 '시장경제 중시 모델'이라는 두 가지로 대별 가능하다.[34] 전자가 전후 일본

33_이 시기에 나타났던 일본 사회의 대립 구도는 미일안보조약을 둘러싼 찬반으로 전개되었다. 한편 점령정책은 초기에는 자유주의적이었으나 냉전 격화와 함께 점령 후반기로 가면서 우경화되는 양상을 보이고, 이는 일본 정부의 '역코스'로 나타나게 된다. 이의 연장선상에서 이후 미일안보조약을 둘러싸고서 벌어진 중립·평화주의자와 친미주의의 대립 구도는 일본 정당정치의 주요 이슈로서 등장한다. 이의 국제적 맥락이 냉전이라면 국내적 맥락은 자민당과 사회당의 대립 구도라고 할 수 있다. 사상적 측면에서 나타나는 양자의 대립 구도를 오구마 에이지(小熊英二)는 '민주 대 애국'이라는 언술로 정리하고 있다. 이에 대해서는 小熊英二(2002)를 참고하라.

34_이 외에도 전후 일본의 급속한 경제성장을 설명하는 여러 다른 접근법들이 있다. 예를 들어 나카네 지에(Nakane Chie)의 경우 '이에'(家)에서 유래하는 종적 사회구조와 집단적 목표의 공유 등의 특성에서 일본 경제성장의 동력을 찾는다면, 에즈라 포겔(Ezra Vogel)의 경우 일본 국민들의 근면성, 조직에 대한 충성심 등에서 경제성장의 원동력을 찾는다. 이 외에도 로드니 클라크(Rodney Clark) 등이 주장하는, 일본 기업의 특수성 — 예를 들어 종신 고용제, 연공서열제, 기업별 노조 — 을 일본 경제성장의 요인으로 보는 접근법을 들 수 있다. 아베글렌의 경우 일본의 종신 고용제가 회사에 대한 충성심을 갖게 하는 반면, 서구의 유연한 노동시장은 충성심을 떨어뜨려 제품의 질과 생산성을 저하시킨다고 주장한다. 이들을 보통 '문화주의' '일본 기업의 특수성 이론'으로 분류하기도 한다. 그러나 이런 접근법들은 일본이 경제성장에 성공했기 때문에 그 특성들이 긍정적이었다는 '사후 설명

의 급속한 경제성장이 관료주도의 경제정책에서 비롯되었다는 점을 배경으로 나타났다면, 후자가 나타난 배경으로는 1960년대 후반부터 새롭게 등장한 시민운동과 '혁신자치체'의 출현 등을 들 수 있다. 그러나 '산업정책'이라는 용어 자체를 수용한다는 사실 자체가 이미 국가 중심적 모델을 전제로 한 것으로 보인다. 즉 시장경제 중심적 시각에서는 '산업정책'이 존재할 이유가 없기 때문이다. 뿐만 아니라 일본의 전후 경제 발전 과정에서 중요한 산업에 대한 정부 통제가 작용했다는 점, 방위산업이 일반적인 산업과는 다르게 국가정책과 밀접한 관련을 갖는다는 점에 미뤄, 방위산업에 대한 정책을 시장경제적 모델로 설명하기에는 한계가 있을 수밖에 없다. 이의 연장선상에서 앞서 언급한 방위정책과 밀접한 관련성을 갖고 있는 방위산업정책 또한 시장경제적 모델로 설명하기에는 한계가 있을 수밖에 없다고 할 수 있을 것이다.

이런 측면에서 보게 되면 일본의 방위산업정책에 접근할 때 시장경제 중시 모델이나 사회집단의 다원성에 기초한 다원주의적 모델은 한계를 가질 수밖에 없다.[35] 따라서 앞서 살펴보았던 기존연구들 또한 일본의 방위산

적' 논리에서 벗어나기 어렵다. 뿐만 아니라 이와 같이 일본 사회와 일본인의 예외성과 특수성을 강조하게 되면 일반화시키기 어려울 뿐 아니라 증명하기도 어렵다. 문화중심적 시각에서 일본경제성장의 원동력을 주장하는 논자들로는, Nakane(1970); Clark(1979); Vogel(1979); Morishima(1982); Abegglen and Stalk(1985), 그리고 일본기업의 특수성이라는 측면에서 일본경제성장을 살펴보는 입장으로는, Abegglen(1973); 青木昌彦(1984)을 참고하라.

35_이와 관련하여 일본의 정치체제를 다원주의로 분석하는 이들은, 일본의 다원주의가 미국에서 발달한 다원주의와는 명확한 차별성이 존재한다는 것을 의식하고 있다. 즉 일본에서의 다원주의를 논의하는 논자들에 대해 주목해야 할 점은 이들 모두가 다원주의라는 이름을 쓰고 있음에도 모두가 형용사가 붙은 '한정적'(hyphenated) 다원주의 모델이라는 점이다. '패턴화된 다원주의' '관료적 포괄형 다원주의' 등이 그 예이다. 이는 미국에서 발달한

업정책을 분석하는 데 있어서 국가, 구체적으로는 관료들의 역할에 주로 초점을 맞춤으로써 국가 중심적 시각을 내포하고 있었던 것이다. 물론 이런 시각이 방위산업체 사이의 경쟁이나 국가기구 내 엘리트들 간의 다원성을 배제한다는 의미는 아니다.[36] 오히려 주요 정치인이나 각 성청과 같은 국가기구 내 주요 행위자들 간에 갈등과 경쟁이 엄연히 나타난다는 측면에서 국가기구 내의 다원성은 배제되어서는 안 될 것이다.

국가주의적 이론을 주장하는 이들에 의하면, 국가는 정부나 관료 시스템보다 더 많은 것을 포함한 개념이다.[37] 알프레드 스테판(Alfred C. Stepan)에 의하면 국가는 "영속적인 행정적·법적·관료적·강압적 시스템으로서 정치자본주의체제 내의 시민사회와 공적 권위 사이의 구조적 관계뿐 아니라 시민사회 내의 수많은 문화적 관계도 규정지으려 노력한다"(Stepan 1978, xii). 그럼에도 불구하고 여전히 '국가'라는 수준에서 산업정책을 설명하기에는 조금 추상적이다. 이에 국가를 관료 조직으로 구체화시킨 이론이 관

다원주의 모델(V. O. Key, D. Trumann, R. Dahl, G. Almond)과의 차이를 의식하고 있다는 점을 나타내어 준다. 이런 것 중에서 대표적인 것이 무라카미 야스스케(村上泰亮)의 '신중간대중'과 이노구치 다카시(猪口孝)의 '관료 주도형 대중포괄체제'라는 개념이다. 이것은 국민이 관료들에게 영향력을 행사하지 못함에도 불구하고 관료 통제가 대다수로부터 지지를 받는 것을 의미한다. 이런 주장들에 대해서는 Muramatsu and Krauss(1987); 猪口孝(1983); 富田信男·曾根泰教(1983); 佐藤誠三郎·村松岐夫(1986); Murakami(1982); 猪口孝·岩井奉信(1987)을 참고하라. 그러나 이런 성격의 다원주의를 엄격한 의미에서 다원주의라 할 수 있는가에 대해서는 논의의 여지가 남아 있다.

36_방위산업정책에 관한 엘리트들 간의 다원성을 배제해, 모든 엘리트들이 방위산업을 육성하는 데 이해가 일치하여 군수산업 육성에 적극 나선다고 한다면 이는 '군산복합체론'으로 귀결된다. 전전 일본의 경우가 대표적이라 할 수 있을 것이다. 이에 관한 연구로는, 당시의 군부(해군)와 학계(동경대), 그리고 산업체(중공업계) 간에 나타난 '군산학복합체'의 형성을 히라가 유즈루(平賀譲) 동경제대 총장을 중심으로 연구한 畑野勇(2005)이 대표적이다.

37_이에 대해서는 Stepan(1978); Nordlinger(1981)를 참고.

료우위이론이라고 할 수 있다.

전후 일본의 경제 발전을 통산성 관료들의 역할에 초점을 두고서 '계획 합리적인' '발전 지향형 국가'라는 개념을 창출해 낸 찰머스 존슨이 대표적이다. 찰머스 존슨 외에도 많은 연구들이 일본의 국가와 관료를 중심으로 일본의 정치·경제에 관한 분석을 하고 있다. 대표적으로 스티븐 크래스너(Stephen D. Krasner)의 연구(Krasner 1984)와 미·일 무역마찰 시 미국 측 실무자로 활동했던 클라이드 프레스토비츠(Clyde V. Prestowitz)의 연구(Prestowitz 1988)를 들 수 있다. 이 책에서는 국가기구 내의 주 구성원인 정치인과 관료 조직을 일본 방위산업정책의 주요한 행위자로 살펴볼 것이다.

2) 제도로서의 중간 조직과 네트워크

국가기구 내의 주요 행위자인 정치인과 관료들에 더하여 일본 방위산업정책에서 나타나는 재계의 영향력 또한 무시할 수 없다. 일본의 방산 관련 기업들은 외형적으로는 소수에 집중되어 있는 것으로 나타나지만, 그럼에도 불구하고 방산 관련 기업들이 거느린 하청 업체 수를 고려하면 업체 수는 수천 개에 달하게 되므로 이는 결코 무시할 수 없다. 더군다나 가장 크고도 중요한 소수의 기업들이 병기 생산에 큰 이해관계를 갖고 있기 때문에 이들 기업의 임원들은 관료, 정치인들과 함께 각종 심의회에 참가할 기회가 많아지게 된다. 따라서 이들의 영향력은 주로 협회, 심의회, 위원회와 같은 정부와 민간 부문 사이의 소위 '중간 영역' 또는 공식적, 비공식적 네트워크를 통해 행사된다(Okimoto 1989).

일본의 정책 결정 과정에서 중간 조직 또는 공식적·비공식적 네트워크가 차지하는 중요성을 감안할 때, 일본 사회의 제도적 측면을 파악하고자 하는 제도 중심적 접근법은 앞서 언급한 국가 중심적 또는 관료 중심적 모델이 간과하기 쉬운 측면을 보완할 수 있다. 나아가 이런 중간 조직에서 나타나는 구성원들 간의 네트워크 또한 중요하다. 네트워크 관계는 산업 조직에서 발견되는 것과 같은 공식적 조직이 아니라 비공식적 형태로 조직된다. 이들 관계는 느슨하게 짜여 있기 때문에 구조적 관계라기보다는 기능적 관계다. 이 속에서 나타나는 행동 패턴으로는 동일한 목표와 믿음 체계를 갖고 있는 한 지속되는 신뢰 관계, 기대 행동(anticipatory behavior), 미래의 보상을 위해 현재를 희생할 수도 있다는 초합리적 행동(extrarational behavior) 등을 들 수 있다. 그리고 이런 것은 구성원들 간의 합리적 결정에 기반을 둔 반복된 거래(repetitive transactions)로부터 나타난다는 점에서 문화주의적 설명과는 다르다(Yeom 1989, 46-48).

일본의 재계는 몇몇 대기업이 중심이 된 일본의 방산 시장, 서로의 친분 관계로 형성된 네트워크, 전쟁과 패전의 경험을 공유한 정서적 공감대 등을 배경으로 하여, 군사 하드웨어나 병기 관련 연구·개발비의 증대, 무기 수출 금지 같은 방산 관련 정부 정책에 공통된 목소리를 내면서 영향력을 행사하는 경우가 많다. 이런 측면에서 정부에 압력을 가하여 방위산업 관련 산업체의 이익을 대표하는 공식적 조직체에 대해 살펴볼 필요가 있다. 가장 오래된 조직은 1951년 설립되어 미쓰비시중공업, 미쓰비시전기, 가와사키중공업, 도시바, 일본전기(NEC) 등을 포함하고 있는 일본병기공업회다. 이 협회는 일본이 병기 생산을 재개한 직후인 1952년에 이미 123개 회원사를 거느리고 있었으며 오늘날에도 여전히 100여 개의 기업을 회원사로 두고 있다. 이 외에도 일본우주공업회, 일본조선공업회 등과 같이 방위산업과의 관련성이 높은 산업체 조직 또한 방위관련 산업체의 이익을 대변하고 있다.

방위산업의 정책 결정에 재계 조직으로서 가장 영향력 있는 단체로는 경단련의 특별위원회로 설치되어 있는 방위산업위원회를 들 수 있다. 이 위원회는 설립 때부터 위원회의 활동비를 참가 단체 및 기업의 출자금으로 충당함으로서 경단련에 속하는 하나의 위원회이면서도 경비 면에서는 경단련의 경상예산에서 독립된 성격을 띠고서 출발했으며, 이 위원회의 책임자도 항상 방위산업 의존도가 높은 기업체의 장 또는 경단련의 중요한 임원이 맡음으로서 경단련 내에서 독립적인 입지를 구축해 왔다(経済団体連合会 1978, 59).

방위생산위원회는 미일안보동맹의 경제적 측면에도 커다란 영향력을 행사해 왔다(Drifte 1986, 26). 그리고 산업체 사이에 이해가 충돌할 때 이들의 견해를 조정할 뿐 아니라, 정부의 방위산업정책이나 각 성청의 업무에 대해서 자신의 의견을 피력하기도 한다. 예를 들어 1985년 9월의 성명에서 방위생산위원회는 병기산업정책의 부재에 대한 유감을 표시했을 뿐 아니라, 방위 장비 생산의 관리가 서로 다른 성청으로 나뉘어 있다는 점, 즉 항공기와 무기는 통산성이, 선박은 운수성이 관리하는 데 대해서도 유감을 표시했다. 나아가 연구·개발비의 증가, 자주적 개발·생산 노력의 제고, 방위생산의 특수한 성격을 고려한 방위청 가격정책의 변화 등의 의견을 피력하여, 이의 개선을 요구하기도 했다(経済団体連合会 1999, 454).

이 책에서는 앞에서 언급한 국가 수준에서 주요 정치인, 관료를 방위산업정책 결정의 주요 행위자로, 그리고 시민사회 수준의 주요 행위자로서 재계의 영향력을 중심으로 일본의 방위산업정책 결정을 살펴보고자 한다. 즉 정책 결정 과정의 주요 행위자로 주요 정치인, 관료들의 역할과 함께 재계 지도자들의 영향력이 방위생산위원회나 심의회, 연구회 등과 같은 중간 영역의 제도 또는 공식적·비공식적 네트워크를 통하여 어떻게 표출되는지, 그리고 이들의 주장에서 어떤 공통점을 발견할 수 있는지를 살펴보게 될 것이다.

3) 전전과 전후의 연속성

일본 방위산업정책의 주요 행위자인 정치인, 관료, 재계 인사들에게서 공통적으로 나타나는 것이 기술 민족주의적 측면이며, 따라서 방위 장비의 국산화 또는 토착화가 전후 방위산업정책에서 줄곧 강조되어 왔다는 것은 기존의 연구들에서 공통적으로 나타난다. 그리고 새뮤얼스는 이것이 메이지 시대 이후 부국강병, 식산흥업에서 유래되어 마침내 제국주의 일본의 군사적 기술 민족주의로 나아갔고, 전후에도 이런 정신은 이어져 기술에 대한 열망으로 나타났다고 주장한 바 있다. 나아가 전전에 보였던 기술의 토착화, 육성, 확산이라는 양태는 전후에도 그대로 이어지고 있다는 것이다. 그린 또한 장비 국산화에 대한 일본의 열정이 메이지 시대부터 유래했다는 것을 밝히고 있다. 이 책 또한 이들과 마찬가지로 전전과 전후의 연속성 속에서 일본의 방위산업정책을 파악한다. 즉 방위산업정책에 참여하는 주요 행위자들은 국산화, 기술의 토착화에 대한 공감대가 광범위하게 형성되어 있다는 의미이다.

그러나 이 책에서는 이에 대한 논의를 좀 더 진전시켜 메이지 시대에 형성되었던 이런 사고가 이후 제국주의 일본 파시즘에서 어떤 사상으로 구체화되어 나타나는지, 그리고 전전의 이런 속성이 어떻게 전후에도 유지될 수 있었는지 살펴볼 것이다. 이를 살펴보는 이유는 이에 대한 이해가 넓게는 전후 일본 사회, 좁게는 일본 방위산업정책에 참여하는 주요 행위자의 사고를 이해하는 데 필요한 것으로 보이기 때문이다. 구체적으로 제도 중심적 접근법에서 중시하고 있는 (심의회와 같은) 중간 조직의 인적 구성, 그리고 네트워크 이론이 중시하고 있는 구성원들 간의 공통된 목표와 믿음·

신뢰 관계 등이, 전전과 전시의 엄혹한 경험을 공유하면서 나타났다고 보이기 때문이다. 이를 제2장에서 구체적으로 살펴볼 것이다.

4) 사례 중심의 시계열적 접근

이 책에서는 뒷부분에서 언급하게 될 네 가지 사례를 중심으로 전후 일본의 방위산업정책 결정 구조가 어떻게 나타나는지, 그리고 각 사례에서 주요 행위자의 움직임은 어떻게 나타나는지를 살펴본다. 여기에서 나타난 결과를 토대로 전후 일본 방위산업정책의 전체적인 흐름이 어떻게 전개되고 있는지, 그리고 각 행위자의 움직임은 어떻게 변화하고 있는지를 살펴보게 될 것이다.

5) 각 사례에서 검토될 내용과 질문

기존 연구에 대한 검토를 통하여 나타난 함의들, 그리고 이 책의 접근법을 토대로 각 사례에서, 또는 각각을 비교하여 살펴볼 내용들을 질문 형태로 정리하면 다음과 같다.

첫째, 각 사례들에서 정계, 관계, 재계의 주요 행위자들이 관심을 가졌던 특징적인 측면과 논점은 무엇인가.

둘째, 각 행위자들이 각 사례에서 방위산업에 대해 접근하는 시각 또는 가치는 어떠하며, 이들의 시각에서 나타나는 특징은 무엇인가.

셋째, 각 행위자들의 주장은 통일되어 나타나는가. 통일되어 있다면 왜 그런지, 통일되어 있지 않다면 그 이유는 무엇 때문인가.

넷째, 각 사례들의 최종 결정은 어떻게 이뤄지는가. 즉 주요 행위자 간의 권력관계는 어떠한가.

다섯째, 각 사례를 전체적으로 관통하여 볼 때 주요 행위자들의 주장이나 입장은 일관되게 나타나는가.

여섯째, 앞 질문의 연장선상에서 각 행위자들의 주장이 일관되게 나타난다면 왜 그런지, 그리고 만약 도중에 입장의 변화가 있다면 그 변화는 무엇 때문에 나타난 것인가.

일곱째, 각 사례를 전체적으로 관통해 볼 때 주요 행위자 간의 권력관계에 변화가 있는가.

그리고 마지막으로, 전후 일본 방위산업정책의 결정 과정을 정형화할 수 있을 것인가에 대한 해답을 모색해 보고자 한다.

3. 사례의 선정

이 책에서는 전후 일본의 방위산업 발전 단계에서 특징적으로 보이는 네 가지 사례를 선정해 각각의 경우에서 나타나는 구조적 제약성과 국가 내 주요 행위자들의 역할, 그리고 재계 조직으로서의 경단련이 어떤 역할을 했는지를 살펴볼 것이다. 이같이 사례를 선정한 이유는 전후 일본 방위산업정책의 변화 과정을 모두 살펴본다는 것이 매우 어려운 작업일 뿐만 아니라 효율적이지도 않다는 현실적 측면에 기인한다. 따라서 이 책에서는 전후 방위산업정책의 변화를 특징짓는 사례를 중심으로 일본 방위산업정책의 변화 과정을 살펴보고자 한다. 이 책에서는 이런 사례로서 병기 재생산, 제4차 방위력정비계획, 1980년대 말의 FS-X 개발 계획, 마지막으로 탈냉전 이후의 미일기술안보포럼을 선정하여 살펴보고자 한다. 네 가지 사례의 선정 이유로는 구조적 요인으로서 국제정치·경제 질서의 변화와 미·일 관계의 변화, 그리고 방위산업과 관련한 요인으로 산업적 측면에서 나타나는 일본의 기술 발전 과정을 들 수 있다.

우선 첫 번째 사례는 패전 이후 황폐화되었던 일본의 방위산업이 재개되기까지의 과정이다. 이 사례는 전후 점령 당국이 만든 헌법에 의해 무장이 금지되었던 일본이 방위생산을 할 수 있는 계기를 마련했다는 측면에서 그 중요성을 찾을 수 있다. 이와 관련해서는 물론 중국의 공산화, 한국전 등의 국제적 상황이 미국의 대일 점령정책을 전환시키는 계기가 되었다는 점을 간과해서는 안 되겠지만, 이런 대외적 환경 변화에 어떤 행위자가 일본 방위산업의 발전에 주도적 역할을 했는지를 살펴보아야 할 것이다.

기술적 측면에서 이 시기의 일본은 서구에서 먼저 개발된 기술을 들여와 제품, 공정 기술상의 작은 혁신(minor innovation)들을 달성함으로써 품질이 우수한 제품을 값싸게 생산, 경쟁 우위를 달성해 나갔다. 구체적으로는 대략 1950년대 초에서 1960년대 초까지다. 이 사례에서 필자는 이 시기의 방위산업 재개에 있어 경단련이 그 어떤 다른 행위자보다도 주도적 역할을 했음을 보여 줄 것이다. 아울러 재계의 이런 움직임에는 방위력 증강보다는 산업토대의 보존과 구축이라는 동기가 무엇보다도 강했다는 점을 살펴볼 것이다.

두 번째 사례는 1972년부터 시작되는 제4차 방위력정비계획이 결정되는 과정이다. 이 사례가 갖는 중요성은 4차방을 계기로 일본의 방위산업이 질적·양적 측면에서 비약적인 증대를 보였을 뿐 아니라 자주방위 구상이 본격적으로 나타났다는 측면에서 알 수 있다. 즉 3차방 말기부터 일본의 방위산업계에서는 자주방위 구상이 나타나게 되고 이후 1972년부터 시작되는 4차방에 대한 검토를 하면서부터는 방위산업이 비약적인 발전을 보이게 된다. 경제적 측면에서 보게 되면 이 시기 들어 방위산업에 대한 미국의 무상 원조는 거의 소멸되어 72년부터는 조달의 대부분이 유상 원조와 일반 수입, 그리고 국내 조달로 이뤄진다. 국내 조달 비율은 3차방 초년도에 89%를 점하고 이후에는 90%를 상회했다(Drifte 1986, 22; 『防衛年鑑』 1992, 516-517). 따라서 전후 병기 재생산을 시작한 이후 4차방을 계기로 일본의 방위산업은 질적인 변화를 겪었다고 할 수 있다.[38]

기술적 측면에서 보게 되면 종전과 같은 수입 기술의 흡수와 개량, 그리고 품질과 가격에서의 경쟁 우위 확보라는 접근 방식만으로는 더 이상의 기술 발전이 어렵다는 결론에 도달하게 되는 시기이다. 따라서 선진 기술 부문에서의 추격(catch-up)과 '창조적 기술 개발'의 필요성이 역설되었다. 이에 따라 기업들은 내부 연구·개발 활동을 강화하기 시작했고 정부는 기초 기반 기술에 대한 공동 연구·개발 프로그램들을 조직함으로써 개별 기업의 기술 능력 제고에 기여했다. 따라서 일본은 1970년대 이후 기술면에서 현저한 변화를 겪게 되며 첨단산업정책 중심으로 산업정책을 펴기 시작했다고 할 수 있다(Patrick 1986, xi).

시기적으로는 1970년대 중반 이후부터 1980년대 중반까지의 기간으로 오일쇼크와 미국의 베트남전 패배, 미·중 국교 수립 등 국제정치·경제 질서의 구조에 변화가 많이 나타나는 시기라고 할 수 있다. 이 사례에서 필자는 첫 번째 사례와 비교하여 재계의 영향력이 상대적으로 저하되었지만 여전히 많은 영향력을 행사하고 있으며, 주요 정치인의 역할이 이전에 비해 중대되고 있음을 보여 줄 것이다. 동시에 방위산업에 대한 이들의 시각이 첫 번째 사례에서 나타났던 산업토대 보존과 구축에서 진일보하여 '국산화'와 '기술 민족주의'라는 가치와 결부되어 나타나고 있음을 살펴볼 것

38_일본 군국주의가 부활했다고 각국이 비난하기 시작한 것도 3차방 후반부터였으며 최초의 『방위 백서』가 발표된 것도 1970년 11월이었다.

이다.

세 번째 사례인 FS-X 개발 계획은 일본이 자체 개발하여 항공자위대가 보유하고 있던 F-1 지원 전투기의 후속기 개발 사업이다. 이 계획은 1982년 7월의 국방회의에서 56중업(소화 56년도 중기방위정비계획)이 결정되었을 때 부각되었다. 이 사례가 중요성을 갖는 이유는 일본 경제의 국제화와 함께 일본의 방위산업이 일국적인 차원에서 머무르지 않고 미·일 차원에서 논의되기 시작했다는 점에서 찾을 수 있다.

이는 결국 기술 개발의 측면에서 야기되는 것으로, 1980년대 들어 기술 개발을 선도하는 일본의 움직임에 대해 미국의 경계심이 한층 강하게 나타났던 사례다. 즉 질적인 발전을 거친 일본의 방위산업이 일국적인 차원에 머무르지 않고 미·일 차원에서 논의되기 시작한 계기가 바로 FS-X 개발이다. 나아가 일본의 방위산업체가 그동안 축적된 기술적 자신감을 바탕으로 미국 방위산업체와의 협력을 모색하게 되는 것 또한 이를 계기로 해서였다고 할 수 있다.

이 계획은 원래 일본이 독자 개발하려고 한 것을 미국이 개입하여 공동 개발하기로 했으나, 작업량을 둘러싼 양국의 갈등으로 당시 미국에 새 행정부가 들어선 후 또 한 번 '재조정'된 것이었다. 이 사례를 통해서 일본의 방위산업계가 대외적 압력, 구체적으로는 미국의 압력에 어떻게 대응하여 자신들의 이해를 반영해 나가는지를 알 수 있을 것이다. 이 사례에서는 앞의 두 사례와 비교하여 재계의 영향력은 많이 줄었지만 이는 미일안보자본주의체제라는 구조적 요인에 의한 것임을 살펴볼 것이다. 즉 재계의 영향력이 저하되었음에도 국내적 차원에서 '국산화'와 '기술 민족주의'라는 가치는 여전히 강력히 표출되고 있음을 살펴본다.

마지막 사례인 미일기술안보포럼은 탈냉전이라는 구조적 변화에 직면한 양국의 방위산업 협력이 어떤 양상으로 나타나고 있는지를 알아보기 위한 것이다. 이 사례에서는 탈냉전 들어 미·일 양국의 방위산업 협력이 정부 차원이 아니라 기업 수준의 실무적인 협력으로 확대되고 있을 뿐 아니라 내용적으로도 냉전 시기보다는 더욱 구체화되어 진전되는 양상이 나타나고 있음을 살펴본다. 그리고 이런 움직임에는 탈냉전 들어 나타난 안보환경의 변화에 적응하기 위한 미국 군수산업체와, 일본이라는 한 나라만의 방위산업 시장으로는 규모의 경제를 실현하기 어려웠던 일본 방산업계들의 이해관계가 일치한 점이 그 배경에 있었음을 살펴볼 것이다.

이 사례에서 또 한 가지 주목할 점은 양국의 방위산업체가 추구하고 있는 귀결점이 민수산업으로의 영역 확장이라는 점이다. 물론 이런 움직임이 양국 정부의 의도와 상관없이 추진된 것이 아니라는 점 또한 살펴볼 것이다. 나아가 미국 군수산업체와의 협력, 민수/군수 구분의 모호함을 배경으로 일본의 무기 수출 3원칙이 형해화될 가능성이 있다는 점을 살펴본다. 다만 이 사례에서는 일본 국내에서의 논의 구조에 거의 균열이 드러나지 않기 때문에 일본 국내의 결정 구조에 대한 논의는 이뤄지지 않는다. 즉 일본의 방위산업이 이미 한 나라의 수준을 넘어서서 미국의 군수산업과 거의 일체화되어 가고 있으며, 이런 움직임에 정치인, 관료, 재계 사이의 균열은 거의 찾아볼 수 없다는 점을 알 수 있을 것이다.

4. 분석의 틀: 일본 방위산업정책의 결정 구조와 주요 행위자

일본의 방위산업정책을 분석하는 데 있어서 필자는 일본의 방위산업을 규정짓고 있는 환경적 요인으로 미국의 대일정책이라는 구조적 제약성, 국가 내 주요 행위자들의 역할, 그리고 재계 조직으로서의 경단련이 어떤 역할을 했는지를 살펴보고자 한다. 이를 좀 더 구체화한다면 미·일 관계, 일본의 관료 조직과 정치인, 그리고 일본의 재계라는 세 가지 변수가 중심이 될 것이다.

1) 미·일 관계

일본의 방위정책은 출발 당시부터 미국의 세계 전략의 일환으로 상정된 것이기 때문에 미국의 영향력이 많은 부분에 있어서 관철된다. 일본의 방위정책이 이런 성격을 갖고 있기 때문에 방위산업정책 또한 미국과 관련성을 갖고 살펴볼 수밖에 없는 특성을 갖고 있다. 탈냉전을 전후하여 일본의 경제가 세계에서 차지하는 비중이 증대되어 미·일 무역구조의 마찰이 야기되면서 방위산업정책에서 미·일 관계의 규정성은 더욱더 중요시되고 있다. 즉 안보 무임승차에 대한 미국의 비판과 함께 미국으로부터의 장비 수입 압력이 더욱더 거세어지는 추세를 보이는 것이다.

이는 일본이 안보정책을 경제적인 측면에 중점을 두고 있다는 점과도 관련성을 가진다. 비록 많은 일본의 행위자들이 일본 영토의 방위를 위한 방위력 구축의 필요성에 동감하고 있지만, 이들에게 있어서 더 절실한 목표는 미국과의 관계에 있어서 무역, 경제 관계를 악화시키지 않도록 한다는 데 있다. 즉 일본의 안보정책 결정자들이 가장 두려워하는 것 중의 하나는 방위에 관한 결정 때문에 미국이 일본 상품의 시장을 제한하거나 경제 보복을 함으로써 미국과의 관계가 악화될 수 있다는 가능성이다(Chinworth 1992, 16). 대표적인 예가 FS-X 공동 개발을 둘러싸고 양국의 갈등이 첨예화되어 나타났던 경우다.

미국은 1950년대 이후 군사원조 판매와 방위 장비의 공동 생산으로 일본과의 방위산업 협력(DIC: defense industrial cooperation) 활동을 진전시켜 왔으며 이를 통하여 일본은 미국으로부터 많은 기술을 배웠다.[39] 탈냉전 후에는 이런 DIC 프로그램이 기술협력과 공동의 연구·개발 계획을 진행하는 단계로 범위가 확장되었다. 더군다나 미국의 역대 행정부는 아시아 태평양 지역에서 미국의 동맹 관계를 강화시키는 데 필수적인 것으로서 일본과의 DIC 계획을 정당화해 왔나(Chinworth 1992, ix). 미국의 목적은 일본의 방위 능력 향상, 미국 군대와의 상호 작전(interoperability), 그리고 보조적인 산업 기지로의 개발(the development of a complementary industrial base)에 초점을 둔 것이었는데, 일본의 주된 목적은 안보에 대한 대미 의존과 함께 이를 통한 고급 기술의 습득에 있었다. 이런 측면에서 미·일 관계 또는 미국의 대일정책이란 변수는 일본 방위산업정책의 주요한 환경적 변수로 간주되지 않으면 안 된다.

2) 일본의 국가기구[40]

일본 방위산업정책의 결정에 관련된 주요 국가기구로는 안전보장회의(구 국방회의), 관료 조직인 각 성청, 그리고 자민당을 들 수 있다.

39_이는 특히 기술집약적이고 고부가가치 산업인 항공기산업에서 더욱 명확히 드러난다 (Halliday and McCormack 1973, 10-11).

40_일본의 행정부 조직은 2001년 1월 1부 22개 성청에서 1부 12개 성청으로 통폐합되었다. 이 책에서 주로 살펴볼 일본의 국가기관 중 2001년의 중앙 성청 개편으로 명칭이 바뀐 곳은 대장성과 통산성으로, 각각 재무성과 경제산업성으로 그 명칭이 바뀌었다. 방위청은 야당의 반대로 계속 미뤄지다 2006년 12월 방위성 승격 법안이 국회를 통과함으로써 2007년 1월 방위성으로 정식 출범하게 된다. 그러나 이 책이 분석 대상으로 하고 있는 시기가 주로 중앙 성청 개편이 이뤄지기 전이기 때문에 과거 명칭을 그대로 사용하기로 한다. 다만 필요에 따라 병기하는 경우도 있다.

① 안전보장회의

현재 일본 방위정책의 최고 결정 기관은 내각 총리대신, 즉 수상이지만 수상의 정책 결정을 자문하기 위한 기구로서 안전보장회의와 총합안전보장관계각료회의가 내각 내에 설치되어 있다. 안전보장회의는 1986년 7월 10일부로 종래의 국방회의를 발전적으로 개편한 기구로서 과거 국방회의의 임무를 그대로 계승하고 있다.[41] 따라서 안전보장회의는 일본 방위에 관한 중요 사항은 물론 중요한 긴급사태에 대한 조치도 심의한다. 수상은 ① 〈국방의 기본 방침〉, ② 〈방위 계획의 대강(大綱)〉, ③ 〈방위 계획의 대강〉과 관련되는 산업 조정 계획의 〈대강〉, ④ 방위 출동의 가부, ⑤ 기타 수상이 필요하다고 인정하는 국방에 관한 중요 사항에 관하여 안전보장회의의 자문을 구하지 않으면 안 된다(『防衛年鑑』 1992, 181).

안전보장회의는 또한 국방에 관한 중요 사항과 중대 긴급사태 대처와 같은 사항에 대해 필요에 따라 수상에게 의견을 제시할 수 있다. 안전보장회의의 구성은 수상을 의장으로 하고 외무상, 총무상, 재무상(구 대장상), 경제산업상(구통산상), 국토교통상, 방위상, 국가공안위원장 등을 위원으로 한다. 그리고 의장은 필요하다고 판단될 때에는 관계 국무대신, 통합막료회의 의장과 기타 관계자를 회의에 출석시켜 의견을 들을 수 있다.

② 방위청(성)

방위청은 2006년 성으로의 승격 법안이 국회를 통과함으로써 2007년

41_1954년 7월 방위 2법안(방위청설치법, 자위대법)이 시행되게 됨에 따라 국방에 관한 주요 사항을 심의하기 위해 내각 총리대신의 자문기관으로서 국방회의의 설치가 결정되었으며 이후 1956년 7월 2일 국방회의가 발족했다.

1월 방위성으로 정식 출범했다. 방위성은 외견상 일본의 방위정책을 수행하는 중앙 행정기관이지만 실질적인 측면에서 다른 나라의 국방부와 같은 영향력은 행사하지 못하고 있다. 즉 관료적인 관점에서 보면 방위성은 다른 성과 같은 권력은 갖고 있지 못하다. 특히 안보정책은 미·일 관계가 갖는 특성상 외무성이 관장했으며, 예산상의 문제는 구 대장성, 그리고 장비의 문제는 구 통산성이 파견자를 통해 관리했던 전통이 있었기 때문에(山本正雄 1972, 130), 성으로 승격되었다고 하더라도 여전히 독립성은 취약하다고 보아야 할 것이다.[42] 따라서 방위성은 방위정책 전반을 집행하는 중앙 행정기관임에도 불구하고 방위산업정책에 관련해서는 독자적인 세력을 갖고 있지 못하다고 할 수 있다. 그러나 민간이 아닌 자위대 제복조의 경우 사용자의 입장에서 — 특히 장비 구매 결정의 초기 단계에서 — 자신의 의견을 개진할 수 있기 때문에 방위산업정책에 전혀 힘이 없는 것은 아니다. 전후 방위청의 주요 간부가 주로 구 내무 관료 출신으로서 경찰청 출신들이 차지하고 있었으며, 과거 일본 육해군의 주요인사들이 자위대 발족 이후 자위대에서 활동하고 있었다는 점은 방위청의 정서(ethos)를 간접적으로 파악할 수 있는 지표가 된다.[43]

42_예를 들어, 경리국, 장비국 등이 조직 개편을 통하여 관리국(2001년), 경리장비국(2005년)으로 명칭이 바뀌었음에도 불구하고 여전히 통산성과 대장성 파견 근무를 거친 인사가 그 직을 주로 맡고 있으며 이는 다른 국에서도 나타난다. 이에 대해서는 『防衛年鑑』(各年度)에 나타난 방위청(성) 간부들의 약력을 참고하라.

43_전후 일본의 비군사화를 위한 군대해산과 송환은 1948년 말에 완료되었다. 이 과정은 비교적 신속하고 순탄하게 이루어졌지만 그 많은 사람을 흡수하는 것은 복잡한 작업이었다. 따라서 전전 군인들이 전후 어떻게 사회로 흡수되었는지에 대해서는 아직까지 충분한 연구가 이루어지지 않고 있다. 秦郁彦(2005)의 『日本陸海軍總合事典』에서는 메이지 이후 종전시기까지의 육해군 주요인사 1,891명(육군 1,262명, 해군 629명)에 대한 이력을 조사

③ **외무성**

넓은 의미에서 외무성은 일본의 안보정책을 관장하는 가장 중요한 부서이다.[44] 외무성 업무에는 일본의 적절한 방위비 지출 수준, 주변 국가의 위협이 지닌 성격, 자위대의 적절한 전력 수준에 대한 파악 등이 포함되어 있다. 외무성은 정부 내 모든 안보정책의 형성과 실행을 떠맡고 있기 때문에 방위산업정책과 직접적 관련은 없더라도 간접적으로 커다란 영향력을 미친다. 나아가 방위산업 문제가 국제화되거나, 미·일 간의 문제로 나타나면 외무성의 영향력은 강하게 나타날 수밖에 없다. 또한 주일 미군 문제, 상호 기술이전 등도 넓은 의미에서 안보 문제로 간주되기 때문에 이런 논의에 있어서 외무성은 영향력을 행사할 수 있다. 외무성은 의회 토론과 내각 심의, 미·일 간의 공개 토론회, 그리고 안전보장회의와 같은 많은 수단을 통하여 그 영향력을 행사한다.[45]

④ **대장성(현 재무성)**

대장성은 전후의 방위정책 결정에 있어서 '최소한의 방위정책'을 유지하는 데 결정적인 역할을 했다. 이는 전전 2·26사건 때 대장성 관리들이

하고 있다. 그러나 이 자료에 등장하는 많은 인사들의 경우 전시기에 사망하거나, 종전 이후 대부분 퇴직하는 것으로 나타나며, 그 이후의 활동에 대한 구체적인 조사는 이루어지고 있지 않다. 그러나 종전 시점에서 비교적 젊은 나이의 군인들은 다시 자위대에 들어가 주요한 활동을 하는 것으로 나타나고 있다. 이에 대해서는, 제2장의 〈표 2.4〉를 참고할 것.

44_일본의 안보 개념은 포괄적 안보(comprehensive security) 개념이기 때문에 안보정책의 실질적인 수립 과정에서 다른 성청, 특히 통산성(현 경제산업성)과 그 영향력을 나누어 갖고 있다고 볼 수 있다.

45_Chinworth(1992, 12-13). 외무성의 조직과 구체적 내용에 대해서는 永野信利(1975)를 참고하라.

군부에 대항하는 것을 포기함으로써 군국주의화로 나아갔던 역사적 사실에 대한 경계심에서 출발하는 것이다.[46] 1950년대 방위정책의 대부분은 국내 경제의 재건, 전후 군국주의 부활에 대한 경계, 미국의 대 아시아정책을 이유로 대장성이 방위 지출을 의도적으로 억제한 결과로 나타난 것이라고 할 수 있다.

전후의 비약적인 경제성장에도 불구하고 대장성이 방위비 지출을 의식적으로 억제한 결과, 국민총생산에서 차지하는 방위비 지출의 비중은 1954년의 1.78%에서 1963년에는 1% 미만이 되는 결과를 가져왔다. 그리고 이후 1976년 미키(三木) 내각은 방위비의 대 GNP 1% 상한을 공식화하기에 이르렀던 것이다. 물론 이런 비율이 당시 대장성에서 정해진 것은 아니며 반드시 이것을 지켜야 하는 것도 아니었지만 총 방위 지출을 억제한다는 것은 여전히 대장성의 기본 신념이 되었다.[47]

대장성에 있어서 광범위한 안보의 개념은 재정의 건전화를 의미한다. 즉 안정된 정부와 건전한 재정정책 없이는 전반적인 국내 경제뿐만 아니라 방위도 불가능하다는 것이 대장성(재무성)의 기본 입장이다. 따라서 방위비 지출의 증가는 국내 경제에 미치는 충격이란 관점에서 파악된다. 물론 이런 관점은 대부분의 나라에서 적용되는 것이지만 일본의 경우 정부 예산을

46_1936년 2월 군부 쿠데타로 다카하시 고레키요(高橋是淸) 대장대신이 암살당한 후(2.26사건), 대장성 관리들은 군비 예산의 증액을 요구하는 군부에 저항하는 것을 포기했다. 고노에 내각에서 태평양전쟁에 이르기까지 대장 관료는 정책 결정에 거의 참가할 수 없었다. 이와 같은 대장 관료 제거의 결과 재정 규모는 1936년의 23억 엔에서 이듬해에는 30억 엔으로 치솟았는데 이 증가의 대부분은 군비 때문이었으며 군부에 납품하는 기업은 대규모의 투기적 물자 수입에 열중했다(찰머스 존슨 1984, 139-140).

47_방위 문제에 대한 대장성의 입장에 대해서는 Keddell(1993), 특히 pp.18-21을 참고하라.

살펴보면 더욱 뚜렷이 드러난다. 방위정책 결정 과정에 있어서 대장성이 가장 중요시하는 것은 '균형'이란 측면이다. 모든 예산이 동등하게 삭감 또는 인상되어야 한다는 대장성의 균형 정책은 다른 성청에도 동등하게 적용된다.[48] 이런 정책은 해외로부터의 방위비 증액 요구가 강력해졌을 때 또는 예산상의 압박으로 지출을 감소하려 할 때 자신들의 입장을 정당화하는 기제가 되었다. 성청 개편 전에는 방위청 경리국 등에 직원을 파견하여 자신들의 영향력을 미치려 노력했다. 대장성(재무성)은 연간 예산심의에 있어서 기획 단계와 결정 단계, 즉 처음과 마지막의 발언권을 갖고 있다.

⑤ 통산성(현 경제산업성)

통산성도 방위정책 결정에 있어서 중요한 역할을 한다. 통산성은 전시의 군수성으로서 당시 정부의 최고 경제정책 지휘자들이 지배하고 있었다.

48_1980년대 중반 이후 사회보장비가 크게 증대됨으로써 그다지 큰 의미는 없어졌지만, 1970년대 대장성에서는 사회보장비와의 균형을 중시하여 방위비를 책정했다. 당시 대장성에서는 방위 예산의 매년 신장률을 사회보장비의 신장률과 동일하게 하든지 그 이하로 할 수밖에 없으며 방위 예산의 총액은 사회보장비 총액의 절반 정도로 하는 것이 좋다고 판단하고 있었다. 참고로 1968~72년 사이의 방위 예산과 사회보장비의 추이를 보면 〈표〉와 같이 양자의 신장률이 거의 같으며 또한 방위 예산은 사회보장비의 거의 반 정도가 되고 있음을 알 수 있다. 참고로 2000년대 들어서 사회보장비는 방위 예산의 거의 5배 이상이 되고 있다.

표 | 1968~72년 방위 관계비와 사회보장비의 추이

	방위 관계비(억 엔, %)	사회보장비(억 엔, %)
1968	4,221 (10.8)	8, 157 (13.1)
1969	4,838 (14.6)	9,470 (16.1)
1970	5,695 (17.7)	11,408 (20.5)
1971	6,709 (17.8)	13,441 (17.8)
1972	8,002 (19.3)	16,414 (22.1)

자료: 山本正雄 (1972,124).

전후 일본의 경제 발전 과정에서 나타났던 통산성의 역할은 이런 역사적 상황과 산업정책에 참여하고 있는 통산성 관료들의 노력을 살펴보면 명확히 드러난다.[49] 일본은 특히 민수/군수 겸용 기술을 중시했을 뿐 아니라 안보와 경제를 연계시키는 사고가 강했기 때문에 방위산업의 정책 결정 과정에서 통산성의 역할은 매우 중요했다. 즉 통산성은 안보적 측면이 아니라 일반 산업적 측면에서 방위산업에 접근함으로써 방위산업정책 결정에 커다란 영향력을 행사했던 것이다(山本正雄 1972, 25).

통산성의 가장 중요한 역할은 국내 산업의 개발이다. 통산성은 특히 항공우주산업을 차세대의 가장 핵심적인 산업으로 간주했고 따라서 항공기의 국내 생산을 증가시키는 데 초점을 맞추었다. 비록 실패 — 기술적 측면이 아닌 시장적 측면에서 — 로 귀결되기는 했지만 1960년대 초의 국산 중형 수송기 YS-11의 생산이 이런 노력의 일환이었으며, 탈냉전 이후에는 국제 협력을 통한 항공기 생산과 기술 습득이 이런 노력의 표출이라 할 수 있다(Samuels 1994, 210-269).

그러나 국내 항공우주산업을 발전시키려는 이런 통산성(경산성)의 노력이 반드시 국내 방위생산 지지로 연결된 것은 아니다. 예를 들어 제6장에서 살펴보게 될 FS-X의 경우, FS-X의 국내 생산이 바람직한 것인가에 대한 검토를 위한 부서가 통산성 내에 존재했으며, 이들은 일반적으로 알려진 통산성의 입장과는 다르게 국내 개발을 반대했던 것이다.[50] 요컨대 통산

49_이의 대표적인 연구가 Johnson(1982)의 연구이다.

50_이들은 이 프로젝트가 국내 산업계가 감당하기에는 너무 거대하고 야심찬 계획일 뿐 아니라, 항공산업의 장기적인 목표가 외국 기업체의 참여와 이에 수반되는 기술이전의 효과를 확보함으로써 더욱 효과적으로 달성될 수 있을 것이라 생각했기 때문에 이 계획에 반대했다. 특히 통산성 내 통상과(Trade Bureau)의 많은 사람들은 일본이 이 계획을 독자적으로

성의 역할이 국내 산업의 개발이라 하더라도 이것이 반드시 국산화로 귀결되는 것은 아니다. 그리고 어떤 부문에 대한 통산성의 개입 여부와 개입 정도는 그 부문이 방위산업에서 차지하는 중요도를 나타내는 것이라 할 수 있다.

전반적으로 볼 때 통산성은 사적 부문의 보호자로서 국산화, 그리고 수입 물품의 국내 생산 추진과 대체품의 선별적인 개발 등에 가장 깊이 간여하고 있다. 이는 통산성이 전전의 군수성을 계승한 '혁신 관료'의 적자라는 역사적 배경에서 나타나는 것이다. 국산화는 민족주의적이고도 정치적인 함축을 갖고 있는 문제이며 일본의 방위 장비 조달 문제에 있어서 가장 논쟁이 되고 있는 중요한 문제다.

⑥ 자민당

민주당에 의한 정권 교체가 이뤄지기 전까지 방위산업정책은 관료뿐 아니라 자민당 의원으로부터도 영향을 받았다. 전형적인 정당 내각제인 일본에서 국회는 국권의 최고 기관이지만, 일본에서는 자민당의 지배가 장기간에 걸쳐 계속되었기 때문에 자민당의 영향력이 매우 강했다. 따라서 자민당은 단순히 입법에서뿐만 아니라 행정의 많은 부분에 개입하고 있었다.

특히 자민당은 정치자금 면에서 재계에 많이 의존하고 있었기 때문에 재계의 의향에 따라 관료가 작성한 법안의 성립을 강행하거나 또는 법안을 삭제하기도 했다. 뿐만 아니라 자민당의 정조회와 각 부회 또는 특정 문제

추진하게 될 경우 미국으로부터 받게 될 보호주의적인 반대를 염려했다. 그런 반대는 미국과의 무역에 있어서 항공산업뿐 아니라 전 산업에 걸쳐서 직접적이고도 부정적인 영향을 미칠 것이라는 우려에서 나온 것이었다(Chinworth 1992, 18).

를 다루기 위해 만들어진 특별부회 등의 승인을 얻지 않으면 입법도 예산 획득도 불가능했다. 입법 관계뿐만 아니라 행정면에서의 중요한 문제에서 여러 가지 이해가 얽혀 있다든지 의견이 대립되어 있을 때는, 정조회가 이를 정리하는 역할을 담당했다. 물론 자민당 그 자체가 여러 파벌로 이뤄져 있었기 때문에, 매우 중앙집권적인 동시에 소수에 의해 정책이 결정되는 경우도 있었다.

그러나 총리가 특별히 의사 표시를 한다든지 수상에게 일임한 경우에는 이에 따르는 경우가 많았다. 왜냐하면 총리가 된다는 것은 당을 장악하게 됨과 동시에 내각을 주재하게 됨을 의미하므로, 자민당이 국회에서 다수를 점하고 있는 한 총재와 총재 파벌은 일본의 정치, 행정에 대한 절대적 권한을 장악하기 때문이었다. 이는 매우 강력한 권한으로서 사법에까지 영향력을 끼칠 수 있는 대단한 것이라 할 수 있다. 정권 교체가 이뤄지기 전까지 자민당과 그 의원은 국회나 당의 기관에서 재계의 의향을 대변할 뿐만 아니라 다른 식으로도 각종 정책의 입안에 참여하여 재계의 이익을 옹호했다.[51]

정치인이 일본에서 갖고 있는 위상과 관련하여 마크 램시어(Mark Ramseyer)와 맥콜 로젠블루스(McCall Rosenbluth)는 주인-대리인(principals

51_예를 들어 일본의 전자공업을 중요 전략산업으로 육성할 필요가 있다고 생각했을 때 자민당에서는 정보산업진흥의원연맹이 만들어졌으며, 이것과 경단련의 데이터처리위원회, 통산성 산업구조심의위원회 정보산업부회의 3자가 연락을 취하면서 진흥 정책이 만들어져 〈전자공업진흥임시조치법〉이라는 것이 입안, 성립된 적도 있다. 또한 자본 자유화가 자동차업계의 긴급 현안이 되었을 때 자동차 공업 대표와 자민당 의원은 자동차산업정책협의회를 만들어 대책을 협의하는 장을 마련했다. 이런 사례는 이외에도 많이 발견되는 것으로서 이런 양자 간의 커뮤니케이션은 산업계로서도 이익이 될 뿐만 아니라 자민당 의원에게 있어서도 정치 운동자금의 근원이 되고 있는 것이다.

-agent) 접근법을 이용하여, 정치인의 권한이 관료, 사법부에 대해 우위에 있다고 주장하고 있다. 즉 일본에서 정치인과 관료, 정치인과 사법부의 관계는 주인-대리인 관계와 같다는 것이다. 관료들은 은퇴 후의 여러 혜택에 대한 기대(postponed income)로, 그리고 사법부 법관들 또한 임명권에 대한 통제 등의 기제로 정치인들이 관료와 사법부를 지배하고 있다는 것이다(Ramseyer and Rosenbluth 1993).

이상에서 살펴본 바와 같이 일본의 방위산업정책에는 안보정책 담당 기관(안전보장회의, 외무성, 방위성)과 경제정책 담당 기관(대장성, 통산성)이 모두 참여하여 제각각의 영향력을 행사하고 있다. 그러나 일본의 안보정책은 '포괄적 안보' 개념에서 접근하기 때문에 경제적 요소가 강하게 반영되어 나타나므로, 방위산업정책 또한 미국이나 구소련과 같이 안보적 측면이 아니라 경제적 성격을 더 강하게 띤다. 일본이 안보정책을 수립하는 데 있어서 경제적 요소가 강하게 반영되게 된 것은 전후 요시다 시게루(吉田茂)의 경제 중시 정책과 연관이 있다. 잘 알려진 대로 요시다는 군사적 재무장보다는 경제 회복을 강조했으며 군사적인 면에서는 미국의 보호에 의존했다. 그리고 이런 정책은 집권 자민당 내에서 주류가 되었으며 일반 대중들로부터도 받아들여졌다.

그러나 이런 정책이 반드시 일본 정부가 일관되게 전반적인 군사비 지출을 반대한다거나 특정한 장비의 구입을 위한 비용 지출에 반대한다는 것을 의미하지는 않는다(山本正雄 1972, 28-29). 야마모토 마사오(山本正雄)는 이에 대해 "미시적으로 볼 때 일본에서는 안정적인 원자재 공급의 유지와 해외시장에의 안정적인 접근이 경제적 안보와 연관되어 있으며, 거시적으로 볼 때 이 개념은 언제든 국내의 필요에 따라 생산을 통제할 수 있다는 점과 연관되어 있다"(山本正雄 1972, 30)고 언급하고 있다. 정책 결정자들이 방위 관계 지출이 국내 경제에 긍정적 영향을 끼칠 때는 이를 지지한다는 것이다. 즉 일본은 단순히 일본의 안전이라는 측면에서가 아니라 경제적 측면에서 국내 생산을 위해 무기를 배치할 수 있다는 것이다.

3) 재계의 영향력

일본 방위산업정책의 또 한 가지 주요 변수로는 재계의 영향력을 들 수 있다. 일본의 재벌들은 그 출현 당시부터 정계와 유착함으로써 사실상 일본 정치의 배후에서 커다란 영향력을 행사해 왔다. 이는 일본의 재벌이 그 발생 초기부터 정권의 특혜를 받으며 자라 왔고 따라서 정권과 깊은 관계를 가지게 되었던 데서 유래한다.[52] 이런 재벌들은 전후 미국의 경제민주화 개혁에 의해 일시 해체되는 듯이 보였다.

전후 미국은 일본 점령정책에서 5대 개혁[53]을 단행했으며, 이 중 경제민주화의 일환으로 재벌 해체와 재계 지도자들에 대한 추방이 이뤄짐과 함께 〈독점금지법〉 〈과도경제력집중배제법〉 등으로 거대 기업의 분할이 이

52_대표적인 예를 들어보면 신일본제철의 기초가 되었던 야하타(八幡)제철소와 가마이시(釜石)제철소는 애초 관영 제철소로 출발했으며, 이 외에 미쓰이(三井), 미쓰비시(三菱), 스미토모(住友), 후루카와(古河) 등 재벌계 기업은 1880년대의 관영 산업 불하에 의해 크게 발전했다. 이를 당시의 정치가와 관련시켜 구체적으로 살펴보면, 미쓰비시 상회를 만들었던 이와사키는 당시의 대표적인 정치가였던 오쿠마(大隈重信), 오쿠보(大久保利通)와 결탁하여 나가사키조선소, 다카시마(高島)탄광, 사도(佐渡)금광 등을 불하받았으며, 또한 이노우에(井上馨), 야마가타(山縣有朋)와 가까웠던 미쓰이는 미이케(三池)탄광을, 후루가와는 인나이(院內)은산(銀山)과 아니(阿仁)동(銅)광산을, 야마자키(山崎)중공업은 효고(兵庫)조선소의 불하를 받아 성장했던 것이다. 이리하여 성장한 재벌은 또한 재계 인사를 정계에 진출시켜 미쓰이와 정우회(政友會), 미쯔비시와 민정당(民政黨)의 결합에서 보는 것처럼 본질적으로 정상적(政商的) 성격을 가지게 되었다.

53_여성의 해방, 노동자의 단결권 보장, 교육의 자유주의화, 압제적 제도의 폐지, 경제민주화.

뤄졌다.[54] 그러나 냉전의 격화에 따라 진행된 소위 '역코스'(the reverse course)에 의해 미국의 대일정책은 완화된 형태로 전개되며 이에 재벌은 전전의 개인 중심적 지배 형태로부터 은행과 종합상사를 중심으로 한 기업집단의 형태로 부활하게 되었다.

방위산업은 국가의 안정된 구매력뿐 아니라 민수산업으로 응용될 수 있는 기술력의 확보라는 측면에서도 재계가 관심을 가졌던 산업 부문이다. 미국과의 무기 도입에 있어서도 일본은 안보라는 측면보다 방위산업이 지닌 기술적 측면에 주목하여, 직수입하기보다는 라이선스 계약에 의한 무기 생산을 추진했다. 즉 국가의 안정된 구매력, 첨단 기술에의 접근성이라는 측면에서 경제계가 이해관계를 가진 것은 당연하다 할 수 있을 것이다.[55] 이는 전후 기술력이 떨어지는 일본의 산업체가 방위산업에의 참가를 첨단 기술을 받아들이는 하나의 수단으로 간주한 데에서도 나타난다.

여러 재계 조직 가운데 경제단체연합회(経済団体連合会, 경단련)는 일본의 가장 주요한 경제인 조직이다. 이 조직의 회원 중에는 일본은행연합회, 일본철강연합회, 일본자동차연합회 등의 업종별 전국 단체와 신일본제철 등과 같은 보통의 기업들이 망라되어 있다. 경단련은 통일된 정치적 의사 표시를 하기 위해 구성원들 간의 다양한 견해를 취합·조정하는 역할을 한다. 나아가 경단련은 정권 교체 전까지 자민당의 최대 후원자로서 여러 가지 정책에도 커다란 영향력을 끼쳤다.[56] 정권 교체 전까지 재계는 정당들과

54_이에 대해서는 Cohen(1987)을 참고하라.

55_실제로 제럴드 커티스(Gerald L. Curtis)가 조사한 1945~71년 사이 경단련의 건의서 내용을 보면 일반 경제 60건, 조세 관계 53건, 방위생산 관계 46건, 금융 관계 42건, 해외무역 관계 42건, 에너지 자원 관계 38건의 순으로 나타나 방위생산 관계가 경단련의 주요 관심 사항이었음을 알 수 있다(Curtis 1975, 57).

정치 지도자들의 정치 활동을 위한 정치자금의 가장 많은 부분을 담당했고, 내각, 위원회와 의회, 정당들에서 자신들의 이익을 잘 표출해 왔다. 뿐만 아니라 매스미디어의 효율적인 이용을 통하여 일본 사회 전체에도 강력한 영향력을 발휘해 왔다(Yanaga 1968 ,35).

치토시 야나가(Chitoshi Yanaga)는 어느 경제학자의 말을 인용해 "재계는 문자 그대로 일본 사회를 지배한다. 모든 이익단체 중에 가장 많은 기회를 갖고 있고 가장 결정적인 역할을 한다"(Yanaga 1968, 32)고 주장했다. 그는 재계가 일본 정부와 정치의 방향을 설정할 뿐만 아니라 일본 사회의 모든 면에 걸친 문제들의 존폐를 결정하는 힘을 갖고 있다고 주장한다. 그에 의하면 일본 재계의 영향력은 입법 과정, 내각의 인선과 총리의 선출, 그리고 정부 위원회의 참여 등 다양한 방법으로 나타난다. 총리에 입후보하는 것은 이들의 암묵적인 승인 없이는 생각조차 할 수 없다. 만약 총리의 정책이나 방법들이 더 이상 재계의 승인을 받지 못한다면 총리직은 더 이상 지속될 수 없다(Yanaga 1968, 32-33).

일본에서 나타나는 재계와 정부의 관계와 관련하여 가장 극적인 표현은 이케다 하야토(池田勇人) 수상이 일본 경제인들과의 비공식적 모임에서 행한 "재계가 배의 나침반이라면 정부는 선장이다"(『日本經濟新聞』 1961/12/25)라는 언급에서 극명히 나타난다. 즉 정부는 재계가 제시하는 방향에 충실히 따른다는 것이다. 일본의 정치가 정·관·재라는 삼자 연합의 협력으로 이뤄지고 있다는 것은 일찍이 야나가가 그의 연구에서 지적한 바

56_일본에서 경단련은 재계의 총 사령탑으로 알려져 있으며, 미국 언론들 또한 경단련을 all-powerful body라 표현하기도 한다. 이에 관해서는 Langdon(1963, 465-473); Curtis(1972); Allison(1987); Yanaga(1968)를 참고하라.

있다. 그러나 이런 삼각관계(triumvirate)에서 대기업의 역할이 전전보다 더욱 중요하다는 것은 의심의 여지가 없다. 왜냐하면 전후 일본 정치에 있어서 급박한 문제는 본질적으로 경제문제였기 때문이다. 이의 결과 일본의 재계는 국내 수준과 국제적 수준 모두에서, 정치와 경제 모두에 절박한 관심을 갖게 되었고, 따라서 재계는 정부가 보내는 해외 경제 사절단, 무역협상의 당사자, 심지어는 배상금 협상에서도 주요한 역할을 하게 되었던 것이다.

경단련 내에서 방위생산과 관련된 사업은 방위생산위원회가 맡고 있다.[57] 출범 당시부터 방위생산위원회의 사업은 방위생산에 관한 기초 자료의 조사 작성과 대책의 연구 입안, 방위생산에 종사하는 업종과 단체, 기업 상호 간의 연락 조정 및 협력 공장 계열의 정비 강화에 관한 연구, 그리고 방위생산에 관한 정보의 수집 등이었다(エコノミスト編輯部 1978, 219). 방위생산위원회의 구체적인 활동은 자체적으로 구성한 심의회에서 여러 가지 안을 다듬어 이를 종합정책위원회에 상정, 경단련의 의견으로서 발표하는 형태를 취하는 경우가 많다. 이 위원회의 책임자는 항상 방위산업 의존도가 높은 기업체의 장[58] 또는 경단련의 중요한 임원이 맡고 있으며, 위원회의 활동비는 참가 단체 및 기업의 출자금에 의해 마련됨으로서 경단련에 속하는 하나의 위원회이면서도 예산상 경단련과 독립된 성격을 띤다(経済団体連合会 1978, 59). 이런 측면을 볼 때, 일본의 방위산업정책 결정을 방위

57_물론 경단련의 방위생산위원회 이외에도 방위산업에 관계하고 있는 각 단체로 일본방위장비공업회, 일본항공우주공업회, 일본조선공업회, 일본병기공업회 등이 있으나, 이들 업체는 거의 경단련 방위생산위원회에 속해 있는 구성원들이다.

58_방위생산위원회의 위원장은 발족 이후 일본의 가장 큰 군수 업체라고 할 수 있는 미쓰비시중공업의 회장이 거의 겸임했다.

정책과의 관계로만, 또는 정치적 결정 과정만으로 파악하는 것은 일본의 재계라는 주요한 변수를 빠뜨리고 있는 것이다.

4. 이 책의 구성

이 책의 전반적인 구성은 다음과 같다.

제2장에서는 필자가 일본의 방위산업정책에 접근하는 시각에 대해 설명한다. 구체적으로 전후 일본의 지배 엘리트들이 공유하고 있는 가치들이 근대 일본을 주조해 내었던 전전 일본의 연장선상에 있다는 점에 대해 설명할 것이다. 이 장에서는 앞서 기존 연구 검토에서 살펴보았던 새뮤얼스와 그린이 주장하는 기술 민족주의 또는 국산화라는 에토스가 어떻게 전후까지 이어졌는가에 대한 이유를 살펴볼 것이다. 즉 이 장은 메이지 이후의 일본에서 기술 민족주의가 하나의 문화 또는 관습이 되었다 하더라도, 전전과 판이하게 달라진 전후 일본의 상황에서도 이것이 어떻게 지속될 수 있는가라는 의문에 대한 필자 나름의 해답이다. 나아가 일본 방위산업정책의 주요 행위자들이 공감하고 있을 뿐 아니라 제도로서의 중간 조직에서도 공유하고 있는 국산화 또는 기술 토착화에 대한 집착이 어떤 배경에서 나타나고 있는가에 대한 설명이다. 다시 말해, 전후 정치인과 관료, 그리고 재계 지도자들 사이에서 나타나는 국산화와 기술 토착화에 대한 동일한 목표와 믿음 체계, 그리고 이들 사이에서 나타나는 신뢰 관계 등 비공식적인 네트워크의 배경을 살펴보고자 하는 것이다.

제3장은 전후 일본의 방위정책과 방위산업이 어떤 궤적을 보이면서 진

행되어 왔는가에 대한 검토이다. 일본의 방위산업정책은 방위정책과 밀접한 관련성을 갖고 전개되기 때문에, 방위산업을 둘러싼 환경적 요인으로서 일본의 방위정책과 방위산업에 대한 전반적인 검토가 필요하리라 생각된다.

제4장, 제5장, 제6장, 제7장은 각 사례들에 대해 분석과 검토를 진행한다. 이 부분에서는 앞서 언급한 바와 같이 전후 일본 방위산업의 발전 과정에서 시계열적으로 나타난 네 가지 사례 각각에 대해 당시 일본의 방위산업을 둘러싼 국내외적 상황과 미·일 관계, 그리고 주요 행위자의 역할에 대한 분석을 통해 일본의 방위산업정책 결정이 어떻게 이뤄졌는지를 살펴볼 것이다.

제8장에서는 각각의 사례에서 나타난 결과를 토대로 주요 행위자들의 주장에 변화가 있는지, 만약 변화가 있다면 이런 변화는 왜 나타나는지를 살펴볼 것이다. 그리고 전후 일본 방위산업정책의 결정 과정을 정형화할 수 있을 것인가에 대한 해답을 모색해 보고자 한다.

제2장

전후 일본을 보는 시각

이 장에서는 전후 일본의 정·관·재계의 엘리트들이 공유하고 있는 정치 정향의 역사적 배경을 살펴본다. 방위산업의 정책 결정에 직간접적으로 간여하고 있는 일본의 엘리트들이 공통적으로 공유하고 있는 가치가 기술민족주의, 국산화에 대한 열망이라는 점은 앞서의 연구들, 특히 새뮤얼스의 연구에서 충분히 나타나고 있다. 이 장에서는 이런 가치들이 어떻게 전후에도 변함없이 유지될 수 있었는지, 나아가 이들 사이에서 나타나는 서로에 대한 신뢰 관계나 비공식적 형태의 네트워크가 어디서부터 비롯되었는지를 살펴보도록 한다.

이 부분에 대한 이해를 토대로 필자는 전후 일본의 방위산업정책 결정과정에서 계속 부딪쳤던 국산화론자들과 수입론자들 사이의 논쟁이 단순

• 이 장은 2001년 『21세기 정치학회보』 제11집 1호에 실린 필자의 논문 "전후 일본을 보는 하나의 시각"을 대폭 수정 보완한 것이다.

하게 기술 중심적 사고와 비용/효율 중심적 사고에서 비롯된 것이 아니라 역사적으로 좀 더 뿌리 깊은 연원을 갖고 있으며, 따라서 이 양자 간의 논쟁은 방위산업 한 가지만을 둘러싼 것이 아니라 역사적인 맥락에서 파악되어야 한다는 점을 제시할 것이다. 즉 전후 계속해서 나타나는 방위산업의 국산화에 대한 주장의 배경을 어디에서 찾아야 할 것인가라는 물음에 대한 해답은, 다른 어떤 요인보다도 역사적이고 구조적인 맥락에서 찾아야 그 뿌리를 정확하게 이해할 수 있다는 것이다.

이와 같은 역사적 시각이 필요한 까닭은 현재 일반적으로 받아들여지고 있는 견해, 즉 전후의 일본이 전전의 일본과는 완전히 다른 사회로 변모되었다는 관점에서 전후의 일본을 파악하게 되면 전후 일본 엘리트의 성격과 이들이 속한 조직체의 성격, 나아가서는 일본이라는 사회와 국가정책을 총체적으로 파악하는 데 한계가 있을 수밖에 없다고 보기 때문이다. 바꾸어 말하면, 전후 일본의 전반적인 국가정책 — 외교정책, 산업정책, 안보정책 등 — 의 하위 수준에 있는 방위산업정책 또한 큰 틀에서 일본의 정·관·재계의 엘리트들이 공유하고 있는 정치 정향의 역사적 배경에 대한 이해가 전제되어야 한다는 것이다.

물론 전후 일본의 정치가 전전과 비교하여 판이한 외양으로 나타난 것은 부정할 수 없는 사실이다. 전전의 헌법자본주의체제와 통치 과정에서 나타났던 제반 제도들이나 시스템, 운영체제 등은 전전과 다른 형태로 나타났다. 필자 또한 이런 사실을 부정하려는 것은 아니다. 다만 이 글에서 필자는 이런 외양적 형태의 변화에도 불구하고 전후 일본 지배 엘리트의 상당수가 전전의 정치 정향을 계속 가지고 있으며 이런 정치적 정향이 이후 계속해서 전후 일본의 국가정책, 좁게는 방위산업정책에 투영되고 있다는 점을 살펴보고자 하는 것이다.

필자가 이 장에서 주장하고자 하는 바는 전전 일본과 전후 일본의 지배 구조 사이에는 현상적인 변화에도 불구하고 지배층이 공유한 믿음 체계, 가치 등 본질적인 면에서는 변화가 없다는 것으로 요약될 수 있다. 이 주장을 뒷받침하기 위해 필자는 아래와 같은 전후 일본의 세 가지 측면을 중심으로 살펴볼 것이다.

첫 번째로, 단순한 강화조약의 이행만을 목표로 하는 이른바 '소극적 점령정책'과는 다르게 일본 사회의 광범위한 개혁을 목표로 했던 전후 미국의 '적극적 점령정책'이 일본 사회에서 얼마나 성공적으로 수행되었는가, 달리 말하면 전전 일본의 군국주의적 요소 청산을 목표로 진행되었던 미국의 점령정책이 어떤 결과로 나타났는가에 대한 고찰이다. 이를 살펴보는 이유는 미국의 점령정책이 전후 일본 사회의 기본 틀을 형성시켰으며 따라서 이후 일본 정치에서 나타나는 모든 양태들의 직간접적인 출발점이 되기 때문이다.

두 번째로, 전후 일본 지배 엘리트의 인적 구성과 제도적인 측면은 전전과 얼마나 차이를 보이며 이들이 공유하고 있었던 사상적 토대는 무엇인가에 대한 고찰이다. 구체적으로는 전후 미국의 점령정책하에서 전전 또는 전쟁 중 일본을 이끌었던 인물들이 얼마나 청산되었는가, 나아가 새롭게 나타난 전후 일본의 국가기구들이 전전과 비교하여 어떤 차이를 보이는가도 살펴볼 것이다.

그리고 마지막으로, 전후 일본의 주요 정책이 전전의 정책과 어떤 차별성을 가지고 있는가에 대한 고찰이다. 이에 대한 분석은 앞서 살펴본 인적 측면에서의 분석이 실질적인 정책으로 전환되어 나타나는 결과물을 살펴보는 것이기 때문에 전후 일본이 전전 일본과 비교하여 어떤 차이점과 공통점을 갖고 있는지 비교하는 데 중요한 요소라 할 수 있을 것이다.

1. 전후 미국의 점령정책과 대일정책의 변화

1. 점령정책의 변화[1]

1945년 제2차 세계대전의 종식과 함께 미국의 대일 점령정책이 실시되면서 미국이 가장 초점을 두었던 것은 배상 문제[2]와 일본의 비군사화, 민주화정책[3]이었다. 이는 종전에 앞서서 전후의 세계 질서를 논의했던 포츠담선언에서도 나타난다. 포츠담선언은 일본 사회에서 군국주의를 구축하고 일본 군대의 무장을 해제하는 한편, 경제적인 측면에서도 비군사적 산업은 유지하겠지만 철저히 비군사화를 추구한다는 내용이었다.

구체적으로는, 군국주의 세력의 영구 제거(제6항), 점령 목적으로서 전쟁 수행 능력의 파괴(제7항), 주권의 제한(제8항), 군대의 무장해제(제9항), 비군사적 산업의 유지(제11항) 등을 들 수 있다(辻清明 1966, 3). 이에 따라 전쟁 직후인 9월 22일 미국의 대일 방침인 "항복 후에 있어서 초기의 대일 관리 정책"이 발표되었다. 여기서 언급하고 있는 주된 내용은 일본의 군사력을 철저히 파괴한다는 것이었으며(辻清明 1966, 16-18), 이런 정책에 따라 군대와 군사적 관료 기구의 완전 해체가 이뤄졌고 군수산업에 대한 철거도 진행되었다.

1_이 부분은 이 책의 제4장 앞부분에서 자세히 분석할 것이기 때문에 여기서는 극히 간략하게 살펴본다.

2_배상 문제에 대해서는 폴리(Pauley) 배상안, 스트라이크(Strike)안, 맥코이(McCoy)안 등이 있었다. 이의 주요 내용에 대해서는 본서의 제3장을 참고하라.

3_이에 대해서는 Dower(1999)를 참고하라.

한편 민주화를 위한 조치도 이뤄져 1945년 10월 "5대 개혁 지령"이 내려졌으며 이 지시에 따라 여성해방, 노동자 단결권 보장, 교육의 자유주의화, 압제적 제도의 폐지, 경제의 민주화를 위한 조치들이 광범위하게 실시되었다. 이런 여러 민주적 개혁의 집대성이 소위 〈평화 헌법〉으로 알려진 일본국 헌법의 제정이었다. 주권재민, 평화주의, 인권존중이라는 3대 특색을 지닌 헌법의 기본 정신에 따라 여러 법전과 제도도 민주화의 방향으로 개정 또는 변경되었다.

그러나 이와 같이 비군사화, 민주화를 중심으로 진행되던 미국의 초기 점령정책은 냉전의 격화와 함께 커다란 변화를 보이기 시작한다. 즉 2차 대전시 구축되었던 파시즘과 민주주의라는 대결 구도에서 주축국의 패배로 파시즘이라는 공통의 적이 없어짐에 따라 체제가 상이한 미소의 대립이 새롭게 출현하게 된 것이다. 더군다나 동북아 지역에서는 중국에서의 국공내전에서 미국이 지원하는 국민당 군이 계속 패퇴하고 있었으며 한반도의 북쪽 또한 공산 세력의 지배하에 놓임으로써, 미국의 대일 점령정책 기조는 민주화, 비군사화에서 일본의 경제 안정, 공산 세력에의 대처라는 측면으로 중점이 옮겨가게 되었다. 결국 냉전이라는 새로운 국제 질서의 출현으로 미국은 일본을 점령 국가라기보다는 잠재적 동맹국으로 간주하게 된 것이다.

미국의 대일 점령정책이 변화의 전기를 나타낸 것은 1948년 1월에 행해진 케네스 로열(Kenneth C. Royal) 미 육군 장관의 "일본을 반공의 방벽으로 한다"[4]라는 제목의 중요 발언을 계기로 해서였다. 이 성명으로 미국의

4_이의 주된 내용에 대해서는 辻清明(1966, 58-61)을 참고하라.

대일 점령정책은 커다란 전기를 맞는다. 로열 장관의 연설은 당시 미국이 진행하고 있었던 일본의 중공업 시설 철거가 일본의 평화적인 국가 건설에 어떤 영향을 미칠 것인가를 고려해야 한다는 내용을 담고 있었다. 로열 장관의 발언이 있은 지 1년여 후인 1949년 5월 미국은 맥코이(McCoy) 성명을 통해 일본에 대한 배상 철거 중지를 발표했다. 즉 일본 경제의 적자와 부채를 가중시키는 배상 부담을 중지한다는 것으로, 자주, 자립 경제가 더 시급한 일본에 있어 당시까지의 점령정책은 잘못이었다는 점을 밝힌 것이다.[5]

결국 로열 성명이 나온 1948년 전후 미국의 대소 전략은 변하게 되었다. 물론 당시 중국 내전에 대한 평가도 미국의 전략 전환 속에 포함되어 있었으며, 또한 이때 오키나와(沖繩)에 있었던 막대한 군수물자도 거의 중국으로 이동했다. 즉 소련의 움직임, 중국의 혁명, 그리고 한국전이라는 국제적 상황 변화가 미국의 대일정책을 전환시키는 계기가 된 것이다.

냉전의 격화, 중국의 공산화, 한국전의 발발이라는 국제적 상황을 배경으로 나타난 미 점령정책의 변화는 전후 일본 사회에 있어서 결정적이고도 중요한 계기가 된다. 이러한 점령정책의 전환을 계기로 과거 공직에서 추방당했던 인사들이 속속 복귀하게 되었으며, 거꾸로 사회주의자와 좌파에 대한 탄압 또는 이들을 공직으로부터 추방하는 소위 '빨갱이 추방'(red purge)이 광범위하게 시행된다. 특히 점령정책의 전환 와중에 나타난 한국

5_이 맥코이 성명을 전후하여 닷지(J. M. Dodge) 공사가 왔으며 슈프(C. S. Shoup) 세제 권고가 나타나게 된다. 이들에 의한 닷지 플랜과 세제안은 이제까지의 보조금과 미국의 원조에 의한 경제를 자립 경제체제로 끌고 가려는 것이었다. 닷지 플랜, 슈프 세제권고안의 내용과 이들이 일본 사회에 준 영향에 대해서는 経済団体連合会(1978, 28-30) 참고.

전쟁의 발발은 초기 점령정책의 핵심이었던 비군사화를 대폭 후퇴하게 만든다. 한국전쟁 발발 직후인 1950년 8월 자위대의 전신인 경찰예비대의 창설이 이뤄졌으며 전전, 전시 인사들에 대한 광범위한 추방 해제가 이뤄진 것이다.

요컨대 미국의 초기 대일 점령정책이 목표로 했던 비군사화, 민주화는 냉전의 격화와 함께 대폭 후퇴하게 되었으며 이의 결과 전전, 전시 일본을 이끌어 왔던 많은 정·관·재계 인사들이 공직에 복귀하게 되었다. 따라서 전후 일본은 하드웨어의 변화, 즉 점령 당국에 의한 광범위한 민주화 개혁에도 불구하고 내용 면에서는 과거 군국주의 일본의 멘탈리티를 그대로 온존시킬 소프트웨어를 계속 간직하고 있었던 것이다.

2. 공직 추방과 추방 해제

초기의 점령 시기에 점령군 당국은 군 조직을 해산하고 주요 정당정치인을 공직에서 추방함으로써 정치에서 배제시켰으며 초국가주의 단체를 해산시켰다. 나아가 포츠담선언에서 명기한 "군국주의자의 권력 및 세력을 영원히 배제한다"는 방침에 따라, 공직, 교직, 노동의 세 부분을 중심으로 점령군의 지시, 각서에 근거하여 추방을 실시했다.

1945년 10월 우선 교육과 경찰 분야에서 시작해 1946년 2월 〈공직 추방령〉, 5월 〈교직원추방령〉, 12월에 〈노동추방령〉을 내렸으며, 전쟁 범죄자, 직업군인, 국가주의 단체 간부, 전쟁 수행에 중요한 역할을 한 인사 등을 그 지위에서 쫓아내고 다시 그 지위에 복귀하는 것을 금지했다. 또한 1947년 1월의 〈공직추방령〉 개정에서는 지방의회 의원, 시정 촌장, 통제

표 2.1 | 직업별 공직 추방자 인원과 비율

직업별 분류	인원	비율
군부 엘리트(Military elite)	167,035	79.6
관료 엘리트(Bureaucratic elite)	1,809	0.9
정치인 엘리트(Political elite)	34,892	16.5
초국가주의 엘리트(Ultranationalistic elite)	3,438	1.6
재계 엘리트(Business elite)	1,898	0.9
언론계 엘리트(Information Media elite)	1,216	0.5
합계	210,288	100

자료: Statistics Bureau, 1954, "Prime Minister's Office and chart in Kinoshita Hanji", *Purge Policy and After*, Tokyo: Nihon Taiheiyo Mondai Chosakai (Japan Institute of Pacific Relations), pp. 33-35. [Baerwald(1959, 80)에서 재인용].

단체, 유력 은행, 회사, 출판 단체, 언론기관 간부 등의 지위까지 공직으로 간주했기 때문에, 추방은 지방 정계, 언론계, 경제계에도 확대되어 추방자는 직업군인, 헌병, 첩보부원 등 18만 3,000명을 포함하여 20만 명을 넘었다. 최초에 추방된 총 인원은 〈표 2.1〉에서 보는 바와 같이 군인, 관료, 정치가, 초국가주의자, 재계, 언론인 등으로 모두 21만 288명이었다.[6]

그러나 일본의 지도층을 개혁하려는 점령군 당국이 직면한 가장 큰 문제는, 점령군에 의한 직접 통치가 아닌 일본 정부를 통한 간접 통치의 형태로 점령 통치를 하는 한 일본의 관료제를 근본적으로 개혁할 수는 없다는 점이었다. 즉 연합군 총사령부가 점령정책을 실시하는 데 있어서 기존의 국가행정조직을 통해 정책이 시행되는 한 관료를 통하지 않는 정책 집행이란 거의 불가능했던 것이다. 더군다나 미국의 대일 점령정책의 전환으로, 전전, 전시 중 일본 군국주의에 직간접적으로 협력하여 공직 추방을 당했던 많은 인사들이 추방 해제되어 공직에 복귀했다. 특히 주요 인사로서 조

6_Halliday(1975, 173). 각 부문별 공직 추방에 대해서는 앞서 언급한 Baerwald(1959); Fukui(1988)를 참고하라.

표 2.2 | 공직 추방자의 추방 해제 과정

과정	시기	소청자	복귀자
1차 청원위원회	1947.3.3 ~ 1948.5.10	1,085	148
행정 무효 신청	1948.6.24 ~ 1949.4.4	2,363	1,522
2차 청원위원회	1949.2.8 ~ 1951.3.31	32, 127	10,090
육해군 추방 해제	1951.10.31	-	3,250
부문별 행정 복귀	1951.6.18 ~ 1951.11.6	-	177,261
3차 청원위원회	1951.11.29 ~ 1952.4.28	9,943	9,306
합계		45,518	201,577

자료: Statistics Bureau, 1952. "Prime Minister's Office," Separate copy, typed. [Baerwald(1959, 79)에서 재인용].

사반은 4만 2,251명 중 추방된 인원은 1.9%에 불과했다(秦郁彦 1983, 27).

이의 결과 〈표 2.2〉에서 보는 바와 같이, 1947년 3월부터 시작된 제1차 청원위원회에서 148명이 추방 해제된 것을 시작으로 52년 4월의 강화조약에 따라 제3차 청원위원회가 종결되기까지 총 20만 1,577명이 공직추방에서 해제되어 결국 대부분이 추방을 면하게 되었다. 이런 조치는 1948년 5월에 일단락되었으나, 이후는 주로 공산주의자를 대상으로(red purge) 실시되면서 추방 조치도 완화되었다. 그리고 1951년 리지웨이(Ridgway) 성명으로 점령 법령을 재검토 하는 과정에서 대폭적인 추방 해제가 시행되어 강화 발효와 동시에 추방 법령은 폐지되었던 것이다(高柳光寿・竹内理三 1989, 640).

결국 점령군 당국에 의해 추진된, 전전과 전시 동안 일본을 지배해 왔던 주된 세력에 대한 청산은 간접 통치로 인한 한계, 그리고 냉전 격화로 인한 국제적 상황의 변화로 실패로 끝났다고 평가할 수밖에 없다. 즉 전후 격화되기 시작한 냉전체제 속에서 미국은 초기의 대일정책에서 대폭 후퇴하여 군부와 초국가주의적인 단체 이외의 영역에 대한 간섭을 최소한으로 억제했던 것이며, 군부 또한 이후 경찰예비대를 거쳐 자위대가 출범하면서 상당수가 이들 조직에 흡수되어 버렸던 것이다. 이리하여 공직 추방은 초기의 강력한 입장에서 용두사미 격으로 끝나게 되었을 뿐 아니라 추방된 공직자들이 다시 공직에 복귀하는 상황이 되었다.

추방되었던 관료가 공직에 복귀한 반면 사회주의자, 공산주의자들이 추방됨으로써[7] 점령군의 공직 추방정책은 이미 1950년에 거의 무용지물이 되었다. 이는 전후 최대의 거물 수상 요시다가 "점령 당국은 모든 권력과 권한을 가지고 계획을 실시했음에도 불구하고 통치 받는 국민에 대한 무지, 심지어는 그런 사실조차도 알아차리지 못하는 무지로 인하여 점령정책을 제대로 하지 못했다(Wolferen 1989, 349)"고 한 언급에서도 명확히 드러난다. 이러한 과정을 거쳐 공직에 복귀한 관료들은 1930년대 초기부터 45년까지 전시산업 구축의 일환으로서 일본국민의 동원과 장악을 위해 시도했던 통제 기관을 더욱 강화할 수 있는 기회를 얻었다. 왜냐하면 관료는 과거의 경험으로부터 많은 것을 체험했으며, 이전에 군부가 장악하고 있었던 권력을 연합군 총사령부로부터 받았을 뿐 아니라 전전과 같은 군부의 간섭 또한 사라져 버렸기 때문이었다.

7_소위 'Red Purge'로서 공산당원 또는 '공산주의적' 사상의 소유자로 간주된 관료 1,000명 이상과 회사원 1만 1,000명가량이 추방되었다.

2. 전전과 전후: 인적·제도적 측면

1. 인적·제도적 측면에서의 전전과 전후

전후의 산업정책과 사회통제에 관여한 탁월한 인물의 대부분은 전쟁 전이나 전쟁 중 '혁신 관료' 또는 '통제 관료'로 알려져 있던 인사들이었다. '혁신 관료'와 '통제 관료'로서 전후 일본의 권력 구조에서 중심적인 역할을 한 주요 인물만을 살펴보더라도 〈표 2.3〉에서 보는 바와 같이 정계, 관계, 재계의 거의 모든 지도자가 포함되어 있다. 물론 여기서 언급된 인물들은 극히 일부분에 불과하다. 카럴 판 볼페런은 이 외에도 관료, 정치인으로서 재등장한 혁신 관료와 통제 관료들을 열거하면 훨씬 긴 리스트가 된다고 주장하고 있다(Wolferen 1989, 349-350). 그들 대부분은 현의 지사 또는 경찰을 감독하는 지방 공안위원회, 지방자치단체의 간부가 되었던 것이다.

전후 이들 '혁신 관료'는 주로 경제 관련 관청에, '통제 관료' 또는 '사상 경찰'의 관리들은 교육, 후생, 법무, 노동 등 사회통제에 관련되는 관청에 들어가 오랜 기간 일본 사회의 주요 정책을 담당했다. 예를 들어 오쿠노 세이스케(奧野誠亮)의 경우 1987년의 다케시타 노보루(竹下登) 내각이 등장한 시점에서도 국토청 장관에 취임했으며, 과거 내무성의 노동 관료는 전후 계속해서 노동성의 차관이라든가 중요한 몇몇 국장 자리에 앉아 있었다. 1960년에는 54명의 중의원 의원이 내무성 출신이었으며 이들 대다수가 공직추방당한 인사들이었다(Wolferen 1989, 358). 경제 관료들이 전후 자신들의 권력을 강화한 것과 마찬가지로 사상 관료 또한 자신들의 권력을 유지하고 있었다. 셸던 게런(Sheldon M. Garon)은 이에 대해 "아이러니컬하게도

표 2.3 | 혁신관료 · 통제관료들의 전전과 전후 주요 경력

이름	주요 경력(전전, 전시)	주요 경력(전후)
기시 노부스케(岸信介)	만주국 산업부차장, 상공대신	총리
시이나 에쓰사부로(,椎名悅三郎)	만주국관료	통산대신, 자민당부총재
사코미즈 히사쓰네(迫水久常)	대장성 관료	경제기획청장관, 우정성대신
모리나가 데이이치로(森永貞一郞)	대장성 관료	대장성차관, 일본은행총재
시모무라 오사무(下村治)	대장성 관료	경제안정본부 물가정책 담당
이치마다 히사토(一万田尙登)	대장성 관료(국장)	일본은행 총재
이시카와 이치로(石川一郞)	주요 산업통제단체협의회 간사	경단련 초대회장
오키타 사부로(大來佐武郞)	기획원 관료	외무대신, 대외경제담당상
마스모토 겐지로(松本健次郞)	석탄통제회 회장, 주요산업통제단체협의회 회장	경제단체연합위원회* 회장
우에무라 고고로(植村甲午郞)	상공성 관료,	경단련 3대회장
이시자카 타이죠(石坂泰三)	체신성 관료	경단련 2대회장
이나야마 요시히로(稻山嘉寬)	상공성 관료	경단련 5대회장
나가노 시게오(永野重雄)	상공성 관료	상공회의소 회장
고시 요헤이(鄕司浩平)	전시주요산업통제단체협의회 서기장	경제동우회 회장
호아시 게이(帆足計)	전시통제회 사무총장	경제동우회 설립 주요 인물
마치무라 킨코(町村金五)	자치대신	국가공안위원장
니와 교시로(丹羽喬四郞)	교토부 특고과장	운수대신
오카자키 에이죠(岡崎英城)	아이치현, 도쿄 특고과장	노동성/행정관리청/통산성 정무차관
하라 분베에(原文兵衛)	가고시마현 특고과장	참의원 의원
후루이 요시미(古井喜實)	내무성 경보국장, 내무차관	후생대신, 법무대신
오쓰보 야스오(大坪保雄)	내무성 경보국 도서과장	문부성/법무성 정무차관, 중의원 법무위원장
오쿠노 세이스케(奧野誠亮)	가고시마현 특고과장	자치성 차관, 문부/법무대신, 국토청장관
고토 후미오(後藤文夫)	내무대신	참의원 의원
오다치 시게오(大建茂雄)	내무대신	문부대신
나다오 히로키치(灘尾弘吉)	내무차관	후생/문부대신
마쓰하라 게이키치(增原惠吉)	와카야마현 특고과장, 야마카타현 경찰국장	초대 경찰예비대 대장, 초대 방위청차관, 방위청장관
쇼리키 마쓰타로(正力松太郞)	내무성 관료, 요미우리 신문사 사주	과학기술청장관
아유카와 요시스케(鮎川義介)	만주국고문, 귀족원 의원	참의원 의원, 일본중소기업정치연맹총재
우찌다 노부야(内田信也)	해군정무차관, 농상무대신	중의원의원
구하라 후사노스케(久原房之助)	히타치제작소 창립자, 중의원의원	중의원의원
다카사키타쓰오스케(高碕 達之助)	만주중공업개발총재	중의원의원, 과학기술청 장관
호시노 나오키(星野直樹)	기획원 총재	경제연구회멤버, 출판사사장

주: * 경단련 출범 이전의 4개 경제 단체의 연합회.
자료 : Wolferen(1989), 秦郁彦(2002)를 참고로 하여 필자가 정리.

노동 관료들은 미국의 보호 아래 최대한의 자치를 이루었다. 다른 성청의 동료들과 마찬가지로 이들 노동 관료들은 점령 전보다도 점령 기간 중에 더욱 강력해졌다"(Garon 1987, 233)고 언급하고 있다.

이런 통제 관료와 혁신 관료가 과거 주로 활동했던 곳은 내무성과 군수성이었다. 이런 성청은 물론 점령 통치하에서 해체되지만 내용적 의미에서 완전히 변화되었다고는 보기 힘들다. 내무성의 사회국은 전후 노동성과 후생성으로, 토목국은 건설성과 국토청으로, 경보국은 경찰청으로, 지방국은 자치성으로 재등장했던 것이다(Wolferen 1989, 361). 또한 혁신 관료가 주로 활동했던 경제 부서는 통산성과 대장성으로 바뀌었지만 기본적인 틀은 유지해 오고 있다고 볼 수 있다.

대장성은 1933년 이래 계속 그 조직을 유지해 왔으며, 통산성은 상공성, 군수성 등으로 그 명칭을 달리 하면서도[8] 계속 그 조직을 유지해 오고 있다. 자위대의 전신인 경찰예비대의 민간 지도부는 과거 내무성 출신이었으며, 또 전후 신설된 경찰청은 과거 내무성의 경찰 업무를 인수했기 때문에 자연히 경찰청이 방위청에 민간 관료를 공급하게 되었다. 이후 계속해서 방위청의 최고 행정직은 경찰청 출신자들이 차지했으며, 일본 자위대의 제복을 입는 최고 자리는 전직 군 장교들이 다시 들어앉았다.

한편 전후 자위대에서도 전전의 육해군 주요인사들은 주도적인 역할을 하고 있다. 〈표 2.4〉에서 나타나는 바와 같이 하타이쿠히코(秦郁彦 2005)가 조사한 육해군 주요군인들의 이력에서, 이들 중 상당수가 전후 자위대에서도 중심적인 역할을 함을 알 수 있다.[9] 즉 전전 군인들 중 도중에 사망하거나 퇴역한 고령자를 제외한 젊은 군인들의 경우 대부분 전후 출범하는 자위대에서 중심적인 역할을 하고 있다. 대표적인 예로 〈표 2.4〉에 등장하는

8_1925년 상공성으로 출발하여, 1943년에는 군수성, 다시 1945년에는 상공성, 그리고 1949년에는 통산성으로 변화 과정을 겪게 된다.

9_이에 대해서는, 秦郁彦(2005)를 참고할 것.

표 2.4 | 전후 자위대 주요간부들의 전전과 전후경력

이름	전전 주요경력	전후 주요경력
아키야마 몬지로(秋山紋次郎)	제100 비행단장	항공막료부장(航空幕僚副長)
아마노 요시후사(天野良英)	동부군 참모, 참모본부 부원	육상막료장, 통합막료회의의장
이시카와 칸시(石川貫之)	중대장, 비행대장	항공막료장
가마가 카즈오(釜賀一夫	제7기술연구소원, 대본영막료부	육상자위대 장보(將補), 내각조사관
기시모토 시게이치(岸本重一)	제8비행사단 참모장, 대본영 참모	북부방면총감(總監), 간부학교장
긴바라 세츠조(金原節三)	제2사단 군의부장, 제15군 군의부장	위생학교장, 위생감
사토 토쿠타로(佐藤德太郞)	제11방면군 참모, 동부헌병대	육상자위대 장보(將補), 방위대학교수
시마누키 시게요시(島貫重節)	대본영 참모	제9사단장, 동북방면 총감
시라카와 모토하루(白川元春)	제2비행사단 참모, 남방군 참모	항공막료장, 통합막료회의의장
스기타 이치지(杉田一次)	제17방면군 참모, 수상비서관	육상막료장
다나카 켄고로(田中兼伍朗)	제20군 참모, 제18군 참모	제3사단장, 육상막료부장(副長), 동부방면 총감
다나카 코지(田中耕二)	대본영참모, 제6항공군 참모	중부항공방면대 사령관
다카기 사쿠유키(高木作之)	대본영참모, 제1항공군 참모	항공자위대 공장(空將)
다카야마 시노부(高山信分)	대본영병참총감부(總監部)참모	제1사단장, 북부방면 총감, 육상막료부장
하세베 키요시(長谷部 清)	제101사단참모, 보병중대장	동북방면 총감,
하라 토미오(原 乙未生)	군수관, 중국군수감리국장관	병기공업회 상임이사
후지와라 이와이치(藤原岩市)	육군대학교 교관, 제57군 참모	조사학교장, 제1사단장
마가리 토시로(曲 寿朗)	제3군참모, 지나파견군 참모	육상막료장
마쓰타니 세이(松谷 誠)	대본영참모, 항공총군 참모, 육군대신비서관, 수상비서관	북부방면 총감
마루타 후미오(丸田文雄)	대본영참모, 항공총군 참모,	항공총대사령관
미쓰오카 켄지로(三岡健次郎)	대본영참모, 해군총감부 참모	제9사단장
야마모토 키요카쓰(山本舜勝)	전차12연대중대장, 참모본부 참모	자위대조사학교 부교장
요시에 세이이치(吉江誠一)	제21군참 모, 남지나방면군 참모	제13사단장, 육상막료장
요시하시 카이조(吉橋戒三)	제11군참 모, 육군대학 교관, 지나파견군 참모	육상자위대 간부교장(陸將), 방위대교수.
와다 모리야(和田盛哉)	육사교관, 제14군 참모	육상자위대 서부방면 총감(陸將)
이타야 타카이치(板谷隆一)	제1수뢰전대(水雷戰隊) 참모, 제2수뢰전대 참모, 연합함대 참모	해상막료장, 통합막료회의 의장
이와키 쿠니히로(岩城邦広)	히로시마비행대장, 제24항공전대 (航空戰隊) 참모, 제721항공대비행장	항공총대 사령관
우찌다 카즈토미(内田一臣)	포술학교 교관	호위함대 사령관, 해상막료장
오오타니토노스케(大谷籐之助)	제12항공함대 참모, 제2함대 참모	야스쿠니신사 사무총장, 참의원 의원, 과학기술정무차관
구리쓰 히로오미(栗栖弘臣)	해군법무관	육상막료장, 통합막료회의의장
겐다 미노루(源田 実)	영국대사관무관보좌관, 제343항공대 사령(司令)	항공막료장, 참의원 의원
사나기 사다무(佐薙 毅)	항공함대 참모, 연합함대 참모	항공막료장
사메지마 히로이치(鮫島博一)	요코스카항공대 비행심사부원, 항공기술창 비행실험부원	항공집단사령관, 해상막료장, 통합막료회의 의장
시마다 코이치(島田航一)	요코스카항공대 비행대장, 제13항공함대 참모	항공총대 사령관

스기에 이치조(杉江一三)	해군성부관, 제11돌격대부장(副長)	해상막료장, 통합막료회의 의장
다니구치 야스마로(渓口泰麿)	함장, 독일대사관무관보좌관, 해군성 근무	자위함대 사령관
나카지마 타다시(中島 正)	요코스카항공대 비행대장, 제251항공대비행대장	공장보(空將補)
나카무라 데이지(中村悌次)	해군병학교 교관	해상막료장
나카무라 사다요시(中村定義)	해군성조사과, 군무국근무	해상막료장
미카미 사쿠오(三上作夫)	제1수뢰전대 (水雷戰隊)참모, 해군총대 참모(總隊參謀)	호위함대 사령관

자료 : 秦郁彦(2005)를 참고로 하여 필자가 정리.

겐다 미노루(源田實)는 진주만 습격의 주요 정책 입안자였으며 당시 해군 참모총장이었던 야마모토 이소로쿠(山本五十六)의 핵심 고문이었다. 그는 전후 자위대가 부활하면 다시 항공자위대에 들어가 1959~62년 사이 공군 참모총장에 해당하는 항공막료장을 역임했다. 전후 일본 수상을 역임했던 요시다의 군사고문 또한 군 장교 출신인 타쓰미 에이이치(辰巳栄一)였다.[10] 나아가 전시 동안 군수 부문의 연구·개발에서 중요한 역할을 담당했던 연구·기술 인력 또한 그대로 유지되어 전후 일본의 산업기술발전에 일익을 담당했던 것이다.[11]

전시 일본을 이끌었던 이들의 활동으로 미·일 강화조약에 의해 일본의 주권이 공식적으로 회복되자, 1952년에는 '경찰예비대'가 '보안대'로, 다시 1954년에는 '보안대'가 '자위대'로 개명되어 현재의 자위대가 정식으로 출

10_그는 요시다가 1930년대 런던 주재 대사로 근무하고 있을 당시 대사관 무관을 지냈던 인물이었다. 그는 일반적인 전략 문제에 대해 군사적 입장에서 군의 이해관계를 대변하는 인물로서 활동했을 뿐만 아니라, 일본이 점령하에 있던 1950~51년에도 일본의 공식적인 주권을 주장했었다(秦郁彦 2005, 100).

11_전시기 군수 부문의 연구·개발에서 중요한 역할을 담당했던 해군 연구·기술 인력의 전후 활동에 대해서는 이 책의 제3장 〈표 3.20〉을 참고할 것.

범하게 되었다. 요컨대 전후 일본의 정부제도와 여타 조직의 명칭은 바뀌었을지라도 그 제도의 본질적인 성격과 인적 구성은 기본적으로 전전과의 연속선상에 놓여 있었던 것이다.

2. 사상적 배경

전전의 통제 관료와 혁신 관료들이 공유하던 가치, 그리고 이 가치가 구체화되어 나타나는 정책의 연원은 기타 잇키(北一輝)의 『일본개조법안대강』(日本改造法案大綱)으로 거슬러 올라간다. 기타는 젊었을 때 사회주의자로 활동, 중국 혁명에도 참가했으나 이후 국가사회주의의 경향을 강하게 띠기 시작하여 일본적 파시즘의 이론적 지주가 되었다. 기타의 사상이 공식적으로 국가사회주의 운동으로 나타나게 된 것은 육군 내 청년 엘리트들이 '혁신'을 주장하면서 1931년 3월사건, 10월사건 등의 쿠데타 계획을 통하여 급속히 정치적인 압력을 가하게 되면서부터였다. 당시 참모본부, 육군성의 젊은 장교들은 기타의 이런 사상적 기반 위에 정치적·경제적 통제 계획을 진전시켰던 것이다.

이들의 주장은 정치·경제체제를 전환시켜 전면적인 통제를 취한다는 방침으로 일관되어 있다. 대체적인 내용을 보면 정치적으로는 국방 강화, 기성 정당의 해산, 의회의 정화 쇄신 등이 골자다. 경제에 관한 것으로는 중요 산업의 통제, 금융의 통제와 대은행의 국유화, 주요 산업의 국유화와 그 밖의 산업에 대한 국가 감독권의 강화 등이 있다(山本彦助 1974, 160-167).

이후 이들은 만주사변이 발발하게 되면 〈중요산업통제법〉을 제정하여 무역, 중공업, 경공업, 중소 상공업으로 나누어 통제에 들어가게 된다. 그리고 〈국가총동원법〉을 제정하여 물자 통제와 동원 계획, 생산력 확충 계획, 배급과 소비통제, 물가통제, 수출입링크제 등을 실시하게 되어 이런 통제정책들이 패전 시기까지 일본 사회를 지배했다.[12] 즉 기타 잇키의 사상 이외에 '통제' 사상의 기반을 이루는 것은 '국가총동원' 사상이었던 것이다.

국가총동원 사상은 사실 일본만의 독자적인 것이라기보다는 제1차 대전 당시 서구 각국이 취하고 있었던 정책에서 나온 것이었다. 대전 동안 각국은 노동력의 군수산업 집중, 산업 정리, 평화산업 축소와 군수생산 확장, 물자 배급 통제, 소비재 배급 등을 통하여 모든 국력을 전쟁 수행에 쏟았다. 이러한 서구의 전쟁경험이 당시 일본에 영향을 끼치게 된다. 즉 강력한 통제 기구를 준비하여 유사시에 즉각 실행에 옮길 수 있는 체제를 갖추기 위해 이 사상이 등장한 것이다. 이를 위해 일본은 1927년에 이미 자원국을 설치하여 공장 설비 능력 조사, 군수생산으로의 전환 가능성 검토 등 물자 동원 계획을 세웠다. 요컨대 국방이 국가총동원이라는 형태로 이뤄져야 한다면 통제는 당연히 필요하다는 사고방식이 육군성과 참모본부의 중견 장교들에게 일반화되어 있었던 것이다.

육군성이 1934년 10월 1일에 공표한 소위 육군 팸플릿 『국방의 본의와 그 강화의 제창』은 '투쟁은 창조의 아버지, 문화의 어머니'라는 문구로 시작되어, 넓은 의미에서의 국방을 위해서는 국민정신을 비롯하여 자연, 자원, 기술, 무력, 통신, 정보, 선전 등의 제 요소를 동원하지 않으면 안 된다고 주장하고 있다. 특히 경제면에서는 당시의 경제기구가 개인주의를 기

12_이런 정책들의 주요 내용에 대해서는 通商産業省(1965)을 참고하라.

초로 하는데, 개인의 이익이 국민의 이익과 일치하지 않는 경우도 있으며 계급 대립의 관념을 격화시키고 부의 편제를 초래하는 경우도 있다고 보았다. 이에 국민 생활을 안정시키는 동시에 자원 개발, 산업 진흥, 무역 촉진, 국방 시설의 충실한 대비를 위해 여러 금융제도와 산업 운영을 개선하려는 것이었다(陸軍省新聞班 1964, 266-282). 이 내용 역시 국가사회주의적인 방향을 지향하고 있으며 실제로 이 발표 후 육군이 공공연하게 정치, 경제에 관여하게 되었다. 이들은 히틀러 정권하의 독일적인 사고방식의 영향을 강하게 받고 있었다. 즉 일본의 경제와 사회통제 문제에 독일의 방식을 적용시켰던 것이다.

전후 공직에 복귀한 혁신 관료와 그 제자들은 전후의 경제 관계 성·청·일본은행, 그리고 주요 경제 단체를 지배하게 된다. 그리고 내무성을 중심으로 활동했던 사상 관료들 또한 전후 정부 각 성청의 관료나 정치인으로 재등장하게 된다. 이의 결과 전전의 중상주의적 또는 국가주의적 사고의 전통은 전후의 민주화 과정에서도 지배층의 믿음 체계로서 온존될 수 있었던 것이다.

3. 전전과 전후: 정책적 측면

인적·제도적 측면에서의 연속성은 정책 면에서도 상당 부분 나타난다. 전후 미국 점령하에 진행된 자유주의 경제화에 의해 전전의 통제정책은 사라졌지만 모든 통제가 사라진 것은 아니었다. 실제로 전전과 전시에 시행되었던 많은 정책들은 전후에도 상당 부분 남아 일본 경제정책에 침투되어 나타나는 것이다.

이런 정책 중 가장 먼저 들 수 있는 것은 중화학공업화로의 산업정책 전환이다. 물론 전전과 전시에 비대화되었던 금속, 기계, 화학공업 설비는 전후 상당 부분 타격을 입었다. 그러나 전후 부흥 과정에서 일본은 일찍부터 철강, 카메라, 미션을 수출하기 시작했으며 뒤이어 라디오와 TV도 수출하게 되었다. 이와 같은 신속한 회복이 가능했던 것은 전시 중에 가동되었던 이들 설비와 노동력이 그대로 남아 있었기 때문이었다.

이런 측면에서 본다면 1950년대 전반기의 기술혁신과 중화학공업화의 싹은 전시경제 속에서 준비되어 있었던 것이라고 할 수 있다. 에드워드 데니슨(Edward F. Denison)과 윌리엄 청(William K. Chung)에 따르면 실제로 일본이 독립을 회복한 1952년에 중공업은 일본 산업을 주도할 준비가 되어 있었으며, 전후 제조업 내에서의 성장률 또한 중요 기계 부문에서 가장 높았다(Denison and Chung 1976, 12). 나카무라 다카후사(中村隆英)에 의하면 이런 방향으로 산업계를 이끌었던 것은 전시 중의 상공성과 군수성의 후신이었던 통산성이었다(中村隆英 1974, 163-164). 즉 전후 통산성이 취한 많은 정책이 업계에 신속히 침투되었던 것은 전시 이래의 '행정지도'가 목적한 바대로 움직였기 때문이라는 것이다.

두 번째로 들 수 있는 것은 금융정책이다. 전후의 금융정책 또한 전전의 정책 경험에서 나타난 것이다.[13] 금융 통제의 가장 구체적인 예로서 볼페런은 지정금융제도를 들고 있다. 전시에 시행되었던 '군수융자 지정금융기관제도'(system of financial institutions authorized to finance munitions

13_이 부분에 대한 더욱 구체적인 분석은 野口悠紀雄(2002); 榊原英資·野口悠紀雄(1977)을 참고하라.

companies)에 따라 대장성이 전체 자금계획의 대강을 결정하고, 자금 배분은 군수성이 담당하게 되었는데 이것이 바로 전후 계열 금융의 원형이었다는 것이다. 따라서 볼페런은 전후 나타난 일본의 기업과 '주력 은행'(main bank)의 밀접한 관계는 제2차 세계대전 말기의 수개월 전으로 거슬러 올라가야 올바른 파악이 가능하다고 보았다. 전시에 이미 일본 대기업의 태반은 하나의 시중은행을 중심으로 그룹을 구성하고 있으며 전후 대부분의 시기를 통하여 메인 뱅크에 의존해 왔다는 것이다. 볼페런에 따르면 일본의 대기업은 1940년대부터 1970년대에 걸쳐서 자금 조달액의 80% 이상을 계열 관계에 있는 시중은행에서 차입하고 있었다(Karel van Wolferen 1989, 562-563). 예를 들면 미쓰이 계열의 기업은 미쓰이은행, 미쓰비시 계열의 기업은 미쓰비시은행과의 관계가 완전히 고정되었고, 그 결과 특정 기업에 속하지 않았던 기업도 이 제도에 의해 은행과의 관계가 굳어졌던 것이다.

이런 맥락에서 본다면 전후 실시되었던 지주회사 해체, 일족에 의한 지배 구조의 개선이라는 재벌 해체의 외양적 변화에도 불구하고 일본의 기업들이 다시금 은행을 중심으로 재결집한 것도 이해 가능할 것이다. 즉 전후 일본 경제를 특징지었던 은행 중심의 기업집단 형성은 바로 전시의 지정금융기관제도에서 나타난 것이다. 물론 전후 금융정책이나 산업정책의 관할권을 둘러싸고 일본은행과 대장성, 그리고 통산성과 운수성 등 각 성청 간의 관할 다툼이 나타나기도 했지만 관료의 민간 지배라는 커다란 틀은 그대로 유지되었다.

1949년에 성립된 〈외환및외국무역관리법〉의 기본 모델 또한 1937년 중일전쟁의 전면화에 따라 제품 수출입과 금융에 대한 통제 구조로서 만들어진 〈수출입품임시조치법〉과 〈임시자금조정법〉에서 그 유래를 찾을 수 있다(Wolferen 1989, 561-562; 찰머스 존슨 1984, 125-127). 1931년의 금본위

제 폐지로 인해 새로운 금융정책이 나타나게 되고, 뒤이어 1932년의 〈자본도피방지법〉과 1933년의 〈외환관리법〉에 의해 당시까지 비교적 자유로웠던 무역은 제한되었으며, 이런 흐름이 이어져 중일전쟁이 전면화하는 1937년에는 〈수출입품임시조치법〉과 〈임시자금조정법〉이 제정되어 제품 수출입과 금융에 대한 통제 구조가 마련된 것이다. 요컨대 전전과 전시의 경험을 토대로 통산성과 대장성은 전후 산업정책과 금융 통제의 틀을 마련했으며, 이런 측면에서 보면 일본의 전후 경제체제, 특히 금융 통제와 산업정책에 대한 제도상의 기반은 전시체제가 그대로 온존된 것이라 할 수 있다.

이런 국가 통제는 쌀과 농지에 대한 정책에서도 나타난다. 1939년 쌀 부족이 심각해지자 경찰이 개입하여 통제가 시작되었으며, 1941년에는 식량의 할당과 배급이 실시되어 정부의 완전한 통제하에 놓이게 되었다. 이 시기 이전까지 일본에서는 식민지(특히 조선)의 쌀 생산으로 식량문제가 그다지 심각하지 않았으나, 이때부터는 쌀 증산이 절실한 문제로 떠올랐다. 그러나 당시의 일본 농촌에서는 농촌 인력의 군인 차출과 도시 군수공장으로의 노동력 유출로 일손이 심각하게 부족했다. 이에 증산 의욕을 고무시키기 위한 수단으로 생산자가격과 비생산자가격의 이중가격제가 실시되어, 직접적인 쌀 경작자(자작농 및 소작농)를 우대하는 정책을 취했다. 즉 소작농과 자작농으로부터 정부가 사들이는 쌀 가격은 높게 책정하여 생산 의욕을 고취하는 한편 지주와 같이 자신이 직접 경작하지 않는 층의 쌀 가격은 억제했다(中村隆英 1974, 165-166).

당시는 전시 상태로서 농지개혁에 의한 증산이라는 방법은 불가능한 상황이었기 때문에 당시의 농림성은 이런 가격정책으로 실질적인 증산 효과를 노렸던 것이다. 이런 측면에서 본다면 전후 생산자에 대한 보조금 같은 예는 바로 전시 상황에서 나타났던 정책의 연장에 다름 아니다. 즉 이중곡가정책으로 전후 일본에서는 쌀의 생산자가격이 소비자가격보다 오히려 비싸게 나타나 식량 회계에 적자를 가져오게 된 것이다.

노동조합과 일본식 경영의 특징으로 일컬어지는 연공서열제, 종신고용제 또한 전시 통제의 영향을 받은 것이라 할 수 있다.[14] 1938~39년 사이에 노동조합 운동은 산업보국회 운동으로 전환되었다. 산업보국회는 소위 상의하달의 생산 촉진 단체로서 노사 쌍방으로 조직되었다. 산업보국회는 각 기업에서 공장별, 사업소별로 만들어져 생산 향상에 협력하는 한편 종업원의 복지를 꾀했다. 전후 산업보국회는 해산되었으나 점령군의 지령으로 노동조합의 결성이 촉진되었을 때 이 조직이 변화되어 노동조합으로 이행된 경우가 많았다. 이것이 전후에 기업별 조합이라는 형태로 일본의 노동조합 운동으로 나아갔던 것이다. 또한 연공서열임금제, 종신고용제는 전전부터 있었으나 전시 중 실시되었던 임금 통제와 군수 회사에서의 노동력 확보책이 이를 더욱 강화시켰다. 하청제도 또한 전시 중에 강화된 제도다. 과거 일본의 기업들은 하청제도를 바람직하다고 생각지 않았다. 그러나 군수생산의 확대로 거대 제조업체가 부품 생산과 조립 등에 중소기업을 이용하거나 또는 이런 구조를 만들기 위해 중소기업을 육성하면서 하청제도가 일반화되었다. 즉 전후 하청제도는 전시경제가 뿌렸던 씨앗이 성장해 나타난 것이었다(中村隆英 1974, 167).

14_일본식 경영의 특징들에 대해 고든은 부정적인 견해를 나타내고 있다. 예를 들어, 고든은 1960년대 제조업 분야의 젊은 남성 직장인 1/3에서 2/3가 주로 5년 내에 자신의 첫 직장을 그만두었을 뿐 아니라 일본회사들이 '희망퇴직' 권고 같은 전략을 개발하여 해고를 통하지 않고도 불필요한 사원을 내보냈다는 점을 들어 '종신고용제'란 표현은 잘못된 것이라 주장하고 있다(Gordon 2005, 500).

이 외에도 전전, 전시 중의 정책들이 전후에 명칭을 조금씩 달리해 비슷한 내용으로 부활한 예는 많다. 이런 정책들은 국제경제 환경의 변화에 따라 상당히 약화되기는 하지만 상당한 기간이 지난 시점에서도 나타났다. 대표적인 예로 1973년 가을 중동 분쟁으로 인한 당시 아랍석유수출국기구(OAPEC: Organization of Arab Petroleum Exporting Countries)의 원유 공급 제한으로 일본이 심각한 석유 부족에 직면하자 물자 부족, 물가 등귀 등을 우려한 정부가 〈석유수급정화법〉과 〈국민생활안정긴급조치법〉 등 소위 석유 2법을 성립시킨 것도 전시 통제의 유산이었다고 나카무라는 파악하고 있다(中村隆英1974, 169-173).[15]

노구치 유키오는 전후 일본의 정치·경제 시스템을 '40년체제'라 명명하면서, 이 체제가 고도의 경제성장 이후에도 유지되었을 뿐 아니라 1970년대 오일쇼크 때 더욱 강화되어 1980년대에는 일본형 시스템으로 칭송받고 있다고까지 언급하고 있다(中村隆英1974, 169-173; 野口悠紀雄 2002, 152-156).[16] 앤드류 고든 또한 전후 일본의 국가가 경제에 개입하는 비공식적인 메커니즘인 행정지도가 통전기 정치·경제의 기본적인 토대(conerstone)였다고 언급하고 있다. 즉 전후의 행정지도가 전쟁 시기보다는 시장에 더 많은 여지를 부여함으로써 덜 강압적인 설득의 형태를 띠기는 했지만, 행정

15_참고로 당시 석유 2법의 심의에 참여했던 자민당의 시이나 에쓰사부로(椎名悅三郞) 부총재는 〈표 2.3〉에서 보는 바와 같이 전시 중 상공 관료로서 실제로 통제 업무를 담당했던 인물이었다.

16_이 외에도 노구치는 전시 금융체제와 정책들, 그리고 일본형 기업, 간접금융제도 등과 같은 제도의 연속성에 대해서 지적하고 있다. 앤드류 고든은 전전과 전후를 구분 짓지 않고 '통전기'라는 용어로 지칭하면서 샌프란시스코 강화조약(1951)까지를 통전기로 보고 있다. 이에 대해서는 Gordon(2002); 앤드류 고든(2005)을 참고하라.

지도의 원형은 1920~30년대 '산업 생산의 합리화'라는 프로그램에서 처음으로 나타났다는 것이다(Gordon 2002, 248).

이상에서 보다시피 전후의 경제 관료는 민간 부문을 활성화하는 산업 정책을 입안하여 실시함으로써 전례가 없을 정도로 산업계를 조종, 원하는 방향으로 나아가게 했을 뿐 아니라 강력한 보호주의 정책으로 국내 기업들의 성장을 도왔으며 이것이 전후 일본의 주요 정책이 되었다. 즉 전후의 일본 경제는 전시 통제가 변모된 형태로 나타나 이 토대 위에서 전개된 것이다. 관료들은 미 점령정책의 전환으로 '공직 추방'에서 해제되었을 뿐 아니라 전전과 전시 동안 그들의 최대 경쟁자였던 군부로부터의 간섭도 받지 않게 되었다. 재벌 해체와 지주회사의 해산, 군대 조직의 폐지라는 일련의 과정은 관료들의 경쟁자였던 재벌과 군부의 세력을 약화시킴으로써 오히려 관료들의 권력을 강화시켜주는 역할을 했던 것이다.

이런 측면에서 볼 때 점령 기간이었던 1945~52년은 사실상 전전의 지배계급이 재집결하는 시기였으며, 전전의 혁신 관료들이 자신들의 사상을 마음대로 펼칠 수 있는 기반을 마련하는 과정이었다. 이의 주요한 계기는 미국의 점령정책 변화였다. 초기에 미국은 일본 경제의 곤란이 연합국 측의 책임이 아니라고 선언했으나, 이런 입장을 계속하면 공산주의 혁명을 초래하게 될 것이라는 판단에서 일본 정부가 경제통제를 실시하도록 요구했던 것이다. 이에 따라 관료 제도가 점령군의 개혁 조치를 피할 수는 없었지만 경제 부처만은 오히려 권한이 강화되었고 이들의 회복은 결국 다른 영역으로도 파급되었다. 후에 통산성으로 개명되는 상공성의 경제 관료에게 있어서는, 존슨의 표현을 빌리면 "어느 날 갑자기 관료의 천하가 실현된 것"(찰머스 존슨 1984, 176)과도 같은 기쁨이었던 것이다.

4. 요약 및 결론

이 글의 문제의식은 전후 일본을 어떻게 보아야 할 것인가라는 점에서 출발했다. 이를 위해 필자는 세 가지 측면, 즉 미국의 대일본 점령정책의 전개 과정, 전후 일본 지배 엘리트의 성격, 그리고 이들에 의한 정책들을 중심으로 살펴보았다. 이를 요약하면 다음과 같다.

첫째, 미국의 대일 점령정책은 군정 당국에 의한 직접 통치가 아닌 일본 정부를 통한 간접 통치의 형태를 취함으로써 일본의 관료 조직을 그대로 온존시킬 수밖에 없었다. 이와 같이 온존된 관료 조직은 점령정책의 변화로 인한 주요 관료들의 복귀, 그리고 점령정책의 또 다른 측면인 재벌 해체와 군대 조직의 해체로 인해 그 권한이 상대적으로 더욱 강화되었다. 즉 전전과 전시를 거치며 관료 사회를 견제하는 역할을 했던 재벌과 군대가 해산됨으로써 전후 일본 관료들의 권한은 전전에 비해 오히려 강화되었다. 나아가 재벌과 군부 인사들 또한 이후 추방에서 해제됨으로써 전후 일본의 지배 엘리트들은 전전과 거의 변화가 없었다.

둘째, 전후 복귀한 혁신 관료들과 통제 관료들은 사상적으로 전전과 전시 시기 동안 일본을 관통하고 있었던 국가주의적 성향을 그대로 띠고 있었다. 이들은 전후에 한편으로는 주로 경제 관계 성청과 일본은행, 주요 경제 단체들에 침투하여 전후 일본의 경제정책을 입안하는 데 크게 기여했으며, 또 다른 한편으로는 의회와 방위청, 공안위원회, 문부성, 언론계 등에 침투하여 전후의 일본을 움직이는 주요 세력이 되었다. 한편 전후 일본의 정부 조직은 외형상으로는 크게 바뀌었지만 실질적 내용, 즉 각 성청의 역할과 인적 구성이라는 측면에서는 기본적으로 전전과의 연속선상에서 파악이 가능하다.

마지막으로, 전후 일본에서 나타났던 제 정책들 또한 전전과 전시 중 시행되었던 정책들의 연장선상에 있다. 이 글에서 대표적으로 살펴보았던 전후의 중화학공업화, 금융정책, 농업정책, 노동정책, 그리고 하청제도와 같은 정책들에서 이는 뚜렷이 드러난다.

물론 앞부분에서 언급한 바와 같이 전전과 전후의 일본 사회가 국민의 자유 또는 사상의 자유 등과 같은 면에서 큰 차이점을 보이고 있음을 부정할 수는 없다. 일본 지배층 내부의 권력 구조에 변화가 있는 것 또한 사실이다.[17] 그러나 이런 현상적인 면의 변화에도 불구하고 일본에서 권력이 어떻게 행사되는가와 같은 본질적 면에서는 커다란 변화가 없다는 점을 알 수 있다. 권력 행사의 본질적인 측면에서 전전과의 연속성은 여전히 나타나고 있으며 전전 권력 엘리트들이 갖고 있었던 국가 구상과 정책이 계속해서 나타났던 것이다. 이는 전후 일본 지배 엘리트의 인적 구성, 그리고 이들이 만들어 내었던 제도, 정책적 측면에서 나타난다. 결국 미국의 점령 정책이 한국전, 중국의 공산화 등과 같은 몇 가지 국제적 계기를 맞아 변화함으로써 전후 일본 국가의 형성은 전전 지배 계층의 재결집이라는 형태로 진행되었던 것이다.

이상과 같은 시각에서 본다면, 전후 방위산업을 둘러싼 논란에서 가장

17_이런 변화는 1970년대 이후 자민당과 관료 간의 관계에서 소위 '당고관저'(黨高官低)라는 형태로·나타나기 시작한다. 자민당과 관료와의 관계에 이런 변화를 가져온 원인은 일본 경제의 급성장이 점차 진정된 것, 국가 예산의 적자 폭 확대, 이에 따른 관료 내부의 마찰 증가, 실패로 돌아간 '재정 경직화 타개' 운동, 그리고 새로운 산업 분야를 둘러싼 성청 간의 세력권 다툼 등 여러 요소들이 제각기 영향을 미친 것이다. 이런 요인들에 의해 정치인의 역할이 증대되는 방향으로 세력 관계의 이동이 생기게 되며, 이 변화 과정에서 중심 역할을 맡은 것이 '정무조사회'와 '족의원'이다. 이에 대해서는 猪口孝·岩井奉信(1987)을 참고하라.

중심에 있는 국산화 주장의 근원을 알 수 있을 것이다. 즉 국산화 주장의 가장 강력한 배경은 메이지 이후 형성된 국가주의적, 중상주의적 사고이며, 그 세력 또한 전후 민주화 과정에서 척결되지 않고 남아 일본의 지배층을 형성하게 됨으로써 일본 방위산업 국산화의 가장 강력한 지지층이 된다. 나아가 '국가 지상주의'라는 동일한 목표와 믿음 체계의 공유, 그리고 전쟁과 패전, 추방과 해제라는 엄혹한 시기를 거치면서 형성된 공동의 유대감, 정서적 일체감과 상호 신뢰성이 이들 사이 네트워크의 기반이 되고 있다는 점을 알 수 있을 것이다.

제3장

전후 일본의 방위정책과 방위산업

이 장에서는 이 책에서 살펴보고자 하는 각 사례들의 분석에 앞서서 전후 일본 방위정책의 전반적인 흐름과, 방위산업의 실태와 현황을 살펴본다. 구체적 사례들의 분석에 들어가기 전에 일본 방위산업의 전반적인 측면과 특징들에 대한 선행적인 지식이 어느 정도는 필요하기 때문이다.

이 장에서 살펴볼 구체적 내용은 다음과 같다. 첫째, 전후 일본 방위산업의 기본적인 틀을 형성하고 있는 일본의 방위정책이 어떻게 진행되어 왔는지를 살펴본다. 왜냐하면 무기 수출이 금지된 일본의 방위산업계에 있어서, 정부의 방위력 증강은 바로 방위산업체의 매출과 직결되기 때문이다. 둘째, 일본의 방위력정비계획이 갖는 특징적인 점들을 각 시기별로 살펴보는 한편, 이런 계획들이 초기의 예산 단년도주의에서 중장기 계획으로 나아가는 과정과 이것이 갖는 의미에 대해 살펴본다. 셋째, 일본의 방위비가 어느 정도인지, 그리고 일본의 방위생산이 어떤 특징들을 갖고 있는지를 살펴본다.

1. 전후 일본의 방위정책

1. 〈국방의 기본 방침〉과 방위력 정비의 지침

1945년 9월 10일 연합국 점령 당국은 일본에서의 무기 생산을 금지했다. 그러나 한국전쟁이 발발하자 1950년 7월 8일 점령군 사령관 더글러스 맥아더(Douglas MacArthur)는 "7만 5,000명의 국가 경찰예비대의 창설과 해상보안청 정원 8,000명의 증원을 위해 필요한 조치를 취할 것을 허가한다"[1]는 내용의 서한을 당시의 일본 정부 수반이던 요시다에게 보내, 경찰력과 해상 경비력의 확충, 강화를 지시했다. 이에 따라 일본 정부는 1950년 8월 10일 〈경찰예비대령〉을 공포하고, 8월 24일 '경찰예비대'를 발족했다. '우리나라의 질서유지'와 '치안유지'라는 것이 경찰예비대의 임무였다. 이와 같이 당초 국내 치안을 목적으로 설립된 경찰예비대는 '한국전'을 계기로 군대 조직으로 개편되기에 이른다.

한국전 발발 몇 달 후인 1951년 9월 8일 일본은 소련과 그 위성국들을 제외한 연합국들과 평화조약에 서명했고, 동시에 일미안전보장조약도 조인했다. 그리고 이듬해인 1952년 4월 28일 조약 발효와 함께 일본은 독립을 회복했다. 이 동안에 '경찰예비대'는 정원이 7만 5,000명에서 11만 명으로 늘어났으며 사단에 해당하는 '관구대'와 야전군에 해당하는 '방면대'를 신설했다. 조약 발효와 거의 동시에(4월 26일) 이미 설치되었던 해상보안청

1_"マッカ-サ-元帥, 日本警察力の増强に關する書簡." 鹽田庄兵衛·長谷川正安·藤原彰(1984, 219-220).

에 해상경비대가 설치되어 이것이 해상자위대가 되었다(富山和夫 1979, 26). 이후 자위군 창설을 주장하는 개진당과 이에 소극적이었던 자유당의 활발한 방위 논쟁을 거친 후 1954년 방위 2법안(방위청설치법, 자위대법)이 6월에 공포되어 7월부터 시행되었다. 이에 따라 보안청은 방위청으로, 보안대는 육상자위대로, 그리고 경비대는 해상자위대로 개편했으며, 새롭게 항공자위대를 창설해 현재의 자위대가 탄생했다.[2]

방위 2법안의 시행과 동시에 국방에 관한 중요 사항을 심의하기 위해 내각 총리대신의 자문기관으로서 국방회의를 설치할 것을 결정하여 약 4년 후인 1956년 7월 일본 정부는 내각에 국방회의를 설치했다. 전후 최초의 군사 기구가 탄생한 것이다. 여기서 전후 일본의 안전보장에 대한 기본적인 생각을 처음으로 밝힌 〈국방의 기본 방침〉을 확정해 1957년 5월 20일의 국방회의 및 각의에서 결정했다. 국방에 관한 최초의 방침일 뿐 아니라 이전부터 준비해 오던 장기 방위력정비계획에 대비한 것이라는 점에서 그 내용을 살펴보면, 다음과 같이 시작하고 있다.

> 국방의 목적은 직접 및 간접 침략을 미연에 방지하고, 만일 침략이 있을 때는 이를 배제하며, 그럼으로써 민주주의를 기조로 하는 우리나라의 독립과 평화를 지키는 데 있다. 이 목적을 달성하기 위한 기본 방침을 다음과 같이 정한다. ① 국제연합의 활동을 지지하고 국제간 협조를 도모하며 세계 평화의 실현을 기한다. ② 민생을 안정시키고 애국심을 고양시키며 국가의 안전보장에 필요한 기반을 확립한다. ③ 국력과 국정(國情)에 상응하는 자위를 위해 필요한 한도에서, 효율적인 방위력을 점진적으로 정비한다. ④ 외부로부터의 침략에 대해서는 장차 국제연합

2_전후 일본이 비군사화에서 재군비, 그리고 자위대 창설로 나아가는 과정에 대해서는, 大嶽秀夫(1991; 1992; 1993)을 참고할 것.

이 유효하게 이를 저지할 기능을 다 할 수 있을 때까지는, 미국과의 안전보장체제를 기조로 하여 이에 대처한다(朝雲新聞社編集局 1998, 17).

이 기본 방침, 구체적으로는 제3항에 있는 '효율적인 방위력' 정비를 위해 국방회의의 검토를 거쳐 1957년 6월, 방위청은 4,600억 엔의 소요 경비가 들어간 제1차 방위력정비계획(1958~60년)을 발표했으며, 뒤이어 61년에 1조 3,700억 엔에 달하는 2차 방위력정비계획(1961~66년), 1966년에는 2조 5,000억 엔의 소요 예산이 들어가는 3차 방위력정비계획(1967~71년), 그리고 이후 5조 6,700억 엔이 소요되는 4차 방위력정비계획(1972~76년)을 발표했다.

이후 일시적으로 방위청 내부의 계획으로 방위력정비계획(53중업, 56중업)이 만들어졌으나, 그 이후로는 방위력의 정비·유지 및 운용에 관한 제반 계획을 항상적(恒常的)으로 하기 위한 기본 지침으로서 〈대강〉에 따라 이뤄지고 있다. 즉 〈51대강〉(1976년)은 〈07대강〉(1995년)이 나오는 1995년까지의 방위력정비계획의 지침이 되었던 것이며, 〈16대강〉이 나오는 2004년까지는 〈07대강〉이 방위력정비계획의 지침이 되었던 것이다. 방위력정비계획의 지침이 되기 때문에 〈대강〉의 변화는 바로 일본의 안보 환경과 국내외 정세에 대한 일본의 인식을 반영하는 것이라고 할 수 있다.

요컨대 일본의 방위력 정비는 초기의 1~4차 방위력정비계획을 거친 후, 장기적인 방위력 수준을 나타내는 〈방위 계획의 대강〉 아래 '중기방위력정비계획'에 따라 진행해 왔다. 그리고 '중기방위력정비계획'은 5년간의 주요 사업 계획과 방위력 정비량을 상정하여 결정하고 있다. 따라서 전후 일본의 방위력정비계획은 각 〈대강〉을 변곡점으로 하여 시기별 구분이 가능하다. 첫 번째 시기는 초기의 1차방~4차방 시기, 두 번째 시기는 〈51대강〉 이후 〈07대강〉까지의 시기, 세 번째 시기는 〈07대강〉 이후 〈16대강〉까지의 시기, 그리고 마지막으로 〈16대강〉 이후의 시기로 나눌 수 있다.

2. 제1~4차 방위력정비계획

1차 방위력정비계획은 전후 최초의 방위력정비계획으로, 당시 급속히 이뤄지고 있던 주일 미 지상군의 축소에 대해 육상 방위력을 정비함과 함께, 해상·항공 방위에 대해서도 일정한 체제를 갖출 것, 즉 방위력의 골간을 정비하는 데에 그 주안점을 두고서 책정된 것이었다. 최초의 방위력정비계획이라는 점에서 그 내용을 조금 살펴보면, 1차방에서는 육상자위대의 경우 자위관 18만 인, 예비 자위관 1만 5,000인, 6개 관구대, 4개 혼성단을 목표로 했다. 해상자위대는 함정 약 12만 4,000톤, 항공기 약 220대를 목표로 했으며, 항공자위대는 비행부대 33대(이 중 전투기부대 27대)에 항공기 1,300기를 목표로 했다.

이 중 자위관 정수 1만 인, 약 1만 2,000톤의 함정, 항공기 19대의 미달성을 제외하고는 계획대로 달성되었다(『防衛年鑑』 1992, 414-415). 1차방에서 책정된 기본 수량은 이후 나타난 방위력정비계획의 기본 수량이 되었다. 즉 육상자위대 18만, 해상 12만 4,000톤, 항공기 1,500여 대, 탱크 800여 대라는 기본 수량은 대체적으로 유지하면서 질적인 향상을 기한다는 것이 이후 방위력정비계획의 대체적인 내용이 되었던 것이다.

1차방에서는 장비품의 정비에 대해 상당 부분 미국으로부터의 공여가 예정되어 있었기 때문에 미국에의 의존도가 높은 계획이었다. 이 기간 동안의 방위 예산은 당시의 국민경제와 재정 사정을 감안하여 탄력적으로 실시한다는 의도에서 기간 내의 예상 경비 액수를 나타내지 않았으나, 1958년도 1,480여억 엔, 1959년도 1,550여억 엔, 1960년도 1,600여억 엔으로 합계 4,600여억 엔이 계상되었다.

1차방 기간 동안에 방위청이 방위산업으로부터 병기를 조달한 액수(조달 실적)는 1958년도 555억 엔, 1959년도 537억 엔, 1960년도 1,207억 엔으로 합계 약 2,300억 엔에 달했으며, 이것이 당시 어려움을 겪고 있던 방위산업계에 도움이 되었던 것은 물론이다.[3] 함정과 항공기의 일부도 국내 기업에 발주했으나 장비의 상당 부분을 미국의 무상 원조에 의존한 경향이 높았으며, 특히 연구·개발 부문에서는 지대공미사일을 제외하고 이렇다 할 만한 것이 없었다. 또한 국산화한 장비품도 있었으나 일반 민수품을 그대로 유용한 경우가 많았으며 미국 공여품을 일부 개조하는 정도에 그쳤다. 이런 점에서 1차방을 계기로 방위청을 상대로 한 생산이 시작되고 산업 기반이 마련되었다고는 할 수 있어도, 방위 장비의 자주 개발, 더 나아가 양산체제에까지는 이르렀다고는 할 수 없다.

1960년 6월 비준된 신미일안보조약으로 자위대는 자위력 강화에 박차를 가했으나, 동년 1차방이 끝난 뒤 2차방의 규모를 어느 정도로 확대할 것

3_물론 이 이전에 이미 한국전이 시작되자마자 일본의 미국군사보급청(The U.S. Military Supply Agency)은 소화기, 포탄, 탄약, 심지어는 장비의 생산을 위해 일본 회사들과 계약을 맺기 시작했다. 이는 대부분이 일본과 한국에 주둔하고 있는 미군에 공급하기 위한 것이었다. 뒤이어 1953년 8월 1일 일본에서의 무기, 탄약, 군사 장비의 합법적 생산을 허락하는 〈무기생산법〉을 통과시켜, 1957년까지 탄약과 무기 생산을 위해 방위청과 계약을 맺은 민간 기업체는 38개에 달했다. 자위대 초기 단계에서는 미국으로부터의 무상 원조가 많았으며 국산 병기는 거의 사용되지 않았다. 미국의 무상 원조는 항공기, 함정, 육상 장비품이 중심이 되어 1951년부터 57년까지 총액 3,000억 엔을 초과했다. 이에 대해서는 Kataoka and Myers(1989, 56) 참고.

인가에 대해 방위청, 국방회의 등이 대립, 결국 장비 계획은 1년간 순연되어 2차방은 1962~66년의 5개년 계획으로 실시되었다. 2차방의 소요 경비는 1조 3,000여억 엔, 계획 목표는 자주방위력 태세의 확립을 뒷받침하기 위한 방위력의 질적 강화에 두고, 탄약 류의 비축량 증대, 대공 장비의 도입, 기술 연구·개발의 촉진 등에 역량을 집중했다.

2차방 중에 방위청은 미국의 경비 분담과 무상 원조 공여 약 2억 5,000만 달러를 기대했으나 미국은 달러 방위책을 내세워 원조액은 약 절반 정도에 머물렀다. 특히 2차방 3년째인 1964년도부터 방공자동경계관제조직 시스템의 도입을 제외한 미국 원조는 단절되었으며 이의 결과 일본의 방위생산체제는 자립의 길을 모색할 수밖에 없게 되었다. 이에 방위청은 병기 국산화에 나서야만 했으며, 이때부터 주요 장비품의 국산화 이행이 시작된다(Kataoka and Myers 1989, 73).

3차방은 1966년에 끝난 2차방의 뒤를 이어 1967~71년도의 5개년 계획으로 추진되었다. 소요 예산은 2차방의 두 배에 가까운 2조 3,400억 엔에 이르렀다. 3차방은 〈대강〉과 주요 항목으로 나뉘어 발표되었으나 〈대강〉의 주안점은 육해공자위대의 충실한 강화와 기동력의 증가에 있었다. 특히 주변 해역의 방위력과 해공 능력 향상, 즉 해상자위대와 항공자위대의 강화에 강조점을 두고 대외 전투력의 중점적인 정비를 처음으로 거론했다. 또한 기술 연구·개발을 한층 강력하게 추진함과 함께, 거의 사라진 미국 원조에 의존하지 않고 장비의 국산화를 본격적으로 추진하게 된다.[4]

4_방위력 정비의 주요 항목은, 해상 방위력 강화를 위해 함정 56척, 약 4만 8,000톤, 고정익대잠기(固定翼對潛機) 60기, 대잠 헬리콥터 33기, 방공력 강화를 위해 지대공유도탄부대 4개 대, 지대공유도탄부대의 편성 준비 2개 대, 신전투기의 정비 착수 등이 있었으며, 육상 방위

3차방은 주로 해상 방위력과 방공력의 강화, 육상 방위력의 향상, 교육훈련체제, 구난체제 등의 충실화를 목적으로 한 것이었다. 이를 위해 각종 장비의 현대화와 나이키, 호크 등의 국산화 방침 등을 채택함으로써 자위대는 3차방을 거치면서 질, 양 모두 성장하게 된다. 이 장의 뒷부분에서 살펴보는 바와 같이 3차방 기간 중의 5년간 미국의 무상 원조는 거의 사라졌으며 조달의 대부분은 미국의 유상 원조와 일반 수입, 그리고 국내 조달로 이뤄졌다. 국내 조달의 비율 또한 3차방 초년도인 1967년에 89%를 점했으며, 그 후 계속 증가하여 90%를 초과했다. 이의 결과 일본의 방위산업은 비약적으로 성장한다.

4차방도 3차방에 뒤이은 계획으로서 예정된 시기인 1971년을 넘겨 1972년 2월 7일의 국방회의 및 8일의 각의에서 〈대강〉을 결정했으나, 계획의 주요 항목을 최종적으로 결정한 것은 10월의 국방회의와 각의에서였다. 이런 지연은 예산 문제로 인한 야당의 반발, 오키나와 반환 문제 등으로 국방회의 차원에서 4차방의 심의가 늦어진 데 따른 것이었다.[5] 4차방은 표현, 구성 등에서 약간의 차이점은 있으나 기본적 내용에 있어서는 3차방의 것을 거의 그대로 계승했다. 새롭게 첨가된 것은 오키나와 반환에 따른 이 지역의 방위체제를 정비한다는 것 등이었다.[6]

력 강화를 위해 헬리콥터 83기, 장갑수송차 약 160량, 수송기 10기, 전차 약 280량, 육상자위관 정족수 18만 5,000인, 훈련용 구난용 등의 항공기 56기, 훈련 지원함 등 4척(약 5,000톤), 초음속 고등 연습기의 국내 개발 등이 있었고, 일부 품목이 미달하기는 했지만 거의 달성되었다(『防衛年鑑』 1992, 417).

5_이의 자세한 내용에 대해서는 제5장을 참고하라.

6_4차방의 정비 목표 및 달성 상황은, 육상자위대의 경우 전차 280량, 장갑차 170량, 자주화포 90문, 작전용 항공기 159기, 지대공유도탄 호크 3군 등이며, 해상자위대는 함정 54척, 약 6만 9,000여 톤, 잠수함 5척, 보급함 1척, 기타 35척, 작전용 항공기 92기 등이며, 항공자위대

이와 같이 3차방 말기부터 4차방에 걸쳐 방위력 정비가 대폭 강화된 것은 당시 국제 정세의 변화와 이로 인한 일본 국민 의식의 변화 때문이라 할 수 있을 것이다. 우선 국제 정세 변화의 주요한 내용으로는 닉슨독트린, 소련 극동함대의 무력 증강과 태평양 연안의 소련 기지 확대에 대한 일본 국민의 불안감, 소련의 세력 팽창 등을 들 수 있다. 또한 당시 소련 견제라는 의도에서 일본의 군사력 증강에 내해 우호적이었던 중국의 태도도 이에 일조했다.

이런 국제 정세 변화를 반영하여 자위대에 대한 국민 여론도 부정적인 이미지에서 벗어나, 자위대가 조직된 지 2년 후인 1956년에 실시된 여론 조사에서는 자위대를 지지하는 국민이 겨우 58%선에 머물렀으나(어수영 1990, 206-208), 3차방과 4차방을 전후해서는 1969년의 75%에서 79%(1975년), 86%(1978년)로 계속적인 증가세를 나타내었으며, 1981년의 조사에서도 82%를 나타내어 이후 계속해서 80%대의 지지율을 보여 주고 있다.[7] 이와 같이 1970년대부터 자위대에 대한 지지율이 계속해서 증가한

의 경우 항공기 211기, 지대공유도탄 나이키J 2군 및 1군 준비 등이었다(『防衛年鑑』 1992, 418).

7_1969년, 1975년 수치는 『防衛白書』(1976, 56-58)를, 1978년, 1981년 수치는 『防衛白書』(1982, 116-126)를 참고하라. 여기서 자위대에 대한 지지도는 '자위대의 필요성'이라는 질문과 '자위대에 대한 전반적인 인상'에 대한 질문에서 뽑아낸 것이다. 참고로 자위대의 필요성에 대한 질문에 대해서는 '있는 편이 좋다'가 75%(1969), 73%(1972), 79%(1975), 86%(1978), 82%(1981)로 꾸준히 증가하는 추세를 보여 주었다. '자위대에 대한 전반적인 인상'이란 질문에 대해서는 '좋은 편이다'라는 적극적인 지지와, '나쁜 인상은 갖고 있지 않다'는 소극적인 지지가 있었다. 이를 수치상으로 살펴보면 1972년에 '좋은 편이다'/'나쁜 인상은 갖고 있지 않다'가 각각 17%/42%로 나타났으며, 이후 21%/48%(1975), 23%/53%(1978), 20%/51%(1981)로 나타나 역시 꾸준히 증가하는 추세를 보여 주고 있다. 한편 자위대에 대한 긍정적 인상은 1990년대, 2000년대에도 계속 나타나고 있다. 참고로 그

데에는 앞서 언급한 요인 외에도 1975년 4월 30일의 베트남 붕괴, 뒤이은 카터 대통령의 주한 미군 철수 계획 등이 크게 작용했다.

3. 〈51대강〉과 방위력정비계획

4차방이 완료된 1976년 2월, 당시의 다나카 가쿠에이(田中角榮) 총리가 록히드(Lockhead) 스캔들로 퇴진하고 이후 소위 비둘기파로 알려진 미키 다케오(三木武夫)가 총리에 취임했다. 미키는 1976년 "방위력 정비의 실시에 있어서는 당분간 각 연도의 방위 관계 경비의 총액이 당해 연도의 국민총생산의 1/100에 상당하는 액수를 초과하지 않을 것을 목표로 하고 이를 행하는 것으로 한다"고 했다. 이 결정과 함께 일본 정부는 〈방위 계획의 대강〉이라는 것을 만들어 이후의 방위력정비계획의 지침으로 했다. 이것이 〈51대강〉으로서 이 이전까지 4차에 걸쳐 이뤄졌던 방위력은 향후 규모면에서 이 〈대강〉에 나와 있는 것을 목표로 추진하게끔 되었다.

〈51대강〉은 전후 최초로 일본의 방위력에 대한 구상을 밝혔을 뿐 아니라 구체적인 방위력의 정비, 유지 및 운용에 대한 것들을 항목별로 제시했다는 점에서 그 의미를 찾을 수 있다. 이는 '목적 및 취지'라는 부분에서 "우리나라 방위의 존재 형태(在り方)에 대한 지침을 제공하고, 구체적인 방위력의 정비, 유지 및 운용에 대해 아래에서 나타내는 제 항목에 준거하

변화를 보면 67.5%(1991), 76.8%(1994), 80.5%(1997), 82.2%(2000), 80.3%(2003), 84.9%(2006)로 자위대에 대한 긍정적 인상이 꾸준히 증가하고 있음을 알 수 있다. 이에 대해서는 朝雲新聞社編集局(2009, 853) 참고.

표 3.1 | 〈51대강〉(1976)의 개요

육상자위대	자위관 정수		18만 명
	기간부대	평시지역배비부대	12개 사단 2개 혼성단(混成団)
		기동운용부대	1개 기갑사단 1개 특과단(特科団) 1개 공정단(空挺団) 1개 교도단 1개 헬리콥터단
		저공역방공용지대공유도탄부대	8개 고사특과군(高射特科群)
해상자위대	기간부대	대잠수상함정부대(기동운용) 대잠수상함정부대 잠수함부대 소해부대 육상대잠기부대	4개 호위대군 10개 대 6개 대 2개 소해대군(掃海隊群) 16개 대
	주요 장비	대잠수상함정 잠수함 작전용 항공기	약 60척 16척 약 220척
항공자위대	기간부대	항공경계관제부대 요격 전투기부대 지원 전투기부대 항공정찰부대 항공수송부대 경계비행부대 고공역방공용지대공유도탄부대	28개 경계군(警戒群) 10개 비행대 3개 비행대 1개 비행대 3개 비행대 1개 비행대 6개 고사군(高射群)
	주요 장비	작전용 항공기	약 430기

자료: 朝雲新聞社編集局(1998, 24).

여……”(朝雲新聞社編集局 2009, 19)라고 언급하고 있는 데서도 나타난다.

〈51대강〉은 이후의 방위력정비계획에 대해 외국의 기술적 수준, 동향에 대처할 수 있도록 질적인 충실, 향상을 배려하면서 이전의 기본 수량은 계속 유지하는 것을 기본 골자로 한다.[8] 그리고 구체적 실시에 있어서는 경제 상황과 재정 상황 등을 감안하여 타 정책과의 조화를 꾀함과 함께 대원

8_여기서 ‘각국의 기술적 수준’에 대응한다는 것은 미, 소 등 군사 강국의 ‘군사기술 수준’을 따라간다는 뜻이다(『防衛年鑑』 1992, 421-424).

부족 현황, 방위 시설 장비품 등과 기술 연구·개발에 관한 유의 사항을 주로 언급하고 있다. 즉 제1차 방위력정비계획 개시 연도인 1958년 당시의 인원과 장비의 기본 수량은 대체로 유지하면서 그 질적인 향상을 기한다는 것이 〈대강〉의 목표였다. 〈51대강〉에서 나타난 방위력의 구체적 수준은 〈표 3.1〉과 같다.

이후의 방위력정비계획은 〈51대강〉에 따라 이뤄지게 되어 있었지만, 이 당시까지는 앞서 살펴본 바와 같은 1차방~4차방과 같은 범정부 차원의 방위력정비계획은 작성되지 않았다. 이 시기의 방위력정비계획은 방위청 내부 계획으로 작성되게 된다. 방위청 내부 계획이란 방위청이 1977년 4월 15일 작성한 〈방위제계획의작성등에관한훈령〉에 따라, 몇 가지 상호 연관된 체계적인 방위 계획을 수년마다 수정해 가는 계획을 의미한다. 이는 크게 '통합장기방위전략' '통합중기방위구상' '육해공자위대중기능력계획' '통합중기능력계획' '연도업무계획' '방위및경비계획'의 6단계로 구분된다.

'통합장기방위전략'은 통합막료회의(統合幕僚會議) 의장이 원칙적으로 5년마다 작성하여 장관에게 보고하는 것이다. 원칙적으로 작성 연도의 4년차 이후 약 15년간을 대상으로, 내외 정세가 일본 안보에 미치는 영향을 분석하고 이에 따른 방위 전략과 통합 운용 등을 명확하게 하여 방위력의 질적 향상을 꾀한다. 〈대강〉의 책정, '통합중기방위구상'의 작성 등에 참고 자료로 하기 위한 목적이다. '통합중기방위구상' 역시 통합막료회의(統合幕僚會議) 의장이 작성하여 장관에게 보고하는 것으로, 작성 연도의 2년차 이후 5년간을 대상으로 5년마다 작성한다. 이것은 '통합장기방위전략'을 참고로 하여 방위력 정비에서 중시해야 할 사항과 중기 계획의 책정 및 '육해공자위대중기능력계획' 작성 등에 참고 자료로 하는 것을 목적으로 한다.

'육해공자위대중기능력계획'과 '통합중기능력계획'은 선자의 경우 육해공 각 막료장이, 그리고 후자의 경우 통합막료장이 5년마다 작성하여 장관에게 보고하는 것으로서 중기 계획의 책정 등을 위한 참고 자료에 해당한다. '연도업무계획'은 통합막료장 및 육해공 각 막료장이 작성하는 것으로 기본 계획은 장관의 승인이 필요하지만 세부 계획은 장관에게 보고하는 것으로 되어 있다. 이 '연도업무계획'의 목적은 중기 계획을 토대로 각 업무계획의 대상이 되는 연도에 실시해야 할 방위력의 정비, 유지 등을 위한 예산의 계획 및 집행에 있다. 마지막으로 '방위및경비계획'은 '연도업무계획'의 실시에 의해 정비, 유지가 되는 방위력을 참고로 하여 중대한 사태가 발생하여 자위대가 대처해야 할 경우의 기본적 사항 등을 정하는 것이다(朝雲新聞社編集局 2009, 62-63).

이상의 계획을 참고로 하여 3~5년간을 기준으로 한 새로운 방위력정비계획이 1980년부터 시작되었다. 이는 앞서 언급한 바와 같이 4차방 종결 다음해인 1977년 4월 방위청이 〈방위계획의작성등에관한훈령〉을 제정한 데 따라 작성된 '중기업무견적'(中期業務見積)이라는 이름의 새로운 5개년 방위력정비계획을 뜻하는 것이었으며, 매년 예산 배정에 따라 검토하게 되었다.

제1차 중기업무계획은 1980년부터 84년까지를 대상으로 한 '53중업'(五三中業)[9]으로서 당초 예산액은 12조 9,000여억 엔에 이르는 것이었다. '53중업'은 ① 〈방위 계획의 대강〉에 표시된 기간부대의 조기 정비, ② 과학기술의 진보에 대응, 장비의 질적 향상을 중심으로 한 각종 방위 기능의

9_'53중업' '56중업'은 각각 쇼와(昭和) 53년도와 56년도에 작성되었다 하여 그 명칭이 붙여졌다.

정비 충실, ③ 유효한 방위력 발휘를 위한 후방 지원, 교육 훈련 등의 정비 충실 등을 골자로 한다(『防衛年鑑』 1992, 425).

그 후 1981년에 작성된 '56중업'(五六中業)의 기본 목표는 ① 방공(防空) 및 대잠(對潛) 능력의 강화, 상륙 저지 능력 등의 충실화, ② 전자전 능력, 속전 능력 및 즉응 태세 중시, ③ 지휘·통신, 후방 지원 및 교육 훈련의 충실·근대화 등이었다(『防衛年鑑』 1992, 435-436). 1983년부터 87년까지 투입된 금액은 15조 6,800여억 엔으로 매년 평균 3조 1,300여억 엔에 이르렀다. 그러나 53중업은 〈51대강〉이 정한 최종 목표에 이르지 못했으며, 56중업(1983~87)의 경우 또한 마찬가지였다. 이는 매년 예산을 책정하는 데 있어서 중기업무견적 과정이 예산상의 구속력을 갖고 있지 않았던 점과, 때로는 방위력 정비를 둘러싸고 있는 정치적 환경이 적절치 못한 데에도 그 원인이 있었다.

이와 같이 4차방 이후의 방위력정비계획은 방위청의 내부 계획인 '중기업무견적'이라는 형태로 2회 작성해 실행되었다. 그리고 1985년은 1986~90년을 대상으로 한 '59중업'을 작성할 시기로, 방위청은 85년 국방회의에서 그 보고를 하게 된다. 그러나 재정 상황 등을 감안하여 소요 경비를 가능한 한 억제함과 함께 문민 통제를 충실히 한다는 의미에서 정부가 직접 〈51대강〉의 달성을 위해 노력할 것이 요구되었다. 이에 정부 책임으로 내용과 비용의 측면에서 중기적인 방위력 정비 방향을 제시하는 것이 바람직하다고 판단, 정부는 1985년 9월 18일 18조 4,000억 엔에 이르는 '중기방위력정비계획'을 국방회의 및 각의에서 결정했다.

이 결정에 즈음하여 일본 정부는 전수(專守) 방위 등 방위에 관한 정부의 기본적 입장을 이후에도 견지할 것, 방위 관계 경비 총액은 GNP 1%의 틀을 정한 1976년의 각의 결정을 존중하기 위해 노력할 것 등을 내용으로 하는 내각 관방장관 담화를 발표하게 된다. 이 정비계획의 정비 방침은 각 자위대의 유기적 협력체제 촉진 및 통합 운동 효과 발휘에 중점을 두었다(『防衛年鑑』 2011, 319-320).

그러나 이와 같은 여러 가지 내용 중에서 가장 중요한 의미를 갖는 것은 무엇보다도 〈51대강〉을 계기로 일본의 방위정책이 방위력정비계획이란 형태의 장기 계획으로 정착되게 되었나는 것이다. 즉 〈51대강〉 이후 방위청 자체 계획이었던 '53중업'과 '56중업'의 경험을 통하여, 매년 예산을 책정하는 단년도 예산하에서는 예산상의 구속력이 없어 예산을 획득하기가 용이하지 않을 뿐 아니라, 방위청이 갖는 성청으로서의 파워 또한 방위력 정비를 둘러싸고 있는 정치적 환경을 헤쳐 나가기에는 어렵다는 것이 드러났던 것이다.

표면적인 이유로는 소요 경비를 가능한 한 억제함과 함께 문민 통제를 충실히 한다는 점을 들고 있지만, 실질적으로는 방위청만의 계획으로 매년의 예산을 설정해서는 중·장기적인 전력 강화가 어렵다는 점이 드러났기 때문이었다. 또 다른 한편으로 방위력정비계획이 장기간에 걸친 계획으로 입안되고 실행됨으로써 정부 각 부처가 방위산업정책에 간여할 수 있는 입지에도 변화가 나타났다. 특히 예산의 권한을 갖고 있는 대장성이 방위산업정책에 개입할 수 있는 폭이 매우 좁아졌던 것이다.

거액의 방위비를 사전에 범위를 확정하여 확보하는 방식은 일본의 예산 단년도주의에서는 유일한 예외에 속하는 것이다. 즉 방위비만이 일본의 예산 제도에서 특별 대우를 받고 있는 것이다. 물론 장기 계획이 방위에만 있는 것은 아니다. 예를 들어 제4차 방위력정비계획 당시만 하더라도 공공사업 관계에서 제6차 도로정비 5개년 계획(1969~74년, 총액 10조 3,500억 엔), 신항만정비 5개년 계획(1971~75년, 2조 1,000억 엔), 신공항정비 5개년 계획(1971~75년, 5,600억 엔), 제3차 하수도정비 5개년 계획(1971~75년, 2조 6,000억 엔) 등 장기 계획은 당시 방위 계획 이외에도 많았다. 그러나 이들 공공사업 관계의 장기 계획은 소위 소관성의 내부 자료적인 것으로서 매년의 예산편성이 이에 구속되는 것은 결코 아니었다. 이와 다르게 방위력정비계획은 국방회의를 거쳐 각의 결정에 넘겨져 매년의 예산편성은 이것에 구속되고 있었던 것이다. 따라서 재정 당국으로서도 방위 예산에 관해서는 제대로 간여할 수 없게 되어 버렸다(山本正雄 1972, 129-130).

이후 일본 정부는 5년마다 중기방위력정비계획을 발표하고 있다. 〈51대강〉 이후 나타난 중기방위력정비계획은 〈07대강〉이 나타나는 1995년까지 두 번(1986~90년, 1991~95년)에 걸쳐 이뤄졌으며, 그 내용은 대체적으로 계획의 방침, 주요 사업 내용, 정비 규모, 소요 경비 등으로 구성되어 있다. 두 번의 계획 모두 기본 지침은 〈51대강〉에 제시된 규모를 목표로 하여 수행되었으며, 예산은 각각 18조 4,000억 엔, 22조 7,500억 엔 정도로 계상됐다. 계획에서 나타나는 주요 사업 내용은 대체적으로 방공 능력, 주변 해역의 방위 능력 및 해상 교통의 안전 확보 능력, 상륙·침공 대처 능력, 수송력 및 기동력, 정보·지휘·통신 능력, 전투 지속 능력, 교육 훈련체제, 구난체제, 인사 및 위생, 시설, 기술 연구·개발, 미일안전보장체제 등으로 이뤄져 있다.

4. 〈07대강〉과 방위력정비계획

탈냉전 이후 일본의 방위정책은 커다란 전환점을 맞게 된다. 즉 탈냉전적 국제 질서에서 미·일 방위 협력이 가상적으로 상정했던 소련이 붕괴하고 일본이 경제적으로 부상함으로써 동북아 국제 질서에 변화가 나타남에 따라, 일본과 미국 간에 새로운 관계 설정의 문제가 제기되었던 것이다. 새로운 국제 질서 속에서 미국의 대 동북아 정책에 있어서 핵심적인 사항은 일본과의 관계를 어떻게 정립할 것인가 하는 문제였으며 이는 당연하게도 일본에 미군을 계속 주둔시킬 것인가 하는 논의로 이어졌다.[10]

탈냉전 시기 미·일 동맹 관계에 대한 방향을 제시한 것은 1995년 2월 나타났던 국방차관보 조셉 나이(Joseph Nye)의 보고서였다. 이 보고서의 주된 내용은 미·일 협력을 강화하고 미·일 동맹의 역할을 일본 방위에서 아태 지역으로 확대한다는 것이었다. 나아가 "미국은 무역마찰로 안보 동맹을 손상시켜서는 안 된다"고 하여, 당시의 대일정책에서 경제문제 해결을 최우선시하고 있었던 클린턴 행정부의 자세에 대해 정치·안보 면도 중시해야 한다는 국방성의 태도를 내보였다.

이 지역에 미국이 계속 개입해야 하는 이유에 대해 나이는 이 지역의 권력관계가 매우 급변하고 있다는 점, 미국이 이 지역에 경제적 이해를 갖고 있다는 점, 동아시아에 미군을 주둔하는 것이 경제적인 비용 면에서도 미국에 이익이라는 점, 그리고 이 지역에서의 미군 주둔을 역내 국가들이 환영하고 있다는 점을 들고 있다(Nye 1995, 90-102). 이 외에도 '나이 보고서'에서는 걸프전 당시 일본이 군사적 역할을 수행할 만한 국내적 준비를

10_초기에 나타났던 이런 논의에는 미군 철군론도 있었다. 찰머스 존슨의 경우, 일본의 상대적인 국력 상승과 미국의 상대적인 국력 쇠퇴의 상황에서 미국이 과거 냉전 시대의 지도적 역할을 계속하려 하고 그 결과 일본을 비정상적인 국가로 남겨 놓으려 하는 정책은 시대착오라고 주장했다. 따라서 주일 미군은 철수해야 하며, 일본은 경제력에 걸맞은 군사력을 갖추고 국제사회에서도 정치적 영향력을 행사해야 하며 또 그렇게 될 수밖에 없을 것이라고 보았다. 이에 대해서는 Johnson(1992); Johnson and Keehn(1995, 103-114)을 참고.

갖추지 못했던 점과 1994년 북핵 위기 시 일본의 후방 지원 태세가 미비했던 점을 지적했다. 결국 냉전이 종식되어서도 여전히 미국이 이 지역에 개입해야 한다는 주장이었다.[11]

이런 미국 내의 논의와 함께 일본 내에서도 탈냉전 시기 일본의 대외정책을 전반적으로 재검토하려는 논의가 나타났다. 특히 호소카와 모리히로(細川護熙)가 총리 시절 설치했던 방위문제간담회의 보고서가 "냉전 후의 새로운 총합적 안전보장 전략을 작성해야 한다"는 전체적인 기조하에, 주요 내용으로서 다각적 협력, 미국과의 동맹, 근대적·효율적 자위력을 내걸면서 〈51대강〉의 수정을 시도한다. 이 과정에서 나온 것이 '일본의 안전보장과 방위력의 존재 방식: 21세기를 향한 전망'이란 보고서였으며, 이 보고서를 토대로 1995년 6월부터 안전보장회의는 일본의 방위정책에 대한 제반 검토를 행하게 되었다. 이 결과로 나온 것이 1995년 11월 28일에 나타난 〈07대강〉이다.

〈07대강〉에서는 앞부분에서 취지와 일반적인 국제 정세에 대해 언급한 후 전수 방위, 일미안전보장체제 견지, 문민 통제의 확보, 비핵 3원칙 고수를 밝히고 있다. 그리고 이후 일본의 방위력에 대해 합리화, 효율화, 컴팩트화를 한층 진전시킴과 함께 질적인 향상을 꾀할 것을 언급했다. 즉 규모 면에서 컴팩트함을 지향하고, 질적으로 충실하며 다양한 사태에 대응할

11_구체적으로 나이는 이 보고서에서, 동아시아-태평양의 안정이 미국의 국익에 매우 중요하다는 인식하에 이 지역에서 미군 병력 10만 명을 현상대로 유지해야 한다고 주장했다. 특히 일본에 대해서 "미·일 관계는 미국의 태평양 안전보장정책과 세계적 전략 목적의 기초" "미·일 안보 동맹은 미국의 아시아 안보정책의 핵심" 등의 표현을 사용하며 미·일 관계를 미국의 아시아정책 및 세계 전략의 핵심으로 규정하고 있다. 이의 내용에 대해서는 U.S. DoD(1995)를 참고.

수 있도록 하고, 사태의 추이에 원활하게 대응할 수 있는 탄력성을 확보한다는 세 가지 측면을 강조하고 있는 것이다(朝雲新聞社編集局 1998, 27-37). 이와 관련하여 일본 정부는 〈07대강〉의 가장 중요한 특징이 '군축'에 있다는 점을 강조했다(『讀賣新聞』 1995/11/29).

〈07대강〉에서 나타난 여러 측면들을 〈51대강〉과 비교해 보면 다음과 같은 차이점들을 들 수 있다. 첫째, 〈07대강〉에서 나타나는 최대의 특징은 중국에 대한 경계심을 간접적으로 표명하고, 한반도 유사시를 상정한 문구를 직접적으로 언급한 점이다. 이의 결과 '일미안보체제'의 의미는 강조된다. 〈51대강〉에서는 두 군데밖에 없었던 일미안보체제가 〈07대강〉에서는 13회나 나타나고 있다. 이것은 일미안보체제가 일본의 안전보장정책에서 이제까지보다 더욱 중요한 의미를 갖게 되었다는 점을 강조한 것으로 보인다.

둘째, 〈대강〉의 성격 부여에 대해, 〈51대강〉에서는 최초 '방위력 정비의 지침'(防衛力整備の指針)이라고 표기되었으나 〈07대강〉에서는 '방위력의 바람직한 상태의 지침'(防衛力の在り方の指針)으로 표기되었다는 점이다. 이것은 〈51대강〉으로 자위대의 정비가 진전되어 이제는 정비 단계는 지났다는 인식하에, 향후 일미안보체제를 포함한 넓은 의미에서 방위력 정비를 검토해야 한다는 인식이 들어 있는 것으로 보인다.

셋째, 〈51대강〉의 중심적인 개념 중의 하나가 '한정 소규모 침략'에 대한 대처였으나 〈07대강〉에서는 '한정 소규모 침략'이란 표현은 없어졌다. 이는 구소련의 붕괴 등과 같은 전략 환경의 변화가 직접적인 이유인 것으로 보인다. 넷째, 〈07대강〉에서 주목되는 점은 '우리나라 주변 지역' 정세에서 "여전히 핵전력을 가진 대규모의 군사력이 존재하고 있다. (중략) 우리나라 주변 지역에 우리나라에 중대한 영향을 끼치는 사태가 발생할 가능성

표 3.2 | 〈07대강〉(1995)의 개요

육상자위대	편성 정수 상비 자위관 정원 즉응 예비 자위관원 수		16만 명 14만 5,000명 1만 5,000명
	기간부대	평시지역배비부대	8개 사단 6개 여단
		기동운용부대	1개 기갑사단 1개 공정단 1개 헬리콥터단
		지대공유도탄부대	8개 고사특과군
	주요 장비	전차 주요특과장비	약 900량 약 900문/량
해상자위대	기간부대	호위함부대(기동운용) 호위함부대(지방대) 잠수함부대 소해부대 육상초계기부대	4개 호위대군 7개 대 6개 대 1개 소해대군
	주요 장비	호위함 잠수함 작전용 항공기	약 50척 16척 약 170기
항공자위대	기간부대	항공경계관제부대 요격 전투기부대 지원 전투기부대 항공정찰부대 항공수송부대 지대공유도탄부대	8개 경계군 20개 경계대 1개 비행대 9개 비행대 3개 비행대 1개 비행대 3개 비행대 6개 고사군
	주요 장비	작전용 항공기 이 중 전투기	약 400기 약 300기

자료: 朝雲新聞社編集局(2009, 34).

을 부정할 수 없다"는 표현으로 직접적으로 이름을 거명하지는 않으면서도 중국의 존재를 위협적으로 파악하고 있다는 점이다(朝雲新聞社編集局 1998, 29). 이는 앞서 언급한 '나이 보고서,' 즉 1995년 2월에 발표되었던 '동아시아-태평양 안전보장 전략'(U.S. SECURITY STRATEGY FOR THE EAST ASIA-PACIFIC REGION) 보고에서 나타난 미국의 인식과 공통된 것으로 볼 수 있을 것이다.

마지막으로 〈07대강〉에서는 "우리나라 주변 지역에서 우리나라의 평화와 안전에 중요한 영향을 미칠 사태가 발생한 경우에는 헌법 및 관계 법령에 따라서 (중략) 일미안전보장체제의 원활하고도 효과적인 운용으로 적절히 대응한다"고 하여 한반도 유사시를 염두에 두고 있다.[12] 〈07대강〉에서 나타난 방위력의 구체적 수준은 〈표 3.2〉와 같다.

〈07대강〉 이후 나타난 중기 방위력 계획 역시 〈16대강〉이 나타나는 2005년까지 두 번(1996~2000년, 2001~05년)에 걸쳐 이뤄졌으며, 그 내용은 대체적으로 계획의 방침, 기간부대의 수정, 주요 사업 내용, 정비 규모, 소요 경비로 구성되어 있다. 앞서의 중기방과 비교하여 새롭게 들어간 내용은 '기간부대의 수정'으로 육상자위대 편성 정수가 18만 명에서 16만 명으로 감소한 데 따른 부대의 수정과, 해상자위대·항공자위대에서 약간의 수정이 이뤄졌다.

이 가운데 가장 많은 부분을 차지하는 주요 사업 내용은 전반기 중기방(1996~2000년)의 경우 대체적으로 방공 능력, 주변 해역의 방위 능력 및 해상 교통의 안전 확보 능력, 상륙·침공 대처 능력, 수송력 및 기동력, 정보·지휘·통신 능력, 전투 지속 능력, 교육 훈련체제, 구난체제, 인사 및 위생, 시설, 기술 연구·개발, 미일안전보장체제 등으로 이뤄져 있다. 그러나 후반기 중기방(2001~05년)에서는 '게릴라에 의한 침공 등 각종 공격 형태에 대한 대처 능력'과 '재외 국민 수송', 그리고 '방위력의 인적 기반 유지 확충을 위한 시책'이 추가되어 나타난다. 전자의 경우 9·11 테러와 같은 사태와 분쟁 지역에서의 자국민 안전 대책의 필요성이 부각됨에 따라 나타난 것이

12_〈07대강〉을 토대로 미·일 동맹을 재확인하는 작업이 97년 4월에 발표된 '미·일 신안보선언'이었으며, 미·일 동맹을 어떻게 운용할 것인가에 대한 구체적인 지침이 97년 9월 발표된 '미·일 안보 협력을 위한 신가이드라인'이었다.

며, 후자의 경우 일본의 인구 감소와 자위대 정원 확보의 어려움을 감안하여 나타난 것으로 보인다. 이 외에 〈51대강〉 하의 중기방에서 나타났던 '재일 미군의 주류(駐留) 지원'이 '일미안전보장체제의 신뢰성 향상을 위한 시책'과 '기지 주변 대책' 등으로 바뀌어 나타남으로써 미·일 협력에 대해 좀 더 광범위하게 언급하고 있다.

〈07대강〉 이후 나타난 중기방에서 특기할 점은 기타 항목에서 BMD(탄도미사일 방어)에 대한 언급이 나타나고 있다는 점이다. 즉 전반기 중기방(1996~2000년)에서 "BMD 등에 대해서는 그 유용성, 비용 대 효과 등에 관하여 종합적 견지에서 충분히 검토한 후에 결론을 얻는 것으로 한다"(朝雲新聞社編集局 2009, 120)라고 하여 BMD 계획에의 참여를 시사하고 있었으나, 후반기 중기방(2001~05년)에서는 "BMD에 대해서는 해상 배비형 상층 시스템을 대상으로 한 일·미 공동 기술 연구를 계속 추진함과 함께 기술적인 실현 가능성 등에 대해 검토한 후에 필요한 조치를 강구한다"(朝雲新聞社編集局 2009, 132)라고 하여 좀 더 적극적인 자세를 보이고 있다. 〈07대강〉에서 제시된 규모를 목표로 하여 수행되는 두 번의 중기방위력정비계획의 예산은 각각 25조 1,500억 엔과 25조 1,600억 엔 정도가 계상되었다.

5. 〈16대강〉과 방위력정비계획

〈07대강〉이 나온 이후 일본의 방위정책은 또 한 번의 커다란 전기를 맞게 된다. 탈냉전 이후 분명한 모습을 보이지 않았던 새로운 전쟁의 양상들이 표출되기 시작한 것이다. 이런 계기는 시기상의 차이는 있지만 일본과 미국에서 거의 동일하게 나타났다고 할 수 있다. 전자는 1998년 8월 북한이 대포동 1호를 추진체로 사용하여 인공위성의 궤도 진입을 시도했다는 것이고, 후자는 2001년의 9·11 테러라고 할 수 있다. 물론 북한은 1993년 5월 노동미사일을 실험 발사한 이후 실전 배치를 하기 시작했지만, 1998년의 실험 발사가 일본에 충격을 준 것은 북한이 이미 대륙 간 탄도미사일의 핵심 기술을 개발, 보유하고 있다는 점이었다. 한편 부시 행정부의 출범과 함께 진행되고 있었던, 미국의 안보 진략 재편의 주요한 내용 중 하나였던 대량 살상 무기에 의한 미국 본토 공격을 방어하는 미사일방어체제의 구축은 9·11 테러를 계기로 더욱 탄력을 받게 되었으며, 일본 또한 이에 적극 참여하는 양상을 보이게 되었던 것이다.

이런 안보 환경의 변화를 반영하여 일본은 1995년에 수정되었던 〈07대강〉을 불과 6년 만에 다시 수정하기로 하고 2001년 9월 방위청 장관을 의장으로 하는 방위력검토위원회를 설치했으며, 그 결과 나타난 것이 2004년 12월 나타난 "2005년 이후의 〈방위 계획의 대강〉에 대해"(이하 〈16대강〉)이다. 〈16대강〉은 이전의 대강에서 나타났던 정책들을 많은 부분 이어받고 있다. 우선 일본이 기본적으로 견지해 왔던 전수 방위, 문민통제, 비핵 3원칙은 계속 견지할 것을 명백히 밝히고 있다. 뿐만 아니라 미일안보체제의 중요성 또한 나타내고 있다. 이는 〈16대강〉이 이전과 마찬가지로 성립 과정에서 미국과의 전략적 협의하에 진행되었다는 측면에서도 이해할 수 있을 것이다. 반면 〈16대강〉이 〈07대강〉과 비교하여 차이점을 보이는 점은 다음과 같이 요약할 수 있다(朝雲新聞社編集局 2009, 43-50).

첫 번째로 일본을 둘러싼 안보 환경에 대한 분석에서 〈07대강〉에서는 보이지 않던 테러에 대한 부분이 부쩍 강조되었다는 점이다. 즉 〈07대강〉에서는 '테러리즘에 의한 특수한 재난'이란 문구로 한번 언급되었던 테러 관련 용어가 〈16대강〉에서는 일곱 번이나 등장하고 있다. 이 외에도 〈07

대강〉에서는 거의 언급이 없었던 탄도미사일 방위 시스템에 대한 언급도 자주 등장하고 있다. 이것은 9·11 테러 이후 미국 주도로 진행되고 있는 테러와의 전쟁과 북한의 미사일 발사 실험을 일본이 매우 심각하게 받아들이고 있음을 반영하는 것이다.

두 번째로 중국과 북한에 대한 명확한 언급이다. 〈07대강〉에서는 '주변 지역' 또는 '조선 반도' 등의 용어로 중국과 북한을 명확하게 지칭하는 것을 피하고 있으나, 〈16대강〉에서는 중국과 북한의 군사적 위협을 명확하게 명기하고 있다. 북한에 대해서는 "북조선은 대량 파괴 병기를 보유하고 탄도미사일의 개발·배비·확산 등을 함과 함께 대규모의 특수부대를 갖고 있다. 북조선의 이런 군사적 움직임은 지역의 안전보장에 중대한 불안정 요인이면서 국제적인 확산 방지 노력에 대한 심각한 과제가 되고 있다"고 직접 북한을 지칭하고 있으며, 중국에 대해서도 "중국은 핵·미사일 전력과 해·공군력의 근대화를 추진함과 함께 해양 활동 범위의 확대 등을 꾀하고 있으며, 이런 동향은 이후 주목할 필요가 있다"고 직접적으로 거명하고 있다.

세 번째로 탄도미사일 공격, 게릴라 특수부대의 공격, 도서부에 대한 침략 등에 대처하기 위해, 자위대의 통합 운영을 강화하고 정보 기능을 강화하며 과학기술 발전 성과를 방위력에 반영시키겠다는 점이다. 물론 〈07대강〉에서도 인원과 장비의 전반적인 삭감과 근대화, 효율화 등에 대해 언급하고 있지만, 〈16대강〉에서는 탄도미사일 방위 시스템의 도입과 해외 전개 능력의 제고를 위해 기동성, 유연성을 높이기 위한 장비 및 군사 편제의 근대화, 일원화에 한층 강조점을 두고 있는 것이다. 이는 〈07대강〉과 함께 발표된 중기방위력정비계획에서, 이전의 방위 계획에서 나타났던 효율화, 합리화 위에 통합 운영을 기본으로 하는 체제를 강화할 것을 밝히고

표 3.3 | 〈16대강〉(2004)의 개요

육상자위대	편성 정수 상비 자위관 정원 즉응 예비 자위관원 수		15만 5,000명 14만 8,000명 7,000명
	기간부대	평시지역배비부대	8개 사단 6개 여단
		기동운용부대	1개 기갑사단 중앙즉응집단
		지대공유도탄부대	8개 고사특과군
	주요 장비	전차 주요특과장비	약 600량 약 600문/량
해상자위대	기간부대	호위함부대(기동운용) 호위함부대(지방대) 잠수함부대 소해부대 초계기부대	4개 호위대군(8개 대) 5개 대 4개 대 1개 소해대군 9개 대
	주요 장비	호위함 잠수함 작전용 항공기	47척 16척 약 150기
항공자위대	기간부대	항공경계관제부대 전투기부대 항공정찰부대 항공수송부대 공중급유·수송부대 지대공유도탄부대	8개 경계군 20개 경계대 1개 경계항공대(2개비행대) 12개 비행대 1개 비행대 3개 비행대 1개 비행대 6개 고사군
	주요 장비	작전용 항공기 이 중 전투기	약 350기 약 260기
탄도미사일 방위에도 사용할 수 있는 주요 장비·기간부대		이지스 시스템탑재 호위함	4척
		항공경계관제부대 지대공유도탄부대	7개 경계군 4개 경계대 3개 고사군

주: "탄도미사일 방위에도 사용할 수 있는 주요 장비·기간부대"는 해상자위대의 주요 장비 또는 항공자위대의 기간부대 내의 수.
자료: 朝雲新聞社編集局(2009, 50).

있는 데에서도 나타나고 있다.

네 번째로 〈16대강〉에서 주목할 부분은 국제 평화 협력 활동의 적극화이다. 즉 〈07대강〉의 본문 중 "국제 평화 협력 업무 실시를 통하여……"로 언급되었던 것이 〈16대강〉에서는 소제목으로 "국제적인 안전보장 환경의 개선을 위한 주체적, 적극적인 자세"라 하고, 본문 내에서는 "국제 평화 협력 활동에 적절히 대응하기 위해……"라 하여 국제 평화 협력 활동에 자위대가 주체적으로 임하는 자세를 언급하고 있다는 점이다.

마지막으로, 방위청과 자위대 조직의 편성에 대해 매우 유연한 태도를 나타내고 있다는 점이다. 〈07대강〉에서는 일본이 가져야 할 방위력의 내용으로서 육상자위대, 해상자위대, 항공자위대의 체제에 대해서 간략하기는 하지만 대략적인 개편의 방향을 제시했다(朝雲新聞社編集局 1998, 33-37). 그러나 〈16대강〉에서는 이에 대한 구체적인 언급이 없을 뿐만 아니라 기간 또한 10년으로 지정하면서도 5년 후 또는 중요한 변화가 생겼을 경우 그 시점에서 향후 변할 수 있음을 명기하고 있다(朝雲新聞社編集局 2009, 49). 〈16대강〉에서 나타난 방위력의 구체적 수준은 〈표 3.3〉과 같다.

〈16대강〉 이후 나타난 중기 방위력 계획은 2005~09년을 대상으로 하여 나타났다. 그 내용은 계획의 방침, 방위청과 자위대의 조직 수정, 주요 사업, 미일안보체제 강화를 위한 시책, 정비 규모, 소요 경비로 구성되어 있다. 앞서의 중기방과 비교하여 새롭게 들어간 내용은 자위대의 주요 사업 중 첫 번째로 '새로운 위협과 다양한 사태에 대한 실효적 대응'을 들고서 탄도미사일 공격에 대한 대응, 게릴라 특수부대의 공격에 대한 대응, 도서부 침공에 대한 대응 등을 들고 있다는 점이다. 이 가운데 전자는 9·11 이후 나타난 새로운 형태의 위협에 대한 대응책을 강구하고 있는 것으로 볼 수 있고, 후자의 경우 현재 분쟁을 겪고 있는 북방 도서, 센가쿠(조어도) 열도 등에 대한 구체적인 대비책을 강구하기 위한 것으로 볼 수 있을 것이다.

이 외에도 이전까지의 중기방에서 '상륙 침공에 대한 대처 능력'으로 표현했던 부분을 '본격적 침략 사태에 대한 대비'라는 다소 직접적인 표현으로 바꾸어 나타내고 있다. 또한 이전의 중기방에서도 나타났던 부대의 통합 운용, 정보 기능 강화 등과 같은 단어가 더욱 빈번하게 등장하며, '미일

표 3.4 | 전후 일본의 방위 관련 주요 사항 및 방위력정비계획의 개요

주요 사항	주요 내용
국방의 기본 방침	1957. 5. 20. 국방회의 및 각의 결정.
1차 방위력정비계획	1957 .6. 14. 국방회의 결정, 각의 요해. ·1958~60년도. 경비 범위는 없음.
2차 방위력정비계획	1961. 7. 18. 국방회의 및 각의 결정. ·1962~66년도. 소요 경비 연평균 195~215억 엔 정도.
3차 방위력정비계획	1966. 11. 29. 국방회의 및 각의 결정. ·1967~71년도. 소요 경비 2조 3,400억 엔 정도. 1967. 4. 21. 사토 수상 중의원 결산위원회에서 무기 수출 3원칙* 표명. 1970.3. 나카소네 방위청 장관. "자주국방5원칙" 발표. 1970. 10. 최초의 '방위백서'에서 '전수방위' 입장 천명. 1970. 11. 사토내각, 비핵 3원칙 선언.
4차 방위력정비계획	1972. 2 .8. 국방회의 및 각의 결정. ·1972~76년도. 소요 경비 4조 6,300억 엔 정도.
〈51대강〉(1976)	1976. 10. 29. 국방회의 및 각의 결정. 1976. 11. 5. "당면의 방위력 정비에 대해"(국방회의 및 각의 결정), "방위력 정비의 실시에 있어서 GNP 1%를 넘지 않도록 한다."
중기업무견적 (五三中業, 五六中業)	1979. 7. 17. 53중업(장관 승인). ⇒ 1980~84년도의 방위청 내부 계획.
	1982. 7. 23. 56중업(국방회의 보고, 승인). ⇒ 1983~87년도. 소요 경비: 15.6조 엔~16.4조 엔. 1983. 나카소네 총리. 미국에 대한 무기 기술 제공을 예외적으로 허용.
61중기방위력정비계획	1985. 9. 18. 국방회의 및 각의 결정. ·1986~90년도. 소요 경비 18조 4,000억 엔 정도. 1987. 1. 24. "금후의 방위력 정비에 대해"에 관한 내각 관방장관 담화, 일미안보체제 견지, 문민 통제 확보, 비핵 3원칙 준수, 국민총생산의 1% 정도 등.
03중기방위력정비계획	1990. 12. 20. 안전보장회의 및 각의 결정. ·1991~95년도. 소요 경비 22조 7,500억 엔 정도.
〈07대강〉(1995)	1995. 11. 28. 안전보장회의 및 각의 결정.
08중기방위력정비계획	1995. 12. 14(안전보장회의), 12.15(각의) 결정. ·1996~2000년도. 소요 경비 25조 1,500억 엔 정도.
13중기방위력정비계획	2000. 12. 15. 안전보장회의 및 각의 결정. ·2001~05년도. 소요 경비 25조 100억 엔 정도. → 2004년까지로 하고 폐기됨.
〈16대강〉(2004)	2004. 12. 10. 안전보장회의 및 각의 결정.
17중기방위력정비계획	2004. 12. 10. 안전보장회의 및 각의 결정. ·2005~09년도. 소요 경비 24조 2,400억 엔 정도.
2010년의 방위력정비계획	2009. 12. 17. 2010년도의 방위력 정비에 대해.
〈22대강〉(2010)	2010. 12. 17. 안전보장회의 및 각의 결정.
23중기방위력정비계획	2010. 12. 17. 안전보장회의 및 각의 결정. ·2011~15년도. 소요 경비 23조 4천,900억 엔 정도.

주: *: 1967년 사토 수상이 중의원 결산위원회에서 표명한 의견으로 공산국가들, UN 결의로 무기 수출이 금지된 국가, 국제분쟁 당사자 또는 그 위험이 있는 국가에 대한 무기 수출은 금지하고 있다. 나아가 1976년 중의원 예산위원회에서 미키 총리는 무기 수출에 관한 정부 통일 견해로서 무기 수출 3원칙 대상 국가 이외의 국가에도 무기 수출은 삼간다는 정부 방침을 제시했고, 외국과의 무기 공동 개발 및 기술 제공, 그리고 무기 제조 외국 회사에 대한 투자 등도 금지한다고 했다. 자세한 내용은 朝雲新聞社編集局(2009, 841-850)을 참고.

안보체제 강화를 위한 시책' 또한 더욱 구체화되어 나타난다(『防衛年鑑』 2011, 363-369). 이 부분에서는 특히 BMD에 대한 언급에서 "탄도미사일 방위 능력 향상을 위한 일·미 공동의 작업을 강화함과 함께 정책 면, 운용 면, 장비 기술 면에서 협력을 한층 추진한다"(『防衛年鑑』 2011, 367)고 하고 있다. 〈16대강〉에서 제시된 규모를 목표로 하여 수행되는 2005~09년의 중기방위력정비계획의 예산은 약 24조 2,400억 엔이 계상되었다.[13]

이상 살펴본 전후 일본의 방위력정비계획을 정리한 것이 〈표 3.4〉이다.

2. 일본의 방위비와 방위생산

1. 일본의 방위비

1) 방위비의 정의와 일본의 방위비

스톡홀름 국제평화연구소의 자료에 의하면 2000년 이후 일본의 방위비는 〈표 3.5〉에서 나타난 바와 같이 프랑스, 영국, 독일과 비슷한 수준의 지출을 보인다.[14] 그리고 방위 지출이 GDP에서 점하는 비율을 보면 1976

13_가장 최근의 〈대강〉으로서는 2010년 12월의 〈22대강〉을 들 수 있으나, 이 책에서 다루는 사례와는 직접적인 관련이 없으므로 이에 대한 분석은 다루지 않는다.

14_국방비의 국가간 비교는 환율, 구매력 등의 차이로 사실 매우 복잡하여 정확한 비교는 어렵다. 국방비의 국가 간 비교 방법에 대해서는 Brzoska(1995), 특히 pp. 54-59를 참고.

표 3.5 | 2000~09년의 주요국 국방비와 GDP에서 점하는 비율(2008년 불변가격과 환율)

(단위: 억 달러)

국가	2000	2001	2002	2003	2004	2005	2006	2007	2008	2009
미국	3772	3803	4270	4860	5297	5549	5635	5783	6161	6632
	3.1	3.1	3.4	3.8	4.0	4.0	3.9	4.0	4.3	-
일본	475	480	485	486	482	479	473	471	463	469
	1.0	1.0	1.0	1.0	1.0	1.0	1.0	0.9	0.9	-
영국	541	559	593	626	624	624	623	630	656	693
	2.4	2.4	2.5	2.5	2.5	2.4	2.4	2.4	2.5	-
프랑스	627	625	638	657	675	661	664	667	660	673
	2.5	2.5	2.5	2.6	2.6	2.5	2.4	2.3	2.3	-
중국	[312]	[384]	[444]	[485]	[531]	[590]	[688]	[779]	[862]	[988]
	[1.8]	[2.0]	[2.1]	[2.1]	[2.0]	[2.0]	[2.0]	[2.0]	[2.0]	-
러시아	[297]	[330]	[366]	[390]	[406]	[442]	[484]	[525]	[583]	[610]
	[3.7]	[4.1]	[4.4]	[4.3]	[3.8]	[3.7]	[3.6]	[3.5]	[3.5]	-
독일	515	506	508	501	486	478	467	467	468	[480]
	1.5	1.5	1.5	1.4	1.4	1.4	1.3	1.3	1.3	-
이태리	431	424	436	440	441	424	411	[400]	[390]	[374]
	2.0	2.0	2.0	2.0	2.0	1.9	1.8	[1.7]	[1.7]	-

주: [ ]는 추정치. 각국 자료의 부연 설명에 대해서는 아래 자료를 참고.
자료: *SIPRI(2010*, 225-242)의 Table 5A.4.와 Table 5A.5.

년 내각에서 결정했던 1% 수준을 넘지 않는 범위에서 방위 지출이 이뤄지고 있다.

그러나 이에 대해서는 또 다른 측면에서의 고려가 필요하다. 스톡홀름 국제평화연구소에서 사용하는 군사비 지출에 대한 정의에 의하면, 평화유지군을 포함한 무장력, 방위 관련 행정부와 방위 관련 프로젝트에 간여하는 모든 방위 관련 행정 부서 및 행정기관, 군사훈련을 받고 무장한 준군사 세력, 군사 우주 활동과 같은 행위자들 또는 활동들에 지출되는 비용은 모두 군사비에 포함된다.[15]

15_이에 대한 자세한 내용에 대해서는 이 책의 제1장을 참고.

이 정의에 따르면 이들 행위자들과 활동에 들어가는 다음과 같은 경비는 모두 군사비에 포함된다. ① 군인들과 민간인들의 활동에 대한 지출(이에는 군인의 퇴직금과 민간인의 사회 서비스를 포함한다), ② 작전, 유지 비용, ③ 획득 비용, ④ 군사 연구·개발비, ⑤ 군사원조(수여국의 군사비 지출). 민방위와 과거 군사 활동, 예를 들면 동원 해제 비용 또는 전환과 무기 해체에 대한 현재의 지출은 포함되지 않는다.[16] 그러나 이런 가이드라인에도 불구하고 실질적으로는 자료의 한계[17]로 인해 이런 정의를 엄격히 적용시키기는 어렵다는 점과, 자신들의 정의와 관계없이 각국이 제공한 자료를 사용하는 한계를 갖고 있다고 국제평화연구소 스스로 밝히고 있다(*SIPRI* 2010, 211). 따라서 국제평화연구소에서 나타나는 일본의 방위비 또한 일본이 제공한 자료를 그대로 사용하고 있다는 것을 알 수 있다.

일본의 방위비와 NATO 기준의 군사비에서 가장 명확하게 차이가 나는 항목은 일본의 해상보안청 경비와 구 군인들의 연금, 그리고 우주개발경비(정보 수집 위성 관련 경비) 등이다. 일본은 유사시 방위청 장관에게 지휘권한을 부여한 해상보안청 경비를 방위비에 포함시키지 않고 있다. 그리고 자위대 발족 이후의 퇴직자에 대한 금액은 방위비에 포함시키고 있으나, 자위대 발족 전의 일본군인들에 대한 연금은 포함시키지 않고 있다. 이 외에 방위성 기술연구본부 이외 다른 성청의 연구·개발비도 사실은 상당 부분 포함되어야 한다. 왜냐하면 일본의 경우 민·군 겸용 기술에 대한 강조

16_*SIPRI*(2010, 209-210). 이런 개념은 이 책의 제1장에서 밝힌 바와 같이 NATO의 군사비 정의와 일치한다.

17_국제평화연구소에서는 이런 자료의 한계를 신뢰성(realiability), 유효성(validity), 비교가능성(comparability)의 한계로 파악하고 있다. 이에 대해서는 *SIPRI*(2010, 210)를 참고.

로 엄밀하게 군수/민수용 연구로 구분 짓기 어려운 경우가 많을 뿐 아니라, 방위성 기술연구본부의 위탁에 의해 사실상 군수 부문의 연구를 민간 기업이 담당하는 경우가 많기 때문이다. 예를 들어 일본에서는 군수와 민수의 구분이 사실상 어려운 우주개발 경비나 특정 연구·개발비의 상당 부분이 방위비에서 제외되어 있다.

따라서 일본의 방위비를 NATO 방식으로 산정할 경우 그 액수는 대폭 늘어나게 된다는 것이 일반적인 평가다.[18] 즉 일본의 방위비에는 NATO 각국들이 포함시키는 항목이 상당수 제외되어 있기 때문에 NATO 국가들의 방위비보다 적게 계산되어 있다는 것이다. 다소 오래되었지만, 아사히신문은 일본 방위비를 정확히 산출해 국제 비교해 볼 필요가 있다는 입장에서 1988년의 방위비를 NATO 방식으로 환산, 산출해 보았다. 이럴 경우 일본의 방위비는 일본 GNP의 1.2~1.5%가 된다는 것이 아사히신문(中馬清福 논설위원)의 주장이다(中馬清福 1988).

일본의 방위비를 분석한 라인하르트 드리프트(Reinhard Drifte) 또한 일본의 방위비가 NATO 산정 방식으로는 거의 1.5%일 것이라 주장하고 있다(Drifte 1986, 20). 이런 측면에서 보면 일본이 1976년에 설정한 'GNP 1% 이내'라는 것은 사실상 별 의미를 갖지 못한다고 할 수 있다.[19] 즉 NATO

18_참고로 영국에 있는 국제전략문제연구소가 1988년 주요 서방국의 군사비를 NATO 방식으로 산출하여 발표한 바에 따르면 영국 344.9억 달러, 프랑스 370.9억 달러, 서독 368.5억 달러, 일본 444.5억 달러(GNP의 1.5%로 계산한 경우)/355.6억 달러(GNP의 1.2%로 계산한 경우)로 일본이 대부분의 서구 국가들보다 많은 방위비를 지출하고 있다(中馬清福 1988).

19_1976년 일본 경제의 고도성장 시기에 나타난 이런 기준에 대해 어떤 학자는 다음과 같이 폄하하고 있다. "일본의 군사비 지출을 GNP 비율로 표시하는 것은 연간 경제성장률이 10%를 넘는 국가에 대해서는 거의 타당성이 없다. (일본의) 연간 군사비 지출액이 GNP에

표 3.6 | 구매력 기준에서 본 주요 국가의 2003년도 방위비(2000년도 불변가격과 환율)

(단위: 10억 달러)

2003년 순위			군사비				
국가	MER	PPP	1999	2000	2001	2002	2003
미국	1	1	290.5	301.7	304.1	341.5	417.4
일본	2	7	45.5	45.8	46.3	46.8	46.9
영국	3	6	35.2	35.7	36.4	36.7	37.1
프랑스	4	5	34.2	33.8	33.7	34.4	35.0
중국	5	2	[20.0]	[22.0]	[25.9]	[30.3]	[32.8]
러시아	11	4	[8.3]	[9.7]	[11.2]	[11.4]	[13.0]
독일	6	8	28.7	28.2	27.6	27.6	27.2
이태리	7	9	21.0	22.4	22.0	22.7	20.8

주: 1) [ ] 속은 *SIPRI*의 추정치.
2) MER: market exchange rate; PPP: purchasing power parity.
자료: *SIPRI*(2004)의 Table 10A.3(pp. 350-355); Table10A.4(pp. 356-365); Table10.4(p. 312).

기준의 계산으로 하면 일본의 방위비 지출은 거의 1.5%인 것으로 보아야 할 것이다. 미 의회나 영국의 국제전략문제연구소 등은 비교적 오래전부터 NATO 기준에 따라 일본의 방위비가 GNP의 1.5% 수준인 것으로 평가하고 있다(中馬清福 1988).

군사비의 정의 이외에 국가 간 비교에서는 물가수준과 구매력 평가도 고려해야 한다. 즉 절대적인 군사비 액수를 각국의 물가수준, 구매력 평가에 맞추어 비교하게 되면 또 다른 결과가 나타나는 것이다. 〈표 3.6〉은 2003년 주요 국가의 방위비를 구매력 기준으로 비교한 것이다. 여기서 보면 일본의 방위비 지출은 7위에 랭크되어 있다.

이상과 같은 측면에서 일본의 방위비를 다른 나라와 비교하면 구매력을 고려했을 때 다른 나라들보다 조금 뒤떨어지기는 하지만 절대 액수 면

서 차지하는 비율은 감소함에도 불구하고 (절대 액수에 있어서는) 아주 높은 비율로 증가한다"(Halliday and McCormack 1973, 83).

에서 결코 작은 규모가 아니며, 방위비가 GDP에서 점하는 비율 또한 실질적인 측면에서 독일과 비슷하거나 그 이상인 것으로 나타나고 있다. 요컨대 일본의 방위 예산을 파악하는 데 있어서 계산 방법, 비율과 함께 고려해야 할 점은 바로 그 액수의 규모인 것이다. 따라서 방위비라는 측면에서만 본다면, 일반적으로 일본을 나타내는 '비정상 국가'라는 용어는 단순한 수사학적 표현에 불과하다는 것을 알 수 있다. 즉 일본은 그 경제력에 걸맞은 방위비를 지출하고 있는 극히 정상적인 국가이다.

2) 방위비의 추세와 특징

전후 일본 방위비의 지출은 〈표 3.7〉에 나타나는 바와 같다. 이 도표에서 전후 일본 방위비의 추세와 특징을 살펴보면 다음과 같은 점을 알 수 있다.

첫째, 전반적인 추세가 일본 경제의 흐름과 같은 양상을 보인다. 즉 고도성장기인 1960년대 이후 1980년대까지는 방위비의 대폭적인 증가가 이뤄지지만, 1990년대 초 이후 일본이 장기 불황기에 들어가면서 방위비 또한 감소되는 양상을 보이고 있다. 특히 2004년, 2005년은 2개년 연속 1%씩 감소되었다. 이 시기에 일본 방위성은 방위 예산을 1.5% 증액시켜 줄 것을 요구했으나 재정적 어려움을 이유로 고이즈미 준이치로(小泉純一郎) 총리와 재무성은 이를 거절했다(*SIPRI* 2006, 309-310). 2000년대에 나온 대부분의 분석들은 일본의 방위비가 정체 또는 실질적 의미에서 감소한 것으로 파악하며, 이런 감소는 일본의 경제 상황, 구체적으로는 금융 상황에 기인한 것으로 보고 있다(*SIPRI* 2009, 197-198).

둘째, 같은 맥락에서 1980년대 일본의 방위 예산은 대폭적으로 증가했다. 1980년대 일본 군사력의 대폭적인 증가는 세 가지 이유에 기인한다. 먼저, 경제력의 증가와 기술력의 향상으로 군사력 증강에 대한 예산상 어

표 3.7 | 전후 일본의 방위 관계비 추이(1955~2010)

년도	예산 (억 엔)	신장률 (%)	방위비/GNP (%)[1]	연구·개발 예산[2] (對 방위 관계비,%)	방위력정비계획
1955	1,349	-	1.78		
1956	1,429	5.9	1.73		
1957	1435	0.4	1.46		
1958	1485	3.5	1.45		
1959	1560	5.1	1.45		1차 방위력정비계획
1960	1569	0.6	1.23		
1961	1803	14.9	1.15		
1962	2085	15.7	1.18		
1963	2412	15.7	1.18		
1964	2751	14.0	1.14		2차 방위력정비계획
1965	3014	9.6	1.07		
1966	3407	13.0	1.10		
1967	3809	11.8	0.93	65(1.71)	
1968	4221	10.8	0.88	85(2.01)	
1969	4838	14.6	0.84	91(1.89)	3차 방위력정비계획
1970	5695	17.7	0.79	108(1.91)	
1971	6709	17.8	0.80	121(1.80)	
1972	8002	19.3	0.88	138(1.73)	
1973	9355	16.9	0.85	152(1.63)	
1974	10930	16.8	0.83	158(1.44)	4차 방위력정비계획
1975	13273	21.4	0.84	165(1.24)	
1976	15124	13.9	0.90	183(1.21)	
1977	16906	11.8	0.88	212(1.25)	
1978	19010	12.4	0.90	235(1.24)	
1979	20945	10.2	0.90	268(1.28)	
1980	22302	6.5	0.90	288(1.29)	
1981	24000	7.6	0.91	317(1.32)	53중기업무계획
1982	25861	7.8	0.93	356(1.38)	
1983	27542	6.5	0.98	386(1.40)	
1984	29346	6.55	0.991	438(1.49)	56중기업무계획
1985	31371	6.9	0.997	578(1.84)	
1986	33435	6.58	0.993	653(1.95)	
1987	35174	5.2	1.004	733(2.08)	
1988	37003	5.2	1.013	818(2.21)	중기방위력정비계획
1989	39198	5.9	1.006	921(2.35)	
1990	41593	6.1	0.997	1032(2.5)	
1991	43860	5.45	0.954	1140(2.6)	
1992	45518	3.8	0.941	1259(2.8)	
1993	46406	1.95	0.937	1360(2.9)	중기방위력정비계획
1994	46835	0.9	0.959	1396(3.0)	
1995	47236	0.86	0.959	1533(3.2)	

1996	48455	2.58	0.977	1641(3.4)	
1997	49414	1.98	0.958	1741(3.5)	
1998	49290	-0.3	0.948	1429(2.9)	중기방위력정비계획
1999	49201	-0.2	0.991	1452(3.0)	
2000	49218	0.0	0.987	1348(2.7)	
2001	49388	0.3	0.952	1480(3.0)	
2002	49395	0.0	0.995	1425(2.9)	중기방위력정비계획
2003	49265	-0.3	0.988	1598(3.2)	
2004	48764	-1.0	0.974	1845(3.8)	
2005	48301	-1.0	0.944	1438(3.0)	
2006	47906	-0.8	0.932	1826(3.8)	
2007	47818	-0.2	0.916	1563(3.3)	중기방위력정비계획
2008	47426	-0.8	0.900	1831(3.9)	
2009	47028	-0.8	0.922	1308(2.8)	
2010	46826	-0.4	0.985	1704(3.6)	중기방위력정비계획

주: 1) 1994년 이후는 방위비/GDP의 비율임.
2) 방위성 기술연구본부의 예산임.
자료: 『防衛年鑑』(各年度); 기술연구본부의 연구·개발 예산은 『防衛年鑑』(2011, 272-275).

려움이나 부담이 없었다는 점, 그리고 미국이 미군 기지와 주둔 미군과 관련된 예산을 증대해 줄 것을 계속해서 요구함으로써 방위 지출이 증가했다는 점, 마지막으로 북방 영토를 둘러싼 소련과의 영토 분쟁, 소련 극동군의 전력 증강과 중국군의 현대화로 소련, 중국에 대한 위협 의식이 증가한 점을 들 수 있다(*SIPRI* 1992, 241-242).

그러나 1980년대 방위 지출예산에서는 좀 더 주의 깊게 고려해야 할 점이 두 가지 있다. 우선 첫번째로 1980년대 GDP에 대한 방위비의 비율은 1%에 머물러 있었으나, 일본 경제력이 전체적으로 성장함으로써 방위 지출의 실질적 가치는 10년간 무려 50% 증대했다는 점이다. 두 번째로 1980년대 방위 지출의 변화에서 주의 깊게 살펴보아야 할 점은 투자비(장비 획득, 연구·개발, 건설)와 운영비(인건비와 유지 관리비) 사이의 비율 변화다. 즉 〈표 3.8〉에서 나타나고 있는 바와 같이 투자적 요소에 속하는 장비 구

표 3.8 | 일본 방위 지출의 구성(1982~90)

(단위: 천억 엔)

구분	1982	1983	1984	1985	1986	1987	1988	1989	1990
운영비 (%)	18.65 (72.2)	19.27 (68.0)	20.20 (69.0)	21.47 (68.4)	22.58 (67.6)	23.3 (66.3)	24.00 (64.9)	25.31 (64.6)	26.90 (64.7)
획득, 건설 (%)	6.92 (26.8)	7.96 (29.0)	8.78 (30.0)	9.40 (30.0)	10.30 (31.0)	11.20 (32.0)	12.30 (33.3)	13.10 (33.4)	13.80 (33.2)
총액	25.86	27.54	29.35	31.40	33.43	35.20	37.00	39.20	41.60
방위비/ 정부 지출	5.21	5.47	5.80	6.00	6.18	6.50	6.53	6.50	6.30

자료: *SIPRI*(1992, 242), Table 7.22.

입과 시설 개선 등은 1980년대 초 방위 예산의 1/4 수준이었으나 1990년 들어 1/3 수준으로 증가하고 있다. 정부 지출(CGE: Central government expenditure)에서 방위비가 차지하는 비율 또한 1980년 초의 5.2%에서 1991 회계연도에 6.23%로 상승했다. 이런 지표들은 1980년대의 10년간 일본의 군사 능력 수준이 매우 상승했음을 보여 준다(*SIPRI* 1992, 242-243).

셋째, 일본의 방위 지출에서 연구·개발비가 차지하는 비중은 계속해서 증가하고 있다. 〈표 3.7〉에서 보는 바와 같이 2000년대 들어 방위 지출은 감소하고 있음에도 불구하고 연구·개발비는 꾸준한 상승세를 보여 준다. 연구·개발비가 총 방위 지출에서 차지하는 비율 또한 70년대에는 1% 중반이었으나, 1980년 중반 이후 2%를 초과한 이후 1990년대 중반부터는 3%를 초과하여 거의 4%에 육박한다. 무기 생산의 가장 최초의 단계가 연구·개발 단계라는 점을 고려하면 일본이 신기술에 쏟는 노력을 알 수 있다. 특히 여기에 나타난 연구·개발비는 방위청(성) 기술연구본부의 예산만을 나타낸 것이기 때문에 민간 기업들의 연구비는 포함되어 있지 않다. 즉 일본은 미쓰비시중공업, 가와사키중공업 등 방산 관련 기업들의 연구비 규모가 미국 다음으로 큰 나라이기 때문에 실질적인 연구·개발비 총액은 훨씬 방대한 규모가 된다(*SIPRI* 1992, 245). 이와 관련하여 새뮤얼스는 다음과 같이 언급하고 있다.

> 국가 연구·개발의 약 절반이 군을 위해 또는 군에 의해 수행되는 미국과는 대조적으로, 공식 추정에 의하면 전후 일본의 연구비 지출의 5% 미만만이 군을 위한 것이었다. 일본 연구·개발 지출의 거의 4/5가 민수 시장을 위해 민간 기업이 자금 지원을 한 기업의 연구이다. 미쓰비시전기 하나만 해도 방위청 전체의 연구·개발비보다 더 많은 연구·개발 투자비를 지출하고 있다(Samuels 1994, 191).

> 일본에서 방위 연구에 들어가는 실질 비용은 분명히 방위청 예산이 나타내는 것보다 확실히 더 높다. (방위청) 기술연구본부는 민간 기업들에 크게 의존하고 있으며, 프로젝트들이 생산 단계로 나아가게 되면 연구에 참여한 기업이 보통 계약자로 선택되기 때문에 기업들은 방위청의 연구에 참가하게 된다. 시스템의 시험이 중복되어서 또는 독립적으로 이뤄지는 경우는 없다. 그 결과 기업들은 생산 단계에서의 이익을 중요시하여 제대로 보상되지 않는 연구 비용(under-recover research costs)을 기꺼이 감수한다(Samuels 1994, 191-192).

요컨대 일본에서 공식적으로 나타내는 방위산업 연구·개발비는 방위청 기술연구본부만의 것을 의미하는 것이기 때문에, 일본의 실질적인 연구·개발비는 정부의 위탁으로 연구를 수행하는 기업의 그것을 합해야 되고 이럴 경우 일본의 연구·개발비는 훨씬 방대한 규모가 되는 것이다. 나아가 연구·개발 단계에서 부족한 연구·개발비는 양산 단계에서 가격이 높게 책정되는 식으로 기업들에게 일정한 이익을 보장해 줄 수밖에 없는 구조가 되어 있는 것이다(富山和夫 1979, 144-145). 새뮤얼스는 방위 조달과 관련하여 수집된 회계상의 실제들을 근거로, 일본 산업은 실질적으로 방위 연구·개발을 '보조'(subsidize)하고 있고 사실상 일본 산업은 방위기술의 개발에 '집단적인 기업적 노력'(a massive corporate commitment)을 기울이고 있다고 주장한다(Samuels 1994, 192-193).

2. 일본의 방위생산

1) 방위생산의 규모

일본의 전체 공업 생산액에서 방위 생산액이 차지하는 비율은 〈표 3.9〉에 잘 나타나 있다. 전체에서 점하는 비율이 0.64%로서 1980년대 초반의 0.3% 정도, 1980년대 중반 이후 0.5% 정도였던 것에 비하여 상승하기는 했지만 그다지 높은 것은 아니다. 그러나 일본 경제의 전체적인 규모가 거대하기 때문에 비율은 낮지만 그 절대 액수는 19조 5,700억 엔에 달하여 결코 적은 액수가 아니다. 여기서 가장 특기할 만한 점은 항공기 관련 생산에서 방위생산이 점하는 비율이 1990년 중반 이후 급격히 감소하고 있다는 것이다. 이것은 일본 항공기산업의 방산 의존도가 줄어들었다는 의미이며, 따라서 민수 관련 생산액이 늘어났다는 것으로 해석 가능하다. 일본이 직접 민수용 항공기를 만들지는 않고 있으므로 이는 대부분 타국, 주로 미국 산업체로의 부품 수출이 대부분일 것이라는 점에서 항공산업의 발전이 이 시기에 나타난 것으로 유추 가능하다.[20]

20_이와 관련하여 1992년 양국 사이에 FS-X의 공동 개발 결정이 내려졌다는 점은 시사하는 바가 크다.

표 3.9 | 일본의 공업 생산액에서 점하는 방위 생산액의 비율(%)

품목 \ 연도	1980	1985	1989	1995	1998	2000	2002	2004	2006 비율	2006 (생산액: 십억 엔)
선박	4.85	4.81	7.16	9.51	7.46	12.12	7.28	8.34	6.93	2,076
항공기	77.76	83.73	74.68	75.32	51.88	61.24	59.22	60.12	50.31	581
차량	0.08	0.06	0.07	0.08	0.07	0.09	0.07	0.06	0.06	357
무기탄약	99.76	99.85	99.62	99.69	99.59	99.57	89.74	87.22	89.32	338
전기통신기기	0.42	0.56	0.65	0.63	0.53	0.51	0.66	0.63	0.63	32
석유제품	0.46	0.67	0.64	0.64	0.67	0.60	0.72	0.79	0.74	112
전체	0.36	0.51	0.54	0.61	0.57	0.58	0.69	0.64	0.62	19,509[1)]

주: 1) 다른 품목들이 있으므로 합이 일치하지 않음.
자료: 『防衛年鑑』 各年度.

2) 일본 방위생산의 특징

① 장비의 국산화

일본은 무기생산체제의 주요 부분을 미국 기술에 의존해 왔음에도 방위력정비계획이 진전됨에 따라 무기 국산화에 중점을 둠으로써 가능한 한 무기의 직접적 구입을 피하고 라이선스를 통한 국내 생산 또는 국내 개발을 주로 하고 있다. 외부로부터 무기를 구입할 경우 국내 생산보다 비용이 저렴하며 구입이 신속하고 연구·개발비가 들지 않는다는 등의 장점이 있다. 더군다나 일본의 무기들은 전투에서 검증된 적이 없다는 점이 국산화 옹호론자들에게 가장 큰 취약점이다. 즉 미국의 군수 장비나 물자들은 냉전 시기 동안 제3세계의 여러 분쟁을 통하여 많은 검증을 받았던 반면, 일본은 이런 경험이 전혀 없다. 뿐만 아니라 미국과 일본 사이의 시험 평가 예산 또한 현저한 차이를 보인다.[21]

21_대표적인 예로, 그린은 특정 시기 미국의 미사일 시험 평가 예산이 자위대 전체의 시험 평

요컨대 전투의 효율성, 장비의 효율성이란 측면에서 보게 되면 미국의 장비가 명백히 우월하다. 그럼에도 불구하고 국산화론자들은 '병참의 지속성'(logistical sustainability)이란 측면에서 국산화의 이유를 든다. 즉 장기간에 걸친 장비 유지, 부품 공급, 수리 등을 고려하면 국산화가 유리하다는 것이다. 전수 방위를 목적으로 하는 일본의 환경에서 미국의 무기 체계는 불필요하게 비싸며, 장비의 지속적인 공급과 유지를 위해 국산화가 필요하다는 것이다.[22]

1982년의 방위청 보고서에서는 미국의 무기 체계에 의존하는 것이 군사적으로 위험할 뿐 아니라 예산 문제와도 관련된다고 주장하고 있다. 즉 이 보고서에서는 "미국으로부터 수입되는 무기 획득에 소요되는 시간은 3~4년으로 늘어났다. 이는 산업적 측면에서도 큰 혼란을 야기한다. 만약 자위대가 계약 조건을 조정하지 않는다면 산업계는 환율 재평가, 장비 유지, 그리고 재정 관리 측면에서 큰 어려움을 겪을 것이다"(Green 1995, 29)라고 주장하고 있다. 이런 측면에서 보게 되면 비용 대 효과라는 점에서 국산화론자들이나 반대론자들 모두 각각의 주장에 나름대로의 근거가 있다.

그러나 무기 구입에 있어 우선점을 전투의 효율성, 장비의 효율성이라는 측면에 두지 않고 '병참의 지속성'이란 측면에서 파악하는 것은 방위산업을 보는 시각이 안보적인 측면이 아니라 산업적 측면에 있다는 점을 역설적으로 나타내는 것이다. 일본은 대부분의 무기 체계에서 국산화를 우선시하고 있다. 즉 국내 개발을 우선으로 하고, 국내 개발이 안 되면 라이선

가 예산보다도 규모가 방대했다고 언급한다(Green 1995, 28).

22_심지어 어떤 논자는 미국의 무기 체계가 헌법상으로도 위배된다고 주장하기도 한다(Green 1995, 28).

표 3.10 | 일본의 방위 관련 장비품의 조달 실적

(단위: 억 엔)

	국내 조달	일반 수입	유상 원조	무상 원조	합계	국내 조달 비율(%)
1950~57	2,415	95	25	3,569	6, 104	39.6
1958~60(1차방)	2,789	109	168	1,405	4,471	62.4
1961	702	63	60	261	1,086	64.6
1962~66(2차방)	5,781	424	382	497	7,084	81.6
1967~71(3차방)	12,829	662	478	33	14,002	91.6
1972~76(4차방)	21,588	1,001	617	0	23,206	93.0

자료: 『防衛年鑑』(1984)의 자료를 필자가 연도별로 억 단위 이하를 반올림하여 합한 것.

스 생산을 통하여 국내병기산업의 육성에 나섬과 동시에 특정무기체계의 기술적 측면을 살펴보는 것이다. 그 결과 일본은 해외 공급자에 대한 의존을 점차 축소할 수 있었다. 〈표 3.10〉에서 보는 바와 같이 3차방 기간에 이미 국내 조달 비율이 90%를 넘었으며, 4차방 기간에 국내 조달 비율은 93%에 달한 반면 무상 원조는 완전히 사라졌다. 이 도표의 이후 시기에 나타난 국내 조달 비율 또한 마찬가지다. 즉 국내 조달은 항상 90%를 상회하고 있으며, 나머지를 일반 수입 6% 내외, 그리고 유상 원조가 3% 내외를 점하고 있다.[23]

'무기의 국내 개발'이라는 정책 방향은 1970년 7월 당시 나카소네 야스히로 방위청 장관이 방위 장비의 개발, 생산에 관한 다섯 가지 기본 원칙을 제시하면서 더욱 뚜렷해졌다. 당시 나카소네는 "첫째, 국가 안보의 주요 요소로서 일본의 산업 기반을 유지한다. 둘째, 일본 국내의 연구·개발과 생산 노력으로 장비를 확보한다. 셋째, 국내 무기 생산을 위해 민간 산업체를 이

23_구체적인 수치에 대해서는 『防衛年鑑』(2011, 246)의 도표를 참고.

표 3.11 | 일본이 국내에서 개발한 주요 장비품

항목	주계약회사
고등 연습기(T-2)	미쓰비시중공업
지원 전투기(F-1)	미쓰비시중공업
중등 연습기(T-4)	가와사키중공업
지원 전투기(F-2)	미쓰비시중공업
초계 헬리콥터(SH-60J)	미쓰비시중공업
초계 헬리콥터(SH-60K)	미쓰비시중공업
관측 헬리콥터(OH-1)	가와사키중공업
87식 대전차 유도탄(ATM-3)	가와사키중공업
88식 지대함 유도탄(SSM-1)	미쓰비시중공업
90식 함대함 유도탄(SSM-1B)	미쓰비시중공업
90식 공대공 유도탄(AAM-3)	미쓰비시중공업
91식 공대함 유도탄(ASM-1C)	미쓰비시중공업
91식 휴대 지대공유도탄(SAM-2)	도시바
91식 휴대 지대공유도탄(B)(SAM-2B)	도시바
93식 근거리 지대공유도탄(SAM-3)	도시바
93식 공대함 유도탄(ASM-2)	미쓰비시중공업
99식 공대공 유도탄(AAM-4)	미쓰비시전기
01식 경대전차유도탄	가와사키중공업
03식 중거리 지대공유도탄(中SAM)	미쓰비시전기
04식 공대공유도탄(AAM-5)	미쓰비시중공업
81식 단거리지대공유도탄(改)(SAM-1C)	도시바
96식 다목적유도탄시스템(MPMS)	가와사키중공업
87식 자주고사기관포	미쓰비시중공업, 일본제강소
89식 장갑전투차	미쓰비시중공업
90식 전차	미쓰비시중공업
93식 155mm 장사정유탄	고마쓰제작소
94식 수제지뢰부설장치 및 지뢰	유니버설조선, 이시가와제작소
96식 장수장갑차	고마쓰제작소
99식 자주155mm유탄포	일본제강소
97식 어뢰	미쓰비시중공업
87식 패시브 소나(OQR-1)	오키전기공업
고정식 3차원 레이더장치(J/FPS-3)	미쓰비시전기
야전 특과정보처리시스템	도시바
사단 대공정보처리시스템	일본전기
사단 통신시스템	일본전기
대포 레이더장치(JTPS-P16)	도시바
소해정용 디젤기관	미쓰비시중공업

자료: 朝雲新聞社編集局(2009, 363).

용한다. 넷째, 연구·개발과 생산의 장기 목표를 설정한다. 다섯째, 방위생산에 경쟁 원칙을 도입한다"(Drifte 1986, 12-13)라는 다섯 가지 원칙을 제시함으로써 방위산업 부문의 자립 목표를 분명히 했다.

이와 같은 자립 목표는 방위산업뿐만 아니라 경제 전반에 대한 정부 정책, 특히 컴퓨터산업, 로봇산업, 항공산업에 현저하게 나타났으며, 이를 달성키 위한 주요 수단으로 국내 연구·개발에 대한 정부와 산업체의 합동 프로그램, 조세 감면 등의 수단이 이용되었다. 따라서 일본은 현재 자위대가 사용하는 장비를 거의 모두 국내에서 조달하고 있다. 국산화가 가장 어려웠던 전투기 또한 FS-X(지금의 F-2 지원 전투기) 공동 개발을 계기로 현재 미쓰비시중공업이 공급하고 있다. 현재 방위성에서 보유하고 있는 항공기는 2010년 3월 현재 약 1,604기이며, 이 가운데 일본이 만든 항공기가 1,435기로 거의 모든 항공기를 자체 조달한다(『防衛年鑑』 2011, 252). 〈표 3.11〉은 2008년까지 일본이 개발한 주요 장비품이다. 거의 모든 장비가 망라되어 있음을 알 수 있다.

② 군수로의 과도한 의존 회피

〈표 3.12〉는 세계 100대 무기 생산 기업에 거의 20년간 지속적으로 포함된 다섯 개 일본 기업들의 군수 계약액과 그것이 기업의 총 매출에서 차지하는 비율을 나타낸 것이다. 이들 기업들의 총 매출에서 무기 생산(arms production)이 차지하는 비율은 업계 1, 2위인 미쓰비시중공업과 가와사키중공업이 한때 15%를 넘어서 20% 가까이 차지한 적이 있으나, 2000년대 들어서 10% 미만에 머무르고 있다. 이들 2개 기업 외에 미쓰비시전기와 NEC가 항상 세계 100위권에 랭크되어 있으며, 이 외에도 도시바, (주)IHI(구 이시카와지마하리마중공업), 고마쓰 등이 방산 장비를 생산하

표 3.12 | 일본 주요 방산 기업들의 군사 계약액

(단위: 백만 달러)

	미쓰비시 중공업		가와사키 중공업		미쓰비시 전기		NEC		이시카와지마 하리마중공업*		도시바		기타 (당시 세계100대 방산 기업에 포함된 기업들)
	무기 판매	비율	무기 판매	비율	무기 판매	비율	무기 판매	비율	무기 판매	비율	무기 판매	비율	
1989	2640	17	1270	22	810	5	510	3	460	10	500	2	
1990	3040	17	1010	14	690	3	380	1	540	8	410	1	
1991	2630	14	1050	15	710	4	360	1	740	9	420	1	
1992	3000	13	1000	12	850	3	460	2	640	8	360	1	
1993	2380	10	1130	12	820	3	390	1	840	9	350	1	스미토모중공업, 닛산자동차
1994	2730	10	1450	14	940	3	520	1	520	5	400	1	히타치조선, 스미토모중공업, 일본제강, 닛산자동차, 후지중공업, 고마쓰
1995	2430	8	1670	14	1150	3	780	2	600	5	540	1	일본제강, 닛산자동차, 후지중공업, 고마쓰
1996	3030	10	910	8	1210	4	520	1	660	7	480	1	고마쓰, 히타치
1997	2250	9	1210	11	1060	-	620	2	550	6	400	1	마린 유나이티드, 고마쓰
1998	2540	11	670	7	790	3	340	1	490	6	290	1	고마쓰
1999	2460	10	1160	11	980	3	370	1	470	5	470	1	고마쓰, 히다치조선, 닛산자동차, 일본전기컴퓨터
2000	2850	10	920	9	1120	3	430	1	500	5	400	1	미쓰이조선, 고마쓰, 신명화, 일본전기컴퓨터, 닛산자동차
2001	2270	-	1000	-	830	-	470	-	670	-	370	-	고마쓰
2002	2780	13	880	9	590	2	390	1	550	7	400	1	고마쓰
2003	2430	12	1370	14	820	3	490	1	310	3	340	1	고마쓰
2004	2500	10	1320	12	950	3	840	2	460	5	380	1	유니버설조선
2005	2190	9	1180	10	1040	3	980	2	-	-	450	1	유니버설조선
2006	2390	9	1120	9	1010	3	710	2	-	-	-	-	
2007	2780	10	580	5	820	2	610	2	-	-	-	-	
2008	3040	9	1480	11	1510	4	950	2	-	-	-	-	
2009	2810	9	1110	9	1950	5	770	2	-	-	-	-	

주: - 비율은 해당 기업의 총 매출에서 차지하는 비율임.

1): 2007년부터는 이시카와지마하리마(주)에서 (주)IHI로 바뀜.

2): 이사카와지마하리마와 도시바는 각각 2005년도와 2006년도 이후 방산 매출 세계 100대 기업에 포함되지 않았음.

자료: *SIPRI* 各年度.

는 대표적인 기업들로서 이들 기업들의 총 매출에서 방산이 차지하는 비중은 5% 안팎이다.

특히 미쓰비시전기와 NEC, 도시바 등 전자 정보 통신 관련 기업들은 총 매출 규모가 크기 때문에 방산 매출의 비중은 2~3% 수준에 불과하다. 군수와 민수의 이런 비중은 서구 기업들에서는 찾아보기 힘들다. 스톡홀름 국제평화연구소가 해마다 발표하는 세계 100대 방산 매출 기업 중 이와 같이 군수 의존율이 작은 기업은 사실상 일본 기업들이 유일하다.

100대 군수 기업의 대부분을 차지하는 구미 기업들의 경우 기업 매출 중 군수의 비중이 대부분 25% 이상의 두 자릿수를 차지하는가 하면, 미국의 대표적 기업들인 록히드마틴(Lockheed Martin), 제너럴 다이내믹(GD) 같은 경우 70% 이상의 군수 의존율을 보인다. 심지어 보잉(Boeing)조차도 해마다 40% 이상의 군수 의존율을 보이고 있다. 유럽의 군수 기업들 또한 마찬가지다. 영국의 대표적 군수 기업인 BAE Systems가 70% 이상, 프랑스의 대표적 군수 기업인 탈레스(Thales) 또한 해마다 60% 이상의 군수 의존율을 보이고 있음을 고려할 때 일본 기업들의 군수 의존율은 매우 낮다고 할 수 있을 것이다.

이는 일본 기업들이 방위산업 부문에 종사하면서도 민수품도 함께 생산함으로써 군수 위축이 가져올 위험성을 분산시키고 있다는 것을 의미한다. 미쓰비시중공업의 경우 항공기, 헬기, 미사일, 함정 등의 품목을, 가와사키중공업의 경우 항공기, 엔진, 미사일, 함정 등의 품목을 생산하기 때문에 다른 일본 기업들에 비해 방산 비중이 높은 편이다. 이 외에 고마쓰(장갑차, 포탄 등), 이시카와지마하리마(엔진, 함정) 등도 꾸준히 방위산업 부문에 간여하고 있다.

미쓰비시전기(레이더, 미사일 등), NEC(통신 시스템 등), 도시바(소프트웨어, 시스템, 유도탄 등)의 경우 소프트웨어나 시스템 프로그램 등을 주된 생산품으로 하기 때문에 군수 의존도는 2% 내외에 불과하여 전체 매출에서 방산 부문의 비율이 그다지 높은 편은 아니다. 그러나 이들 전자 관련 기업들이 과거에 비해 꾸준한 매출 증가를 보여 주고 있다는 점은 현대 무기 체계에서 전자 부문의 중요성이 증대되고 있다는 것을 나타내는 것이다. 〈표 3.12〉에서 보는 바와 같이 1999년과 2000년에는 전 세계 방산 매출 100대 기업 중 일본 기업이 10개사 이상을 차지하여 미국 다음으로 많은 기업들이 포함되어 있었던 적도 있었다.

③ 민·군 겸용 기술의 중시

군수로의 과도한 의존을 회피하기 위한 방법의 연장선상에서 일본의 방위산업체들이 나타내는 또 한 가지 특징은 민·군 겸용 기술에 대한 강조이다. 즉 일본의 일반 기업들에게 있어서 군수에만 특화된 기술은 소수에 불과하다. 새뮤얼스는 민·군 겸용 기술에 대한 강조가 1950년대부터 나타났다고 하면서 그것이 나타난 배경에 대해 다음과 같이 주장하고 있다.

> 1950년대 중반 군수생산을 지속하려는 일본 기업들에게는 단지 두 가지 선택이 있었다. 하나는 정치적으로 강하게 압박을 가하는 것이었고, 다른 하나는 국내의 지지 부족을 보충하기 위해 미국의 군사적 도움과 획득을 이용하는 것이었다. 그들은 두 가지 모두에 노력했다. 결과적으로 나중 방법이 보다 만족할 만한 성과를 가져오기는 했지만, 일본 기업들은 실제로 세 번째 선택에서 가장 성공했다. 이 세 번째 방법, 즉 '두 가지에 포함되지 않는' 선택(default option)은 고도로 기술혁신적인 민간경제 내에 방위산업을 포함시키는 것이었다. 이 방법은 일본 산업과 기술을 빠르게 성장시키고 발전시켰다. 이 선택은 예상된 것이 아니었지만 매우 훌륭했고, 그리고 일본의 기술 민족주의와 완전히 일치하는 것이었다(Samuels 1994, 148).

표 3.13 | 군사용으로 전용되는 일본의 민생용 기술

민생 이용	범용 기술	군사 이용
비디오카메라	CCD(전하결합소자)	미사일 유도용 촬상기(撮像器)
레저용 요트	레이더	미사일 유도 장치
통신	광섬유	미사일-어뢰 유선 유도
전기자동차	리튬전지	초경량미사일 전원
세토대교의 도장(塗裝)	전파 흡수체	스텔스 폭격기
퍼스컴, 전자계산기	액정 표시판	전투기의 전황(戰況) 표시기
과학기술계산	병렬 계산기	탄도 계산
화학실험	밀폐 유리 용기	세균병기 개발
화학플랜트	내부식성 파이프	독가스 플랜트

자료: 『日本經濟新聞』(1992/10/02).

새뮤얼스에 의하면 민·군 겸용 기술에 대한 강조가 산업체들이 계획한 것은 아니었고, 방위산업체들을 둘러싼 환경의 변화에 따른 자구책을 모색하는 과정에서 나타났다. 실제로 일본의 방위산업체들은 50년대 중반 이후 대장성의 강력한 반대에 직면하여 자구책으로서 군수에 특화된 기술보다는 민·군 겸용 기술에 초점을 맞추었다. 이후 일본의 기술 자원은 궁극적으로 상업 제품 지향적이며, 방위기술은 민간 기술 개발을 대체하는 것이 아니라 보완하도록 되어 있다(Samuels 1994, 191). 이런 전통에서 일본의 기업은 기술적 진보를 위해서는 상업적 기술이 군수 기술보다는 더 낫다는 인식을 갖고 있다(Katzenstein and Okawara 1993, 74).

〈표 3.13〉은 군사용으로 전용되는 일본의 민간 기술을 나타낸 것이다. 여기에서 보다시피 일본 기업들이 가지고 있는 기술들은 군수에 특화된 기술이 아니라 민수에서 개발되어 군수로 전이된 범용 기술들이다. 이런 현상은 무기가 첨단화될수록 전자 부품의 비율이 높아지게 되어 더욱더 심화되고 있다. 즉 미사일 시스템 등 근대 병기의 많은 부분이 전자공업 관련 기기가 차지하고 있으며, 이와 같은 고도 첨단 기술의 범용 기술화가 점차 확대되어 민수와 군수 사이의 경계가 모호한 영역이 증가되었던 것이다.[24]

표 3.14 | 미군 장비의 부품 중 일본 제품에 의존하고 있는 것

품목	제조기업
세라믹 패키지[1]	교세라
16KCMOS RAM	히타치
마이크로웨이브, 출력 갈륨비소 FET	일본전기, 후지쯔
미소신호 마이크로웨이브 쌍극 트랜지스터	일본전기
저잡음 갈륨비소 FET	일본전기
마이크로웨이브 실리콘다이오드	일본전기
실리콘 쌍극 IC증폭기	일본전기

주: 1) 하이테크 병기 시스템용 컴퓨터, 레이더, 통신기기용 반도체의 절연체로서 사용되는 것.
자료: 『每日新聞』(1991/01/28).

1990년 작성된 미국전자공업회(AEA)의 조사 자료에 의하면 미군 병기에 사용되고 있는 일본제 전자기기 제품 20품목 가운데 일본 제품에의 의존도가 큰 것, 즉 품질, 양산(量産), 가격의 면에서 미국제로 대체하기 힘든 것으로서 〈표 3.14〉와 같은 일곱 품목을 들고 있다. 이 일곱 품목은 모두 첨단 병기 시스템용의 컴퓨터, 레이더, 통신기기에 사용되는 반도체소자 등의 소재, 부품이다. 반도체의 절연체로서 사용되는 세라믹 패키지 부문에서 교세라가 당시 세계적인 독점기업이 된 것에서 알 수 있듯이 이 부품들은 그 어느 것이나 각각 미국산을 품질, 양산, 가격 면에서 압도하고 있었기 때문에, 이미 1980년대 중반 이후부터 상당량의 일본 제품이 미국의

24_일본의 민수 제품이 군사용으로 사용되는 대표적인 예로서는, 걸프전 당시 미국의 과학기술과 미·일 간의 첨단 기술 마찰 상황에 밝은 미국 캘리포니아 실리콘밸리의 한 관계자의 말이 자주 언급되고 있다. 즉 그는 "물건에 따라서는 일본제 반도체 칩이 70%를 점하고 있다. 일본 제품이 없이는 미국은 걸프전쟁에서 싸울 수 없었던 것은 아닌가"라고 언급하고 있다. 이와 함께 "페르시아만에 일본 군대는 없지만 일본 기술이 없으면 하이테크 병기는 있을 수 없다.......모든 종류의 정밀 유도폭탄 부품 가운데 최대 80%는 도시바, 미쓰비시전기 등 일본 내 200개 회사의 제품이 사용되고 있다," "방공 미사일인 패트리어트나 전파방해 장치에서는 20%의 반도체가 일본제"라는 보도도 있었다(『每日新聞』 1991/01/28).

표 3.15 | 미군 병기에 사용되고 있거나 가능성이 있는 일본제 기기

품목	제조기업
관성항법장치용 가속도계	일본항공전자공업
대잠수함 전투용 센서	히타치
미사일 적외선 유도 장치	도시바
컴퓨터용 CRT 브라운관	미쓰비시전기
평판판넬 표시판	세이코 엡슨, 혼덴, 샤프
마이크로웨이브 화기관제장치	도시바, NEC(일본전기)
영상표시 단말	소니

자료: 『毎日新聞』(1991/01/28).

표 3.16 | 도시바 유도미사일 그룹 최고 관리자들(top managers)의 이전 프로젝트(1992)

지위	이전 프로젝트
프로젝트 관리자 A	상업용 수신기
프로젝트 관리자 B	사업용 인공위성
프로젝트 관리자 C	전자 장비 설계(군, 민용 구별 없음)
주요 장비 설계자 A	상업용 방송 장비
주요 장비 설계자 B	상업용 TV 설계

자료: Samuels(1994, 292).

군수산업에 부품, 반제품으로 납품되고 있다(『毎日新聞』 1991/01/28). 이 외에도 〈표 3.15〉에서 보는 바와 같이 이미 80년대 후반부터 많은 기술(機器), 특히 전자 제품이나 기술들이 미군 병기에 사용되고 있거나 또는 그 가능성이 있는 것으로 추정되어 왔다.

이런 측면에서 기술자들 또한 상업용 프로젝트와 군사용 프로젝트를 다양하게 경험하고 있는 것으로 나타난다. 예를 들면 〈표 3.16〉에서 나타난 바와 같이 이전에 상업용 프로젝트에 참여한 기술자들이 군사용 프로젝트인 유도미사일 개발에도 바로 투입되어 작업이 가능한 체제가 되어 있다. 또 다른 예로 1981년 미쓰비시 나고야 공장의 최고 간부들은 민수/군수 프로젝트의 모든 구조와 설계를 포함하는 11개의 부서들과 프로젝트들을 감독했다(Samuels 1994, 291).

요컨대 일본의 방위산업체에서는 기술자뿐 아니라 관리자급에서도 민수/군수의 구분이 사실상 그다지 큰 의미를 갖고 있지 못하다고 할 수 있을 것이다. 이에 대해 미쓰비시전기의 한 고위 매니저는 "우리는 민수와 군수 프로젝트를 구별하지 않기 때문에 방위 전문가가 없다. 우리는 민수와 군수 프로젝트를 분리시키는 장벽을 갖고 있지 않다"(Samuels 1994, 289)라고 말한다.

④ 민관 공동의 연구·개발 시스템

방위생산에 대한 국내외의 부정적 시각, 그리고 한정된 자원이란 제약으로 인해 민간경제 내에 방위산업을 포함시키는 방법이 기술적 측면에서는 민·군 겸용 기술을 중시하는 특징으로 나타났다면, 연구·개발 시스템이라는 측면에서는 민관 합동 연구·개발 노력으로 나타났다. 즉 기술적 측면에서 민·군 겸용 기술을 중시하게 됨으로써 기업 측은 방산 부문의 연구·개발에 관심을 가졌다고 할 수 있으며 방위청 또한 한정된 예산으로 인한 제약으로 기업 측과의 공동 연구·개발에 적극적이었던 것이다.

이의 결과 앞서 언급한 바와 같이 일본의 방위산업 관련 연구·개발비는 국가적 수준에서는 그다지 많지 않은 것으로 나타나지만, 민간 기업들의 연구비까지를 합치면 훨씬 방대한 규모가 된다. 그러나 이 글의 뒷부분에서 살펴보게 되겠지만, 이와 같은 민과 관의 공동 연구·개발 양상이 전후에 새롭게 나타난 현상은 아니다. 다시 말하면 전시 중 이뤄졌던 육군의 연구·개발 사업은 대부분 민간이 수행했으며(Samuels 1994, 105), 해군 또한 육군보다는 상대적으로 민간 기업에 덜 의존적이기는 했지만 학계, 중공업계와의 연계에 의한 연구를 수행했던 것이다.[25]

이런 연구·개발은 대체적으로 민간 기업에의 위탁 연구라는 형태로 이

표 3.17 | 기술연구본부 위탁 연구(상위 10개 기업, 1991)

기업	프로젝트 수	기술연구본부 기금 (10억 엔)	주 사업 내용
미쓰비시중공업	14	52.0	FS-X 전투기
도시바	5	11.3	단거리 SAM
가와사키중공업	5	9.9	지뢰투하 항공기
미쓰비시전기	4	6.7	선박용 레이더
오키전기	3	4.0	잠수함용 수중음파 탐지기
이시가와지마하리마중공업	1	3.2	Fan engine
일본전기	6	2.2	C^3I
후지쯔	1	1.6	Electronic countermeasures
히타치 조선	2	1.4	근해용 지뢰
고마쓰	2	1.0	폭탄

자료: Samuels(1994, 193).

뤄진다. 즉 방위청 기술연구본부는 지정된 기업들에 연구와 시험을 위탁하고, 기업들은 방위청 기술연구본부와 함께 공동으로 특허를 소유하게 된다. 민간 기업에 대한 방위청의 의존은 1960년대에 뚜렷해졌으며, 1970년대, 80년대에 더욱 심화되었다.

기업들은 자체 자금으로 테스트 장비와 생산 장비를 구입하고, 방위청 프로젝트를 위해 장비가 사용되는 협의된 시간분에 대해서는 보상을 받는다. 〈표 3.17〉은 1991년에 방위청 기술연구본부가 민간 기업에 위탁한 연구들이다. 이 표를 보면 일본 방위산업을 담당하는 주요 기업체가 거의 그대로 포함되어 있음을 알 수 있다. 이와 관련하여 새뮤얼스는 다음과 같이 언급하고 있다.

25_당시 히라가 유즈루 동경제대 총장을 매개로 동경제국대학과 일본 해군, 그리고 조선업의 3자가 결합한 소위 '군·산·학(軍産學) 복합체'의 형성과 활동을 의미한다. 이에 대해서는 畑野勇(2005)을 참고하라.

> 통산성, 과학기술청, 일본핵심기술센터(the Japan Key Technology Center)는 모두 제트엔진과 재료 처리와 같은 부문의 대규모 연구·개발 프로젝트에 자금을 지원한다. 더구나 기술연구본부보다는 사기업들이 방위 시스템의 모든 원형 제조와 테스트를 떠맡고 있다. 기술연구본부의 공식 정책은 "일반적으로, 연구·개발을 진전시키기 위해 사기업의 기술 능력과 제조 능력에 의존하는 것이다." 따라서 기술연구본부는 지정된 기업들에 연구와 시험을 위탁하고, 이런 기업들의 상당수는 기술연구본부와 함께 공동 특허권자가 되는 것이다. 1992년도 회계연도에 기술연구본부는 총예산의 4/5 이상을 사기업들과 계약했다. 그 위탁 연구의 주요 수혜자는 물론 주요 상업용 기업들이었다(Samuels 1994, 192).

방위청이 연구, 개발, 테스트를 민간 기업에 의존함으로써 나타나는 현상을 새뮤얼스는 두 가지 측면에서 살펴보고 있다. 첫 번째는, 민간 기업들이 연구, 개발, 테스트를 위한 장비나 설비를 도입하는 것이 어렵기 때문에 이런 시설들을 방위청에서 마련한다는 것이다. 대표적인 예로서 새뮤얼스는 1989년 방위청의 연구, 개발, 테스트 시설 예산이 통산성의 연구·개발 예산보다 두 배나 많았다는 점, 그리고 1992년 방위청 기술연구본부에 일본 최초의 고도 시험 설비(high-altitude test facility)와 두 개의 풍동(wind tunnels)을 포함한 대규모의 테스트 시설 건설을 위한 예산이 포함되었는데 이는 미쓰비시중공업, 가와사키중공업, 이시카와지마하리마중공업의 수년에 걸친 로비로 이뤄졌다는 점을 들고 있다(Samuels 1994, 193).

두 번째 현상으로서는, 지적재산권과 관련된 것이다. 방위청 위탁 연구로부터 나오는 모든 자료와 특허는 법적으로 일본 정부 소유의 것이지만, 방위청은 이들 기술을 민간 기업들이 사용하는 것을 허용해 왔다. 이의 결과 기술연구본부가 지원하는 프로젝트에서 얻어지는 거의 2,000건에 이르는 특허 중 1/4 미만의 지적재산권을 기술연구본부가 독자적으로 소유하

표 3.18 | 일본의 방산 관련 정부 조달액에서 주요 방산 기업이 차지하는 금액과 비율

(단위: 억 엔, %)

	상위 5개사가 차지하는 금액(비율)	상위 20개사가 차지하는 금액(비율)
1981	2,920(38.48)	4,520(59.56)
1990	8,261(52.66)	11, 194(71.35)
2000	6,274(49.8)	9,563(75.9)
2005	6,429(46.7)	9,854(71.6)
2009	6,716(53.2)	9,212(73.0)

자료: 『防衛年鑑』 각 연도.

고 있고 3/4는 기술연구본부와 수탁 기업이 공유하고 있다. 그러나 기업들은 보통 상업적으로 이 기술을 응용할 경우 방위청과 협의조차 하지 않는다. 이에 대해 방위청 기술연구본부장은 기업들이 기술연구본부 주도의 연구 결과를 다른 분야에 사용하는 것에 대해 허가를 요청하는 경우는 2~3년에 한번 정도로 매우 드물다고 보고한다(Samuels 1994, 194).

⑤ 소수 기업으로의 집중화

일본의 방위산업에서 나타나는 또 다른 특징으로 소수 기업으로의 집중화를 들 수 있다. 〈표 3.18〉은 1980년부터 5년 단위로 일본의 주요 방산 기업들 중 상위 5개사, 상위 20개사가 정부 조달액에서 차지하는 금액과 그 비율을 산정한 것이다. 이를 보면 상위 기업들의 점유율이 꾸준히 상승해 왔으며, 최근 들어서는 상위 5개사가 연간 조달액의 약 50%, 상위 20개사가 거의 75%를 점하고 있음을 알 수 있다. 이는 방산 품목에 대한 일본 정부의 계약 방식별 조달을 보면 더욱 명확히 드러난다.

〈표 3.19〉는 계약 방식에 따른 조달 실적을 건수와 금액별로 나타낸 것이다. 방위성의 품목 계약 방식에는 일반 경쟁계약, 지명 경쟁계약, 수의

표 3.19 | 일본의 방위 조달, 계약 방식별 조달 실적표(중앙 조달분)와 건수, 금액(억 엔), 비율(%)

	계약 방식	일반 경쟁계약	지명 경쟁계약	수의계약	합계
1981	건수	165(1.83)	5,095(56.37)	3,778(41.80)	9,038(100)
	금액	13(0.17)	1,427(18.80)	6, 149(81.03)	7,589(100)
1985	건수	150(1.60)	5,285(56.39)	3,938(42.01)	9,373(100)
	금액	13(0.12)	1,651(14.33)	9,852(85.55)	11,516(100)
1990	건수	404(3.78)	6,047(56.62)	4,230(39.60)	10,681(100)
	금액	47(0.30)	2,304(14.69)	13,336(85.01)	15,688(100)
1995	건수	1,581(14.56)	5,248(48.32)	4,032(37.12)	10,861(100)
	금액	209(1.57)	2,004(15.00)	11, 141(83.43)	13,353(100)
2000	건수	5,872(60.77)	912(9.44)	2,879(29.86)	9,663(100)
	금액	1,063(8.44)	1,604(12.74)	9,928(78.82)	12,595(100)
2005	건수	4,839(56.0)	676(7.8)	3, 127(36.1)	8,642(100)
	금액	1,099(8.0)	901(6.6)	11,738(85.4)	13,738(100)
2006	건수	6,555(76.2)	260(3.0)	1,791(20.8)	8,606(100)
	금액	3,536(26.7)	279(2.1)	9,411(71.2)	13,226(100)
2007	건수	5,961(77.2)	177(2.3)	1,583(20.5)	7,721(100)
	금액	3,698(28.4)	252(1.9)	9,085(69.7)	13,034(100)
2008	건수	6,565(83.3)	38(0.5)	1,282(16.3)	7,885(100)
	금액	5,021(36.3)	390(2.8)	8,409(60.8)	13,820(100)

자료: 『防衛年鑑』 각 연도.

계약이 있다. 일반 경쟁계약은 민수 제품과 마찬가지로 사용되는 의료기기, 전원 장치 등의 일반적인 제품을 대상으로 한 것이며, 지명 경쟁계약의 경우 잠수함 소나(sonar: 수중 음파 탐지기), 항공용 터빈 연료 등 일정 자격이 있는 기업 중에서 조건이 합치하는 기업들을 대상으로 경쟁입찰하는 방식이고, 수의계약의 경우 방위성이 계약자를 지명하여 계약을 맺는 경우로 전투기, 함정, 미사일 등 주로 대형 품목 또는 고도의 기술 수준과 정밀성을 요구하는 전략 품목들이 다수를 차지한다.

조달 실적을 전체적으로 살펴보면 일반 경쟁계약이 건수와 금액 면에서 꾸준히 증가하고는 있지만, 절대 다수를 점하는 것은 역시 수의계약이다. 이는 전투기, 함정, 탱크, 미사일, 총포류 등 전략적 품목은 여전히 특정 기업을 통하여 조달이 이뤄질 수밖에 없는 현실을 반영하며, 이의 결과 일본의 방위산업은 금액 면에서 소수에 집중되는 결과로 나타나고 있는 것이다.

⑥ 연구·개발 기술의 고도화와 소프트웨어 비중의 증대

방위청 기술연구본부가 실시해 온 연구·개발에는 다음과 같은 몇 가지 특징이 있다. 첫째, 연구·개발 기술의 고도화·복잡화·시스템화를 들 수 있다. 즉 과거의 연구·개발이 주로 하드웨어에 집중된 연구·개발이라면 1990년대 이후의 연구들에서는 운용에 초점을 맞춘 통합 시스템 기술(90식 전차), 최첨단 집적회로 기술과 항공기 날개의 일체 성형 복합재 기술(F-2)이 채용되는 등 과거와는 비교가 어려울 정도의 첨단 기술이 적용되고 있다는 것이다.

둘째, 장비품 개발의 리스크를 줄이기 위한 연구 프로젝트 및 개발 장비품 등의 시험, 평가 도구를 정비하기 위한 프로젝트가 증가하는 경향이다. 과거의 연구·개발이 어디까지나 부대 운용을 전제로 한 것이어서 프로젝트가 끝나면 바로 부대 운용에 제공되는 것이 대부분이었다면, 1980년대 이후부터는 부대 운용에 앞서 기술 자료를 획득하기 위한 연구 또는 장비품의 실험, 평가를 하는 장치나 시뮬레이터 연구가 많아졌다(『防衛年鑑』 2011, 268-269).

셋째, 2001년 책정된 "연구·개발 실시에 관한 가이드라인"에서 정보통신 기술, 유도 관련 기술 등 군사기술로서 중요성이 매우 높은 분야와, 전략적인 접근이 필요한 항공기용 엔진 기술, 항공 전자(avionics) 기술 등 중점적으로 착수해야만 할 분야를 명확히 하고 있다는 점이다. 또한 과거 독립 행정법인이나 대학 등 타 기관과 상호 협력하면서 방위기술과 민간 기술의 상호 교류, 보완을 추진함과 함께, 연구·개발 평가를 충실히 하기 위해 실효성 있고 계속성 있는 평가 시스템을 확립할 것 등에 중점을 두고 있다(『防衛年鑑』 2011, 270).

⑦ 산업계와 자위대의 유대

일본의 민관 관계에서 나타나는 '아마쿠다리'(天下り, 낙하산인사)는 방위산업 부문에서도 나타난다. 대부분의 국가에서 군부 세력은 방위생산에 큰 영향력을 행사한다. 일본의 경우 헌법 9조의 제약으로 방위청(성)과 자위대는 비교적 영향력을 행사하지 못하는 것으로 인식되어 왔다. 그러나 이들이 국산화 또는 자위대의 임무에 필요한 장비 선택에 영향력을 미치지 못하는 것은 아니다. 실제로 방위청(성)과 자위대는 무기 개발과 획득에 있어 그들의 영향력을 꾸준히 확대해 왔다(Green 1995, 26). 이들은 산업체에 들어가서 이들이 갖고 있는 정보와 인간관계를 통하여 정부의 방위산업 분야 또는 방위청(성)과 자위대에 영향력을 행사한다. 정보에 밝은 기업이 특정 무기체제에 대한 전문성을 확보하게 될 것이며 이들이 발주를 얻게 될 기회는 더 많을 것이다.

자위대 출신의 소위 '제복조'는 무기 체계에 대한 전문 지식으로 방위성 내의 민간 관료들보다는 산업계와 훨씬 가까운 관계를 유지해 왔다. 왜냐하면 방위청(성) 내의 민간 관료들은 미군과의 상호 운용성을 강조하는 경향이 있는 반면, 제복조들은 자주적 방위기술 개발에 초점을 맞추는 경향이 강하기 때문이다. 주요한 방위산업체들이 은퇴한 자위대 간부들을 '낙하산'의 형태로 고문으로 영입하는 데에서도 이는 드러난다. 이런 연결 관계로 인해 자위대와 미군과의 상호 호환성(interoperability)이 아니라 독자적인 방위기술 개발에 더욱 초점이 맞춰지기도 한다(Green 1995, 28).

다소 오래전에 나온 자료이지만, 도미야마 가즈오(富山和夫)가 1978년 방위 관계 대기업으로 옮긴 자위대 간부들을 조사한 바에 의하면 당시 주요 방위산업체는 예외 없이 상당수의 자위대 간부를 채용하고 있었다. 그의 조사에 의하면 1975~80년 사이에 거의 340명에 달하는 자위대의 전임 간부가 병기 관련 산업에 참가한 것으로 나타난다. 나아가 각 업체가 생산하는 장비와 관련이 깊은 간부를 받아들이는 특징이 뚜렷이 드러난다(富山和夫 1979, 108). 예를 들어, 미쓰비시중공업과 가와사키중공업, 미쓰비시전기, 일본전기(NEC) 등은 생산하는 장비가 육, 해, 공을 망라하고 있기 때문에 모든 자위대 출신의 간부를 받아들인다. 그러나 이시카와지마하리마중공업의 경우 엔진과 함정이 주 품목이므로 육상자위대 출신 간부는 없으며, 히다찌조선과 신메이와공업은 주 품목이 함정이기 때문에 해상자위대 출신 간부들을 받아들였다. 장갑차와 포탄을 주로 생산하는 고마쓰와 대구경 화기를 주로 제작하는 일본제작소는 육상자위대 출신 간부를 주로 영입했다(富山和夫 1979, 109-110). 이와 같은 '낙하산'이 방산업계와 방위성, 자위대 간의 비공식적인 네트워크로 연결되리라는 점은 당연하다 할 것이다.

3) 전후 연구·기술 인력의 토대

① 해군 연구 인력의 전후 활동

전후 일본의 방위산업을 살펴보는 데 있어서 간과할 수 없는 부분이 전전 또는 전시기 군의 연구 기관에 종사했던 연구·기술 인력이다. 전전과 전쟁 시기를 통하여 육군과 해군은 각각 독자적인 연구 기관을 갖고 있었다.[26] 육군은 무기 개발을 위해 10개의 연구소와 8개의 병기창을 운영했으나 연구·개발 사업의 대부분은 민간 기업들이 수행했다. 해군 또한 민간 부문, 즉 대학이나 중공업계와의 연계를 갖고 있었다. 그러나 육군과 달리 일본 해군은 창설 당초부터 단순한 군대로서의 역할에 그치지 않고 인문·사회과학 부문까지를 포함한, 근대 일본의 학술과 중공업의 발전을 견인하는 과학기술 전문가 집단으로서의 역할을 담당하고 있었다(畑野勇 2005, 117).

특히 일본 해군의 주력함 계획과 건조에 지도자적 역할을 담당했던 히라가 유즈루는 전시체제하에서 산업계와 학계의 전면적인 지지를 배경으로 일본의 산업 동원, 과학기술 동원을 강력히 주도했다.[27] 나아가 해군은 연구자들을 내부 연구소와 테스트 센터로 끌어들여 정교한 연결망을 구축

26_육군과 해군이 각각 독자적인 연구 기관을 가지게 된 것은 당시 일본의 군 내부에서 나타난 극심한 분파주의에 기인한다. 대본영 내에서 육군부와 해군부가 분열되었을 뿐 아니라 각 군 내부에서도 이런 분파주의는 나타났으며, 심지어 군수생산의 현장에서도 나타났다. 이런 분파주의로 당시 육군과 해군은 상호 정보의 교류가 없이 따로 전과를 발표했다. 심지어 해군 함대가 전멸한 1942년 6월 미드웨이해전의 실정에 대해서도 육군정보부 부원들은 외국 뉴스로 이를 알 정도였다고 한다. 이런 분파주의는 각 군 내에서도 또한 존재했다. 예를 들어 육군 내의 정보과와 작전과의 상호 협의가 이뤄지지 않는 우스꽝스러운 실정이었던 것이다. 오구마에 의하면 이는 군의 인사 시스템에 기인하는 것이었다. 육군은 육군대학, 해군은 해군대학의 졸업 연도와 성적으로 그 후의 진로가 정해지는 관청형 인사가 정착됨으로써 나타난 문제라는 것이다. 즉 육군에서 작전과는 최고의 엘리트 코스로서 작전과원은 다른 부서를 깔보는 경향이 있었으며, 이런 인사 시스템의 폐해는 해군에서도 마찬가지로 나타났다. 나아가 분파주의는 군수공장에도 있었다. 예를 들어 똑같은 독일제 엔진을 라이선스생산으로 만드는데 육해군이 별도로 교섭하여 이중으로 라이선스료를 지급하는가 하면, 병기 개발 계획이 육해군의 각 부서별로 이뤄짐으로써 생산된 병기의 규격이 각각 달랐다. 즉 탄약과 부품이 같은 병기임에도 육해군 간 규격이 달라 호환이 안 되는 실정이었다. 이런 분파주의를 타파하기 위해 전쟁 후반기인 1943년 10월 〈군수기업법〉(the Munitions Company Act)이 제정되었으며, 11월에는 군수성(통산성의 전신)을 설치하여 군수산업의 일원적 통제를 꾀했으나 육해군 모두 통제가 되지 않았다고 한다. 이에 대해서는 小熊英二(2002, 29-37)를 참고하라.

27_이에 대해서는 畑野勇(2005), 특히 pp. 115-125를 참고하라.

함으로써 민간 기업에 기술을 그다지 의존하지 않았다. 즉 해군성 내부에 항공, 무선통신, 선박 건조 연구를 위한 본부들을 마련했던 것이다. 이에 따라 태평양전쟁 중반기에 해군을 위해 직접 일하는 연구원 총수는 7,000명이 넘었으며 전쟁 말기에는 거의 2만 명에 이르렀을 뿐 아니라, 전자 연구 하나에만 여덟 군데에서 연구가 수행되었다(Samuels 1994, 107-108).

이 중 전후 일본의 기술혁신에서 중요한 역할을 한 것은 1932년 해군이 요코스카에 설립한 항공기술창(the Naval Air Arsenal, 航空技術廠, 空技廠)이었다. 항공기술창은 연구, 설계, 시험 제작과 테스트를 포함한 해군의 모든 항공 관련 기술 활동을 담당했다. 초기에 항공기술창은 다섯 개의 분과 — 과학, 항공, 엔진, 병기, 항공 시험 — 로 구성되었으나, 전쟁 동안 여러 분과 — 착륙 시설(1939), 폭약(1941), 전자(1941), 발사체(1943), 어뢰(1943), 소이탄(1943), 광학(1943), 계측(1943), 항공 의학(1943) — 가 추가되었다. 이후 1945년에 라디오와 음향 연구를 위해 항공기술창에서 분리된 2차기술창(the Second Technology Arsenal)이 새로이 만들어졌다. 요코하마에 위치했던 이 시설들에서는 통신 장비와 특별 병기 — 전자파, 음향, 자기, 빛과 열 — 와 관련된 기초연구와 프로젝트가 수행되었다(Samuels 1994, 107).

그러나 전쟁이 종료됨으로써 이들 연구자들은 군수 부문을 떠나 민수 영역에 종사할 수밖에 없었으며, 이의 결과 전시기에 이뤄졌던 많은 연구들이 전후의 민간 경제, 특히 조선, 철강, 석유화학 등과 같은 중공업 부문, 그리고 전자 부문으로까지 확산됨으로써 전후 일본의 기술 발전에 크게 기여하게 된다. 존 채프만(John W. Chapman)과 하타노 이사무(畑野勇)는 이 연구 인력들의 활동이 전후 일본의 경제 발전, 특히 기술 발전에 크게 기여한 데 대해 다음과 같이 언급하고 있다.

> 군사 부문에서 성공적인 경력을 기대했던 사람들이, 자신들의 재능과 경험이 생산과 마케팅으로 연결되는 민간 일자리 시장에 나갈 수밖에 없었으며, 그곳에서 그들의 활동은 전쟁에서 요구되었던 그 어떤 수많은 숭고한 희생보다도 더 국가에 도움이 될 수 있었다(Chapman et al. 1982, 145).

> 구 해군 관계, 또는 전시 중의 조선(造船) 국가 관리에 관여했던 기술자는 전시 중의 축적을 기반으로 하여, 냉전 진행을 배경으로 한 미국의 대일 중공업 규제책의 포기, 자금 면에서의 우대 조치를 수반한 '계획 조선' 정책의 실시, 미국으로부터의 생산기술의 도입이라는 호조건하에서 일본의 조선, 해운업을 급속도로 부흥시켰다. 그리고 일본의 조선업은 1956년 들어서 선박 수출에서 세계 제1위의 지위를 점함과 동시에 관련 중공업(철강, 석유화학 등)의 발달을 촉진함으로써 1960년대 이후 실현했던 경제의 고도성장을 견인했던 것이다. 또한 전쟁 말기에 시마다연구소에서 행해진 전파 병기 개발에 대해서는 실용화까지 도달하지 못했기 때문에 전쟁에의 기여라는 점에서는 성과가 없었지만, 이 분야에서 과학자가 대량 동원됨으로써 전후 일본에서 전자 연구가 발전하는 계기가 되었다(畑野勇 2005, 168-169).

〈표 3.20〉은 이 연구 시설에 종사했던 주요 연구자들과 그들의 전후 활동을 나타낸 것이다. 이 표를 보면 자동차, 화학, 조선 등의 중공업에서 전자에 이르기까지 거의 모든 산업 부문이 망라되어 있음을 알 수 있다. 요컨대 전후 일본 산업의 기술적 토대는 전전과 전시 중 해군기술연구소, 해군항공기술창을 비롯한 해군 내 연구소들에서 이뤄진 많은 연구들과, 이곳의 주요 연구 인력이 뒷받침됨으로써 구축될 수 있었던 것이다.

② 항공산업 인력의 보존과 관련 기술의 확산

전후 일본의 기술 발전에 해군 소속의 연구소 인력이 큰 역할을 했다

표 3.20 | 전전·전시 일본 해군의 주요 연구자들과 그들의 전후 활동

이름	전후 활동	비고
모치다 유키치	미쓰비시자동차 부회장, 일본자동차엔지니어링 회장	로켓엔진
소네 요시토시	미쓰비시자동차, 민간항공기사 회장	제로센 전투기
우에다 시게토	닛산 임원	'하에' 엔진
아이코 후미오	다이이치 고세이화학 회장	산소어뢰 개발
나카가와 료이치	닛산 임원	'호마레' 엔진
우에노 신이치	일본무선 회장	탐색 장비
미노하라 쓰토무	기술연구센터장, NHK 방송	부제독
마쓰이 노부오	동경자동차 연구소장	진동부문에서의 세계적 권위
도조 테루오	미쓰비시자동차 회장	도조 수상의 장남
핫토리 로쿠로	브릿지스톤의 설계자	긴가 엔진 설계
유이 하지메	고마쓰의 기술 자문, 일본 방위청 방위기술연구소	C-1, T-2 항공기
미즈마 쇼이치로	시마다화학 회장	레이더 기술자
이부카 마사루	소니 공동설립자/회장	잠수함 개발
모리타 아키오	소니 공동설립자/회장	
다카하시 켄지로	일본빅터 부회장	
우에지마 소토지	다카사고고무 고위 자문역	폭약
아오키 요시로	하치코 전설(電設)회장	
가자토 겐지	일본전자 회장	전자 기술자
나가노 오사무	이시카와지마하리마(IHI)부회장(고마쓰, 도시바 부회장)	Ne-20 제트엔진과 가스터빈
다네가시마 토키야스	닛산 연구소장	Ne-20 제트엔진과 가스터빈
시로자카 겐	마쓰시다 부회장	
오우치 아쓰요시	NEC 부회장	
미노하라 쓰토무	NHK 연구부장	
오가타 켄지	안도전자 회장, NEC 부사장, NTT 연구소장	전자통신장치
신카와 히로시	KDD 연구소장	라디오 전파 연구
미즈마 세이이치로	시마다화학 회장	
요시다 미노루	TBS 브리태니커 부회장	마이크로웨이브
기요미야 히로시	후지쯔 회장	
기타노 타이코	일본전장(電装) 임원	항공모함용 폭격기
이나토미 히사오	마쓰다자동차 연구소장	'글로리' 엔진
기쿠치 쇼지	FHI(후지중공업) 임원	
쇼도 이치로	일본빅터 회장	

주: 대부분의 연구자들은 해군항공기술창에 소속. 몇몇은 해군기술연구소(the Naval Technical Research Institute) 또는 요코스카병기창(the Yokosuka arsenal)에서 근무.
자료: Samuels(1994, 106).

면, 이 기술을 산업 부문으로 확산시키는 데에는 항공관련 인력이 그 역할을 했다. 잘 알려진 바와 같이 제2차 세계대전에서 활약한 일본의 '제로전투기'는 세계 일류급의 성능으로 평가받고 있었다. 전쟁 말기 일본은 세계에서 (미국, 독일, 영국에 뒤이어) 네 번째의 항공기산업을 창출했으며, 60~100만 명의 인력을 고용하고 있었다. 당시 일본은 6만 대의 항공기와 13만 개의 엔진을 생산함으로써 미국(26만 2,000대), 영국(9만 6,000대), 독일(9만 3,000대)에 이은 세계 제4위의 항공기 생산국이었으며, 항공기 기본 모델만 해도 90개에 이르렀다. 미쓰비시의 나고야 공장은 당시 세계 최대의 항공기 생산 공장이었다(Samuels 1994, 127). 주지하다시피 항공기산업은 첨단 기술의 집약체일 뿐 아니라 소재산업과 기계산업의 뒷받침이 없으면 불가능하다. 따라서 이런 사실들은 이 당시 이미 일본의 기술 수준이 세계 일류급이었다는 것을 나타내는 것이다.

점령 시기 동안에 연합군은 일본 항공기산업과 그 기술 기반을 신속하게 해체했다. 점령 직후인 8월 24일에 일본 항공기의 비행을 금지했을 뿐 아니라 9월 초 모든 항공 관련 생산 시설을 공식적으로 접수했다. 11월에는 항공과 관련된 모든 정부 기관과 준정부 기관이 해체되었을 뿐 아니라 항공기와 부속품 제조, 수리, 교육, 연구, 시험이 금지되었다. 이와 함께 항공기 업체들 또한 소규모 업체로 분리되었다.[28] 요컨대 미군 점령하에서 일본의 항공기산업은 7년 동안 거의 철퇴를 맞았던 것이다.

그러나 항공기산업의 폐쇄가 관련 기술자들의 퇴출을 의미하는 것은 아니었다. 일본 산업체는 항공 관련 기술자들을 보존하기 위해 많은 노력을 기울였다. 항공기산업 재건을 위한 산업체의 로비로 운수성은 이전 항

28_대표적인 항공기 업체였던 미쓰비시중공업은 세 개의 업체로 분리되었고, 항공기사업부는 나카니혼중공업에 흡수되었다. 미쓰비시중공업은 이후 자전거, 산업 기계 및 농업 기계의 생산에만 전념하게 된다. 전시 중 유일하게 항공기 제작에만 몰두했던 나까지마항공은 12개 소규모 업체로 분해되었다. 가와사키항공도 두 개의 업체로 분리되어 소방 기계, 직기, 버스 차체 및 엔진을 생산하게 되었다. 카와니시항공은 49년 신메이와(新明和)로 이름을 바꾸고 미군의 지프차를 수리하거나 오토바이, 인쇄 기계, 덤프트럭 등을 생산하게 되었다(Samuels 1994, 198-199).

공연구소의 연구 시설 이용에 관한 허락을 받아 내었으며, 일부 기술자들은 미군 기지에서 일자리를 얻기도 했다. 추정에 의하면, 1945~52년 사이의 7년 동안 항공기 관련 시설의 40%가 유지되고 있었고, 항공기 기술자의 80%가 나카지마항공과 미쓰비시중공업에 남아 있었다고 한다. 또 다른 추정에 의하면, 이전의 각 항공 업체는 항공 기술에 뒤처지지 않기 위해 약 100명 정도의 기술 요원을 조용히 요구했다고 한다(Samuels 1994, 199).

이 외에도 중공업체들은 다른 편법으로 항공 관련 기술자들을 보호했다. 즉 표면적으로 해상 운송 관련 가스터빈이나 다른 발전설비 부문으로 이들의 일자리를 확장시켜 항공 관련 기술자들을 보호했다. 과거 미쓰비시였던 동일본중공업은 운수성 산하에 있는 철도기술연구소와 함께 가스터빈 기술을 연구하기 위해 동경대 교수와 100명 이상의 항공기 기술자를 선발했다. 철도기술연구소 소장인 나카하라 쥬이치로(中原寿一郎)는 이들에게 "일본은 전쟁에서 졌다. 과학과 기술이 회복할 수 있는 유일한 길이다. 기술을 통하여 우리는 인류에 공헌할 것이고 일본을 재건할 것이다. (중략) 당장 지금은 항공기 기술을 연구할 수 없다. 그러나 그날(우리가 그것을 재개할 수 있는 날)은 반드시 올 것이다. 나는 그날을 위해 여러분들을 보호하기를 원한다"라고 말하면서 이들을 격려했다고 한다(Samuels 1994, 200).

그러나 역설적으로 점령 당국에 의한 항공기 생산 금지 조치는 항공기 관련 기술을 다방면으로 확산시키는 계기가 되었다. 항공 관련 엘리트 기술자들이 타 산업 부문으로 이동함으로써 첨단 항공 기술이 타 산업 부문으로 확산되게 되었고 이는 결과적으로 상업적 측면에서 큰 이익으로 나타났다. 우수한 항공기 기술자들이 철도 차량, 스쿠터, 섬유 기계, 엔진, 기타 기계류의 생산에 참여함으로써 전후 빈사 상태의 일본 경제를 회생시키는 데 기여했던 것이다. 예를 들어 7년 동안의 항공기 생산 중지 기간에 미쓰

표 3.21 | 프린스자동차엔진/닛산자동차의 전후 프로젝트와 담당 기술자의 인사이동(1992)

담당자	더 앞의 프로젝트	앞의 프로젝트	다음 프로젝트	그다음 프로젝트
설계 주임	제트엔진	중공업	설계	제조
설계자	항공기 엔진	기계	설계	엔진 연구실
설계자	항공기	중공업	소형 오토바이	엔진
설계자	항공기 엔진	생산	엔진	엔진
테스트 기술자	항공기 엔진	생산 테스트	엔진 테스트	자동차 엔진

자료: Samuels(1994, 292).

비시의 나고야 공장 한 곳에서만 약 600명의 항공 기술자가 다른 프로젝트에 종사한 것으로 나타나고 있다(Samuels 1994, 199). 항공 관련 기술자들의 타 산업으로의 진출은, 항공 기술자의 극히 일부분이기는 하지만, 새뮤얼스가 조사한 〈표 3.21〉에서 명확히 드러난다.

요컨대 전후 항공기 생산은 금지되었지만, 금지된 시기 동안 일본이 전전과 전시기에 축적했던 항공기 기술은 다른 산업 전반에 광범위하게 확산되었던 것이며, 이는 항공 관련 전문 인력의 보존으로 가능했던 것이다.

3. 요약 및 결론

이 장에서 필자는 일본의 방위정책, 방위비의 추세와 특징, 그리고 방위생산의 규모와 특징, 연구 인력의 토대에 대해 살펴보았다. 이 장에서 살펴본 바를 정리하면 다음과 같다.

첫째, 일본의 방위정책은 1958년 제1차 방위력정비계획을 시작으로 4차에 걸쳐 이뤄졌다. 제4차 방위력정비계획을 전후로 하여 일본의 방위력은 양적인 측면에서 거의 완성 단계에 도달했으며, 이후부터는 질적인 측면에 중점을 두고 있다. 1976년 〈51대강〉이 나온 이후 일본의 방위정책은 국방회의를 거쳐 방위력정비계획이란 형태의 장기 계획으로 정착되게 됨으로써 재정 당국인 대장성도 방위 예산에 관해서는 제대로 간여할 수 없게 되었다.

둘째, 4차방 이후의 방위력정비계획은 〈대강〉을 기본 지침으로 해 이뤄지고 있으며, 현재까지 〈대강〉은 〈51대강〉(1976년), 〈07대강〉(1995년), 〈16대강〉(2004년)으로 3회에 걸쳐 나타났다. 따라서 〈51대강〉은 〈07대강〉이 나오기 전인 2004년까지의 방위력정비계획의 지침이 되고 있고, 2004년 12월 〈16대강〉이 나오기 전까지는 〈07대강〉이 방위력정비계획의 지침이 되고 있다. 일본의 방위력정비계획은 각 시기별 〈대강〉의 지침에 따라 중기방위력정비계획이란 형태로 진행되어 왔다.

셋째, 일본의 방위비는 1976년 각의에서 결정한 GNP 1%를 지키고 있으나, NATO의 방위비 정의에 의해 해상보안청, 구 군인의 연금, 우주개발비 등을 합하면 실질적으로 1.5% 수준으로서 소위 '비정상 국가'가 아니다. 경제력에 걸맞은 방위비를 지출하는 지극히 '정상적인' 국가이다. 방위비 지출은 일본 경제의 흐름과 같은 양상을 보여 주고 있다. 따라서 1980년대 일본의 방위비는 대폭 증가했으나 1990년대 말부터는 정체 또는 감소 현상을 보여 주고 있다. 이에도 불구하고 연구·개발비는 계속해서 증가하는 추세를 보여 주고 있다.

넷째, 방위 장비의 국산화에 노력한 결과 3차방 말부터 4차방에 걸쳐 국산화가 급속히 진전되어 90% 이상을 국내 조달하고 있다는 점을 알 수 있었다. 이와 함께 이것이 몇몇 대기업에 집중되어 있으며 이런 집중 현상은 거의 변하지 않을 뿐 아니라 오히려 심화되고 있다는 점도 나타났다. 그러나 이들 기업 모두 총 매출에서 차지하는 방산 비중이 10% 미만으로 나타나, 군수에 대한 과도한 의존 없이 민·군 겸용 기술의 중시, 민관 합동 연구·개발 시스템 구축이라는 특성을 드러냈다. 여타 산업 부문의 민관 관계와 마찬가지로 방위산업계에서도 산업계와 자위대의 유대 관계가 나타났다. 전후 연구 기술의 토대로는 전시기 해군 항공병기창의 연구 인력들과 전시에 행해졌던 연구들이 큰 도움이 되었고, 산업 부문별로는 항공산업 관련 기술자들의 타 산업 부문 진출이 전후 일본의 기술 발전에 큰 기여를 했다.

제4장

방위산업의 재개

이 장에서는 전후 일본에 있어서 미국의 초기 점령정책 기조였던 일본의 비무장화 정책이 '병기 생산의 재개'로 나아가게 되는 과정을 미국, 재계, 국가의 역할을 중심으로 살펴본다. 이 사례는 이 책의 앞부분에서 언급한 바와 같이, 전후 연합국 측에 의해 마련된 헌법에 의해 무장이 금지되었던 일본이 방위생산을 할 수 있는 계기를 마련했다는 측면에서 그 자체만으로도 의미를 갖는다. 이 장에서 살펴볼 내용은 구체적으로 다음과 같다.

첫째, 전후 비무장화라는 미국의 대일 점령정책은 중국의 공산화, 한국전 발발 등 냉전의 격화로 인해 일본을 재무장시키는 쪽으로 전환하게 되나, 이런 국제 상황적 변화를 적시에 포착한 일본의 재계가 병기 재생산에 있어서는 국가보다 상대적으로 주도권을 행사했음을 밝힌다. 즉 일본의 병기 재생산은 재계와 미국과의 직접적 교섭으로 이뤄졌다는 것이다. 만약 이것이 밝혀진다면 '병기 생산의 재개'라는 측면에서는 제도 또는 시민사회가 국가보다, 그리고 경제가 정치보다 선행되어서 이뤄졌다는 점을 알 수 있을 것이다.

둘째, 한국전과 MSA(Mutual Security Act, 상호안전보장법) 원조를 계기로 고도성장의 기회를 맞이한 일본의 방위산업계는 통산성을 통하여 병기산업의 활성화를 관철시키고자 했으나 대장성의 강력한 반대에 부딪쳐 무산되었다. 이와 관련하여 통산성이 방위산업계의 이익을 대변하게 되는 과정에서 일반 병기산업은 보안청과, 항공산업은 운수성과 권한 경쟁이 있었으나 통산성이 주도권을 장악하는 데 성공하게 되는 과정을 살펴본다. 이를 통하여 일본 국가기구 내의 각 성청이 방위산업에 대해 통일된 입장을 갖고 있지 않았을 뿐 아니라 각 성청의 이해관계에 따라 서로 대립하는 양상도 나타났다는 점을 밝힌다.

셋째, 이 시기 방위산업을 둘러싼 일본 내의 대립 축은 재계, 통산성 대(對) 대장성이라는 형태로 나타난다. 재계와 통산성이 경제성장과 기업 일감의 확보라는 경제적·산업적 측면에서 방위산업에 접근한 반면, 대장성은 전전 군수산업 비대화가 초래한 위험성에 대한 불신으로 방위산업 자체에 매우 부정적인 태도를 견지했음을 밝힌다. 즉 병기산업은 재개되었을지라도 방위정책에 소극적인 대장성의 입장으로 병기산업의 활성화를 위해 노력했던 재계와 통산성의 의도는 좌절되었음을 살펴본다.

1. 미국의 점령정책[1]과 일본의 재계

1. 초기의 점령정책과 미국의 배상안

1945년의 종전을 맞아 전후 문제로 가장 중요하게 대두되었던 것은 일본의 비군사화 정책과 배상 문제였다. 비군사화 정책은 종전 이전인 포츠담선언에서 이미 나타났던 것이며, 배상 문제는 시기 순으로 폴리 미국배상위원단장의 최초안(1945/12/06), 여러 차례에 걸쳐 나타난 극동위원회의 중간 배상안(1946/05/13; 05/23; 06/12; 09/25), 폴리 단장의 최종 보고(1946/11/16), 국무성의 배상 징수 방침(1947/06/09), 스트라이크 배상사절단의 일본 산업 배상 조사 보고(1948/02/18), 미 육군차관이었던 드레이퍼(W. H.

1_연합국 사이의 대일정책에 있어서 미국이 주도권을 장악하게 된 것은 두 가지 측면에서 살펴볼 수 있다. 우선 첫 번째로 '미·일 개전(開戰)'의 경위에서 보아 미국이 주도권을 장악하는 것이 당연한 것으로 간주되었다. 즉 일본군을 항복시키는 과정에서 미국이 계속해서 주도권을 잡고서 전쟁을 수행했으며 가장 큰 희생을 감수했기 때문이었다. 이는 미국이 이 지역의 전후 처리에서 주도권을 장악하기 위해 작전 면에서나 외교 면에서 노력한 결과이기도 했다. 소련도 미국의 입장을 인정하며, 대일 강화 문제에서도 미국의 방침을 기다린다는 태도를 취했던 것이다. 두 번째로 전후 미국이 세계의 군사기지망을 설립한다는 계획을 입안하여 이를 계속해서 구체화시킨 데에서 나타난다. 즉 미국은 국제연합을 창설하는 데 주도권을 장악하여 전쟁 재발 방지에 열의를 보임과 동시에 강력한 군사력을 배경으로 세계 정치의 주도권을 장악하려는 태도를 보였으며 이것이 구체적으로 나타난 것이 군사기지망이었다. 기지망 구상이 미국 통합참모본부에서 확고해진 것은 1945년 10월 하순이었다. 이 속에서 오키나와(沖縄)는 '최대 중요 기지'로, 괌, 필리핀의 군사기지와 함께 서태평양의 군사적 거점으로 간주되었다. 이런 미국의 결정은 이후의 일본에 있어서도 매우 중요했다. 이것으로 일본은 어쩔 수 없이 미국 군사전략에 편입되었기 때문이다. 이에 대해서는 佐佐木隆爾(1989), 특히 pp.17-25를 참고하라.

Draper)의 보고서(1948/05/18), 그리고 맥코이 극동위원회 미국 대표의 배상 징수 중지 성명(1949/05/12)으로 구체화되어 나타났다.[2]

1) 포츠담 선언과 초기의 배상안

일본의 비군사화 정책과 관련하여 포츠담선언에서는 두 가지 측면을 살펴볼 수 있다. 첫 번째는 일본의 비군사화, 특히 일본 경제의 비군사화를 철저히 추구한다는 것이었으며, 두 번째는 일본에 평화적이고도 생산적인 생활을 영위할 기회를 부여한다는 것이었다. 이와 같은 두 가지 측면은 전쟁 직후인 1945년 9월 22일 발표되었던 미국의 대일 방침인 "항복 후 미국의 초기 대일 관리 정책"에서도 나타난다. 이 문서의 제4부 경제 파트의 '경제상의 비군사화' 항목은 일본의 군사력을 철저히 파괴한다고 규정했지만, 1항목만은 "장래의 평화적 수요를 한도로 일본 중공업의 규모 및 성격을 제한할 것"[3]이라고 언급하고 있다.

이후 12월 6일 일본의 패전 후 최초로 나타난 폴리(Edwin W. Pauley) 미 배상위원단장의 "현물 배상에 관한 성명" 또한 두 가지 측면을 내포하고 있었다. 즉 이 성명에서는 일본을 군국주의 국가로 재기 불가능하게 할 것, 정치적으로 민주주의 양식에 매진할 수 있는 길을 강구하게 할 것이라 하면서, 마지막 부분에서 "일본의 무장을 완전히 해제하는 것이 반드시 일본의 공업력을 완전히 박탈하는 것을 의미하는 것은 아니다. 나는 이 점을 특히 강조하고 싶다"[4]라고 언급하여 민수용으로 사용될 공업 설비를 남겨 놓

2_각각의 내용들에 대해서는 有澤廣巳(1966); 大嶽秀夫(1991)을 참고하라.

3_"降伏後における米國の初期の對日方針," 辻清明(1966, 17).

4_"ポーレー米賠償委員団長: 現物賠償に關する聲明," 有澤廣巳(1966, 50).

겠다는 의사를 밝혔던 것이다.

이 밖에도 이후 몇 번에 걸쳐 나타난 극동위원회 중간 배상안 역시 품목별로 일정 한도를 넘는 시설을 배상 대상으로 함으로써 일본의 내수를 고려하고 있음을 알 수 있다. 예를 들어 철강의 경우 일본의 평시경제를 유지하기 위해서는 년 350만톤의 생산능력으로 충분하다고 판단하여 이 이상의 생산능력에 대한 시설을 배상대상으로 하였으며, 화학공업의 경우 염소 생산능력은 약 7만 5,000톤, 가성소다는 8만 2,500톤을 한도로 허가하고 이를 넘는 생산 시설을 배상 대상으로 하는 등 화력발전, 석유공업, 비료공업 등 각 분야별로 평시경제를 고려한 배상계획이었다.[5]

일본의 재계는 이와 같은 배상안을 근거로 하여 일본 경제의 장래에 대한 구상에 착수했다. 항복문서 조인 직후인 9월 3일 나카지마 지쿠헤이(中島知久平) 상공대신이 주요 경제 단체의 대표자에 대해 전후 일본 경제의 수습책을 자문한 것을 계기로 경제계는 전후 일본 경제의 부흥 방도에 관한 활동을 개시했다. 먼저 재계는 경제단체연합위원회[6]의 결성 준비에 들어가는 한편, 일본경제연맹회, 중요산업협의회, 일본상공경제회, 상공조합중앙회의 네 개 단체가 자문 가운데에서 '응급적 사항'에 대한 공동 답신을 정리하여 8일 이를 상공대신에게 제출했다(経済団体連合会 1978, 3). 나아가 경제단체연합위원회는 9월 26일의 제1회 상임위원회에서 주요 산업별로 민생 산업에서의 부흥 목표 또는 재건 목표를 수립하고, 생산능력, 원료 자재의 확보 등에 대해 필요한 대책을 수립하기 위한 현장 조사를 실시했다.

연합국의 배상 방침이 미결정인 상황에서 이런 조사를 실시한 것은 그

5_"極東委員會:中間賠償案," 有澤廣巳(1966, 51).

6_이 기구가 이후 경제단체연합회로 발전하게 된다.

자체로서는 객관성이 별로 없는 것이었으나, 일본 경제가 처한 어려움을 호소하고 배상 가능한 범위를 일본 측이 먼저 명시함으로써 이후의 점령정책에 일본 재계의 의사를 반영하겠다는 의도가 담긴 것이었다. 이를 위해 우선 각 산업 분야의 생산능력과, 무역·수송·연료·원재료 등에 있어서의 애로 조건을 감안한 최소한의 생산 상황을 정리하는 한편, 국민의 최저 생활을 위한 필요 수요량에 맞는 표준 목표 계획을 수립하고자 했다. 나아가 식량 문제, 선박 문제, 섬유 문제, 화학 문제, 철강 문제 등 5개의 산업별 분과위원회를 구성하여 활동을 개시했다.[7] 이들 분과위 활동은 각 위원장으로 구성되는 총합위원회에서 연락 조정을 하면서 진행하여, 11월 하순에는 분과회별로 중간 안을 마련했다. 그러나 1946년 11월 16일에 나타난 폴리 미국 배상위원단장의 "대일 배상 최종 보고"는 일본 경제계의 희망적인 전망과는 판이한 매우 가혹한 배상안이었다(経済団体連合会 1978, 3-4).

2) 폴리 배상안과 스트라이크 조사 보고

폴리의 최종 배상안에 대해 일본 재계는 매우 놀랐던 것으로 알려져 있다(エコノミスト 編輯部 1978, 206). 포츠담선언의 내용과 폴리의 초기 성명에는 한편으로는 강한 측면이 있는 반면, 또 다른 한편으로는 일본이 민주주의국가로 성장할 것을 기대한다는 조건이 붙어 있어, 재계는 재기의 기회가 있다고 파악했었다. 그러나 1946년 11월 발표된 폴리 최종 보고에서는 이런 기회가 완전히 빠져 있었다. 폴리 배상안은 다음과 같이 적고 있다.

7_각각의 위원장은 이시다 레이스케(石田禮助), 데라이 히사노부(寺井久信), 세키 게이조(關桂三), 이시카와 이치로(石川一郎), 와타나베 기스케(渡邊義介)로서 당시 재계의 쟁쟁한 실력자들이었다.

(이 배상안은) 일본의 산업으로부터 전쟁 수행 능력을 제거함과 동시에 일본 국민이 세계 각국, 특히 이번의 전쟁에서 일본이 침략했던 제 국가와 평화를 유지해 나갈 수 있도록 합리적인 경제기구를 구축하기 위한 것이다. (중략)

배상 대상의 범위: 1. 완전히 철거되어야 할 것: 일체의 군수공업, 인조고무, 알루미늄 및 마그네슘 공업. 1. 상당한 정도로 철거되어야 할 산업: 발전장치, 철강, 철광업 및 철 합금, 동, 공작기계, 화학공업, 대형 전기기계, 공업용 폭발물, 통신 시설 및 기구, 철도 시설 및 차량, 조선소, 선박. 1. 배상에서 제외되는 것: 공예품(진주 양식을 포함), 견, 피혁, 어업, 전기기구, 시멘트, 건축 재료, 식료품 가공, 목재, 제재(製材) 시설, 제도(製陶)업, 석탄, 원유, 생고무 정제, 금은 광산, 아연, 주석, 유황 및 황철광 정제업. 또한 방직기, 인조섬유, 면방직, 제지 및 펄프 공업 시설의 처치는 후일 연합국 간에 결정한다.[8]

이 배상안에서는 일본의 경제 능력을 파괴하기 위해 일본의 기간산업인 철강, 공작기계, 알루미늄 등의 공업 시설을 대부분 철거하고, 일본의 보유 선박은 극동에서의 통상으로 한정하고 보유 톤수를 150만 톤으로 제한했다. 전쟁이 시작되기 전 일본의 보유 선박 톤수가 대체적으로 400만 톤 정도였으므로 폴리의 안은 그 1/3에 불과한 것이었다. 물론 군수산업은 일체 금지되었다.[9] 이 배상안에 대해 재계는 배상 철거를 가능한 한 연기시키는 작전으로 나가려고 노력했으나, 1946년 5월부터 배상 시설의 철거는 이미 시작되고 있었다. 경우에 따라서는 철거한 시설을 다 운반하지 않고

8_"ポーレー米賠償委員団長: 對日賠償最終報告," 有澤廣巳(1966, 51).

9_이런 엄격한 배상안에 대해 초대 경단련 회장이었던 이시카와 이치로 회장이 GHQ를 방문하여 의견을 교환했다. 당시 정식 의견서는 제출되지 않았으며, 경단련이 GHQ에 전면강화가 아닌 단독강화를 바란다는 "강화조약에 관한 기본적 요망 의견"이란 정식 의견서를 제출한 것은 존 덜레스(John F. Dulles)가 내일(來日) 했던 1951년 1월 들어서였다(エコノミスト 編集部 1978, 208).

바다에 던지는 경우도 있었으며 야적해 놓는 경우도 있었다. 철거한 시설을 유용하게 활용하기보다는 일본 경제의 비군사화를 철저하게 하자는 의도였던 것이다. 이에 재계는 배상 완화에 초점을 맞추어 GHQ에 대한 공작에 집중했으며 당시 요시다 총리 또한 이를 위해 노력했다(エコノミスト編集部 1978, 208-209).

이런 와중에서 배상 문제는 점차 표출되고 있던 미소 대립을 반영하여 미묘한 상황을 나타내면서 변화의 가능성을 보이고 있었다. 즉 점령군 사령관이었던 맥아더 원수가 1946년 초 엄격한 배상 착수에 회의를 표명했을 뿐 아니라 미국 국내에서도 배상 철거가 거액의 원조로 귀결되어서는 불합리하다는 견해가 대두했던 것이다. 그 결과 1946년 11월 22일 "배상 지정 공장의 전환 및 재전환에 관한 각서"를 통해 조건부이기는 하지만 배상 지정 공장들을 평화산업으로 전환하는 것을 허가했다.

당시의 국제 정세는 일본에 대한 배상안의 완화 가능성을 더욱 진전시켰다. 1947년 3월 트루먼독트린이 나왔으며 이는 곧 유럽 부흥 계획인 마셜플랜으로 구체화되어 전개되기 시작했다. 이와 함께 일본에서의 점령정책을 둘러싼 미국과 소련과의 대립이 극동위원회에서 뚜렷하게 나타나기 시작했다. GHQ 또한 냉전적 상황을 반영하여 진보적 인사들의 영향력이 약화되고 있었다.[10]

가혹한 배상이 일본 내 보수 진영의 입지를 위축시킬 것이라는 염려에서 일본의 재계는 배상 완화를 위해 적극적으로 나섰다. 즉 배상위원회를

10_한국전 이전까지 GHQ의 주도권은 민정국(Government Section)을 중심으로 한 진보적 인사들이 장악하고 있었으나 한국전 발발 직전 시점에 이르러 이들의 영향력은 거의 상실되었으며, 역으로 정보국(G2)을 중심으로 한 인사들이 GHQ의 주도권을 장악하게 된다.

설치하여 배상 문제를 검토하고 있었던 일본산업협의회가 12월 7일 내외의 보도기관을 통하여 "폴리 대사의 배상 최종 보고에 대한 회장 담화"를 발표하여 산업 재건을 우선하도록 호소하는 한편, 1947년 1월부터 3월에 걸쳐 배상 시설의 관리 보전에 대한 일본 정부 당국과의 간담회와 검토를 거쳐 4월 22일 "배상 지정 시설의 보전 관리 및 수리 활동에 관한 요망"을 발표했던 것이다(經済团体連合会 1978, 14). 이런 움직임을 반영하여 스트라이크 사절단은 두 번의 일본 방문(1947년 8월, 11월) 후 한층 완화된 보고서를 제출하게 된다. 1948년 2월에 발표된 스트라이크 보고서는 다음과 같이 언급하고 있다.

> 산업 각 공장에 관한 불안이 제거되고, 자본에 대해서는 투자, 노동에 대해서는 생산으로의 자극제가 제공된다면 커다란 성과를 거둘 수 있을지 모르겠다. 배상 문제의 해결은 긴급한 문제이다. 일본에서 유효하게 이용할 수 있는 생산 시설(주요 군수 시설은 제외한다)을 철거한다면, ① 세계의 생산을 저해하고, ② 일본이 자립할 수 있는 가능성을 낮게 함으로써 목표를 실현하는 데 필요한 시간을 연장시킬 것이고, ③ 미국 시민에게는 더욱 많은 세금을 내게 할 것이고, ④ 더 나아가 우리들의 견해로는 배상의 권리를 가진 각국에도 최대한의 이익이 되지 않는다.
> 이상 언급한 바에 비추어 보아 일본에서 유효하게 이용할 수 있는 생산 시설(주요 군수 시설을 제외한)을 철거하지 않도록 권고한다.[11]

이 내용은 패전 직후 나타났던 일본 경제계의 의견과 거의 일치한다. 즉 앞서 살펴본 바와 같이 항복 직후 일본의 경제계가 기대하고 제시했던

11_"ストライク米賠償使節団: アメリカ合衆國に對する日本産業賠償調査報告"(概要), 有澤廣巳(1966, 54).

"패전국으로서의 일본이 배상 책임을 다하기 위해서는 경제의 재건 부흥에 의해 그 기초를 굳건히 할 필요가 있다는 점에 입각하여 점령정책이 이런 방향으로 전개될 것을 기대한다"라는 의견과 놀라울 정도의 유사성을 갖고 있는 것이다.

요컨대 냉전의 진전이라는 국제적 상황, 일본 국내 정국의 혼미로 인한 보수 세력의 입지 약화 가능성, 배상을 위해서는 경제 회복이 중요하다는 재계의 논리로, 배상은 완화될 여지가 충분히 있었던 것이다. 덧붙여 당시 점령군 사령관이었던 맥아더 원수 또한 기계적인 배상 철거는 곤란하다는 생각을 갖고 있었다. 맥아더의 대일 통치정책은 천황을 어떻게 할 것인가에 대한 문제를 포함하여 일본을 자본주의권에서의 민주주의국가로 육성해야만 한다는 사고였던 것이다(エコノミスト 編集部 1978, 209). 이런 상황에서 로열 미 육군 장관의 성명이 발표됨으로써 점령정책은 결정적인 전환을 맞는다.

3) 점령정책의 전환과 배상안의 변화

1948년 1월에 로열 육군 장관은 "일본을 반공의 방벽으로 한다"는 취지의 중요 발언을 한다. 우선 이 연설의 대체적인 내용을 인용해 보면 다음과 같다.

> 1. 일본의 항복 직후 천명되었던 미국 정책 목적의 근저에 있는 생각은 향후 일본의 비무장화에 의한 직접적인 침략의 저지와, 다시금 침략 전쟁의 정신을 고양시킬 수 없는 성격의 정부를 수립함으로써 간접적으로 전쟁을 방지하는 것이었다. 일본의 진정한 안녕 또는 일본의 국가로서의 강대함은 분명히 부차적인 것이라고 생각할 수 있다. 2. 미래 세계의 정치와 경제에 국방상의 제 문제와 인도적인 고려에 의해 새로운 사정이 생겨났다. 금후 미국의 방침을 결정함에 있어서 이들 변화

를 충분히 고려하지 않으면 안 된다. 3. 점령정책의 책임을 분담하는 육군성과 국무성은 향후 자유로운 정국을 계승시키기 위해서는 정치적 안정의 유지와 건전한 자립적 경제가 수립되어야 한다는 것을 알고 있다. 미국은 점령 지역에 대한 구제자금에 매년 수억 달러의 부담을 언제까지나 계속할 수 없으며, 피점령국이 자국의 생산과 수출품으로 각자가 필요로 하는 것을 구매할 수 있을 때 비로소 원조를 중단할 수 있다. 4. 일본이 다시 침략 전쟁을 시도하는 것을 방지할 단호한 결의를 갖고 있음과 동시에, 미국은 일본이 충분히 자립할 수 있을 정도로 강력히 안정시고, 금후 동아시아에서 일어날지도 모를 새로운 전체주의적 전쟁의 위협에 대한 방벽의 역할을 부과할 수 있는 자족적 민주주의를 확립할 목적을 갖고 있다.[12]

이 연설은 "일본을 전체주의의 방벽으로"라는 제목에서 보는 바와 같이, 당시 소련과의 냉전적 대립 구도 형성이라는 국제적 환경에서 일본을 공산화를 저지하는 방벽으로 하겠다는 것이었다. 실제로 당시 격화되던 냉전적 국제 질서로 유럽에서는 이미 공산권 블록과 서구 블록의 대결적 구도가 형성되고 있었으므로, 극동 지역에서 공산주의의 위협을 방지하기 위해서는 일본 경제를 자립시키는 것이 필요하다는 것이 이 성명의 전체적인 취지였던 것이다.

내용적 측면에서 이 성명이 언급하고 있는 점과 그 의미를 좀 더 구체적으로 살펴보면 다음과 같다. 첫째, 일본이 다시는 세계의 평화와 안전에 위협이 되지 않도록 보장할 것을 언급했다. 미국이 어느 정도 일본의 평화와 안전에 책임을 질 수밖에 없다는 것으로서, 이것이 이후 미일안전보장조약으로 발전하게 된다. 여기서 책임을 가지는 것은 극동위원회가 아니라

12_"ロイヤル米陸軍長官演說: 日本を全体主義の防壁へ," 齊藤眞·永井陽之助·山本滿(1970, 7). 전체 내용은 "ロイヤル米陸軍長官演說," 辻清明(1966, 58-61).

어디까지나 미국이다. 즉 미국은 일본이 다시금 세계의 평화와 안전에 대한 위협이 되지 않도록 보장한다는 것이다.

둘째, 미국은 일본이 국제적 책임을 다하고 타국의 권리를 존중하며 국제연합의 제반 목적을 지지하는 민주적이고도 평화적인 정부를 가능한 한 빨리 수립하는 데 협력을 한다는 것이다. 일본의 국제사회 복귀를 미국이 적극 돕겠다는 것이며, 일본의 국제사회 복귀를 위해서는 배상 문제가 해결되어야 한다는 측면에서 배상 문제에 변화가 있을 수밖에 없다는 것을 암시하는 것이었다.

셋째, 일본의 비군사화를 위한 무조건적인 중화학 시설의 철거와 같은 움직임은 재고해야 한다고 언급하고 있다. 이는 일본의 중화학 시설 철거를 재군비 억제라는 시각에서보다는, 아시아의 잠재 공업기지 또는 평화적인 국가 건설에 어떤 영향을 미치는가라는 측면에서 생각해야 한다는 논지를 전개한 것이었다. 결국 이 성명은 미국이 대일 비군사화 정책을 재정립하겠다는 의미였던 것이며, 이의 결과 트루먼독트린에서 1년가량 지난 시점에서 미국의 점령정책은 커다란 전기를 맞게 되었던 것이다.

이후 1948년 5월에 육군 차관이었던 드레이퍼가 작성한 보고서가 나왔으나, 내용은 로열 성명을 뒷받침하는 것이었다. 이 보고서의 핵심은 첫째, 극동위원회가 승인하지 않은 상태에서 미국이 GHQ를 통하여 일방적으로 대일 조치를 취한다는 것으로서 이는 소련을 제외한다는 것을 의미하는 것이었다.[13] 둘째, (로열 성명에 따른 것이지만) 일본 경제의 불안정한 기간을 가능한 한 단축하기 위해 공업의 집중력 배제는 최소한에 그친다고 하

13_물론 마셜플랜에 대한 소련의 가맹을 반대한다는 역사적인 사실이 이전에 있었다.

는 것이었다. 그리고 마지막으로 자립 경제의 실현을 위해 노력한다는 것으로서, 이를 위해서는 일본의 무역 확대가 절대적이라는 점을 강조하면서 관리무역에서 자유무역으로 나아갈 것을 주장했다(エコノミスト 編集部 1978, 212-213).

그리고 일본에서의 배상 문제를 매듭짓는 내용의 맥코이 성명이 나오게 된다. 프랭크 맥코이(Frank McCoy)는 당시 극동위원회의 미국 측 대표로서 1949년 5월 배상 철거 중지를 발표했다. 성명의 중요한 내용을 요약해 살펴보면 다음과 같다.

> 일본의 배상은 극동위원회와 위원회를 구성하는 국가들이 처리해야 할 가장 중요하면서도 긴급한 문제의 하나다. (중략) 그러나 이 문제에 대한 논의가 나뉘어져 장기간에 걸쳐 극동위원회에서 해결되지 못하고, 일본에 관한 우리 공통의 목적인 일본의 경제적 자립 달성을 저해하고 있는 것은 유감이다. (중략)
> 이상을 고려해 볼 때 미국 정부는 다음과 같은 결론을 내릴 수밖에 없다.
> 1. 일본 경제는 현재 수지상 적자를 나타내고 있고 가까운 장래에 수지의 균형을 나타낼 전망은 거의 없다. 궁극적인 균형을 달성하기 위해 일본은 이용할 수 있는 모든 물자를 사용할 필요가 있을 것이다. 2. 이후 일본으로부터 배상을 더 철거함으로써 생기는 부담은, 일본 경제를 안정시키고 일본 경제를 자립시키려고 하는 점령 목적을 매우 저해할 우려가 있다. 3. 미국은 과거 3년간 극동위원회가 배상 배분 기준에 대한 협정에 도달할 수 있도록 계속 주도권을 취해 왔으나 이에도 불구하고 이런 협정이 성립될 전망은 거의 없다. 배분 협정 또는 배상에 관한 극동위원회의 현재의 제 정책 결정을 실행에 옮기는 것은 불가능하다. 4. 일본은 구 재외 자산의 몰수 및 이에 비하면 적지만 배상 계획으로 꽤 많은 배상을 이미 지불했다.
> 이상의 결론에 비추어 보아 미국 정부는 1947년 4월 4일의 중간 지령을 취소하고 위의 지령에 따라 실행에 옮겼던 배상의 계획을 어쩔 수 없이 정지하기에 이르렀

다. 더 나아가 미국 정부는 또한 1947년 11월 6일의 대일 배상의 배분에 관한 제안을 어쩔 수 없이 철회하기에 이르렀기 때문에 나는 극동위원회 사무총장에 대해 이런 사실을 통고하려고 하는 것이다. 마지막으로 미국 정부는 이 기회를 이용하여 다음의 사실을 성명한다.

미국 정부는 미국의 중간 지령 권한에 근거하여 일본으로부터 배상을 철거할 수 있는 일방적 조치를 금후 취할 의도를 갖고 있지 않다. 나는 이미 일본인 자신이 경제 부흥을 위해 최대한의 노력을 해야 한다는 미국 정부의 신념을 말해 두었다. 더 나아가 미국 정부는 다음과 같이 생각하고 있다. 즉 현재 배상용으로서 지정되어 있는 시설(소위 '제1차 군수 시설'을 포함)에서 일본 부흥에 기여할 수 있는 것은 일본의 평화 경제에 있어서 부흥 목적에 필요한 것으로 이용되어야 한다.[14]

이 성명은 이제 더 이상 일본에서 징수하는 것을 그만두겠다는 의미를 담고 있었다. 즉 자주 경제, 자립 경제가 시급한 일본 경제의 상황을 고려해볼 때, 더 이상의 배상 부담을 지우는 점령정책은 잘못이라는 것이다.[15] 맥코이 성명에 대해 일본의 재계는 물론 매우 환영했다. 결국 로열 성명이 나온 1948년 전후 미국의 점령정책은 변하게 된다. 소련의 움직임, 중국의 혁명, 그리고 이를 반영한 냉전적 대결 구도의 진전과 같은 국제적 상황 변화로 미국의 대일정책은 전환되었던 것이다.

14_"マッコイ極東委員會米代表: 賠償取立て中止聲明," 有澤廣巳(1966, 54); 大嶽秀夫(1991, 200).

15_이 맥코이 성명을 전후하여 닷지 공사가 일본에 왔으며 샤우프 세제 권고가 나타나게 된다. 닷지가 시행한 정책은 당시 보조금과 미국의 원조로 유지되던 일본 경제를 자립 경제 체제로 이행시키려 한 것이었다. 닷지 플랜과 샤우프 세제 권고안의 내용이 일본 사회에 미친 영향에 대해서는 経済団体連合会(1978, 28-30) 참고.

2. 점령정책의 전환과 재계의 대응

맥코이 성명에서 일본의 배상은 일단 중지되었다. 냉전적 국제 질서의 진전이라는 환경적 요인이 절대적이기는 했지만 배상 문제에 대해 일본의 재계가 초기부터 주장했던 논리, 즉 배상을 위해서는 경제 회복이 중요하다는 재계의 주장이 배상 완화가 아니라 배상 중지라는 기대 이상의 성과를 거두었다.

재계의 입장에서 배상 문제의 해결 다음으로 중요한 것은 강화조약의 체결이었다. 당시 일본 정계뿐 아니라 일본 사회 전체를 균열시키고 있었던 전면강화와 단독강화의 대립 구도는 향후 국제사회에서 일본이 어떤 길을 걸을 것인가라는 문제와도 결부되어 있었다. 이에 대한 재계의 입장은 단독강화를 택할 수밖에 없다는 것이었다. 일본의 국제사회 복귀를 위해서는 강화조약이 조속히 이뤄져야 하나 전면강화는 당시의 국제 질서에서 사실상 불가능하다는 측면에서 단독강화를 택할 수밖에 없다는 것이다.

사실 중국에서의 내전 상황으로, 재계는 한국전이 발발하기 전부터 일본이 의존할 곳은 미국밖에 없다는 생각을 가졌다. 즉 1948년 8월 대한민국 정부 수립, 9월 북한 정권의 성립, 10월 제2차 요시다 내각 발족, 1949년 10월 중국의 공산 정권 수립 등 일련의 사태로 보아 재계는 미국과의 경제협력 이외의 길은 없다고 생각했던 것이다.[16] 이는 곧 미국 중심의 자본주의 경제체제로의 편입을 의미하는 것이었다. 이에 재계는 덜레스 특사가

16_전전 타이완은행장을 역임하고 당시 산업부흥공단 이사장으로 있으면서 재계의 실질적인 보스로 알려졌던 나가사키 에이조(長崎英造)는 맥코이 성명으로 일단 한고비는 넘겼다고 말했다(エコノミスト 編集部 1978, 214-215).

내일했을 때 경제단체연합회, 일본산업협의회, 금융단체협의회, 상공회의소, 무역회, 중소기업연맹, 경영자단체연합 등 여덟 개 단체의 연명으로 "강화조약에 대한 기본적 요망"이라는 요망서를 일본 정부와 덜레스 특사에게 제출했다.[17]

이 요망서의 핵심은 다음과 같은 것이었다. 첫째, 전면강화는 도저히 불가능하다. 우리가 바라는 것은 가능한 한 다수의 국가와 강화조약을 체결하는 것이지만 단독강화도 불사한다. 단 미국과의 단독강화를 체결할 경우 다른 자유주의국가와의 전쟁 종료 선언을 받고 싶다. 미국이 이를 알선해 주면 좋겠다. 그리고 안전보장문제와 관련해서는 국제연합의 집단 안전보장을 받고 싶다고 주장하고 있다. 둘째, 미국이 일본을 방위한다는 것을 확실히 약속해 주기 바란다. 이는 미일상호방위협정에 의해 미군이 반드시 주둔할 것을 요구하는 것으로서 당연하게도 정부, GHQ와의 협의를 거쳐 나온 주장이었다.[18] 이에 덧붙여 이 요망서는 일본도 국토방위에 필요한 최소한도의 방위 조직을 수립할 용의가 있으나, 그 장비에 대해서는 미국의 원조를 바란다는 것을 주장하고 있다. 마지막으로 요망서는 미·일 경제의 긴밀한 제휴와 교류를 위해 미·일 경제협정 체결을 제안하고 있다. 이는 민간인을 포함한 경제협정을 체결함으로써 권한을 가진 관민 합동의 미·일 경제위원회를 설치하려는 생각이었다(経済団体連合会 1978, 25-26).

이 요망서에서 나타난 바를 보면 당시 일본의 재계가 주장했던 안건들

17_경제계의 거의 모든 단체가 이런 움직임을 보인 것은 매우 이례적인 일이었다(経済団体連合会 1978, 25).

18_당시 방위생산에 간여하고 있었던 센가 데쓰야(千賀鐵也)는 GHQ와의 협의도 거친 주장이었다고 언급하고 있다(エコノミスト 編集部 1978, 215).

은 경제적인 측면에만 그치는 것이 아니라, 강화 문제, 방위 문제, 외교 문제 등 국정 전반에 걸쳐 일본 정부뿐 아니라 GHQ와의 협의를 통하여 국가 전략의 전체적인 틀을 제시하는 양상을 보이고 있음을 알 수 있다. 이런 와중에서 한국전의 발발로 특수(特需)가 나타난다. 로열 성명에도 있는 바와 같이 미국은 일본을 하나의 공업기지화하려는 생각이었으나 한국전 초기 일본은 병기 생산을 위한 준비가 미흡한 상태였다.[19] 그러나 특수 총액이 1951년 6월까지 미국의 1951 회계연도에(미국은 7월부터 이듬해 6월까지가 회계연도) 1,500만 달러, 1952년도가 2,800만 달러, 1953년도가 6,800만 달러 정도로 당시의 일본 경제에서는 결코 무시할 수 없는 규모였다. 더군다나 현지 주둔군에 대한 일본으로부터의 조달이 있었으며 또한 수리가 중심이기는 해도 차량 발주도 있었다(エコノミスト 編集部 1978, 216).

이에 일본의 산업계에서는 "군수생산이 일본 산업 발전의 중심이 될 것이다"고 생각하게 되었던 것이다.[20] 이런 맥락에서 미군의 발주로 시작된 일본의 병기산업은 일본 정부의 방침과는 전혀 독립적으로 탄생해 버린 격이 되었으며, 따라서 이들 병기업계의 법적 공백을 메우기 위한 작업은 이후에 따로 이뤄지게 되었다.

요컨대 이때부터 로열 성명에서 말하는 일본 공업력의 이용이 실제적으로는 이뤄지고 있었던 것이며 이런 상황에서 강화조약이 체결되었고 나

19_여기서 한국전에 수반되었던 특수의 핵심을 들어보면 우선 연료 탱크, 네이팜탄용 탱크였다. 이런 탱크들은 알루미늄으로 만들어지는 것이었으며 알루미늄의 가공 기술은 항공기 공업의 유산으로서 남아 있었다. 그리고 조명탄, 로켓탄의 방향 장치, 철모, 다이너마이트 등이 있었다.

20_실제로 일본의 자동차 산업은 대부분 한국전의 미군 장비 유지와 수리로 회복되었다(Samuels 1994, 142).

아가 미·일 경제제휴간담회가 발족했다. 경제가 정치보다 앞서서 나아가고 있었던 것이다. 즉 일본의 강화가 샌프란시스코조약 조인인 1952년 4월이었다는 측면에서 보면 일·미 관계에 있어서는 경제계를 중심으로 한 네트워크가 국가보다, 그리고 경제가 정치보다 선행하고 있었다. 이런 측면에서 볼 때 미·일 경제제휴간담회는 일본이 요구한 것도 있었으나 미국도 한국전을 계기로 이를 추진시킬 상황에 몰려 있었다. 절실한 상황에서 강화조약을 맺을 수밖에 없었으며, 보다 조직적으로 일본의 공업력을 이후 극동 아시아의 정책을 위해서 사용해 나간다는 방침을 세웠던 것이다.

2. 경단련과 병기 재생산

1. 한국전쟁[21]과 병기 재생산

일본 재계의 제안에 따라 미·일 경제제휴간담회가 발족되었다. 경제단체들이 강화조약에 관한 요망서를 제출한 것이 1951년 1월 25일이고 미·일 경제제휴간담회의 발족이 2월 9일이므로 2주 만에 발족된 것이었다. 재계는 미·일 경제제휴간담회가 발족한 지 불과 한 달 후인 3월에 앞서

21_한국전쟁은 "6·25전쟁" "한국전쟁" "조선전쟁" 등 그 명칭들이 다양하게 나타나고 있으나 이 책에서는 "한국전"으로 통일해 사용한다. 이에 대해서는 김학준(2003), 특히 pp. 104-118을 참고하라.

의 계획들을 더욱 구체화시킨 "일·미 경제의 협력체제에 관한 의견"이라는 의견서를 발표했다. 이 의견서의 내용은 일본 경제에 대한 미국의 협력에 관한 것이지만 초점은 한국전 특수와 이후의 수요 창출에 관한 것이었다.[22]

한국전으로 인한 특수는 당시의 일본 경제에서 매우 중요한 것이었다. 야나가의 조사에 의하면 1951년 1월의 시점에서 일본의 생산능력 가운데 72%가 '방위생산'(Defense Production)이라는 명목으로 무기 제조에 직접적으로 관련되어 있었다(Yanaga 1968, 255). 당시 일본 수출의 70%가 미국의 군수 조달에 관련되었고, 일본 산업의 3/4이 방위산업과 관련되어 있어서 미국의 군수 조달이 사실상 일본 경제의 부흥에 결정적으로 기여했던 것이다(Ruttan 2001, 443-444). 미군 조달이 일본 경제에 차지했던 중요성에 대해 새뮤얼스는 다음과 같이 언급하고 있다.

> 미군의 조달은 무기 판매 이상의 효과를 거두었다. 미군 조달은 이후의 일본 산업 발전을 위한 기술적 기초를 놓았다. 미군 특수 10년 뒤 경단련과 일본기계산업협회는 "미군 특수가 방위산업을 재건시켰을 뿐 아니라 관련 기계산업의 재건을 위한 발판을 제공했다"고 결론짓고 있다. 라이선스생산과 미군의 요구 생산 조건들

22_経済団体連合会(1978, 26). 이 외에도 재계는 의견서에서 일본 경제의 회복을 위한 구체적인 요구를 하고 있다. 즉 당시 일본의 공업력이 거의 황폐화된 상황을 극복하기 위해, 재계는 의견서에서 대일 차관의 공여에 의한 전원(電源) 개발의 촉진, 긴급 자재의 수입에 대한 배려, 예정을 앞당긴 조선 계획 실시에 의한 선박의 확충, 생활 필수 물자의 안정적인 확보 등을 요구했던 것이다. 또한 일본의 안전보장과 관련하여, 아시아의 자유민주주의 제 국가와의 제휴에 대해서 일본도 응분의 협력을 하고 싶다는 것을 의견서에 적고 있다. 일본은 미국의 원조 정책을 고려하여, 동남아시아와 일본과의 우호 관계의 기반을 마련하고자 한 것이었다. 이 외에 브레튼우즈 협정, 그 외 국제기관에의 일본 가맹을 적극적으로 지원받고 싶다고 밝혔다. 또한 일·미 공동경제위원회를 설치하여 일·미 경제의 긴밀화를 꾀하고 싶다는 것도 의견서에 적힌 주된 내용이었다.

> 을 통하여 일본의 제조업자들은 표준화된 부품 제조, 테스트 기준과 품질관리에 대한 기본적인 것들을 배웠던 것이다. (프린스, 닛산, 도요타와 같은) 자동차 업체들, (브리지스톤, 요코하마고무와 같은) 타이어 업체들, (히노디젤, 가와사키와 같은) 엔진 업체들은 미군과의 군수 계약을 이용하여 가장 앞선 제조 기술로 그들의 첫 전후 세대 기술자들을 훈련시켰던 것이다. (일본인들은) 항공기 수리를 위한 금속 벤딩이 건설산업에서 알루미늄 새시에 적용될 수 있다는 것을 발견했다. 한국전에서 미군의 군사 정찰용으로 만들어진 카메라는 일본의 최초 수출품 중 하나가 되었다. 군수생산으로부터의 파급효과(spin-offs)는 항공 분야에서 가장 중요하게 나타났으나, 이런 효과가 전체 일본 국내의 제조 기반 전반에 두루 미쳤기 때문에 센가 데쓰야는 이를 일본 산업 기술의 '보이지 않는 발전'(invisible development)이라 불렀다(Samuels 1994, 141).

그러나 이런 파급효과에도 불구하고 일본의 경제계는 당시 일본의 경제가 특수에 지나치게 의존적이었기 때문에 한국전 이후의 상황을 고려하지 않으면 안 되었다. 즉 점령정책의 종료와 함께 경제원조가 없는 상황에서 한국전이 종료되면 한국전 특수도 없어질 것이므로 그대로 두면 일본 경제는 자립은커녕 매우 어려운 상황에 빠질 수밖에 없을 것이라고 인식한 것이다. 따라서 경제계는 미국과의 경제협력 관계를 영속적인 것으로 만들어야 한다는 측면에서, 미국의 경제협력을 요청하는 한편 한국전 종료 후에도 일본의 공업력을 적극적으로 활용할 방안을 모색해 달라는 것이었다. 이는 한국전 특수 종식 후 일본 경제가 직면하게 될 문제점을 미국, 구체적으로는 미군의 물자 조달로 타개하고자 한 것이었다.

사실 한국전쟁의 특수를 계기로 일본의 방위산업은 재개되었지만 그 전망은 매우 불안정했다. 1951년 6월까지 1차년도의 특수액 1,500만 달러를 10여 개의 기업이 나누어 특수에 응하는 형세가 되었으므로, 한 개 회사에 200만에서 300만 달러 정도의 수주가 이뤄지고 있었다.[23] 그러나 이와 같은 특별 수요(特需)라는 형태의 전망은 불투명한 것이므로, 의견서에서는 향후 방위산업에 대한 미국 측의 계획을 알고 싶다는 의견을 제시했던 것이다. 다시 말하여 한국전쟁이란 당시 상황에서 일본 경제가 군수가 중심이 되어 있지만, 군수와 민수, 수출 등을 전반적으로 고려한 조정과 계획 수립을 위해서 미국 측의 계획을 알고 싶다는 것이었다.

한편 미국 또한 한국전으로 탄약 등 군수품의 재고가 고갈되자, 이의 보충을 위해 일본이 설비, 기술 그리고 노동력 등의 측면에서 군수생산에 어느 정도의 대응 능력을 가지고 있는지 정확한 자료를 가질 필요가 있었다. 고갈된 군수품을 어떻게 보충할 것인가 하는 문제를 미국도 고려하지 않으면 안 되었던 것이다.[24] 이에 미국 측은 일본의 재계에 병기 생산에 대한 조사를 의뢰하게 된다. 당시 GHQ의 경제과학국장이었던 마쿼트(W. F. Marquat) 소장은 일본의 공업이 어느 정도의 능력을 갖고 있는지, 군수 관계 또는 병기 생산 관계에 대해 어느 정도의 역량을 갖고 있는지 일본 재계에 그 조사를 의뢰했다. 당시 미·일 경제제휴간담회가 발족한 지 얼마 되지 않았지만 구체적인 문제로 간담회가 처음으로 작업한 것이 "기계공업을 중심으로 하는 별도 수납(別需受納) 준비체제"라는 보고서였다.

마쿼트 소장이 미국으로부터 돌아와 '일본의 공업력 동원 문제'라는 소

23_이에 대해서는 점령군이 일방적으로 발주한 것이므로 방위생산위원회로서는 이후에 이를 알았다고 한다. 방위생산위원회가 실제적으로 활동을 시작한 것은 미·일 경제제휴간담회의 발족과 관련하여 별도 수요를 받아들이는 문제에서부터였다(エコノミスト 編集部 1978, 221).

24_맥아더 원수가 해임된 것이 1951년 4월로서 미국은 이미 이 무렵 한국전을 어떻게 종식시킬 것인가 하는 방침도 어느 정도 세우고 있었다고 할 수 있을 것이다.

위 '마쿼트 성명'을 발표한 것이 5월 16일이었고, 일본의 경제계가 이 보고서를 제출한 것이 1951년 5월 22일이었다. 따라서 '마쿼트 성명'은 일본의 재계와 미리 협의한 후에 나왔다는 것을 알 수 있으며, 따라서 재계는 미국 측에 대해 즉각 수납체제가 되어 있다는 의사표시를 한 셈이 되었다. 이런 과정을 거쳐 1952년 3월에 미국은 정식으로 병기의 제조를 허가하게 된다.[25]

이상에서 살펴본 바와 같이 병기 제조 허가 과정에서 실질적인 역할을 한 것은 자민당이나 정부 성청이 아니라 재계였으며 이들의 의견은 주로 경제 단체 또는 미·일 경제제휴간담회를 통하여 드러났다. 요컨대 전후사의 정설에서는 일본의 방위생산이 한국전을 계기로 재개되었다고 하지만, 일본의 재계는 한국전 발발 이전부터 점령 당국과의 교섭을 통하여 나름대로의 노력을 기울여 방위생산을 위한 기반을 이미 준비하고 있었다는 점을 알 수 있으며, 일본 재계의 이런 노력이 병기 생산의 재개로 연결되었던 것이다. 당시 내외 정세의 흐름을 보면 포츠담선언 이후 이미 3년이 경과했으며, 로열 성명이 나오고 난 이후 급속도로 미국의 대일정책이 변해 가는 상황이었으므로 이런 대일정책의 변화와 일본 방위생산의 재개와는 각각 표리의 관계에 있었던 것이다.

요컨대 강화조약 이전부터 이미 일본 재계의 구상 속에는 전후 냉전적 국제 질서의 전개와, 이를 배경으로 한 미국의 세계 전략체제 속에서의 단

25_그러나 다른 한편 배상 징수는 중지되었음에도 여전히 접수 공장은 있었다. 특히 군공창 등이 중점적으로 접수된 상태였다. 이에 대해 방위생산위원회에서는 군공창의 즉각적인 일본 국유로의 이전, 접수 공장의 지정 해제를 요구하여, 미국의 병기 제조 허가가 나온 지 1개월 후에 850개 공장의 반환 조치가 이뤄졌다(エコノミスト 編集部 1978, 222-223).

독강화조약, 그리고 이 틀 속에서 동아시아 지역의 미군의 군사적 수요를 위한 미·일 협력의 진전이라는 구체적 안이 마련되어 있었다. 따라서 재계는 점령 당국, 구체적으로는 미국과의 협의를 바로 진전시킬 수 있었던 것이다.

2. 방위생산위원회의 발족과 활동

1) 방위생산위원회의 발족과 인적 구성

한국전을 계기로 미·일 관계가 새롭게 전개되면서 1952년 8월 미·일 경제제휴간담회를 경제협력간담회로 개조하여 발족하게 된다(エコノミスト編集部 1978, 218). 간담회의 목적은 첫째, 미국과의 제휴로 극동 제 지역에 관한 방위생산의 강화에 협력한다는 것, 둘째, 동남아시아의 부흥 개발에 일본의 공업력, 기술로서 협력한다는 것이었다. 그리고 이런 목적 달성을 위해 미국 측의 관련 기관, 일본 정부와 민간 기관, 이 3자가 항상 긴밀한 연락을 취하면서 필요한 종합 정책을 수립하기로 하여, 경제협력간담회의 산하에 세 개의 하부 기관이 설치되었다. 종합정책위원회, 방위생산위원회, 아시아부흥개발위원회가 그것이다.[26] 그러나 아시아부흥개발위원회의 설치는 GHQ의 제안에 의한 것일 뿐, 현실적으로는 일본 경제 자체의 자립조차 안 되어 있는 상황이었다. 즉 마셜플랜 아시아판의 기능으로도 불가능한 상태에서 일본이 아시아의 부흥 개발에 협력할 수는 없는 상태였던

26_위원회의 위원장은 시마다 카츠노스케(島田勝之助), 고코 기요시(郷古潔), 이시자카 다이조(石坂泰三)로서 재계의 중심인물들이 주로 떠맡았다(経済団体連合会 1978, 59).

것이다. 따라서 이 위원회는 미국의 동남아시아에 대한 원조 자금을 별도 수요의 형태로 일본에서 받아들여 일본의 공업력과 기술로 협력한다는 의미에서 이 명칭을 사용한 것으로서, 즉시 시작될 수 없는 상황이었다(エコノミスト 編集部 1978, 219).

이런 상황에서 현실적으로 일본의 방위생산은 경단련의 방위생산위원회만이 담당하는 형태로 출발하게 되었던 것이다. 앞서 1장에서 언급한 바와 같이 방위생산위원회의 사업으로는, 방위생산에 관한 기초 자료의 조사와 대책의 연구 입안, 방위생산에 종사하는 업종과 단체, 기업 상호 간의 연락 조정 및 협력 공장 계열의 정비 강화 연구, 그리고 방위생산에 관한 정보의 수집이 있었다. 방위생산위원회의 구체적인 활동은 심의회에서 여러 가지 안을 다듬어 이를 종합정책위원회에 상정하여 경제협력간담회의 의견으로서 발표하는 형태를 취하는 경우가 많았다. 동시에 독립적인 활동을 개시하고 회원 제도를 만들어 관계 회사로부터 회비를 징수하는 형태를 취하고 있어, 반독립적인 기구였다(経済団体連合会 1978, 59).

운영자금을 자체적으로 조달하기 때문에 방위생산위원회는 경단련에 속하지 않는 구성원들도 소속시킬 수 있었고, 나아가 공식적인 경단련 정책과 일치되지 않는 정책들도 자유로이 발표하거나 실행할 수 있었다(Samuels 1994, 145). 이런 점들 때문에 방위생산위원회는 일본의 '민간방위청'(Japan's private defense ministry)으로 불리기도 했다. 방위생산위원회의 의장은 발족 이후 일본의 전 산업사에서 실질적으로 가장 큰 군수 업체라 할 수 있는 미쓰비시중공업의 회장이 거의 겸임했다(Samuels 1994, 143).

방위생산위원회 위원장은 당시 일본산업협의회의 고문인 고코, 상임위원에는 미쓰비시중공업 대표 청산인인 오카노 야스지로(岡野保次郎), 고마쓰제작소 사장인 가와이 요시나리(河合良成), 일본화약 사장인 하라 야스사부로(原安三郎), 히타치(日立)제작소 사장인 구라다 지카라(倉田主稅), 홍업은행장인 가와키타 데이이치(川北禎一), 관서 지역으로부터 스미토모금속공업 사장인 히로타 히사카즈(廣田壽一), 관서(關西)특수협력회 회장으로 오사카공업회의 회장이었던 요시노 고이치(吉野孝一), 중부중공업간담회 회장으로 오오쿠마철공소 회장인 무라오카 가로쿠(村岡嘉六)였다. 또한 방위생산위원회 내에 몇 개의 소위원회를 설치했다. 위원회별로 소위원장을 보면, 병기위원회는 일본제강소 사장인 이시즈카 구메조(石塚粂藏), 함선위원회는 다마이 교스케(玉井喬介), 항공위원회는 오카노 호지로(岡野保次郎), 화약위원회는 하라(原安三郎), 전기위원회는 이시자카 타이죠(石坂泰三), 연료위원회는 사사키 야이치(佐佐木彌市, 일본석유사장), 기계위원회는 구라다(倉田主稅), 자금위원회는 사카이 교노스케(酒井杏之助, 제일은행상담역)가 맡았다(エコノミスト 編集部 1978, 219).

방위생산위원회 심의실의 위원은 전 해군 중장으로 해군성 병비(兵備)국장이었던 호시나 젠시로(保科善四郎), 전 해군 중장으로 군수성 항공병기총국 제1과장이었던 하라다 데이켄(原田貞憲), 전 육군 중장으로 육군성 군무국장이었던 요시즈미 마사오(吉積正雄)의 3인이 중심이었고, 이외에 참모를 포함하여 총 20명 정도였다. 심의실장은 우에무라 고고로였으며 센가가 방위생산위원회 사무국장, 심의실 위원이면서 간사 역할을 맡고 있었다. 심의실에는 이 외에도 전문위원이 20명 정도 있었는데 이들 가운데 15명이 전직 해군 제독과 육군 장성들로 구성되어 있어, 심의실을 가리켜 민간 군수성(civil-military bureau)이라 일컬었다(Samuels 1994, 143).

방위생산위원회는 미국과의 협의로 생겨난 것이기 때문에 일본 정부나 보안청[27]은 진정 대상이 되지 않았다. 따라서 방위산업위원회가 의견서나 요망서를 제출하는 것은 오로지 미국을 상대로 하는 것으로서, 일본 정부에는 단지 참고 자료로서 건네는 것에 불과했다.[28] 이런 사정은 미·일 경제제휴간담회 시대뿐만 아니라 경제협력간담회 시대에도 이어져서, 방위생산위원회의 활동은 거의 미국 측과의 직접적인 대화로 진행되었다.[29]

당시 미·일 경제협력간담회의 주요한 인물을 보면, 회장은 나가사키 경단련 고문, 부회장은 고바야시 아타루(小林中, 당시 개발은행 총재), 추방되어 있었던 경단련 상담역은 우에무라, 총합정책위원회 위원장은 시마다(홋카이도탄광 회장), 상임위원은 사토 기이치로(佐藤喜一郎, 제국은행 사장), 와타나베(야와다제철 사장), 다마이(미쓰비시일본중공업 회장), 모로이 간이치(諸井貫一, 秩父시멘트 사장), 호리 분페이(堀文平, 富士방적 회장)가 맡아 일본 재계를 총망라하는 형태였다(エコノミスト 編集部 1978, 219).

27_당시는 방위청이 아직 발족되기 전이었다.

28_예를 들어 부흥 금융 자금이나 개발은행 자금의 융자와 같은 문제가 대두되지만 이는 미국과 협의를 하여 취해지는 조치이다. 군공창의 불하도 마찬가지였다. 군공창은 초기에는 임대, 대여였으나 이것을 불하하게 된 것은 방위생산위원회가 발족하고 나서부터였다. 당시 고마쓰(小松)제작소의 히라가타 공장은 군의 공창이었으며 탄약을 만들고 있었던 다이도오(大同)제강(이후의 다이도오 특수강)의 다카쿠라(高藏)공장이 나고야(名古屋)에 있었으나 이도 처음에는 임대 이후 불하되었다. 그러나 군의 공창을 불하해도 생산 설비 자체는 매우 진부한 것으로서 구식 설비를 사용하여 시작하는 상태였다. 따라서 이런 구식 설비를 근대화시키는 자체가 큰 문제로서, 시중 금융기관은 병기산업의 전망이 불투명하다는 것을 이유로 업계의 설비자금 요구에 난색을 표시하는 상황이었다. 따라서 각 기업은 자기자본으로 설비자금을 마련할 수밖에 없었다. 이에 이케다-로버트슨 회담에서 논의된 소맥자금(잉여농산물 매각 자금) 가운데서 천만 달러를 항공기, 조선을 포함한 병기산업의 생산 설비 근대화 자금으로 지출하도록 했던 것이다(エコノミスト 編集部 1978, 220).

29_예를 들어 F86이나 T33의 생산을 일본 측에 맡기는 문제도, 당시는 보안청 시대로서 항공자위대 같은 것은 없는 상태였기 때문에 미국 측으로부터 방위생산위원회에 직접적으로 제의가 들어왔던 것이다. 경단련은 당시 이시카와 회장을 앞세워 대장대신(一万田尙登), 통상대신(高岐達之助)을 설득하는 작업에 나섰다(エコノミスト 編集部 1978, 221).

2) 한국전과 방위생산위원회의 활동

방위생산위원회가 주로 한 활동은 한국전 특수에 대해 재계가 이전부터 주장해 오던 바와 크게 다르지 않다. 즉 1951년 7월의 휴전회담 개시로 사실상 종식될 한국전 특수를 대체할 수요의 창출을 위한 것이었다. 구체적으로는 한국전 휴전 이후 한국의 전후 부흥을 위한 미국 원조 자금에 따른 신특수와, 미국의 동남아시아 제국에 대한 경제원조에 일본의 공업력을 활용하려는 것이었다.

이에 경단련은 이런 원조 자금을 가능한 한 일본의 공업력을 활용하는 방향으로 운용하기 위해, 미국으로부터 직접 동남아시아에 물자를 보내는 것이 아니라 미국이 일본에 달러를 지불하면 일본이 물자를 만들어 동남아시아로 보내는 형태를 취하고 싶다는 의사를 미국 측에 전달했다. 미국 측 또한 한국전 특수에 대신하여 아시아에서의 군수생산 기지가 가능한가 하는 것을 검토하기 시작했다. 사실 매쿼트 성명 속에는 일본을 군수생산 기지로 한다는 것이 시사되어 있었다. 또한 이 점을 고려하여 GHQ로부터의 조사 위탁도 앞서 언급한 바와 같이 이뤄졌다.

이런 측면에서 당시 재계로서는 자위대의 장래 규모를 어떻게 할 것인가 하는 것보다 오히려 점점 쇠퇴되어 가는 한국전 특수에 뒤이은 신특수를 미국과 어떻게 협의할 것인가에 가장 관심이 있었으며 이런 문제들로 방위생산위원회와 GHQ와의 협의가 진행된 것이다(エコノミスト 編集部 1978, 223-224). 결국 방위생산위원회가 주장한 것은 첫째, 한국전 특수의 연장으로서 일본에 주둔하는 미군 군수물자의 일부를 일본 측이 생산하게 해줄 것, 둘째, 극동 지역 주둔 미군의 군수물자를 일본에서 조달해 줄 것, 그리고 마지막으로, 극동 지역보다 좀 더 넓은 범위에서 태평양 여러 국가와 미국은 안전보장 협정을 체결하고 있으니 이런 측면에서 일본의 공업력

을 활용해 줄 것의 세 가지로 정리할 수 있다.

이와 같은 방위생산위원회의 요구는 사실 한국전 '특수'가 가진 성격상 충분히 예상 가능한 것이었다. 즉 특수에 의존한 경제 부흥이란 미국 군사 정책에 의존함으로써 경제 부흥을 하겠다는 것을 의미하는 것으로, 경제계에서는 동남아시아를 포함한 아시아 전역에 걸친 냉전의 진전 구도에 일본을 편입시켜 아시아에서 군수창으로서의 역할을 함으로써 일본의 산업 부활과 경제의 '자립'을 수행하려는 구상을 품고 있었던 것이다. 이와 같은 구상에 대하여 '경제의 군사화'(군수산업화)와 군수생산을 매개로 한 '대미 종속의 항구화'(기지 경제화)의 위험성이 따른다는 비판도 나타났다.

그러나 재계의 많은 인사들은 한국전 후 나타난 불황을 겪으면서, 미국에 의존하지 않고 부흥, 자립한다는 것은 불가능하며 따라서 미국의 세계 전략에 편승한 부흥 계획이야말로 일본의 경제 자립을 위한 유일한 선택이라고 주장했다. 당시 이런 생각을 가장 적극적으로 표명한 인사는 이시카와, 나가사키, 고코, 우에무라 등의 경단련 수뇌였으며, 따라서 경단련 방위생산위원회가 중심이 되어 방위산업 육성에 적극적으로 나섰다.[30]

이에 방위생산위원회는 당시의 설비로 어느 정도 미군에 협력할 수 있을 것인지, 또는 약간의 보수와 설비 변경을 하면 어떨지, 그리고 신기술을 도입한다면 어느 정도 가능할 것인지에 대한 조사를 실시했다. 이는 만약

30_예를 들어 이시카와(石川) 당시 경단련 회장은 이미 1952년 9월의 경단련 정기총회에서 "특수, 신특수에 근거한 방위생산은 당분간 일본 경제의 보완을 위해 커다란 지주가 될 것이다"라고 말하고 있다. 또한 우에무라 부회장 역시 병기산업에 대한 적극적인 PR 활동을 전개하고 있다. 당시 병기산업에 대한 경단련의 적극적인 의사 표출에 대해서는 "MSA拒否は經濟の破滅," 『エコノミスト』(1953/07/11); "防衛産業の在り方," 『日本經濟新聞』(1953/07/05); 千賀鐵也(1955); 千賀鐵也(1952)를 참고하라.

미군이 발주한다고 하면 업계가 적극적인 설비 확장으로 이에 응할 용의가 있는지 업계의 수납 태세에 대해 방위생산위원회가 조사를 한 것이었으며, 이런 설비 능력의 조사가 이후 병기 생산 재개의 기본을 이뤘던 것이다.

이후 나타난 미군의 발주 양태를 보면 소모품의 보충, 기술적으로 그다지 어렵지 않은 것, 구 군공창(軍工廠)의 설비를 고치면 생산할 수 있는 것 등 아주 초기적인 단계에서 시작되고 있다. 구체적으로는 탄약과 군용 차량의 수리가 대부분이었고, 최초에 나타난 군용 차량의 수리는 전차와 트럭이 주를 이루었다. 이는 결국 노무(勞務)를 제공하는 것으로, 서비스만 제공한 기업도 상당수 있었으므로 미군 발주가 끝나면 없어지는 회사도 있었다. 남은 회사는 미쓰비시중공업, 일본제강소, 고마쓰제작소의 자회사인 사가미(相模)공업과 같은 회사들이었다. 이들 회사는 상당한 정도의 유휴설비가 있었으며 실업자도 상당수 있었으므로 미군의 역무(役務) 제공에 대해 즉각 참여했다(エコノミスト 編集部 1978, 224).

요컨대 특수라는 용어에서 나타나는 바와 같이 방위산업의 장래에 대한 기초는 한국전을 계기로 마련되었으며, 일본의 경제계는 한국전과 뒤이은 역내 미군 물자 조달을 일본 경제를 회복시킬 기회로 포착했던 것이다. 이것은 일본의 경제계가 이미 이 시기부터 방위산업을 고립적으로 인식하기보다는 '방위산업토대'라는 관점에서 접근하고 있었음을 나타내는 것이다. 나아가 이 당시 방위산업에 대한 인식은 방위산업을 통한 일본 경제의 회복이라는 측면에 중점이 두어져, 방위산업이 가진 기술적 측면의 파급효과는 부차적이었다는 점을 알 수 있다.

3) 타 자본의 반발과 방위산업위원회의 활동

방위산업위원회가 방위산업 육성에 적극 나섰지만 당시 일본의 모든 자본이 방위산업 육성에 적극적이었던 것은 아니다. 특히 대부분의 금융계 지도자들은 미군 특수라는 엄청난 수요에도 불구하고 일본의 전후 발전을 군수생산에 의존하는 것에 대해 공개적으로 의문을 제기했다. 그들은 무기산업을 매우 위험한 것으로 보았다. 금융계 지도자들은 대장성과 함께 방위산업에 자금이 지원되면 보다 안정적이고 성장 전망이 좋은 부문에 자금 지원이 되지 않을 것을 우려했다.

이런 판단에서 은행들, 특히 기존 재벌들과 연결되어 있는 시중은행들은 방위생산에 30% 이상 의존하는 사업 계획을 가진 기업들에는 자금 지원을 거부했다. 은행협회는 "우리는 지금 이 시점에서 새로운 (군수)장비에 대해 생각할 필요가 없다"라고 분명한 입장을 밝혔다(Samuels 1994, 145-146). 동경은행장이었던 호리에 시게오(堀江薰雄)는 "만약 우리가 무기산업 측면에서 일본 산업 재구축을 생각한다면 실질적 군대가 없는 일본이 어떤 종류의 환상에 빠질 위험을 무릅쓰게 될 것이다"는 우려를 나타냈다. 심지어는 중공업 생산에 집중하고 있었던 통산성 산하의 일본개발은행도 지원을 거부했다. 1953년 중반 일본개발은행은 "방위생산은 불안정한 산업이고 장기적 관점의 투자 대상으로는 적당하지 않다"라고 지적했던 것이다(Samuels 1994, 146). 결국 금융자본의 입장에서 볼 때 국내 수요가 없는 무기산업은 잘못된 투자 대상이라는 것이다.

이런 갈등은 같은 산업자본인 경공업계와 중공업계 산업 엘리트들 사이에서도 나타났다. 경공업계의 지도자들은 공공연하게 방위생산에 대해 부정적인 의사를 나타내었을 뿐 아니라 몇몇 기업들은 방위생산위원회의 연구 인력을 해고할 것을 요구하기도 했다. 이런 공격의 대상이었던 경단련 방위생산위원회의 사무국장 센가는 "경공업계가 방위생산의 실질적인 적이었다"라고 회고하고 있다.

이와 같은 이익 충돌은 주요 기업 계열들의 주력 생산품의 차이와도 관련이 있다. 즉 미쓰비시 계열의 기업들은 방위산업 개발에 매우 의욕적이었던 반면, 미쓰이와 후요(전 야스다) 그룹은 그다지 관심이 없었던 것으로 보도되었다. 이들 기업은 계열 내에서 중공업의 비율이 매우 낮았으며 경공업품 제조와 무역에 훨씬 더 의존적이었다. 따라서 야스다와 미쓰이는 방위생산에 부정적이었으며, 특히 미쓰이는 경단련 부회장이며 미쓰이의 은행가인 사토 기이치로를 통해 앞장서서 반대 입장을 취했다. 반면 계열 내에서 중공업 관련 비율이 높았던 미쓰비시와 스미토모는 방위산업 육성에 대해 공개적으로 지지 의사를 나타내었다(Samuels 1994, 146-147).

은행자본과 타 산업자본의 이런 주장은 많은 보수 정치인으로부터도 지지를 받고 있었다. 당시 많은 보수 정치인들은 '자주방위'와 '반공'이라는 생각은 갖고 있었지만 방위산업에는 그렇게 열정적이지 않았다. 특히 당시의 정치적 환경에서 그들은 방위 이슈가 좌익에 이용당해 자신들이 권력에서 쫓겨날 것을 두려워했다. 이런 문제를 해결하기 위해서는 방위산업이 일반 경제에 매우 중요하게 기여할 수 있다는 것을 이들에게 재인식시키는 것이 필요했다.

이와 같은 작업은 1955년 11월 초 당시 경단련 부회장이었던 우에무라 고고로에 의해 이뤄졌다. 그는 한 연설에서 건전한 산업 기반을 갖추기 위해서는 방위산업이 필요하다고 주장했다. 항공·방위산업이 최신 경영기법과 공정 기술에 대단한 접근 기회를 가져다줄 것이며, 방위생산의 규모가 무시할 만큼 작더라도 더 앞선 기술 수준 때문에 민간 산업보다 더 중요하며, 따라서 국가는 군사기술과의 연계를 조금이라도 지속함으로써 혜택을 볼 수 있을 것이라고 주장했다(Samuels 1994, 149). 즉 그는 방위산업을 일반 경제와 산업의 기술 수준을 도약시키는 데 핵심적인 산업으로 평가했던 것이다.

결론적으로, 방위산업위원회는 방위산업이 장기적인 측면에서 일본의 기술력을 증진시키는 데 핵심적 역할을 할 것이라는 점을 들어 방위산업 육성에 반대하는 타 자본가들과 정치인들을 설득시켰다. 방위산업위원회는 방위산업이 당장은 특수라는 형태로 일본 경제의 회복에 도움이 될 수 있지만, 장기적으로는 방위산업이 가진 기술적 측면의 파급효과를 간파하고 있었던 것이다. 그러나 방위산업위원회의 이런 노력에도 불구하고 관료 차원에서는 방위산업의 관할권 또는 방위산업 육성에 대한 의견 차이로 인해 각 성청의 대립이 나타났다.

3. 방위산업을 둘러싼 각 성청의 대립

1. 각 성청의 권한 경쟁과 방위산업

통산성이 병기산업 육성에 착수하게 된 것은 특수에 의한 완성 병기의 발주가 개시되고 이에 호응하여 방위생산위원회가 설립된 1952년 봄부터 여름에 걸친 시기였다. 1952년 5월 기계국을 중심으로 병기 생산과 항공기 생산을 하기 위한 조세 감면, 조성금, 융자 알선 등을 골자로 하는 법안 작성을 준비하면서 시작되었다고 할 수 있다.[31] 이런 통산성의 방침은 당시 미군 발주에 대한 대응으로 강구된 것이지만, 다른 한편으로는 향후 본격적인 재군비에 대응한 병기산업의 확립을 염두에 둔 것이었다.[32]

그러나 방위산업 육성이라는 통산성 방침이 초기부터 일원화 또는 통일되었다고 보기는 어렵다. 즉 특수에 의한 발주가 전망이 불명확하다는 점과 보안대(이후 자위대)가 당분간 미군의 대여 무기를 사용할 방침이라는 점 때문에, 통산성 수뇌들은 적극적 조성이 시기상조이며 세법상의 특전 정도의 보호에 그쳐야 한다고 생각하고 있었다. 따라서 통산성 내부에서도 적극론과 소극론이 격렬히 대립, 외화 획득의 유력 산업이라는 관점에서 육성한다는 것이 통산성의 방침으로 굳어진 것은 1952년 10월경이었다. 이런 방침이 통산성에서 나오게 되었다는 것은 방위산업의 관할권을 둘러싼 타 성청과의 다툼에서 통산성이 승리했다는 것을 의미한다. 물론 이런 정책의 배경에는 당시의 병기 수출 신장은 물론, 재계, 특히 방위산업체의 적극적인 압력이 있었을 것이다. 방위산업을 둘러싼 각 성청의 경쟁은 초기에는 항공기산업을 둘러싸고 통산성과 운수성이, 그리고 일반 병기산업을 둘러싸고 통산성과 보안청(방위청)이 대립하는 형태로 전개되었다.

1) 통산성과 운수성, 보안청

방위산업을 둘러싼 각 성청의 경쟁은 가장 먼저 항공기산업의 관할권을 둘러싸고 벌어졌다. 과거 항공기산업에 대한 감독권을 갖고 있었던 운수성 측이 항공 안전의 입장에서 생산업자에 대한 관할권을 주장한 데 대해, 통산성은 "항공기산업은 총합 공업이며 타 산업과의 관련도 많다"는 논

31_"兵器製造法案を準備:助成措置も考慮,"『日本經濟新聞』(1952/06/04).

32_"兵器生産に法案準備,"『朝日新聞』(1952/06/11).

리로 대항했다(大嶽秀夫 1984, 33). 운수성의 주장이 국내 항공의 안전에 초점을 맞춘 반면, 통산성은 항공기산업을 군수, 민수에 상관없이 수출산업으로서 육성한다는 입장이었던 것이다. 그러나 1952년 7월에 제정된 〈항공기제조법〉을 기초로, 통산성은 인허가제를 중심으로 항공기업계에 대한 발판을 구축함으로써 항공기산업의 보호, 육성 책임을 맡게 되었다(大嶽秀夫 1984, 30-31). 이는 당시 생산이 구체화되고 있었던 것이 군용기였기 때문에 민간항공을 상정하고 있었던 운수성이 불리했던 점도 있었다. 그러나 이 분쟁 과정에서 당초 통산성이 예정하고 있었던 항공기업계에 대한 보조금 교부를 대장성이 단호히 거부한 사건은, 통산성의 항공기 행정에 있어서 최대의 장애가 이후 대장성이 될 것이라는 점이 드러난 것이라고 할 수 있을 것이다.

항공기의 관할권 문제는 비교적 단순하게 해결되었지만, 항공기 이외의 병기산업 행정은 좀 더 복잡한 양상을 보였다. 통산성이 병기산업에 대한 행정 관할권을 장악한 것은 병기에 관한 법률 제정 또는 병기 관련 부서의 강화 등 제도적 장치를 통해서였지만, 실질적인 방위 담당자는 당시 보안청이었다. 물론 이 시기에 보안청은 갓 성립(1952년 7월)되었기 때문에 통산성의 행정권 확립에 끼어들 여유가 전혀 없었다. 그러나 보안청은 내부 조직을 정비하기 시작하면서 통산성의 관할권에 계속 도전하게 된다. 특히 1954년 봄부터 여름에 걸쳐 보안청은 총합적인 조달본부를 설치하고 병기산업에 대한 행정 지도력을 확보한다는 방침을 세웠다.[33]

33_당시는 MSA 협정 조인, 〈방위청설치법〉 제정, 방위 계획의 구체화 등 방위청의 기초가 만들어지고 있었던 시기로, 오늘날의 방위청과는 다르게 보안청, 방위청의 일부 엘리트들은 사명감을 갖고서 군대를 재건하려고 하는 열의가 있었다(大嶽秀夫 1984, 31).

이에 대해 통산성은 다른 산업과 균형을 취할 필요가 있음을 강조하여 방위산업에 대한 자신들의 관할권을 계속 주장함과 함께, 담당 부국의 조직 강화를 꾀하여 대항했다. 구체적으로는 중공업국 내에 국·차장급을 실장으로 하는 방위산업실을 설치하여 방위산업 행정의 일원화를 꾀함과 함께, 이 부서에 특수를 확보하기 위한 미국과의 절충 임무를 부여했다. 그리고 이 실원에는 종래부터의 병기산업 담당자, 즉 항공기과장(중공업국), 특수과장(기업국), 무기(無機)과장(화학국)을 지명하는 한편, 아이치 기이치(愛知揆一) 통산상 등을 통하여 방위산업에 대한 방위청의 관할권 요구를 물리쳤다(大嶽秀夫 1984, 31-32).

이리하여 통산성은 병기산업에 대한 기득권을 지키는 데 성공했다. 그러나 이 과정에서 병기의 사용자인 보안청(이후의 방위청)의 협력을 잃어버렸다. 즉 방위청의 요구를 일방적으로 배제함으로서 통산성은 병기산업 육성을 위한 귀중한 협력자를 잃어버렸던 것이다. 방위청은 발언권이 없어짐으로써 병기산업 육성에 대한 관심을 잃었다. 이의 결과 대장성의 예산 삭감에 직면하게 되면 장기적 투자를 필요로 하는 국산화를 회피하고 싼 가격에 손쉽게 구입할 수 있는 미국으로부터의 수입을 요구하는 경향을 갖게 되었던 것이다(エコノミスト 編集部 1978, 249). 당시 방위생산위원회 사무국장이었던 센가는 이에 대해 다음과 같이 방위청의 태도를 비판하고 있다.

> 생산 행정은 통산성, 방위청은 사용자이다. 즉 생산 행정에 관한 한 방위청은 그다지 할 말이 없다. 극단적으로 말하면 방위청에는 생산 행정에는 관여하지 않는 분위기가 계속 있어 왔다(エコノミスト 編集部 1978, 292).

한편 이런 통산성-보안청의 권한 경쟁은 또 하나의 쟁점을 내포하고 있었다. 보안청은 통산성의 감독 행정에 다음과 같은 비판적 태도를 보였던 것이다.

> 보안청이 말하고 있는 것은 일본의 병기 생산이 당초부터 군공창을 중심으로 하는 관영주의였다는 것이다. 이것이 전후 공백기가 있었기 때문에 민간으로 옮겨간 것은 변칙이다. 이래서는 병기 생산의 열세는 피할 수 없다. (중략) [또한] MSA의 발동으로 병기 생산에 비밀 유지가 필요하게 되면 더더욱 관영 공장의 방식을 취하게 되어, 보안청이 생산에 책임을 가질 수밖에 없다(大嶽秀夫 1984, 32).

통산성은 방위산업도 일반 산업과 마찬가지로 민영으로 할 수밖에 없다는 입장이었으나, 보안청이 언급하고 있는 것은 병기 생산이 가진 높은 리스크, 그리고 기밀 유지를 위해 국영 또는 국유 민영이 될 수밖에 없다는 것으로 이는 당시 재계와 병기업계로부터도 강한 지지를 받고 있었다. 그러나 통산성의 방위산업정책에 대해 가장 비판적이었던 대장성이 역설적이게도 이 문제에 대해서는 통산성과 같이 국유화에 반대 입장을 보였다. 통산성과는 달리 대장성은 재정적 관점에서 국유화에 대한 강력한 반대 의견을 갖고 있었으나 결과적으로는 통산성과 마찬가지 입장이 되어 보안청과의 대결에서 통산성은 우월한 입장을 가질 수 있게 된 것이다(大嶽秀夫 1984, 32). 더군다나 통산성은 1956년 이래 방위청 장비국장의 자리를 통산성 출신자가 차지한다는 소위 '(통산성) 세력권 내의 인사권'을 확보함으로써 방위청과의 관계에서 확실한 우위를 점할 수 있었다.

2) 통산성과 대장성

앞서 언급한 바와 같이 방위산업에 대한 통산성 내부의 치열한 논의를 거쳐 방위산업을 외화 획득의 유력 산업이라는 관점에서 육성한다는 통산성 방침이 굳어진 것은 1952년 10월경이었다. 이리하여 통산성은 10월 6일의 성 토의에서 난립 방지와 감독의 편리를 위해 인허가제를 주된 내용으로 하는 〈병기등생산법〉(가칭)의 기본 방침을 결정했을 때, "병기산업의 합리적인 발달에 이바지한다"고 하는 조목을 넣어 육성책의 발판을 마련했다. 그리고 이 법안과 병행하여 세제, 금융, 기술 등의 면에서 조성책을 본격적으로 검토하기 시작했다.[34]

통산성의 이런 방침에 제동을 건 것은 대장성이었다. 대장성은 병기산업의 수요가 불안정할 뿐 아니라 통산성이 제시한 조성책은 인플레의 위험이 있다는 이유 등을 들어 통산성의 육성 방침에 반대했다. 나아가 보안대 병기에 대해서도 일본 국내 업체에 의한 자체 조달보다는 미군 대여를 당분간 계속할 수밖에 없다고 주장했다(大嶽秀夫 1984, 35). 대장성의 완강한 반대에 부딪힌 통산성은 육성책을 법안에 포함시키는 것은 단념하고 인허가제만을 목적으로 한 법안으로 바꿔 12월 말에 국회에 제출했다.[35]

34_"素材生産にも援助:兵器産業の育成へ,"『日本經濟新聞』(1952/10/24); "兵器生産に注ぐ水と油,"『エコノミスト』(1952/11/15).

35_이런 통산성의 '저자세'의 배경에는 이 시기가 되어서도 계속 수요 전망의 불명확성 때문에 통산성 내부에서도 소극론이 있었다는 점을 들 수 있다. 당시의 신문 보도 또한 통산성의 '진의'를 파악하기 어렵다고 보도했다. 이런 통산성의 애매모호한 입장은 상당한 기간 계속된다. 6개월 후의 시점에서도 통산성은 방위산업에 대해 다음과 같이 언급한다. "병기산업은, 정상 무역을 확대해 국제수지를 개선함으로서 자립 경제를 달성한다는 근본 방침에서 보면 그 확대가 반드시 바람직한 것은 아니나, 현실적으로는 작년도에 병기 생산은 4,000만 달러 정도의 외화를 획득했고 국제수지상으로 무시할 수 없는 존재로 되어 있어, 그 조

한편 별도로 검토했던 조성책들은 모두 대장성의 반대에 부딪쳤다. 우선 세법상의 특전을 부여하는 것에 대해, 대장성 주계국에서는 "소득세, 법인세를 관통하는 많은 감면 특별 조치는 공평을 으뜸으로 하는 조세체계를 어지럽히는 것"이라는 비판적인 사고가 강하여 실현되지 않았다(大嶽秀夫 1984, 36). 특히 통산성은 "병기, 항공기공업에 한하여 미국의 〈국방생산법 특례〉를 본뜬 기계 설비의 특별상각(5년)을 인정하는 조치를 결정, 대장당국과의 절충을 계속"했으나, 대장성은 "정부의 재군비 방침이 명확히 나오지 않은 현재, 특히 병기산업에만 특별상각을 인정하는 것은 곤란하다"는 이유로 이것을 거부했다.

대장성의 반대에 대해 통산성은 차선책으로 개발은행(開銀) 융자상의 우대 조치를 부여하는 방향으로 대장성과의 절충을 거듭했다(大嶽秀夫 1984, 38). 이때에는 "재계로부터도 강력한 요망"이 있으며, 미군으로부터의 요구도 있음을 이유로 내세워 대장성에 압력을 가했다. 특히 병기생산협력회는 "수출산업으로서 육성해야 한다"는 주장을 전개했으며, 방위생산위원회는 재군비에 대비한 국유 민영 구상을 내걸며 압박했다. 이런 '재계의 요망, 지지'는 대장성에 대한 통산성의 교섭을 유리하게 하는 것이었다. 사실 방위생산위원회는 이후 일관하여 통산성과 협력하여 대장성에 적극 압력을 가했다. 이에 대해 센가 경단련 사무국장은 다음과 같이 말하고 있다.

성에 대해서도 어느 정도 국가적 원조를 부여할 필요가 있다." 이것은 재계가 병기산업에 대해 갖고 있었던 유혹과 위험(risk)이라는 이율배반적인 평가와 똑같은 딜레마가 나타난 것이라고 할 수 있다. 그럼에도 불구하고 통산성은 미군과 재계에 밀려 방위산업 육성에 나설 수밖에 없었던 것이다["兵器生産の現状と問題點," 『朝日新聞』(1953/06/04)].

우리는 통산성이나 경제기획청을 먼저 설득하고, 그다음에 대장성을 설득하여 납득시킨다. 그런 다음 방위청으로 간다.[36]

그럼에도 불구하고 당시 병기의 선정은 국장회의에서 결정되었다. 이 회의에서 커다란 발언권을 가진 경리국장의 지위는 이미 경찰예비대 시대부터 대장성의 세력권이 되어 있었으므로 장비국에 영향력을 미치고 있던 통산성의 영향력은 상쇄되어 버렸던 것이다.[37]

전후 대장성의 재정정책에 대한 기본 입장은 건전재정주의 또는 균형재정주의로 불리는 것으로, 적자재정의 활용을 주장하는 케인즈 이론과는 정면 대립되는 것이었다.[38] 즉 당시의 일본 대장성에 관한 한 재정지출에 의한 경기 유지라는 케인즈적 발상은 거의 없었다. 특히 전후 극심한 인플

36_エコノミスト 編集部(1978, 248-249). 이와 관련하여, 재계의 압력 또는 로비는 대장성에 대해서는 국장급 관료에게, 대신에 대해서는 경단련의 재계 수뇌를 통하여 행사되었다고 한다(大嶽秀夫 1984, 65).

37_大嶽秀夫(1984, 64-65). 물론 병기의 선정에는 정치가의 움직임도 얽혀 있어 개개의 구체적인 결정 과정은 상세히 검토하지 않으면 영향력 관계를 명확히 알 수 없다.

38_대장성의 이런 입장은 사회주의자에 의한 군국주의 경제 비판과 비슷한 측면이 있다. 사회주의자들의 주장에 의하면, 자본주의경제에서는 수요가 항상 공급을 따라가지 못하기 때문에 유효수요, 특히 군비 증강에 의한 유효수요 창조가 불가피하다고 하는 인식에 근거하고 있다. 이런 관점은 많은 점에서 케인즈 이론과 공통성을 갖고 있으며, 실제로 케인지안들은 군비 지출에 긍정적 측면이 있음을 주장하고 있다. 전전 일본의 아시아 제 국가에 대한 침략은 이런 논리로 설명될 수 있다. 또한 전후 미국에 있어서도, 제2차 세계대전, 냉전, 한국전쟁, 베트남전쟁 등 계속적인 국제 분쟁으로 군사비가 국민경제에서 항상 큰 비중을 차지하여, 만약 전면적인 군축이라는 사태가 발생하면 심각한 경제 위기에 빠질 것이라는 설은 간단히 무시할 수 없는 설득력이 있다. 재정 당국의 이런 입장은 아이젠하워 대통령이 최초로 사용하고 이후 좌파 학자들이 주로 주장하는 군산복합체 이론과 유사한 측면을 갖고 있다고 할 수 있다. 한편 일반적으로 대장성이 케인즈 이론에 접근하는 것은 1965년 이후의 약 10년간으로 알려져 있다(大嶽秀夫 1984, 42).

례를 경험한 대장성은 1954년도 예산에 대해 일찍부터 긴축 방침을 세워, 각 성의 요구를 대폭 삭감하고 예산 증가를 억제하는 데 전력을 기울였다.[39] 재정투융자에 대해서도 대폭 삭감이 이뤄졌으며 결과적으로 개발은행으로의 재정 출자 또한 대폭 삭감되었다.[40] 이 때문에 개발은행으로부터의 융자로 병기는 물론 전원(電源) 개발, 철강, 조선 등의 생산 증대를 꾀했던 통산성의 주요한 산업 계획은 중대한 위기에 직면했다. 더구나 1954년 1월에 통산상에 취임한 아이치는 대장성 출신일 뿐 아니라 당시 예산의 실질적 편성자인 이케다 하야토(池田勇人)의 직계였기 때문에 삭감된 예산의 부활 요구에 적극적 자세를 보이리라고는 전혀 기대할 수 없었다.

이 때문에 통산성은 완전히 수세에 빠지게 되었으며, 어쨌든 전원 개발만은 실현하려고 주어진 범위 내에서의 재배분을 검토할 수밖에 없었다. 이리하여 통산성은 병기산업에 대한 개발은행 융자를 생각도 할 수 없는 사태에 빠지게 되었다. 이런 사태에 직면해 설비투자를 대폭적으로 정부자금에 의존하려고 했던 병기업계는 스스로 선두에 서서 정부에 압력을 행사하게 된다. 그리고 방위생산위원회가 이런 역할을 담당하여 과거부터의 요구액 35~40억 엔(항공기 포함)을 최저 20억 엔이라는 선까지 낮춰 이것만큼은 어떻게든 확보할 수 있도록 요구했으나 이마저도 실현되기 곤란한 상태에 빠졌다(大嶽秀夫 1984, 37). 이에 통산성과 재계는 당시 미국이 추진하고 있었던 MSA 자금에 기대를 걸 수밖에 없게 되었다.

39_구체적으로, 당시 대장성은 1조 8,000억 엔에 달하는 각 성의 요구를 1조 엔의 범위에서 억제하는 데 전력을 기울였다.

40_재정투융자의 경우 1953년도의 3,389억 엔이 일거에 2,805억 엔으로 삭감되었으며, 開銀으로의 재정 출자는 전년도의 600억 엔에서 350억 엔으로 삭감되었다.

2. MSA와 일본의 방위산업

1) MSA 도입과 재군비 계획

1951년 9월 미국과 일본은 강화조약과 동시에 안보조약을 맺었으며, 이 조약은 이듬해 4월부터 발효하게 되었다. 이런 상황에서 미국은 1951년 MSA를 제정하여, 제2차 세계대전 후 실시되고 있었던 각종 원조를 이 법률하에 일원화함과 동시에 군사원조에 중점을 두는 방식을 취하기로 한다. MSA 협정에 근거한 미국의 원조라는 것은 상대국이 자주적으로 자위능력을 고양시킬 노력을 한다면 이에 맞춰서 미국은 원조를 한다는 것이었다. 즉 MSA 원조의 핵심은 상대국의 군사력 회복 노력에 대응하여 원조도 하겠다는 소위 'pay as you go' 정책이었다. 자위력 향상을 위해 어떤 구상을 갖고 있으며, 구체적으로 어떤 조치를 취하는지를 보아서 상세한 원조 방식, 원조 규모를 결정한다는 것이었다.[41] 따라서 일본이 어떤 자위력 규모를 고려하고 있는가에 따라 미국의 원조 방식과 규모가 결정되기 때문에 이 점이 하나의 문제점으로 대두된 것이다.

이에 당시 대장성의 반대로 방위산업 육성에 어려움을 겪고 있었던 통산성과 방위청, 그리고 재계에서는 MSA 원조를 이용한 방위산업 육성에 나서게 된다. 즉 특수라는 타율적인 형태로 일본의 병기 생산이 시작되었지만, 국가의 지원이 어려운 상황에서 미국의 원조 자금을 이용한 방위산

41_大嶽秀夫(1991, 310). NATO(북대서양조약기구)에는 1950년 1월부터 이미 MSA 원조가 적용되어 미군의 역외조달이 유럽 국가들의 군수산업을 재건하는 데 중요한 역할을 하고 있었다. 영국, 서독, 프랑스가 모두 이 원조로 군수산업을 회복시켰다(エコノミスト 編輯部 1978, 226). 한편 MSA 자금에 대하여 미국과 일본 사이의 논의 과정에 대한 상세한 자료는 大嶽秀夫(1993), 특히 pp. 309-470을 참고하라.

업의 활로 모색에 나섰던 것이다. 이를 위해서는 구체적인 방위력 정비를 제시할 필요가 있었으며, 따라서 MSA 원조를 겨냥하여 여러 그룹으로부터 시안이 나왔다. 대표적으로 기무라 도쿠타로(木村篤太郎) 보안청 장관이 1952년 9월 기무라 시안이라는 형태로 54년도를 제1차년도로 하는 5개년 계획을 제시했다.[42] 구체적 내용은 육상부대를 초년도 15만 명, 최종 연도 21만 명으로 하고 해상부대는 5년 후에 함정 약 170척, 총 톤수 14만 5,000톤, 항공부대는 5년 후에 항공기 총수 1,400기로 한다는 것이었다.

그러나 미군 측은 이런 규모의 계획안에 대해 부족하다는 반응을 보였다. 이에 방위생산위원회에서는 기무라 시안과는 별도로 1953년 2월 경단련 시안으로서 '방위력정비에 관한 시안'을 제시하게 된다. 이 시안은 정확한 숫자를 명기함으로써 주위를 놀라게 했으나 이후 이것이 나오게 되는 근거는 박약한 것으로 알려졌다. 이 계획에 참가한 사람들은 구(舊) 일본군 전문가들로서, 어느 정도 미국과 협의와 토론을 거친 후 방위생산위원회의 심의실에서 만든 것이었다.

이 심의실의 실장은 경단련 사무국장인 우에무라였으며 센가가 방위생산위원회 사무국장으로서 심의실 위원이면서 간사를 맡고 있었고, 전 해군 중장, 해군성 병비국장이었던 호시나, 전 해군 중장, 군수성 항공병기총국 제1과장이었던 하라다, 전 해군 중장, 육군성 군무국장이었던 요시즈미가 위원을 맡고 있었다. 이들 위원 이외의 참가자로서는 대좌급의 스태프가 5명 정도 있었다. 또한 기술 고문으로서 전 해군 중장, 해군 항공본부 제2부

42_이는 보안청이 작성한 제2차안으로서, 제1차안은 1953~65년에 걸친 13년간에 육상 10만, 해상 45만 5,000톤, 항공 6,744기라는 매우 방대한 것이었다. 이에 대해서는 藤原彰(1987, 54-55)을 참고하라.

장, 항공기술창장이었던 다다(多田力三), 전 해군 중장으로 도요카와 공창장(豊川工廠長)을 지내고 있었던 시미즈(清水文雄), 전 육군 중장으로 고쿠라 조병창장(小倉 造兵廠長)을 역임했던 오사카(大幸喜三郎), 전 해군 중장으로 해군성 함정본부(海軍省 艦政本部)의 제4부장이었던 후쿠다(福田啓二)가 참여했으며, 또한 기술 고문은 아니었지만 전 육군 중장으로 육군성 병기국장이었고 이후 병기공업회 부회장을 역임했던 스가(管晴次), 전 육군 중장으로 사가미 조병창장(相模 造兵廠長)을 역임했던 하라다(原田乙未夫)가 참여했다. 그리고 이 이외에 비상근 스태프가 10명 이상 있었다(エコノミスト編輯部 1978, 227-228). 대체적으로 이들이 중심 스태프가 되어 있었으며, 이들 면면에서 보다시피 이들은 거의 모두 구 제국 일본군 출신으로 그 가운데에서도 비교적 육군이 많았다.

경단련 시안의 주요 내용은 소위 3·3·3 플랜(정확히는 육상 병력 30만 명, 함정 29만 톤, 항공기 2,750기)이라는 대단한 수치로 MSA 원조를 고려한 측면이 강했다.[43] 즉 방위력을 거대하게 설정하여 미국의 원조를 많이 받아들이려는 생각과, 심의실 내 구 군인들의 사고가 결합되어 이런 수치가 나온 것이었다. 이런 측면에서 보더라도 당시 재계의 사고방식은 일본 경제의 활성화를 위해서는 방위산업의 양적 확대가 중요하다는 생각이었음을 알

43_이 논쟁은 일본 산업계와 구 군인들이 공개적으로 전전의 군사력 수준으로 돌아갈 것을 촉구했던 마지막 논쟁이었기 때문에 일본의 산업사, 정치사에서 결정적인 것이었다고 새뮤얼스는 언급하고 있다. 즉 3·3·3 보고서에 대한 방위생산위원회 보고는 부처 간, 산업 분야 간 심한 논쟁을 불러일으켰고, 이 결과 이후 일본의 제도는 군사적 기술 민족주의로 회귀하는 대신 민수 시장에 집중하여 대체적인 기술 패러다임을 개발하는 데 집중했다는 것이다. 즉 새뮤얼스는 무기산업에 대해 내려졌던 1950년대의 이 결정이 1990년대에 산업계가 직면한 여러 선택들에 영향을 미치고 있기 때문에 3·3·3 보고서를 둘러싼 논쟁은 특별히 주목할 만한 가치가 있다고 보고 있다. 이에 대해서는 Samuels(1994, 145) 참고.

수 있다. 물론 방위산업이 가진 기술적 측면이 있었겠지만 어디까지나 이는 부차적 고려 사항이었다. 이는 당시 이런 수치가 나온 것에 대한 센가 사무국장의 다음과 같은 회고에서도 나타나고 있다.

> 이에 대해서는 심의실에서도 상당한 논의가 있었던 것으로 알려져 있다. 그러나 대부분이 구 군대의 전문가들이었기 때문에 안보조약을 전제로 하더라도 자위대는 독립시켜야 한다는 사고가 강했다. 자위대의 창설 과정에서 미국의 원조는 받지만 이후로는 미국과 대등한 형태로 협력한다는 사고방식이었던 것이다. 물론 유사시의 주둔은 고려할 수 있지만 미군의 육상부대는 철수하는 것이 좋다는 사고였다. 3·3·3이라는 것도 이야기하는 과정에서 해군이 30만 톤이라고 하면 육군은 30만 명, 공군은 3,000기라는 등, 이런 과정에서 결국 3·3·3이라는 숫자도 나왔던 것이다. 구 육군의 평시 편성 인원이 20만 명 정도이었던 데 비하면 경단련 시안에서 이를 상회하는 숫자가 나왔다는 점은 상당한 의미가 있는 것이다. 당시의 일본 상황에서 30만이라는 인원을 모은다는 것은 사실상 불가능한 것이기 때문이었다. 이에 대해 당시 인적자원에 대한 정밀한 검토는 행해진 적이 없었던 것으로 알려져 있다. 기무라 시안의 21만 명이라는 숫자에 대해서도 상당히 놀란 사람이 많았던 것으로 알려졌으나 경단련 시안은 30만 명이었다. 고작해야 이보다 10만 명 추가가 아닌가 하는 차원이었던 것이다. 결국 경단련 시안은 전시 중의 동원 문제가 다분히 머릿속에 남아 있는 사람들이 생각해 낸 것이었다. 이것을 합리적으로 설명한다는 것은 대단히 어려운 일이다. 그러나 이런 점이 당시 외부에는 알려지지 않았으며 단지 앞에서 언급한 바와 같이 미군 측에 이런 안도 있다는 정도로 설명했던 것이다. 어느 것을 정부가 결정할지는 알 수 없었지만 MSA 원조자금을 많이 받아 내기 위한 교섭의 수단적인 성격이 강했다(エコノミスト 編輯部 1978, 228-230).

요컨대 당시 재계와 통산성의 생각은 대장성의 반대로 방위산업 육성이 어려워진다면 미국의 원조를 활용하여 방위산업을 활성화시키겠다는 구상이었으며, 이에 가급적 원조를 많이 받기 위해 다소 비현실적이기는 하지만 수치까지 제시된, 비교적 구체화된 방위력 구상, 방위산업 육성 방안 등이 나타나게 되었던 것이다. 그러나 통산성, 재계, 방위청의 이와 같은 노력에도 불구하고, MSA 원조에는 방위력 증강에 대한 일본 측의 지원이 전제되어 있기 때문에 대장성의 협조가 필수적이었다. 따라서 MSA 자금을 계기로 해서 일본 방위산업의 육성을 둘러싼 성청 사이의 대립 구도, 특히 통산성과 대장성의 대립에서 통산성에서는 미국의 압력을 지렛대로 활용하려는 움직임까지 나타나게 되었던 것이다.

2) MSA 자금에 의한 육성책과 대장성의 반대

① MSA 자금에 의한 육성책

MSA 조인을 목전에 둔 1953년 말 이미 통산성은 이 원조를 활용하여 병기, 항공기산업을 육성하려는 활동에 돌입했다. 그중에서도 잉여농산물 자금 5,000만 달러 가운데 일본 측에 제공되게 된 1,000만 달러[44]의 사용·배분 문제에 몰두했다.[45] 그리고 이 원조에 일본 정부의 재정투융자, 시중

44_당시는 $1=Y360의 고정환율제였으므로 36억 엔에 해당.

45_잉여농산물 매각 자금, 소위 소맥 자금 문제가 MSA와 관련이 있는 것은 MSA 조항에 근거한 것이다. 즉 MSA에서는 상대국에 매각하는 소맥 자금을 미군의 역외조달에 사용하게 되어 있었다. 따라서 일본에 매각하는 소맥 자금을 미군의 역외조달에 사용함과 동시에, 다른 한편으로는 일본 군수산업의 설비자금으로 사용하는 형태였다. 당시 잉여농산물 자금은 총 5,000만 달러였으나 그중 4,000만 달러를 미군의 역외조달에 사용하고, 나머지 1,000만 달러를 병기, 항공기, 함선, 공장 설비의 정비 자금으로 사용했던 것이다. 따라서 일본의 병기 생산의 시작은 소맥 자금과 관련하여 시작되었다. 참고로, 초기 MSA법의 550조에서는 미국이 잉여농산물을 국제적인 최고 가격으로 팔게 되어 있었다. 따라서 최초에

은행으로부터의 융자를 포함하여 총 170억 엔에 이르는 자금 계획을 입안했던 것이다(大嶽秀夫 1984, 51). 구체적으로 통산성은 항공기산업에 특히 초점을 두어, ① 제트엔진 회사 신설을 위한 출자, ② 제트기의 분해·수리 설비 증강, ③ 멘타(富士), T28(新三菱), KAL 연락기(川崎)의 생산 설비 증강에 목표를 두었다. 물론 이런 통산성의 방침에 대해서는 종래와 마찬가지로 대장성의 강력한 저항이 예상되었다.

그러나 미국 정부는 MSA 체결에 즈음하여 "병기산업은 원래 독립채산할 수 있는 산업이 아니고 모든 나라가 국고 부담으로 보조하고 있기 때문에 MSA를 받아들이는 이상 일본 정부도 독자적으로 병기산업을 육성해야만 한다"고 강경히 주장하고 있었기 때문에, 통산성으로서는 이런 미국으로부터의 압력을 지렛대로 하면 방위산업에 소극적인 정부 수뇌, 대장성의 태도를 부술 수 있다고 생각했던 것이다.[46] 이리하여 이런 안을 기초로 1954년 초부터 통산성은 대장성과의 절충에 들어갔다. 그리고 이 문제를 둘러싸고 이후 1년 이상에 걸쳐서 통산성, 보안청, 방위생산위원회는 미 정부와 연계하여 대장성에 대한 압력을 전개하게 되었던 것이다(大嶽秀夫 1984, 52).

② 대장성의 반대

대장성은 예상한 대로 우선 재정투융자에 의한 병기산업에의 '추가 융

미국은 유럽에 대해 잉여농산물을 최고 가격으로 팔려고 했으나, 유럽 각국이 최고 가격이라면 국제시장에서 소맥을 달러로 매입할 테니 미군 군수물자의 역외조달도 달러로 해달라는 반론이 나왔다. 이에 미국도 최고 가격 제도를 철회하고 국제 기준가격으로 하게 된다. 따라서 일본에 원조가 적용되었을 때는 국제 기준가격으로 되어 있었다.

46_"殘された經濟援助: 兵器産業, 米, 自主的育成望む,"『每日新聞』(1954/03/03).

자'에는 전면적으로 반대했다. 더군다나 대장성은 당초 이 원조 360억 엔을 방위산업뿐 아니라 병기 생산의 기초산업, 특히 철강, 공작기계, 전기통신 기계 등에까지 넓힐 것을 주장하여 통산성에 대항했다. 또한 병기산업에 사용할 경우도 이미 상업 베이스에 진입해 있는 업종이나 기업에 출자해야 하며, 제트엔진과 같이 규모가 크면서 수요 전망이 없는 산업을 육성하는 것은 "재정자금을 바다 속으로 던지는 것과 같다"고 강력히 반대했다.[47] 사실 이와 같은 대장성의 반대는 단순한 재정의 낭비라는 관점에서 나온 것만은 아니었다. 만약 미국이 발주나 자금의 측면에서 일본의 병기산업이 궤도에 오르기까지 적극적으로 도와준다고 할지라도, 일단 병기산업이 거대한 규모로 자라나 버리면 이 산업을 해체하는 것은 고용 불안, 신용 불안 등 경제적 위기를 야기하므로 거의 불가능해진다.

대장성이 두려워했던 것은 비대해져 버린 방위산업을 위해 재정자금으로 지원을 계속해야 하거나 방위 예산을 확대해 장기간에 걸쳐 방위산업을 부양해야 할지도 모른다는 점이었다. 대장성이 보기에 일반적으로 군수산업은 시장이 불안정한 만큼 국가에 기생하려고 하는 경향이 강하며, 일단 정치권력의 보호를 받으면 이를 기득권화하여 시장의 도태 작용에서 벗어나 자기 증식을 계속할 가능성을 갖고 있다. 동시에 그 존립을 정당화하기 위해 대외적 위기를 부추기고 외교정책을 군국주의화시키는 경향을 가지게 된다.

요컨대 대장성은 재정 경직화, 비대화의 '본능적인' 염려에서 이런 군산복합체가 가진 메커니즘을 예측하여 이것에 철저히 대항했던 것이다.[48] 특

47_"MSA資金の配分難航: 大藏省では反對,"『日本經濟新聞』(1954/05/08).

48_大嶽秀夫(1984, 52-53). 이런 균형재정 이데올로기는 이미 1949년 이후 닷지(Dodge) 라

히 재정의 핵심인 주계국(主計局) 내에서는 그런 사고가 매우 강하여 재정 규모를 억제하는 것을 최대의 사명으로 생각하고 있었다. 이런 믿음은 고전적 자유주의 철학으로 대장성의 이데올로기를 형성, 단순한 균형재정의 견지라는 점을 넘어 GHQ와 통산성에 의한 경제통제와 보조금 제도에 대한 비판으로까지 이어지게 되었다(大嶽秀夫 1984, 43).

③ 절충의 지연과 방위산업의 위기

통산성과 대장성의 대립은 절충을 시작하고서부터 6개월이 지나도 결말이 나지 않았으며 이 때문에 합의가 이뤄진 소량만(이것도 재정투융자로부터의 지출은 부정한 대로) 미국 측과 교섭에 들어가게 되었다. 그러나 미국 측은 "원조에 대응하여 일본 정부는 어느 정도로 국고 자금을 사용하여 병기산업을 육성할 예정인지 그 기본 방침을 밝혀야 한다"고 주장하여 개별적인 교섭을 거부했다. 더구나 미국 측은 "1,000만 달러는 제트엔진 제작 등 신규 설비투자에 사용해야 하며 이미 상업적 베이스에 진입해 있는 기업에 융자하는 것은 논외로 한다"고 하여 대장성의 주장을 정면에서 비판했다.[49]

이와 같은 미국 측 요구는 통산성의 입장을 강화시키는 결과가 되어 이에 고무된 통산성은 신속히 배분안 재검토에 착수했다. 또한 외무성도 미국의 강경한 주장을 보고서 통산성 지지로 돌아서 버렸다. 그러나 대장성

인으로 정착되어 일본의 급진적 노동운동을 해체하는 역할을 했으며 이후에도 복지 예산의 확대에 대한 억제 기제로 작용함으로써 진보 세력으로부터는 격렬한 비판의 대상이 되었지만, 이 경우에는 경제의 군사화를 최대한 억제하는 기능을 했던 것이다. 전전의 혁신관료 엘리트가 장악한 통산성에 대해 같은 관료 조직 내의 엘리트가 이를 억제하는 역할을 했던 것은 역사의 아이러니이다.

49_"MSA贈與配分 練直す:新規設備擴充に限る,"『日本經濟新聞』(1954/06/15).

의 주장은 여전히 강경하여 "그렇다면 원조의 도입을 단념할 수밖에 없다"고 하는 '극단론'까지 나타났다.[50] 이리하여 8월 말이 되어서도 실무 차원에서의 조정은 결착을 보지 못했고 그 처리는 관계 각료회의에 맡기게 되었다(大嶽秀夫 1984, 53).

그러나 논의 과정에서 예산집행이 연기되자 일본의 병기산업은 심각한 위기를 맞게 된다. 즉 MSA 자금 결정의 지연과 이에 따른 융자의 정체는 이미 일본의 병기산업에 중대한 영향을 미치고 있었던 것이다. 더군다나 미군의 매입이 특수에서 MSA에 의한 역외조달로 이행하는 것을 계기로 하여 일단 중단, 그 후 대량 발주는 거의 없어졌다. 이 때문에 파산하는 병기 제조업체가 나타나는가 하면 하청 중소 공장이 계속하여 도산했고, 이에 병기산업에 주력하던 기업들은 민수로의 전환을 꾀했다.[51]

결국 대장성의 저항은 결정 지연을 통하여 이미 병기산업 축소 효과를 보고 있었던 것이다. 더구나 통산성 조사에 의하면 미국의 역외조달이 그친 것은 일본제 병기의 가격이 미국제보다 비싸다는 점이 주원인인 것으로 판명되었다. 따라서 국가에 의한 조성으로 경쟁 조건을 유지하지 않으면 미국 병기업계와의 경쟁에서 패할 것이라는 점은 피할 수 없음이 명백해졌다(大嶽秀夫 1984, 54).

④ 방위생산위원회의 활동

방위생산위원회는 독자적으로 배분안을 작성하여 각 방면에 압력을 가

50_"行悩むMSA贈與の配分: タナざらしのおそれ," 『日本經濟新聞』(1954/06/20).

51_예를 들면 대표적 병기 기업이었던 고마쓰제작소에서는 이 시기 불도저 등 농기구 제작의 연구, 준비를 개시했다.

하면서 활발한 압력단체 활동을 펼쳐 왔으나, 이런 상황에 직면하게 되자 일본 정부 내의 조정을 촉진시키기 위한 조정 기관을 설립할 것, 또는 일·미 간의 연락 강화를 위해 일·미 합동 기관을 설치할 것을 강력히 주장하며 조기 결착을 호소하게 된다. 나아가 이시카와 경단련 회장과 고고 방위생산위원회 위원장이 직접 요시다 수상과 만나 요청하는 방안도 계획되었다.[52] 재계의 이런 요청을 받아들여서 결국 각료 차원에서의 해결이 모색되었다.

그러나 통산상은 당시 대장성 출신의 아이치로, 오가사와라(小笠原) 대장상과 함께 병기산업 육성에는 소극적인 입장으로, 기무라 방위청 장관과 오카자키(岡崎) 외상이 미국 측의 의향을 존중하는 입장에 섰음에도 관계 각료회의에서 미국 측의 요구를 받아들이는 방향으로는 되지 않았다. 각료회의에서는 일시적으로 제트엔진을 제외한 일부 지출에 대해 가결정이 내려졌으나, 가을에 들어서도 조정이 이뤄지지 않아 10월 말에는 전체가 당분간은 동결되어 버리고 말았다.

한편 이때쯤부터 소맥 자금 가운데 나머지 차관분 4,000만 달러의 도입이 구체화되어, 통산성은 증여분의 배분 계획과 종합하여 방위생산 5개년 계획을 작성했다. 이 계획은 미국의 역외조달에 대응하기 위해 369억 엔에 이르는 설비자금으로 병기 생산을 대대적으로 확충하려 하는 것으로 그중 4할을 농산물 자금으로 조달한다는 계획이었다.[53] 그러나 통산성 내부에서는 이미 1954년 중반 이후 병기 수요의 한계와 불안정성이라는 측면에서 기존의 특수 산업을 재검토하여 병기산업과 관련된 산업으로 항공

52_"防衛計劃を示せ: 積極的な助成を期待,"『日本經濟新聞』(1955/03/08).

53_"剩餘農産物交涉 進展せん,"『日本經濟新聞』(1955/03/08).

기, 전자기기, 희소 금속 등에 주목, 이들 산업을 수출산업으로서 육성해야 한다는 주장이 나타나게 되었다. 특히 항공기와 내구성 기계에 광범위하게 사용되어 수요가 큰 금속 티탄과 게르마늄, 그리고 이것을 사용한 트랜지스터 제조에 대한 관심이 높아졌다(大嶽秀夫 1984, 55).

이는 방위산업에 대한 대장성의 반대가 방위산업의 억제에만 머무른 것이 아니라, 민수와의 관련성이 있는 방위산업을 수출산업으로 육성한다는 주장을 의도치 않게 이끌어 내었다는 것을 의미한다. 즉 방위산업에 대한 억제는 통산성과 재계로 하여금 민수와 군수에 다 적용될 수 있는 '범용 제품'과 '범용 기술'(Dual Technology)에 관심을 갖게 하는, 의도치 않은 효과를 가져왔던 것이다.

⑤ 방위산업 육성의 좌절

이런 상황 속에서 미국 정부는 결국 일본 정부의 소극적 태도를 보고서 자금 원조를 삭감하는 방침을 세웠다. 1955년 1월 발표된 미 예산교서에서는 통산성의 기대와는 다르게 역외조달의 대폭 삭감이 나타났으며, 이에 통산성은 방위 5개년 계획을 백지로 돌리고, 병기산업 육성 정책을 '병기 생산의 기초가 되는 기술의 충실'로 완전히 전환하게 되었던 것이다. 곧이어 3월에는 "특수와 미국의 역외 발주에 의한 병기 조달을 기대해 쓸데없이 규모를 크게 하지는 않는다"는 태도를 명확히 하고, 이후로는 자위대 수요를 중심으로 한 안정된 병기산업을 육성하는 것을 목표로 했다.[54] 이는 통산성이 이제까지의 정책을 전면적으로 전환한 것으로서, 대장성의 저항

54_"自衛隊需要を中心: 通産省, 防圍生産の助成計劃,"『日本經濟新聞』(1955/03/08).

으로 인하여 수출산업으로서의 병기산업 육성을 단념한 것을 의미하는 것이다. 더구나 본격적 재군비를 주장하고 있었던 하토야마(鳩山) 내각이 1954년 말에 성립했음에도 혁신 세력이 중의원에서 1/3 이상을 점하여 헌법 개정에 의한 대폭적인 군비 확충은 불가능해졌다.[55] 이리하여 MSA에 의한 병기산업 육성은 결국 큰 효과를 보지 못하고 끝나 버렸다.

MSA 자금에 의한 병기산업 육성 정책의 좌절이 명백해진 1955년 중반에 이르러, 포탄, 총탄, 화약 등과 관련된 병기 기업의 대부분은 도산 직전의 상태에 있었다. 민수를 함께 다루는 몇몇 제조업체를 제외하고는 무배당, 적자 상태에서 인원 정리에 착수한 기업이 속출, 일본의 병기산업은 붕괴 위기에 직면했다. 이에 통산성은 육성, 발전이 아니라 기존의 생산체제라도 유지하려고 보호정책을 끄집어내었고, 이것이 설비의 매입에 의한 국유 민영 구상이었다. 그리고 이를 가능하게 했던 것은 일본 정부가 '유사즉응(有事卽應)체제'를 위해 생산 설비의 온존을 도모한다면 특수의 추가 발주로 이에 협력한다는 미국 측의 시사가 있었기 때문이었다(経済団体連合会 1962, 639-643). 어려움에 처한 방위산업을 유지하기 위한 노력은 통산성, 방위청, 재계에서 각각 다른 방향으로 나타났다.

3) 방위산업 확대 노력의 좌절

통산성은 1955년 여름 미국으로부터의 공여(供與)가 향후 없어졌을 때 일본이 방위상 필요로 하는 병기 생산 설비를 정부가 매입하여 온존시켜 둘 것을 목적으로 하는 〈특수산업국유화법안〉(가칭)을 국회에 제출하여 소

55_이런 점에서 보면 통산성의 병기산업 육성 방침 억제에는 대장성뿐 아니라 야당도 어느 정도 영향을 미쳤다고 할 수 있다(大嶽秀夫 1984, 55-56).

위 '일탄종일계열'(一彈種一系列)의 생산 설비 매입 구상을 공표했다. 그리고 다음해 예산에 34억 엔의 예산을 요구하여 대장성과 절충을 시작했다. 그러나 이 구상에 대해서는 기업 구제적인, 시장에 역행하는 정책이라고 하여 성 내에서도 이론(異論)이 속출하여 통산성 내부의 결속이 이뤄지지 않았기 때문에, 방위청은 자위대 발주 예산을 증액하여 업계를 보호해야 한다고 주장했다.

통산성의 병기 산업에의 관심은 군사적 관심이라기보다는, 수출산업이 가진 외화 수입과 최첨단 기술이 가진 파급효과에 대한 관심이었다.[56] 즉 통산성은 한편으로는 당시 특수에 의한 일반 병기 생산과 수출이 이미 일본의 국제수지에서 무시할 수 없는 존재가 되어 있었기 때문에 이를 통하여 산업토대를 구축하고자 했던 것이며, 또 다른 한편으로는 항공기산업의 육성을 통하여 첨단 기술을 습득하고 기술 토대를 구축하려 했던 것이다.

한편 방위생산위원회는 독자적인 안을 준비하여 이시카와 경단련회장을 선두로 "통산성과 같이 평시의 수요만을 생각할 것이 아니라 긴급사태에 대비하여 여유 있는 생산 설비를 유지해야 한다"고 주장하면서 정부에 압력을 가했다(大嶽秀夫 1984, 57). 이 외에 경단련은 통산성 및 방위청과의 절충을 수차에 걸쳐 계속한 결과 1955년 9월 16일에 경단련 시안으로서 '탄약 등 제조 설비 유지령'을 작성하여 정부에 제출했다(経済団体連合会 1978, 201). 이에 대해 대장성은 정부의 재군비 방침이 확정되지 않았는데

56_大嶽秀夫(1984, 33). 이런 점에서 이후 조선산업 등이 외화 획득에 있어서 각광을 받음과 함께 병기에 대한 관심도 저하되었다. 더군다나 통산성은 병기산업에 대한 관할권 주장의 근거로서 항상 타 산업과의 균형을 내세우고 있었으나, 타 산업에도 배려를 한다는 입장에서 1955년 이후 석유화학공업 육성으로 행정의 중점이 이행함과 함께 통산성에 있어서 병기산업은 이들 중점 정책의 그늘에 가리는 존재가 되어 버렸던 것이다.

도 구제 자금을 내어 줄 수는 없다고 반대, 1956년 1월의 제1차 사정에서 전액 삭제해 버렸다. 통산성은 액수를 감축하여 부활시킬 것을 요구했으나 제2차 사정에서도 전액 삭제되었다. 이에 경단련이 차선책을 정부, 자민당과 절충한 결과 3월에 〈방위생산시설유지에 관한 임시조치법안요강〉으로 정리되어 이것이 정부 제안으로서 국회에 제출되게 되었다. 그러나 이 법안 또한 정부, 여당 내에서 국회 대책상 제출은 바람직하지 않다는 판단이 나타나 보류되었다.

이후에도 통산성은 〈방위생산설비 임시조치법안 및 유지요강〉을 다시 책정하여 1956년 7월 18일의 무기생산심의회에서 설명했다. 그 내용은 설비 매상안을 보류하고, 당분간 설비의 유지 관리비만 요구하는 것이었다. 경단련 방위생산위원회의 '병기-화약합동위원회'는 이 심의회의 안을 검토한 결과 방위청의 장기 정비계획이 결정되지 않은 단계의 임시조치로서는 이 이외의 다른 방법이 없다고 판단, 신속히 시설 국유화 등의 본격적인 유지 대책을 강구할 필요가 있다는 등의 부대 결의를 하여 통산성 안을 승인하기로 결정했다(経済団体連合会 1978, 201). 그리고 자민당 정조회(政調會) 국방부회(國防部會)와 상공부회(商工部會), 그리고 방위산업연락협의회(防衛産業連絡協議會) 등을 통하여 대장성에 압력을 가했으나 대장성의 입장은 완강했다. 또한 정·재계의 막후 인물이라 일컬어졌던 가와이 요시나리(河合良成) 고마쓰제작소(포탄의 대형 제조업체) 대표도 이시바시(石橋) 통산상을 통하여 로비를 했다고 일컬어졌으나 대장성의 벽을 깰 수는 없었다.

당시 이치마다 히사토(一万田尚登) 대장상은 대장성 사무 당국의 입장을 전면적으로 지지하여, 대신 절충(大臣折衝)의 장에서도 이시바시 통산상, 후나다(船田) 방위청 장관의 주장을 물리쳐 이 예산 요구를 거부했던 것이다(大嶽秀夫 1984, 57-58). 이에 대해 통산성은 이듬해에 〈병기생산설비 임시조치법〉을 준비하여 1957년도 예산으로 5억 엔의 예산을 요구했다. 이번에는 매입이 아닌 유휴 생산 설비의 관리비를 국가가 부담한다는 구상으로 예산을 대폭 축소했던 것이다. 그러나 대장성은 이에도 반대해 제1차, 제2차 사정에서 전액 삭감했다. 그럼에도 불구하고 제3차 부활 절충에서 1957년도는 4개월분 7,045만 엔(57년분 통산성 초안 4억 6,000만 엔), 평년도 1억 700만 엔(통산성 초안 6억 1,000만 엔)의 예산을 계상할 것에 대장성의 동의를 얻을 수 있었다. 그러나 이마저도 대장성은 법률에 의한 유지비 지급이 시기상조라고 반대했기 때문에 법안의 국회 상정은 보류되어, 1957년 2월 말 단순히 보조금으로 지불하는 것으로 결론지어짐으로써 통산성은 앞서 말한 법안 제출을 단념했다(経済団体連合会 1978, 201-202).

그러나 구제 조치가 지연되는 과정에서 일본 경제는 급속한 성장 단계에 돌입했으며, 이 과정에서 각 병기 기업이 민수로 전환함으로써 병기 공장의 토지, 건물 등의 관리나 매입을 대부분 필요로 하지 않게 됨으로써 실제로 구제는 그다지 필요 없게 되었다. 즉 방위산업에 대한 대장성의 완강한 저항은 병기 기업들의 민수 전환이라는 의도치 않은 결과를 가져왔고, 이는 당시 일본의 급속한 경제성장으로 비교적 용이하게 진행되었던 것이다. 한편 군수에 특화된 총포탄업계에 대한 정부 보조금은 대장성의 끊임없는 폐지 요구에도 불구하고 소액이지만 이후 수년간 계속되었다. 이를 발판으로 하여 방위청 발주의 특정 기업에 대한 고정화가 진전되어, 생산을 유지했던 병기 기업은 도산의 위험으로부터는 보호되는 대신 대폭적인 확대도 바랄 수 없는 상태에서 생산을 계속해 가게 되었다(大嶽秀夫 1984, 58). 이의 결과 일본의 방위산업은 방위력 증강에 대한 정부 방침 또는 방위청의 장기적인 방위 증강 계획이 나타나는 1957년에 들어서야 본격화될 수 있었다.

요컨대 방위산업을 구제하기 위한 통산성과 재계의 계속된 노력에도 불구하고 대장성의 반대로 방위산업을 위한 구제책은 거의 실현될 수 없었으며, 오히려 이 와중에 나타난 일본 경제의 급속한 성장으로 많은 병기 업체들은 민수로 전환해 생존 가능했던 것이다. 즉 방위산업 지원에 대한 대장성의 반대로 일부 군수에 특화된 총포탄업계를 제외한 많은 병기 기업들은 민수로 전환하여 활로를 모색할 수밖에 없었으며, 본격적인 방위생산 또한 자위력 증강에 대한 정부의 장기적인 계획이 나옴으로써 시작될 수 있었던 것이다.

이것은 꽤 중요한 의미를 갖는다. 즉 일본의 방위산업체에서 나타나는 민·군 겸용 품목의 생산 또는 민·군 겸용 기술에 대한 강조라는 특성은 통산성이 애초부터 구상하여 추진한 정책이라는 일반적인 주장과는 다르다는 점이다. 이런 주장은 일본 방위산업의 특성이 민·군 겸용에 있다는 점과 일본 경제의 특성이 관료 중심의 계획 합리성에 있다는 두 가지 논리를 기계적으로 결합시킨 것에 불과하다. 일본 방위산업에서 나타나는 범용 제품과 범용 기술의 중시는 한편으로는 방위산업에 대한 정부 지원책의 지연을 보고 기업들이 당시 활성화되고 있던 민수산업으로 스스로 업종을 전환한 시장 논리의 결과이며, 또 다른 한편으로는 대장성의 반대로 통산성과 재계가 방위산업체를 민수와 관련성이 있는 다른 산업으로 유도한 결과인 것이다. 따라서 애초부터 통산성이 범용 제품이나 범용 기술 개발에 적극적으로 개입하여 주도적인 역할을 했다는 주장은 수정되어야 한다.

4. 방위생산의 본격화와 경단련의 활동

1. 자주적 방위생산 태세의 태동과 경단련의 활동

한국전 이후 미군의 해외 소달을 대상으로 명목을 이어오던 방위생산이 본격화되기 시작한 것은 국방회의가 〈국방의 기본 방침〉(이하 〈방침〉)을 정한 1957년 5월 들어서였다.[57] 이 〈방침〉은 6월 기시 노부스케(岸信介) 수상의 방미를 앞두고, 미군 군사원조 방식이 무상에서 유상으로 전환되는 것에 대처하여 자위력 증강에 관한 일본 정부의 입장을 정리하여 대미 교섭에 임하기 위해 작성된 것이었다. 〈방침〉에 근거하여 6월 14일에는 제1차 방위력정비계획이 각의에서 결정되었다. 이 계획은 1958~60년의 3년간이라는 비교적 단기간에 한정될 뿐 아니라 방위비 또한 국민소득의 2% 이하로 억제하여 많은 장비를 미국의 무상 원조로서 획득하려 생각하고 있었다. 결국 자위대가 발족한 지 3년 만에 계획이 정식으로 결정되어 방위생산의 발판이 만들어졌던 것이다.

이에 대해 경단련은 제1차 계획만으로는 기간이 짧을 뿐 아니라 예산상 제약도 있기 때문에 장기적인 방위생산의 전망을 수립하는 것이 어렵다는 점에서 더욱 장기적인 전망을 세울 것을 주장했다. 이를 위해 관계 단체

57_이전부터 일본 정부는 방위청에 의한 방위력정비계획 작업을 진행해 왔으나, 국방의 기본적인 방침을 정해야 할 국방회의에 관한 법안이 1954년부터 계속 성립되지 못하고 1956년에야 법안이 성립되었다. 그리고 국방회의가 〈국방의 기본 방침〉을 정한 것은 이 책의 제3장에서 언급한 바와 같이 1957년 5월 들어서였다.

나 정부 기관을 상대로 한 대외적 활동 외에도 경단련 스스로 '방위산업연구회'라는 것을 조직하여 활동에 들어갔다. 이 조직에는 방위생산위원회, 일본병기공업회, 일본항공공업회 등이 모두 포함되어 자위대 장비의 근대화에 따른 향후의 생산 태세, 주요 장비의 국산화 등을 중심으로 연구, 조사 활동을 하게 된다(経済団体連合会 1978, 199-200).

제2차 방위력정비계획은 제1차 계획이 끝나는 1960년 중으로 결정되어야 할 사항이었으나 미일안보조약을 둘러싼 정치적 혼란과 공백으로 인해 1년간의 공백기를 거친 후, 1961년 들어 1차방과는 다르게 1962~66년의 5개년 계획안으로 검토되기 시작했다. 그리고 제2차 계획의 원활한 수행을 기하기 위해 자민당 정조회가 중심이 되고 정부 및 정당, 업계로 구성된 '방위장비국산화간담회'(船田中 會長)가 1961년 5월 발족되었다. 여기서 경단련 방위생산위원회 사무국은 간담회의 사무도 담당함으로써 제2차 계획의 입안과 실시에 관한 중심적인 역할을 담당하게 된다.

1961년 7월에 결정을 본 제2차 계획의 골자는 방위력의 질적 강화에 중점을 두면서, 최신 장비의 연구·개발, 국산화의 방향을 명확히 나타내었다. 이를 토대로 간담회는 1962년 2월에 '방위 장비 국산화의 기본 방침에 관한 의견'을 발표했다. 방위력을 상시 대기 대응(常時待機適應) 상태에 두기 위해서는 그 뒷받침이 되는 생산력도 즉시 가동 상태(稼動卽應狀態)에 둘 것을 기본으로 하여, 후방 지원 체제를 확립할 필요가 있다는 것이 그 내용이었다. 이와 함께 국산화의 방향과 관련해서 F-104 전투기의 국산화가 예산상 제약으로 보류된 점을 별개로 하면, 1962년도 예산에서 주요 무기류가 장기 일괄계약으로 진전됨으로써 경단련의 주장은 거의 실현되었다(経済団体連合会 1978, 200-201).

한편 특수를 배경으로 재개된 방위생산이 방위력 정비에 대응하여 안정적인 형태로 계속되기 위해서는 방위 장비의 국산화 추진뿐 아니라 해외 시장을 개척하여 경영의 안정화를 기할 수밖에 없다고 하는 주장이 재계에서 제기되었다. 앞서 언급했듯 총포탄 관련 병기 업체들이 한국전의 휴전으로 탄약 수요가 중단된 후 어려움을 겪고 있었던 것이 이런 주장의 계기가 되었다. 이에 방위생산위원회는 당시 미 극동군의 협력으로 1956~57년에 걸쳐 동남아시아 지역 차량 갱신 계획에 참여하는가 하면, 베트남전 특수로서 통신기자재의 일부 조달에도 성공했다. 그러나 동남아시아를 중심으로 하는 해외시장은 잠재적 수요는 크더라도 상대국의 외화 부족과 정치적 불안정으로 쉽게 실수요가 되기는 어려웠다.

이에 방위생산위원회는 1959년 7월 10개 관계 상사회사로 구성된 시장대책위원회(弘中協 委員長)를 신설, 특수 의존에서 탈피하여 시장 확대를 검토하기 시작했다. 구체적으로 방위생산위원회는 자민당 정조회가 중심이 된 구미 각국의 방위 기구, 방위생산체제의 실상 조사단에 참가하는가 하면, 통산성 주도로 로켓산업조사단이 만들어졌을 때도 적극 참여하게 된다. 나아가 계약 방식 개선에 관한 연구 작업도 수행하여 1960년 11월에는 '무기류의 장기 일괄계약 방식에 관한 요망'을 정리하는가 하면, 1961년 9월에는 방위장비국산화간담회를 통하여 '연구·개발의 계약 개선에 관한 의견'을 건의하기도 했다(経済団体連合会 1978, 202-203).

요컨대 방위생산을 위한 경단련의 활동은 일본 정부, 구체적으로는 방위청의 장기적인 방위력 증강 계획의 입안뿐 아니라 이를 구체화하기 위한 연구, 조사 활동 전반에 걸쳐 이뤄졌으며, 나아가 동남아라는 해외시장을 겨냥해서는 미군과의 직접적인 접촉을 통해 진출 방안도 모색했던 것이다. 이런 노력들이 방위산업의 양적 토대 구축을 위한 경단련의 노력이라면, 방위산업의 질적 토대를 구축하기 위한 경단련의 노력은 항공산업에 그 초점이 맞춰져 전개되었다.

2. 항공기 생산의 재개

1) 항공기 생산이 갖는 산업적 의미

전후 일본의 항공기산업은 1953년 보안청 발주의 형태로 특수에 의한 수리로부터 완성기 생산의 길이 열렸다. 그러나 기체, 엔진, 관련 기기의 균형이 없는 생산 상황하에서 방위청 발주에만 한정된 좁은 시장으로는 자연히 한계가 있었다. 그럼에도 불구하고 통산성과 재계는 항공기산업이 가진 특성에 주목하여 일찍부터 항공기산업 육성에 매우 커다란 관심을 보였다. 왜냐하면 일본의 공업 수준을 높이기 위해서는 일반적인 기술 수준의 제고가 필요하지만, 그중에서도 구체적 산업을 대상으로 한 기술 진흥이 필요하며 이에는 항공기가 가장 대표적인 산업이었던 것이다. 즉 항공기산업을 통하여 새로운 기술, 새로운 제작 기법을 익혀 물류 관리 및 경영관리 방식을 도입할 수 있다는 것이다(エコノミスト 編輯部 1978, 257).

특히 제트기 생산의 경우 경영관리 방식, 생산 수법, 공장의 배치 등이 일반적인 기계 생산과는 다르기 때문에, 항공기 생산을 위해서는 구체적 기술혁신뿐 아니라 전체적으로 근대적인 경영 방식을 도입하지 않으면 안 되었다. 즉 단순한 항공기 제조 기술의 습득이 아니라 근대적인 경영관리 방식의 습득이라는 측면에서 미국의 항공산업은 통산성과 재계에 큰 매력이 되었던 것이다. 첨단산업인 항공기산업의 소프트웨어는 종래 일본의 기계공업과는 비교가 되지 않을 정도의 파급효과가 있을 것으로 통산성과 재계는 예측했다. 이에 대해 방위생산위원회 센가 사무국장은 다음과 같이 언급하고 있다.

> 항공기산업은 품질관리 하나만 해도 매우 엄격할 것을 요구하므로 종래의 사고방식을 바꾸지 않으면 안 된다. 공작기계도 정밀도가 완전히 다르다. 또한 하청 업체에 대해서도 생산을 어떻게 체계적으로 할까를 지도하지 않으면 안 된다. 즉 조악한 중공업에서 정밀한 중기계공업으로의 이행이므로 당시 항공기산업계는 매우 진지했으며, 우리(경단련 방위생산위원회)도 진지하게 논의했다(エコノミスト編輯部 1978, 257).

2) 통산성의 육성책과 대장성의 반대

이런 측면에서 완성기 생산의 길이 열리기 이전인 1952년 2월에 이미 통산성은 항공기 생산에 관한 법안을 준비하기 시작했다. 한편으로는 앞서 언급한 바와 같이 운수성과 권한 경쟁을 전개하면서, 또 다른 한편으로는 항공기산업 조성책으로서 특별상각, 법인세의 3년간 면세, 시험 제작 장려 등의 구체적 방책을 검토하기 시작했던 것이다. 그러나 감면세에 대해서는 대장성이 강력히 반대했기 때문에 우선 인허가제 확립을 위한 〈항공기제조법〉을 국회에 제출하여 법적 기초를 다졌다.

통산성이 항공기산업에 대한 육성책 검토를 본격화한 것은 지상 병기의 경우와 마찬가지로 미군 발주의 전망이 밝아진 1952년 10월 들어서부터였다. 이는 먼저 중공업국 내에 항공기과를 신설하여 조직 면에서의 정비를 꾀한 것에서도 드러난다. 그리고 11월에는 항공기공업에 대해 5년간의 단기 상각을 인정하는 것에 대해 대장성의 합의를 얻어 내는 데 성공했다. 또한 항공기생산심의회를 설치하여 각 정부 기관에 압력을 가하는 제도로 활용함과 동시에 통산성 스스로 금융계와의 간담회를 통하여 항공산업 진흥을 위해 필요한 자금을 확보하려 시도했다. 이런 측면에서 보게 되면 항공산업에 대한 통산성의 육성 의지는 지상 병기와 비교하여 훨씬 강력한 것이었다고 할 수 있을 것이다.[58]

1953년 들어서 통산성과 업계의 움직임은 더욱 적극적으로 전개되게 된다. 3월에는 항공공업회와 함께 항공기부품간담회가 결성되었으며, 4월에는 이 두 단체가 방위생산위원회와 함께 정부에 조성책을 건의하는 등 적극적인 압력단체 활동을 강화했다. 이런 적극적 활동의 결과 일본은행도 융자 알선에 나서겠다는 태도를 표명함으로써 항공기산업은 일약 각광을 받게 되었다. 나아가 이 시기부터는 또한 항공기산업을 방위 수요에서 분리하여 국내외의 민간항공 발달에 대응한 '평화산업'으로 육성해야 한다는 주장도 대두되었다.[59] 이런 분위기를 활용하여 통산성은 항공기산업에 대한 조성 조치를 포함시키기 위해 항공기 제조 법안 개정 준비에 착수했다.

방위생산위원회가 이를 전면적으로 지지한 것은 물론이다. 즉 경단련은 1954년 초 '항공기공업의 육성에 관한 요망 의견'을 건의·공표하여 항공기산업에 대한 국가의 지도 방침을 명확히 하고 적극적인 육성 조치를 취하도록 요구했던 것이다(経済団体連合会 1978, 203). 이의 결과 정부도 1952년 7월 제정된 〈항공기제조법〉이 미비하다는 점을 인정함과 동시에 기업의 난립을 방지하여 사업 활동 조정을 할 수 있도록 1954년 6월 〈항공기제조사업법〉을 제정했다. 그러나 사업법 제정과 함께 강력히 요구되

58_이 외에도 항공산업에는 구 재벌계 기업들이 관여하고 있었기 때문에 대장성과 금융계도 이들의 요구를 어느 정도는 적극적으로 받아들이고 있었다.

59_예를 들어 6월에 공표된 항공기생산심의회의 답신, 그리고 아시자와(葦澤) 당시 중공업국장이 한 일간지에 기고한 "항공기공업이 나아가야 할 길"이란 글에서 항공기산업을 평화산업으로 육성할 것을 강력히 제기하고 있다["航空機工業の 進むべき途," 『日本經濟新聞』(1953/06/15)].

었던 조성 조치는 대장성의 반대로 제외되었다.

당시 항공기 생산에 있어서 중심적 과제의 하나는 엔진의 제트화에 따라 제트엔진 생산체제를 확립하는 것이었다. 이 때문에 1952년 7월에는 항공 관련 4개사가 공동출자하여 일본제트엔진주식회사[60]가 설립되었으며 1954년 1월에는 제1호의 조립, 시운전까지 실시되었다. 이런 업계의 노력과 방위생산위원회로부터의 강력한 압력으로 방위청은 1956년 4월 중간 제트 연습기 시험 제작(試製作) 계획에서 연습기에 탑재할 엔진을 일본제트엔진회사에 발주했다(経済団体連合会 1978, 203).

이와 같은 재계와 통산성의 노력에도 불구하고 항공기산업의 전망이 밝은 것은 아니었다. 즉 당시 가장 큰 수요를 담당하고 있었던 보안청이 1953년도 구입 연습기에 대해 "국산기는 기술적으로 의문점이 있을 뿐 아니라 많은 설비자금이 필요하다"는 이유로 전량을 미국으로부터 수입한다는 방침을 밝혔으며, 대장성 또한 자금난을 이유로 국산화에 반대하는 입장을 취했기 때문이었다(大嶽秀夫 1984, 39). 이에 대해 통산성과 재계는 강력히 반발하여 보안청과 대장성의 입장을 철회시키는 데에는 성공했다. 그러나 연습기의 상당량을 미군의 대여로 충당함으로써 항공기 발주가 격감했을 뿐 아니라, 국산화와 병행하여 통산성의 주도로 진척되고 있었던 제트엔진 개발에 대한 정부 출자금이 삭감됨으로써 이 계획도 좌절되어 버렸다. 이리하여 항공기산업은 일반 병기산업과 함께 중대한 전기를 맞이했던 것이다(大嶽秀夫 1984, 40).

60_우에무라 당시 경단련 부회장이 사장, 그리고 방위생산위원회 위원으로 항공기 엔진 전문가이면서 전 해군 중장이었던 다다가 전무가 되어 전체적인 기술을 총괄한 것으로 보아 항공기산업에 대한 통산성과 재계의 의욕을 엿볼 수 있다.

3) 항공기 생산의 실현

이런 상황에서 앞서 언급한 미국의 해외 원조로서 MSA가 등장했다. 더군다나 미국 측은 이것을 일본의 군비 증강을 위해 사용할 것을 요구했다. 병기산업계, 항공기업계, 그리고 통산성이 이것을 절호의 기회로 삼은 것은 당연한 것이었다. 앞서 살펴본 바와 같이 MSA는 병기산업의 기사회생 수단으로서 절대적인 기대를 모았던 것이다. 더구나 1955년 초에 미국 극동공군사령부로부터 일·미 양국의 경비 분담으로 자위대용 제트기의 공동 생산을 추진하고 싶다고 하는 의향이 비공식적이지만 방위생산위원회에 제안되었다. 이에 방위생산위원회에서는 이시카와 회장이 선두에 나서서 제트기 생산 문제에 대한 미국 측 의향을 확인해 일본 정부에 설명함과 동시에 협력을 구하는 노력을 하게 된다. 이 결과 1955년 4월부터 일·미 양국 정부의 정식 회담이 시작되어 6월에는 제트기 생산에 관한 양국의 일반 협정 및 제1차 세목(細目) 협정이 성립되었다.

제1차 협정으로 제트기 생산에의 길이 마련되었기는 했지만, 실질적인 작업의 내용은 수리가 압도적이었다. 이에 업계에서는 조립 생산을 확대하고, 생산을 계속한다는 점을 조기에 보장해 줄 것을 요청했으며, 이를 반영하여 방위생산위원회는 7월 26일에 "항공기공업의 육성 대책 확립에 관한 요망 의견"을 공표하여 그 추진에 나섰다(経済団体連合会 1978, 203-204). 재계의 요구에 대해 정부는 제1차 협정에서 성립된 조립 생산에 대해 8월 초순에 발주를 행하여 재계의 요구를 들어주었으며, 계속 생산에 대해서도 1956년 4월 17일에 제2차 협정이, 또한 1957년 4월 9일에 제3차 협정이 조인됨으로써 확실해졌다. 이 과정에서 일본 측 경비 분담이 증가함에 따라 부품 등의 국산화율이 상승하게 되며, 따라서 미국 측의 원조에 의한 것이라고는 해도 제트기 국산화에 커다란 진전을 보게 되었다. 특히 9월에는 국방회의가 대잠 초계기(P2V-7)의 국산화 방침을 결정하는 등 항공기 생산의 확대가 본격화되었다.

항공기 생산이 본격화함에 따라 제도적인 정비 또한 뒤이어 나타나게 된다. 우선 1957년 5월에는 국내 노선을 중심으로 하는 중형 민간 수송기 개발 연구의 중핵으로 재단법인 '수송기설계연구협회'가 설립되었다. 이어 경단련에서는 항공기공업 육성을 위한 기본 시책을 확립할 필요가 있다는 측면에서 1957년 8월 "항공공업 육성의 기본적 시책 확립에 관한 요망의견"을 건의, 공표했다(経済団体連合会 1978, 204). 이에 대해 통산성 또한 항공기공업의 육성, 확립 대책으로서 〈항공기공업진흥법〉을 새롭게 제정한다는 방침을 밝혔다. 당초의 구상에서는 중형 수송기의 국산화에 주력하는 진흥책으로서 수송기설계연구협회의 특수법인화와 조세특별조치의 실현이 포함되어 있었다. 그러나 특수법인 설립과 조세특별조치는 대장성의 반대로 실현되지 못하고 법안은 수정된 형태로 입안되게 되었다. 이 법은 5월 10일에 공포되었으나, 이후 통산성은 경단련과 함께 협회의 특수법인화를 추진, 1959년 3월 26일 진흥법의 일부를 개정하여 특수법인화가 가능하도록 했다.[61] 이에 따라 1959년 6월 일본항공기제조주식회사가 이전의 협회 사업을 전면적으로 이어받아 중형 수송기 YS-11의 국산화를 추진하게 되었다. YS-11의 시험 제작 사업은 1962년 8월에 제1호 시험 비행기의 최초 비행이 실현되어 국산 중형 수송기의 양산(量産)으로 이행하는 첫발을 내디디게 되었다.

61_エコノミスト編輯部(1978, 204). YS-11기의 개발에 대해서는 당사자였던 아카자와 쇼이치(赤澤璋一) 통산성 항공기과장의 증언이 있다. 아카자와 쇼이치의 증언에 대해서는, エコノミスト(1978, 312-329)를 참고

5. 요약 및 결론

한국전에 의한 특수로 일본의 병기산업은 재개되었지만, 이것이 가능했던 것은 냉전의 격화라는 국제 상황의 변화를 잘 포착한 재계의 움직임이 결정적이었다. 한국전쟁을 계기로 비대화된 방위산업을 더욱 활성화시키려는 재계의 노력은 경단련 방위생산위원회를 중심으로 이뤄졌으며, 이 위원회의 심의회는 거의 구 군인으로 구성되어 있었다. 이 외에도 당시 나타났던 중간 조직으로서는 방위산업연구회, 일본병기공업회, 항공기부품간담회, 방위장비국산화간담회 등이 있었다. 즉 방위산업 재개를 위한 재계의 활동은, 점령 당국과의 접촉은 경단련 수뇌부에 의해, 국내에서의 활동은 정, 관계와의 중간 조직을 통하여 이뤄졌다. 당시 재계의 사고방식은 일본 경제의 활성화를 위해서 방위산업의 양적 확대가 중요하다는 것이었다. 물론 방위산업이 가진 기술적 측면이 있었지만 당시 이는 부차적 고려 사항이었다.

전후 방위생산을 둘러싼 일본 정부 내의 대립은 일시적으로 항공기산업과 일반 병기산업을 둘러싸고 통산성과 운수성, 보안청과의 관할권 다툼으로, 이후는 시종일관 통산성과 대장성의 대립으로 전개되었다. 통산성의 병기산업에의 관심은 군사적인 것이라기보다는 외화 수입을 위한 수출산업에의 관심이었다. 즉 당시 특수에 의한 일반 병기 생산과 수출이 이미 일본의 국제수지에서 무시할 수 없는 존재가 되어 있었기 때문에 이를 통하여 산업토대를 구축하고자 했던 것이다.

이런 측면에서 보면 통산성 역시 이 시기까지는 방위산업의 양적 측면에 초점을 두고 있었으며, 기술 습득이라는 방위산업의 질적 측면은 부차적인 것으로 생각하고 있었다. 대장성의 경우 전전(戰前) 군부의 요구에 밀려 방만한 재정지출을 허락한 것이 경제 위기를 야기하고 곧 이어 전쟁으로 연결되었다고 하는 인식이 있었으므로 적자재정, 특히 군사비로 인한 적자재정에 매우 강력한 거부반응이 있었다. 따라서 정부 재정 지원을 통한 방위산업 육성에는 단호히 반대했다. 이와 같은 통산성과 대장성의 대립 구도에서 당시 정부 수뇌의 전면적 지지를 받고 있었던 것은 대장성의 건전재정주의였다.

방위산업을 구제하기 위한 통산성과 재계의 계속된 노력에도 불구하고 대장성의 반대로 이런 구제책은 거의 실현될 수 없었으며, 오히려 이 와중에서 당시 일본 경제의 급속한 성장을 기회로 하여 많은 병기 업체들은 민수로 전환하여 생존해 나갔다. 즉 방위산업 지원에 대한 대장성의 반대로 일부 군수에 특화된 총포탄업계를 제외한 많은 병기 기업들은 민수로 전환하여 활로를 모색할 수밖에 없었으며, 본격적인 방위생산 또한 자위력 증강에 대한 정부의 장기적인 계획이 나오고서야 시작될 수 있었다. 따라서 일본의 방위산업체에서 나타나는 민·군 겸용 품목의 생산 또는 민·군 겸용 기술에 대한 강조라는 특성은 통산성이 애초부터 구상하여 추진한 정책이라는 일반적인 주장과는 다르게, 대장성의 반대에 직면한 통산성의 어쩔 수 없는 정책에서, 또는 위기에 직면한 방산업계들의 자구책에서 나타난 것으로 시장 논리가 더 강하게 작용한 결과로 보아야 한다.

요컨대 일본이 비군사화라는 점령정책에서 벗어나 방위산업을 재개하기까지에는 냉전이라는 상황과 이에서 파생된 미국의 역외조달, 그리고 이를 적시에 포착한 재계, 특히 경단련의 역할이 지대했다. 동시에 다른 한편으로 방위산업이 비대화되는 것을 저지하는 데는 대장성의 역할이 결정적이었다고 할 수 있다. 덧붙여 방위산업의 비대화에 대한 대장성의 반대는 아이러니컬하게도 일본의 방위산업을 특징짓는 민·군 겸용 품목의 생산과 민·군 겸용 기술을 강조하는 사고를 잉태시켰다.

제5장

제4차 방위력정비계획

이 장에서는 제4차 방위력정비계획이 나카소네 원안, 방위청안을 거쳐 최종적인 정부안으로 나타나게 되는 과정과 재4차 방위력정비계획 말기 대두되었던 PXL(차기 대잠 초계기), AEW(조기 경계기)의 선정 과정을 재계, 각 성청, 주요 정치인과 미국의 영향력을 중심으로 살펴본다. 이 장에서 구체적으로 살펴볼 내용은 다음과 같다.

첫째, 제4차 방위력정비계획이 질적·양적인 면에서 비약적으로 증대하게 된 데에는 당시 나카소네 방위청 장관의 역할이 매우 컸다는 점이다. 4차방의 중심 내용이었던 '자주방위' 구상이 바로 그의 것이었으며, 이를 관철시키는 데에도 나카소네는 중심적인 역할을 했다. 요컨대 앞장에서 살펴본 '병기 재생산' 과정에서는 재계와 각 성청 조직의 활동이 중심적이었던 데 비해 '4차 방위력정비계획'에서는 정치인의 역할이 중심이 되었다는 점을 살펴보게 될 것이다.

둘째, 나카소네를 중심으로 한 방위청의 이런 움직임에 대해 재계 또한

'자주 개발', '장비의 국산화'를 적극적으로 주장하며 자신들의 견해를 반영시키고 있었다는 점이다. 이는 재계 지도자들의 계속적인 국산화 발언과, 최종적인 정부안에 대한 재계 지도자들의 반응을 통하여 나타나고 있다. 또한 최초에 제시되었던 4차 방위력정비계획의 총론적인 규모, 그리고 마지막 단계까지도 수입과 국산화 사이에서 논란이 심했던 FST-2, T-2의 국산화 과정에서 재계가 자신들의 이해를 어떻게 표출하고 있는지를 살펴보게 될 것이다.

셋째, 이 외에 정부 내 조직 간의 균열이 어떻게 나타나고 있는지에 대해 살펴본다. 특히 병기 재생산 과정에서 대립을 보였던 통산성과 대장성, 그리고 방위청 등의 관계가 4차방을 둘러싸고서는 어떤 양상으로 전개되는지를 살펴보게 될 것이다.

마지막으로, 4차방의 진행 과정에서 일본의 방위산업에 접근하는 미국의 입장 변화가 어떻게 나타나는지에 대해 살펴볼 것이다.

1. 4차방 전후의 국제적 상황

1. 베트남전쟁과 미일안보체제

1965년 이후 베트남전쟁이 확대됨으로써 일본은 많은 경제적 혜택을 입었다. 1965~66년 동안 일본의 GNP 성장은 2.7%에 불과했던 반면 1967~68년에는 무려 7.5%로 상승했으며, 이 당시 미국이 일본 기업들과 맺었던 군사 계약액은 약 5억 500만 달러에 달했다. 더군다나 베트남 이외의 국가들 — 미국, 타이, 한국, 타이완, 필리핀 — 에 상품을 수송하기 위한 전쟁 관계 계약액은 약 12억 달러에 달했다. 미국의 전쟁 수요가 미국의 자본주의를 유지시키는 데 중요했던 만큼이나, 일본의 자본주의를 부활시키는 데 있어서도 중요한 요소였던 것이다(Halliday and McCormack 1973, 108).

베트남전쟁이 어려움에 직면하고 달러 위기가 심화됨에 따라 1968년 11월의 미 대통령 선거에서 베트남전쟁의 종결을 내건 공화당의 닉슨이 당선되어 1969년 1월 닉슨 정권이 발족되었다. 닉슨은 동아시아를 방문 중이었던 7월 25일 괌에서 선언을 발표, 아시아 제 국가의 자조 강화와 미국의 부담 경감을 방침으로 할 것임을 나타내었다. 베트남으로부터 미 지상군을 철수시킴과 함께 일본에 대해 새로운 역할을 떠맡김으로써 미국의 부담을 경감시키고자 한 것이었다.

한편 이에 앞서 존슨 정권 시대인 1967년 11월 방미했던 사토 에이사쿠(佐藤榮作) 수상은 존슨 대통령과의 회담에서 일본이 베트남전쟁을 지지하고 안보조약을 견지하며 군사력을 증강시키는 대신 1년 이내에 오가사와라(小笠原)를 반환받는다는 약속을 받았으며, 오키나와에 대해서는 그 기지가 일본뿐만 아니라 극동의 안전보장에 중요한 역할을 하고 있다는 점[1]에서 반환 시기는 명시하지 않았으나 미·일 간 중요한 의제라는 점은

1_藤原彰(1987, 122). 이 시기에는 일본 국내에서도 오키나와 반환이 커다란 정치적 과제로 대두되어 있었다. 오키나와의 미군 기지는 극동 미 전략의 핵심으로, 베트남전쟁 수행을 위한 전략적 요충지였다. 1968년 들어서는 장거리 폭격기 B52가 대량으로 진주하여 베트남 폭격을 위한 기지로 사용되었다. 해군기지로서뿐만 아니라 베트남전의 부상자를 위한 병원, 사병의 위무 휴양지로서도 이용되어 베트남전쟁에 깊이 관련된 지역이었다.

명백히 했다.

이런 상황에서 1969년 11월 21일 두 번째 방미한 사토 수상은 닉슨 대통령과 안보조약 견지, 72년의 오키나와 반환이라는 공동성명을 발표했다. 이 성명에서 주목할 것은 한국, 타이완, 남베트남에 있어서 친미 정권의 유지가 일본의 안전과 일치한다는 것이었고, 이를 위해 일본이 협력할 것을 약속한 것이었다.[2] 사토 수상은 미·일 정상회담에서의 오키나와 반환 약속을 성과로 중의원을 해산하고 총선거를 실시, 절대 다수의 의석을 획득했다.

그 결과 1970년 1월 14일 제3차 사토 내각이 성립했고, 방위청 장관에는 방위력 증강에 적극적이었던 나카소네가 취임했다. 사토 내각은 1960년과 같은 안보 투쟁이 재연될 것을 우려하여 미일안보조약의 종료 통고를 하지 않음으로써 자동적으로 연장되는 방법을 취하여, 안보조약 10년째인 1970년 6월 22일 자동 연장에 대한 정부 성명을 발표했다. 같은 날 미국에서도 윌리엄 로저스(William P. Rogers) 국무장관이 방미 중이었던 아이치 외상과 회담하고 "일·미안보조약 10주년에 관한 성명"을 발표했다.[3]

사토 내각은 자동 연장 후의 방위정책에 대해 특별한 변경은 없을 것이라는 방침을 취했다. 그러나 군비 증강에 적극적이었던 나카소네 방위청 장관은 1월에 취임하면서부터 〈국방의 기본 방침〉에 대한 개정을 주장하고 나섰다. '자주방위'를 방침으로 하여 전수 방위를 더욱 적극적인 것으로 고칠 것, 국방회의를 미국의 국가안전보장회의와 같은 것으로 개편·강화

2_이 내용에 대해서는 "佐藤-ニクソン共同聲明," 齊藤眞·永井陽之助·山本滿(1970, 458-462) 참고.

3_"安保あす自動延長入り," 『朝日新聞』(1970/06/22) 夕刊.

할 것 등을 포함한 것이었다. 그러나 자민당 내에는 신중론도 있었으며 국민감정도 고려하여 〈국방의 기본 방침〉 개정은 미뤄지게 되었다(藤原彰 1987, 125).

2. 달러쇼크와 일·중 수교

1971년 8월 15일 닉슨 미 대통령은 달러와 금 교환의 일시 정지, 수입 과징금의 실시 등을 주 내용으로 하는 달러 방위책을 발표했다.[4] 이 조치는 소위 '달러쇼크'라는 형태로 세계의 경제에 커다란 영향을 끼쳤다. 제2차 대전 후의 미국은 풍부한 금 준비와 국제수지의 흑자로 달러를 기준 통화로 하는 국제통화기금체제에 의해 세계경제를 지배하고 있었다. 그러나 1960년대 후반 들어 베트남전쟁으로 전비 부담이 가중되면서 재정 적자, 국제수지 적자가 누적되어 달러가 유출되고 금 준비가 감소하여 달러의 위기가 나타났던 것이다.[5]

달러쇼크는 미국 경제에 의존하고 있던 일본 경제에 심각한 영향을 끼쳤다. 주식은 폭락했으며 불황은 심각한 국면으로 접어들었고 수출 주도형 기업은 큰 타격을 입었다. 사토 내각은 이의 타개책으로서 공공사업을 확대해 불황 탈출을 꾀했으나 이는 국채 증가에 의한 재정 위기의 원인이 되었다. 이리하여 15년 이상 계속되었던 일본 경제의 고도성장은 종지부를

4_이의 구체적 내용에 대해서는 Odell(1982, 165-291)을 참고하라.

5_이것이 소위 1972년의 '달러쇼크'다. 이것이 나오게 된 구체적 배경에 대해서는 Odell(1982), 특히 pp. 288-291을 참고하라.

찍게 되었다.

달러쇼크와 함께 사토 내각에 충격을 안겨 준 것은 미국과 중국의 국교 수립이었다. 1971년 7월 미국 대통령 보좌관 헨리 키신저(Henry Kissinger)가 극비리에 중국을 방문하여 저우언라이(周恩來) 수상과 회담, 1972년 5월까지 미국 대통령이 중국을 방문한다고 발표하여 세계를 놀라게 했다. 이 발표대로 1972년 2월 닉슨 대통령은 중국을 방문, 마오쩌둥(毛澤東) 주석 등과 회담한 후 중국은 하나라는 공동성명을 발표했으며 이에 사회주의 중국은 국제사회에 복귀하게 되었다. 이리하여 미국 외교에 추수하여 타이완 지지, 중국 적대시의 정책을 취하면서 중국의 국제연합 진입에 계속 반대하고 있었던 일본은 커다란 타격을 받을 수밖에 없었다. 일본의 재계 또한 고도성장이 끝난 후 새로운 큰 시장으로서 중국에 눈을 돌리고 있었던 시점이라 중국에 잇달아 대표단을 파견하여 일·중 국교 회복을 요구하고 나섰다. 이의 결과 타이완에 얽매여 있던 사토 내각의 퇴진은 시간문제가 되었다(藤原彰 1987, 130).

1972년 5월에 오키나와 반환이 실현된 것을 기회로 사토 수상은 6월에 은퇴를 표명했으며 7월에 사토 내각은 총사직했다. 재임 기간 7년 8개월은 일본 헌정 사상 최장 기록이었다. 후임 자민당 총재에는 풍부한 자금력으로 당내에 기반을 가지고서 일·중 국교 회복을 주장하고 있었던 다나카 가쿠에이(田中角榮)가 당선되어 내각을 조직했다. 이리하여 9월에, 1937년 중일전쟁 개시 이후 35년 만에 비로소 중·일 국교가 회복되었다(藤原彰 1987, 131-132). 달러쇼크에 의한 미국 지도력의 약화, 중국과의 국교 회복이 일본을 둘러싼 국제 정세, 특히 군사 정세에 커다란 영향을 미치리라는 것은 예정된 수순이었다.

2. 최초의 『방위 백서』와 제4차 방위력정비계획

1971년도는 제3차 방위력정비계획의 최종 연도로서 그 목표 달성을 위해 정비의 충실화와 대원의 확보에 중점이 두어졌다. 이 때문에 1971년도의 방위비는 1970년도에 비하여 17.8%가 증가한 6,709억 엔으로 자위대 발족 이래 최고의 신장률을 나타내었다. 이는 총예산의 7%를 조금 넘는 것이었으며 국민총생산의 0.8%로서, 고도성장이 끝나가는 시기 최후의 방위 예산이었다. 그러나 1971년에는 전술한 바와 같이 달러쇼크에 의한 일본 경제의 대변동이 있었을 뿐만 아니라, 1971년 7월 닉슨의 중국 방문 결정, 그리고 자위대의 F-86 전투기와 전일공기(全日空機)의 공중 추돌 사건과 같은 대형 사건들이 잇달아 발생하여 차기 방위력 계획인 제4차 방위력정비계획의 책정도 난항을 거듭하게 되었다.

1. 최초의 『방위 백서』

일본 군국주의가 부활했다고 각국이 비난하게 된 것이 3차방 후반부터였다. 왜냐하면 3, 4차방을 거치면서 일본의 자위대는 질적·양적 면에서 비약적인 성장을 이룩했을 뿐 아니라, 또한 그간에 일본이 이룩한 비약적인 경제성장에 따라 3차방 기간 중 미국의 무상 원조는 거의 소멸되었기 때문이다. 따라서 이후부터는 조달의 대부분이 미국의 유상 원조와 일반 수입, 그리고 국내 조달로 이뤄지게 되었다. 국내 조달 비율은 3차방 초년도인 1967년에 89%를 점하고 그 후로도 계속 증가하여 90%를 넘게 되었다.[6] 특히 베트남전쟁으로 인한 미국 군사기술의 일본 유입도 활발하게 이

표 5.1 | 일본과 베트남에서의 미국의 군사비 지출액(1964~69)

(단위: 백만 달러)

연도	일본	베트남
1964	321	64
1965	346	188
1966	484	408
1967	538	564
1968	581	558
1969	320	303

주: 이 수치들에 베트남에서 실제로 사용된 '전쟁 비용'은 제외되어 있다.
자료: Survey of Current Business, Vol.49, no.12, 1969.12. [Halliday and McCormack(1973, 108)에서 재인용]

뤄져 일본의 방위산업은 비약적으로 증대되었다.

이 당시 미국의 군사비가 일본에 얼마나 흘러들어 갔을까 하는 것은 미국의 군사비 지출을 살펴보면 알 수 있다. 〈표 5.1〉에서 보는 바와 같이 베트남전쟁이 확대일로에 있었던 수년간, 미국이 베트남에서 직접 사용한 전쟁 비용을 제외한다면 미국이 일본에 지출한 군사비는 1967년 한해를 제외하고는 매년 베트남에 지출한 군사비를 상회했다. 일본에서 사용한 미국의 군사비 지출액 및 특별 조달비, 그리고 이 전쟁을 직접적인 원인으로 하여 발생한 동남아시아의 막대한 구매력이란 세 요소가 베트남전쟁이 일본경제를 진작시킨 요소였다. 전쟁이 피크에 달했을 때 일본 업계에 돌아온 직접적인 '총 이익'은 매년 20억 달러 정도였던 것으로 알려져 있다. 더군다나 미국의 생산업자들이 군수산업에 치중함으로써 일본의 일부 수출업자들이 미국 시장을 잠식하는 결과도 빚어졌다(Halliday and McCormack 1973, 12).

6_이의 구체적 내용에 대해서는 이 책의 제3장을 참고하라.

방위산업의 양적 확대와 함께 3차방이 1971년에 끝나게 되자 방위청은 1972년도부터 4차방을 검토하고 있었다. 그러나 앞서 언급한, 일본을 둘러싼 국제적 환경의 변화와 정치, 경제 정세의 변화로 4차방 책정은 난항을 거듭했다. 1970년 9월 나카소네 방위청 장관은 미국을 방문하는 도중에 총액 160억 달러(5조 7,600억 엔)의 4차방을 검토 중이라고 언급하여 발표 방법뿐 아니라 그 액수의 규모로 주목을 받았다. 그리고 나카소네 장관은 귀국 후인 10월에 총액 5조 8,000억 엔에 이르는 4차방 개요를 발표했다.[7]

한편 이 발표에 앞서 방위청은 처음으로 『방위 백서』를 작성, 각의의 승인을 받아서 공표했다. 이는 나카소네 장관이 외국의 예와 같이 국민에게 방위력 증강의 필요를 설명하기 위해 작성을 명한 것이었다. 공식적으로 『방위 백서』가 발표된 것은 1970년 11월이었으며, 이때만큼 매스컴에서 '방위'라는 단어가 자주 오르내린 적도 없었다.[8] 백서 발표 다음날 4차방 원안의 초안이라 할 수 있는 〈4차방 대강〉이 모습을 나타내었다.

4차방 개요에 대해 살펴보기 전에 먼저 "군사 대국은 되지 않는다"라든지 "전술 핵은 법적으로 가질 수 있다"라는 등 대담한 방위 해석으로 화제를 불러일으켰던 일본 최초의 백서에 대해서 살펴볼 필요가 있다. 이 백서

7_"規模, 年刊一兆円越す," 『朝日新聞』(1970/10/22).

8_『방위 백서』의 구상이 생겨난 것은 1957년의 쓰시마 주이치(津島壽一) 방위청 장관의 시대였다. 백서가 실현되기 위해서는 자위대의 존재에 대한 논의가 있어야 할 뿐만 아니라, 방위력 필요성의 전제가 되는 '위협'의 실태를 명확히 할 필요가 있었다. 이런 준비가 없으면 이를 근거로 국회에서 야당이 비판할 것 등을 두려워하여 백서의 공표가 늦어지고 있었다. 구상하고서부터 13년째인 점을 보면 방위청이 이 발표에 얼마나 신경을 쓰고 있었는지를 알 수 있다. 전전, 전후를 통틀어 최초의 군사 백서는 정식 명칭으로는 『日本の防衛』로 전문 5만 자에 달했다.

는 자주, 전수 위주의 안보를 강조하여 공해, 공공(公空)에서의 침략을 배제한다는 내용으로 3부로 구성되어 있다. 제1부는 일반론으로서 현대사회에서 방위의 의의를 논하고 있으며, 제2부에서는 일본을 둘러싼 상황으로 극동의 군사 정세, 국방의 기본, 일본의 방위력, 미·일 공동방위체제의 필요성과 같은, 당시 일본의 방위가 놓여 있는 상황에 대해 논하고 있고, 제3부에서는 자위대의 실태와 문제점들을 소개했다.[9] 또한 백서는 내용의 앞부분에서 새로운 일본의 진로로서 "일본은 경제 대국은 되지만 군사 대국으로는 되지 않는다"라고 언급한 다음, 국가를 지키는 마음가짐에 대해 다음과 같이 적고 있다.

> 우리 국민은 부정(不正)한 침략으로부터 우리의 국민 공동생활체와 국토를 지키기 위해 거국적으로 최선의 저항에 진력하지 않으면 안 된다. 이는 국민 한 사람 한 사람의 의무이며 그런 의무를 완수하지 않으면 안 된다. 그런 자각이 방위의 의욕이며, 국가를 생각하는 마음이며, 애국심의 발로이다. 진정한 애국인은 국가의 위급에 즈음해서는 몸을 던져 국가를 지킨다고 하는 의욕이 없으면 안 된다. 전후의 풍조는 전전의 지나쳤던 국가주의에 대한 반동(反動)으로부터 국가를 사랑한다는 자연적이고 인간적인 감정을 억지로 부정하는 경향이 강했으나 우리는 전후 25년이 되어 스스로 반성해야 한다고 생각하며, 국가를 사랑한다는 자연적이고 건전한 감정을 우리 국민들 속에서 머금고 나갈 필요가 있다고 믿는다.[10]

9_"初の防衛白書を發表-自主,專守が第一義-,"『朝日新聞』(1970/10/20) 夕刊; "防衛白書の主な內容,"『朝日新聞』(1970/10/22) 夕刊.

10_"防衛白書の主な內容,"『朝日新聞』(1970/10/22) 夕刊.

이 내용에서 보듯이 구미 각국의 백서가 막대한 군사비를 왜, 어떻게 사용하는가라는 측면에 중점을 두는 것과 비교해 보면 조금의 차이가 있다. 즉 국민의 방위 의식을 고양시킨다든지, 국민을 설득시키고자 하는 내용이 주된 것으로서 방위에 대한 홍보와 국민을 교육시키고자 하는 성격이 짙다. 또한 이 최초의 『방위 백서』에서는 백서에서 당연히 나타나야 할 무엇으로부터 국가를 지킬 것인가에 대한 언급이 없다. 즉 백서에서 가장 먼저 설명되어야 할 점에 대해 전혀 언급함이 없이 애국심 고양만을 언급함으로써, 일각에서는 백서가 다분히 여론 홍보를 위해 작성되었다는 비판도 나타났다.[11]

일본에서 나타난 최초의 군사 백서로서 이후 계속해서 발간된 『방위 백서』의 기준이 되었다는 측면에서 그 내용을 좀 더 구체적으로 살펴보면 다음과 같다. 우선 『방위 백서』 속의 '극동의 군사 분석'에서는 "일본 주변의 바다와 공중(海空域)에서 국적 불명의 함선, 항공기의 행동을 인식할 수 있다"고 하면서 "현재는 직접침략이라는 공연한 무력 침략은 억제되고 있기 때문에 역으로 간접침략이라는 형태로 침략할 가능성이 증대하고 있다"[12]고 하고 있다. 공산권 국가들로부터 간접침략의 위험이 있음을 들어 방위력을 증강시키지 않으면 안 된다고 설명하고 있는 것이다. 소위 이들 공산권 국가들을 가상적으로 생각하고 있어 당시까지 가상적의 존재를 인정하지 않았던 정부의 방침이 완전히 변한 것이다.[13]

11_"防衛白書をめぐって(座談會)," 『朝日新聞』(1970/10/21).

12_"防衛白書の主な內容," 『朝日新聞』(1970/10/22) 夕刊.

13_『방위 백서』의 성질상 일본의 안전과 이를 위협하는 가상적에 대해 언급하지 않으면 안 되는 것이었으나, 이와 같이 명확하게 공산권을 적대시할 필요가 있을 것인가에 대해 상당한 논의가 있었기 때문에 5, 6개의 백서 초안이 만들어졌다가 없어지곤 했던 것으로 알려져

방위청 발족 이후 역대 장관이 이 백서를 정리하려고 하면서 결국은 아무것도 하지 못하고 결국 장관 자리를 떠난 것도 가상적을 어떻게 다룰 것인가 하는 문제였다고 일컬어진다. 나카소네 장관이 이 두꺼운 벽을 깨뜨리고 백서를 공표한 것은 그가 '거물'이란 점도 작용했을 것이다. 그러나 가상적의 위협에 대해서는 '부정한 침입'이라는 매우 애매한 표현을 사용함과 함께 그 이상의 기술은 피하고 있다. 이런 점에서 "백서라는 간판으로서는 내용이 좀 조악하다"고 하는 비판도 나왔다.

이 외에도 "(백서는) 과거에 일어난 분쟁에 커다란 고려를 하고 있음에도 불구하고 히로시마와 나가사키의 결과에 대해서는 전혀 언급하고 있지 않다. 이는 국방에 있어서 매우 중대한 '탈락'이라 하지 않을 수 없다"고 하는 주장도 나타났다.[14] 이와 같이 몇몇 중대한 요건이 '탈락'되어 있는 '결함 백서'가 1972년부터 4차방 기간 중의 5개년에 걸쳐 일본의 방위를 규율했던 것이라 할 수 있을 것이다.

당시의 방위청 장관이었던 나카소네는 『방위 백서』의 발간에 즈음하여 "일본은 평화 국가의 이미지를 전 세계에 정착시킨다. 그리고 국제적 신뢰의 확립에 노력한다"고 하는 담화를 발표했다. 그러나 백서 원안에 포함되어 있던 "자위력의 헌법상 한계로서 징병제를 취하지 않는다"고 하는 자구가 언제부턴가 삭제되어 버리면서 그 의도를 둘러싸고 논란이 벌어지기 시작했다. 『방위 백서』 발표 후 방위청은 "내각 법제국으로부터 삭제 요망이 있었기 때문에 최종안에서 지웠다" "징병제는 방위력의 한계와는 성격이 다르다는 의견이 나왔다"[15]고 설명했다. 이에 대해 내각 법제국은 "①

있다.

14_"防衛白書をめぐって(座談會)," 『朝日新聞』(1970/10/21).

자위대가 문제가 되지 않기 때문에 특별히 써넣을 필요가 없다, ② 일·미 헌법의 공통 조문인 '그 의사에 반해 징역을 시킬 수 없다'에 대해 징병제를 부정하는 것은 아니라는 미 최고재판소의 예가 있다"는 등의 이유를 들었으나, '징병제' 삭제에 대한 설명으로서는 충분치 않았다.

이런 측면에서 자위대의 모집난이 심각해지고 있는 가운데 방위청이 장래에 징병제를 할 의도가 있는 것이 아닌가라는 문제가 야당을 중심으로 제기되었다. 즉 사회당 등 야당은 1970년 11월 5일의 참의원 결산특별위원회에서 당시의 나카소네 장관에게 징병제의 자구를 삭제한 이유에 대해 추궁했다. 이에 대해 나카소네 장관은 "방위청 원안에서는 방위력 한계의 항목에 헌법상의 한계로서 징병제는 실시하지 않는다고 하는 문장이 있었다. 그러나 내각 법제국으로부터의 참고 의견으로 징병제는 실시하지 않는다고 하는 것이 다수설이나, 긴급 비상사태에는 주민에 대해 역무의 협조를 요청할 수 있다고 하는 취지에서 징병제도 가능하며 이는 헌법에서 금지하고 있는 징역은 아니라는 것이 소수 의견이다. 나는 내각 법제국으로부터의 참고 의견을 읽고 삭제했다"고 답변했다.[16]

2. 4차방 개요와 원안의 발표

『방위 백서』가 발표된 이후인 1970년 10월 22일에 사토 수상은 국제

15_"初の防衛白書を發表-自主,專守が第一義-,"『朝日新聞』(1970/10/20) 夕刊.

16_"徵兵制不可能の字句削除, 少數意見くんだ, 防衛白書で 中曾根長官答弁,"『朝日新聞』(1970/11/05).

연합 25주년 기념총회에 출석하여 브라질, 모리타니, 소련 대표에 뒤이어 일본 수상으로서는 처음으로 연설을 했다. 이 날 사토 수상의 연설 요지는 "① 닉슨 대통령의 인도차이나 화평 제안을 환영한다. ② 평화 유지를 위해 국제 긴장의 원인이 되고 있는 분열 국가의 문제를 무력에 의하지 않고 해결하자. ③ 미·일 상호 협력에 의한 오키나와의 1972년 반환과 관련하여, 일본 고유의 영토인 북방 영토 문제의 원만한 해결을 바란다. ④ 일본은 군사 국가의 길을 걷지 않으며, 경제력을 저개발국으로의 경제원조 확대로 돌린다. ⑤ 공해 등 환경 정책의 국제 협력에 전면 협력한다"라는 등의 내용이었다.[17] 특히 사토 수상은 일본 헌법의 평화주의가 국제연합 헌장 전문의 정신에 따르는 것이라 하여 국력을 군사 목적에 할애할 생각이 없음을 강조했다. 그러나 사토 수상이 국제연합에서 "우리나라는 군사 대국이 되지 않는다"는 사실을 강조하면서 연설하기 몇 시간 전, 일본에서는 4차방의 축소판이라고 할 수 있는 4차방 개요가 발표되었다.

이 글의 앞부분에서 언급했다시피, 전후 일본의 방위산업은 4차방을 계기로 질·양 면에서 비약적인 발전을 한 것으로 평가받고 있다. 이를 염두에 두고서 4차방 개요에 대해 살펴보도록 하자. 우선 당시 발표한 개요의 성격은 『방위 백서』와 함께 자주방위와 미일안보체제의 미묘한 변화를 부각시킨 4차방에의 도입부에서 나타난다. 즉 당시까지 '공격의 미군', '방어의 자위대'라는 보완 관계를 완전히 변화시킨, 자위대에 의한 자주 공격 수단의 증강을 전면에 끄집어낸 것이다. 좀 더 구체적으로 살펴보면 다음과 같다.

17_이에 대해서는 "佐藤首相の 國連演說(全文)," 『朝日新聞』(1970/10/22) 夕刊 참고.

먼저 방공에 대해 살펴보면, 항공자위대는 명백히 소련 극동 공군을 대상으로 하고 있다. 가상적의 대상이 소련으로 시종일관되고 있는 점은 중국, 북한의 항공력을 대상으로 하기에는 항공력 증강에 대한 설득력이 떨어지기 때문이다. 소련기 가운데서도 중형의 초음속기와 소형의 전투폭격기에 대한 방공에 중점을 두고 있다. 해상 전략 구상에서는 연안 해역의 방비를 강화, 해상으로부터의 게릴라 침입과 물자의 육지 운반을 방지하기 위해 새롭게 함대함 미사일을 적재한 소형 고속정을 배치하는 것으로 나타나고 있다. 구체적으로 제트전투기 F4EJ 팬텀을 추가 장비하는 외에 대공 미사일 '나이키'부대를 세이칸(青函), 오키나와, 주고쿠(中國) 지역에 배비하여 7개 대로 한다. AEW를 도입하고 수송기, 제트 연습기도 새로운 국산기로 대체한다. 이런 조치로 보유 항공기는 4차방 완성 시에 900기가 된다. 마지막으로, 육상 전략에 대해서는 자주방위의 방침에 따라 장비와 부품의 국산화, 그리고 미군 장비와의 호환성에 중점을 두고 있다. 장비 면에서는 전차를 1,000대로 증가하는 외에 장갑차, 헬기를 대폭 증강한다.[18] 이외에도 4차방 개요에서는 나카소네가 자민당의 안전보장조사회 등에 설명하는 과정에서 병기 국산화에 중점을 둔다는 점을 분명히 함으로써, '군산복합체'가 나타나는 것이 아닌가 하는 염려도 대두되었다.[19]

4차방 개요 발표로부터 반년이 지난 1971년 4월에, 방위청은 4차방 원안을 정식으로 발표했다. 4차방 원안은 6개월 전 나카소네 방위청 장관이 자민당 안전보장조사회, 국방부회의 합동부회에서 설명한 4차방 개요의 내용과 거의 같은 것이었다. 총 경비는 5조 1,950억 엔, 대원의 임금 인상

18_"規模, 年刊一兆円越す," 『朝日新聞』(1970/10/22).

19_"四次防, 兵器國産化に重点, '産軍複合体'の懸念も," 『朝日新聞』(1970/10/22).

분을 포함하면 5조 8,000억 엔에 달하는 것이었다. 이 총 경비는 3차방의 2.2배에 달하는 것으로서, 완성 시에는 세계 12위였던 일본의 국방비 총액이 세계 6, 7위로 도약하는 거대한 계획이었다.

발주액이 3차방의 두 배에 이르고 장비의 국산화를 적극 추진한다는 방침에 대해 재계는 방위산업에 활력을 불어넣을 것이라는 점에서 기대에 부풀었으나,[20] 다른 한편에서는 앞서 언급한 바와 같이 '군산복합체'가 강력히 대두되는 것이 아닌가 하는 염려도 나타났다. 또한 미국 측에서는 자위력 강화로 미국의 부담이 덜어질 것이라는 점과, 방위력 강화가 어떤 식으로든 미국 방위산업의 활성화에 도움이 될 것이라는 점에서 환영하는 태도를 보였다.[21]

3. 정계와 각 성청, 재계의 움직임

1. 4차방 원안에 대한 정계의 움직임

방위 관료들은 나카소네에 대해 "3차방까지는 토대 만들기에 불과했으나 나카소네는 4차방에 의해 건물을 만들었다"(木川田榮 1971, 55)고 평가하고 있다. 나카소네가 자위대의 체제 확립과 전력 증강에 진력했다는 의미

20_"防衛産業に活力,"『朝日新聞』(1971/04/28).
21_"自衛力强化を歡迎,"『朝日新聞』(1971/04/28).

일 것이다. 실제로 방위 관료뿐만 아니라 일반인들 사이에서 자위대에 대한 나카소네의 '공헌도'는 매우 높이 평가되고 있다. 나카소네는 4차방이 정식으로 시작되기 전에 방위청 장관의 자리를 마스하라 게이키치(增原惠吉)에게 물려주었으나, 이후 계속된 방위정책의 틀을 제시했다는 점에서 나카소네의 영향력은 컸다고 할 수 있다.

4차방의 방위청 원안은 『방위 백서』와 함께 나카소네가 몰두한 큰 작업이었고, '방위력의 한계' '자주방위의 강화' 등 나카소네가 강조하던 점이 거의 포함되었기 때문에 '나카소네 원안'(中曾根 原案)으로도 불려졌다. 실제로 4차방의 방위청 원안이 발표된 뒤인 1971년 5월, 나카소네는 이 원안에 만족하면서 "인간 존중, 국산 자주 개발의 추진, 정보 기능의 충실 등 이제까지 내가 해온 것을 전부 포함시켰다"(木川田榮 1971, 55)고 자찬했던 것이다.

나카소네는 이전부터 〈국방의 기본 방침〉(1957년 5월 결정)의 골간이던 미일안보체제 기조를 자주방위 노선으로 바꿀 생각을 갖고 있었으며, 이와 같은 그의 생각은 4차방 원안에 포함되었다. 제3장에서 살펴본 바와 같이 1957년 결정되었던 〈국방의 기본 방침〉은 "① 국제연합의 활동을 지지하고 국제간의 협조를 모색하며 세계 평화의 실현을 기한다. ② 민생을 안정시키고 애국심을 고양시키며 국가의 안전을 보장하는 데 필요한 기초를 확립한다. ③ 국력, 국정에 맞게 자위를 위해 필요한 한도에서 효율적인 방위력을 점진적으로 정비한다. ④ 외부로부터의 침략에 대해서는, 장래 국제연합이 유효하게 이를 저지하는 기능을 가질 수 있게 될 때까지는 미국과의 안전보장체제를 기조로 하여 이에 대처한다"의 네 항목으로 구성되어 있다(『防衛年鑑』 1992, 414). 이와 같은 〈국방의 기본 방침〉에 대해, 이것이 1차방이 발족된 해에 결정되었기 때문에 실정에 맞지 않다는 지적이 있었다.

나카소네가 이 기본 방침 중에 고치려 생각했던 점은, 미일안보조약에 의한 방위보다는 자주방위를 강조한다는 것이었다. 즉 기존의 네 가지 항목에 더하여 다섯 번째 항목으로서 "헌법을 지키고 문민 통제하에서 국토 방위에 철저를 기한다"는 조항을 첨가할 것, 자주방위를 전면에 부각시키기 위해 두 번째 항목을 수정하여 "우리나라에서 먼저 대처하고 모자라는 점은 미일안보체제에서 보완한다"고 하는 두 가지였다.[22]

〈국방의 기본 방침〉을 개정하려는 이와 같은 나카소네의 구상은 사토 수상을 비롯한 자민당 수뇌 사이에서도 반대 의견이 많았다. 그 반대 논지는 대체적으로 〈국방의 기본 방침〉 내용이 함축적으로 되어 있으므로 개정하면 오히려 여러 가지 문제가 생길 수 있다는 것[23]으로 집약되었다. 그러나 결국은 4차방 원안에 "직접침략에 대해서는 우리 방위력으로 우선 대처한다"고 하는 내용이 포함됨으로써 그의 의견이 반영되는 형태가 되었다. 나카소네로서는 〈국방의 기본 방침〉을 개정할 필요가 완전히 없어졌던 것이다.

22_"國防の基本方針全面改正へ作業始まる, 自主防衛が前面に,"『朝日新聞』(1970/05/18).

23_"國防の基本方針改正, 政府いぜん愼重, 官房長官談,"『朝日新聞』(1971/03/10). 당시 사토 수상은 이와 같은 나카소네의 적극성, 저돌적인 추진력을 견제하려 했던 것으로 알려졌다. 예를 들어, 방위 구상에 대한 나카소네의 독주를 우려하여 당시까지 내세우고 있었던 '비핵중급국가구상'(非核中級國家構想)에 대해 "일본은 이미 경제 대국이므로 군사 대국은 되지 않는다. 굳이 비핵 '中級'이라는 용어를 사용할 필요는 없을 것이다"라고 제동을 걸어 '비핵전수방위국가구상'(非核專守防衛國家構想)으로 명칭을 고쳤다고 한다. 즉 내용이 아닌 명칭에서만이라도 나카소네를 견제하고자 하는 의도가 나타났던 것이다. 또한 4차방에 대한 방위청 원안의 설명을 들었을 때도 "각 성에 심의를 잘 받았으면 좋겠다"고 나카소네에게 다짐을 받을 정도로 방위 문제에 대한 나카소네의 독주를 견제하고자 했다고 한다(木川田榮 1971, 59-60).

2. 대장성과 국방회의의 반대

나카소네가 자찬할 정도로 그의 의견이 강하게 반영되었던 4차방 원안은 관계 성청, 특히 대장성과의 절충이 시작되고서부터 반대에 부딪치기 시작했다. 개요 발표로부터 6개월 후에 나온 4차방 원안에 대해 대장성은 예산상 도저히 받아들이기 어렵다며 대폭 축소를 요구하는 방침을 밝혔다. 즉 나카소네가 자민당에 설명한 4차 방위력정비계획 구상에 대해 대장성은 "5조 8,000억 엔의 4차방은 규모가 너무 크다. (중략) 동 계획은 금년도 예산을 기준으로 내년부터 매년 방위비를 18%씩 증가시키지 않으면 달성될 수 없는 숫자로서 재정상 도저히 응할 수 없다"[24]며 대폭 축소를 요구했다. 방위비 증강에 대한 대장성의 반대를 분명히 한 것이다.

이와 같은 장기 계획은 국방회의에 부쳐 그 후 발표되는 것이 통례였다. 예를 들어, 3차방까지는 방위청 원안을 제출하지 않았으며 정부 원안이 순조롭게 계획에 옮겨졌다. 그러나 4차방에서는 처음으로 방위청 원안이 발표되었기 때문에 대장성 등 관계 성청은 "방위청이 원안을 적극적으로 홍보한다는 건 말도 안 된다. 방위청이 나카소네의 페이스에 말려들어 갔다"(木川田榮 1971, 59)고 비판, 다분히 감정적인 대립 양상이 나타났던 것이다.

이런 반대의 움직임에 대해 나카소네는 "국민에게 원안을 보여 솔직한 비판을 듣기 위해 발표한 것으로 타의는 전혀 없다"(木川田榮 1971, 57)고 하여 한발 물러서는 자세를 보였다. 그러나 원안 발표 6개월 전인 1970년 10

24_"四次防は豫算上ムリ,"『朝日新聞』(1970/10/22).

월에 이미 방위청 원안과 거의 변함없는 내용의 〈4차방 대강〉을 발표했다는 사실은 4차방을 적극적으로 추진하기 위한 방위청의 의도를 그대로 나타내는 것이었다. 이와 같은 방위청의 움직임에 대해 예산편성권을 장악한 대장성이 즉각 반발하고 나섰다는 것은 4차방의 추진이 순탄치 않으리라는 것을 예고하는 것이었다.

대장성 이외에도 방위청에 대해 비판적이었던 곳은 국방회의 사무국이었다. 방위청에 대한 국방회의의 이런 반대는 다분히 감정적인 측면이 강했다. 즉 국방회의 사무국의 가이하라 오사무(海原治)가 원래 방위청 관방장이었으나 국방회의로 소위 '좌천'되었기 때문에, 방위청에 대해서는 안 좋은 감정을 갖고 있었다. 이런 상황에서 방위청이 4차방 심의를 준비하는 국방회의 사무국을 무시하고 4차방 원안을 발표했기 때문에, 이 과정에서 국방회의 사무국은 소외되었다고 판단, 매우 격앙된 반응을 보였던 것이다.[25] 즉 초기부터 4차방을 적극적으로 홍보하려고 했던 방위청에 대한 비판은 대장성뿐 아니라 국방회의라는 예상외의 장에서도 나타나, 언론과 정치권을 중심으로 과연 '문민 통제'가 제대로 이뤄지고 있는가라는 논의마저 일었던 것이다.[26]

25_국방회의는 2차방을 결정했을 때도 당시 아카기(赤城) 방위청 장관의 구상에 강력히 반대해 계획을 1년간 연기시킨 적이 있었다. 이에 대해서는 木川田榮(1971, 57-59)을 참고.

26_이에 대해서는 權鎬淵(1995)을 참고.

4. 4차방과 재계의 활동

1. 경단련 방위생산위원회의 활동

1) 정·관계와의 협의 기구 설치

1971년도에 완료되는 3차방 계획에 계속하여 1972년도부터 차기 방위력정비계획이 실시되게 되어 방위청에서 계획 책정 작업이 진전됨에 따라 경단련 방위생산위원회는 1970년 6월의 제 62회 임원회에서 1970년도 사업 계획의 일환으로서 방위력 정비 문제에 대한 경제계의 의견을 표명하기로 결정, 자신들의 의견을 취합하기 시작했다. 그리고 이를 토대로 동년 8월 12일의 제63회 임원회에서 "차기 방위력 정비 문제에 관한 우리들의 견해"를 정리, 관계 기관에 건의함과 함께, 동 임원회에 당일 출석하고 있었던 나카소네 방위청 장관에게 의견을 제시했다.

이 견해는 우선 기본적인 사고방식으로서, 차기 방위력정비계획은 "첫째, 국민적 합의 및 국제적 신뢰를 얻을 수 있는 것이 아니면 안 된다, 둘째, 국가 자원의 합리적이고 효율적인 배분이라는 관점에서 결정되지 않으면 안 된다"(経済団体連合会 1978, 544)라는 두 가지 점을 명확히 한 후에, 다음과 같은 제안을 했다.

> 첫째, 일국의 독립과 안전을 지키기 위해서는 단순한 방위력뿐 아니라 정치, 경제, 외교, 민생 등 광범위한 분야에 걸친 종합적인 판단을 기본으로 하는 것으로, 이를 위해서는 현재의 국방회의를 개조하여 새롭게 '국가안전보장회의'의 설립을 기할 수밖에 없다. 둘째, 차기 방위력정비계획은 그 규모가 확대되리라 생각하지만 그

> 렇게 된다면 국민적 합의를 얻기 위해서 그 비용이 더욱 합리적이고 효율적으로 사용되지 않으면 안 되므로 이를 방위 담당자의 전문적 판단에만 맡기는 것은 허락할 수 없다. 따라서 문제의 적정한 평가와 새로운 정세에 대응하는 합리적 계획 입안을 도울 수 있도록 학자 및 민간의 유식 경험자로 구성되는 방위심의회를 설치하는 것이 당연하다. 마지막으로, 장비의 적정하고도 합리적인 운용을 기하기 위해 업계 관계자 및 학식 경험자를 포함한 관민 합동의 상설적인 대화의 장을 설치하는 것이 당연하다(經済団体連合会 1978, 545).

위의 내용은 국방회의를 개조한 국가안전보장회의의 설립, 학자 및 민간 경험자로 구성되는 방위심의회의 설치, 그리고 관민 합동의 상설적인 대화의 장을 위한 기구의 설치를 주장한 것이었다. 이는 결국 방위 또는 방위산업과 관련된 세 가지 기구의 설립으로 요약된다. 즉 당시까지 재계가 정부 측에 비공식적으로 압력을 가하거나 요구해 온 사안들을 협의 기구 설치를 통하여 공식적으로 주장 또는 반영하고자 하는 의도를 드러낸 것인 동시에, 이런 제도들을 통하여 방위산업에 대한 국가정책의 방향을 자신들이 주도하려고 한 것이다.

이 의견서에 대해 나카소네 장관은, 첫 번째 사항에 대해서는 원칙적으로 찬성하므로 실현에 노력하겠다, 두 번째 사항에 대해서는 금후 검토 사항으로 하고 싶다고 언급했으며, 세 번째 사항의 경우 이후 방위청 장비국장과 경단련 방위생산위원회 사무국장이 방위 장비, 연구·개발 문제에 관하여 매월 1회 정도의 간담회를 개최하기로 결정했다(經済団体連合会 1978, 545-546).

2) 장비의 국산화

이 과정에서 나타난 경단련 방위생산위원회의 주장은 '장비의 국산화'

와 '방위생산의 확대'라는 두 가지로 정리될 수 있다. 우선 장비 국산화의 경우 경단련이 이전부터 계속하여 강조한 것이지만 4차방에서는 매우 공공연한 양상으로 나타나고 있다. 예를 들어 1971년 6월 경단련 방위생산위원회의 위원장에 취임한 고노 후미히코(河野文彦) 미쓰비시중공업 회장은 취임 담화 속에서 다음과 같이 국산화 추진에 의욕을 보이고 있다.

> 국방은 국가의 필요악이라 생각한다. 방위의 규모는 정부가 정할 일이지만 최저한도로 할 수밖에 없다. 우리들의 임무는 방위 계획을 어떻게 효율적으로 수행할 것인가 하는 점이다. 장비의 국산화는 외국으로부터의 수입보다 비싸게 될지도 모르지만 긴 안목에서 보아 국산화를 촉진시킬 것을 요망한다. (중략) 병기 생산을 외국에 맡겨 두면 외교 관계에서 과감한 발언을 할 수 없게 된다. 병기를 장악하고 있다는 것은 정치를 장악하고 있는 것과 같다. 때문에 국내의 병기 생산 기반을 확실하게 해두지 않으면 안 된다. 병기라는 것은 전쟁이 시작되고 나면 수입을 할 수 없게 되는 것으로서 수입할 수 없다고 하여 대용품으로 충당할 수 있는 것도 아니다. 따라서 어쨌든 국산화를 진전시키지 않고서는 (중략).[27]

따라서 방위청의 4차방 원안이 발표되었을 때 방위 제조업체의 담당자가 우선 주목한 것은 기술 개발 항목이었다. 이는 다마키 게이조(玉置敬三) 당시 일본병기공업회 회장의 다음과 같은 발언에서도 드러난다.

> 업계로서는 방위 조달의 증대, 기술 진보에 호응하여 이를 받아들일 수 있는 능력을 갖추지 않으면 안 되지만, 기업으로서는 연구·개발에 노력하는 것이 필요하다. 그러나 사기업에서는 자금에 한도가 있으므로 방위청이 4차방에서 연구·개발을

27_"裝備國産化促進を,"『日本經濟新聞』(1971/06/30).

중시한다는 방침을 끄집어낸 것을 환영한다.[28]

이에서 알 수 있는 바와 같이 4차방에서는 장비의 자주 개발을 추진하고 국산화를 진전시키는 데 중점을 두었다. 미국의 중고 병기를 이용하고 있었던 발족 당시의 자위대를, 4차방을 계기로 세계적으로도 최신예 병기를 장비한 자위대로 만들려 했던 것이다. 물론 이의 중심은 국산화 방침으로, 국산화율을 3차방의 50%에서 4차방에서는 80%까지 끌어올리려 했다. 이 때문에 4차방 원안에서 기술 개발은 매우 중시되어 그 경비로서 1,750억 엔이 계상되었다. 이는 예산 전체의 3.5%에 해당하는 것으로서, 3차방의 기술 개발비가 480억 엔, 예산 전체의 1.8%였던 것에 비교하면 크게 증가된 것이었다. 연구비가 증가하자, 방위산업계에서는 연구·개발 과제를 하게 되면 4차방 이후의 조달 단계에서 발주를 받을 수 있을 것이라는 판단에서 연구비의 획득에 치열한 경쟁을 벌이게 되었다.

3) 방위생산의 확대 요구

국산화 이외에 방위생산위원회가 관심을 가진 것은 방위생산의 확대였다. 오쿠보 겐(大久保謙) 당시 미쓰비시전자 사장 겸 일본병기협회 회장은 일본을 위해서는 핵무장을 하는 것이 좋으며 방위비를 최소한 프랑스처럼 GNP의 4%로 늘리고 해군을 300% 확대시켜야 한다고 주장했다(城田登·山村喜晴·白西紳一郎 1971, 128). 이런 주장은 물론 개인의 의견으로 간주할 수도 있지만, 일본병기협회 회장의 발언이라는 점에서 당시 일본의 재계가 방위산업에 대해 갖고 있는 기대와 관심을 나타낸 것이라 할 수 있을 것이다.

28_"經濟人: 玉置敬三氏," 『日本經濟新聞』(1971/06/11).

또한 1969년 5월에 열린 제30차 경단련 총회 개막 연설에서 당시 회장이었던 우에무라 고고로는 "우리는 극동 아시아의 평화를 보존하는 데 기여할 의무와 안전 협약체계를 강력히 유지해야 할 의무가 있으며, 점차적으로 자위 능력을 키워가야 할 의무가 있다"고 주장하고 있다. 나아가 일경련의 사쿠라다(櫻田) 회장은 해외의 에너지 자원을 보호할 필요성에 비추어 방위 문제를 검토할 필요가 있다고 전제한 후 국가 방위를 위해 헌법 개정이 필요하다고 주장하고 있다. 산업계의 이와 같은 주장에 대해 자민당 안보조사회의 후나다 나카(船田中) 회장은 1969년 여름 일본 국내 군수 시장의 영세성을 극복하고 현대화된 산업을 발전시키기 위해서는 타이완, 한국, 베트남 등 동남아시아에 대한 수출을 허가해 주는 것이 필요하다고 제안하고 있다.[29]

4) 방위산업을 보는 재계의 시각

당시 방위산업을 보는 재계의 시각은 '기술 확보가 보장된 성장산업'과 '불황기의 안전판'이라는 두 가지가 존재하고 있었다. 우선 각 제조업체는 국가의 돈으로 기술을 확보할 수 있는 미래 성장산업이라는 측면에서 방위산업과 미리 관계를 맺어두고 싶어 했다. 사실 당시 방위산업은 크게 이익을 보는 산업은 아니었다. 우선 방위 장비의 생산에는 적정이윤이 정해져 있어서 기업이 노력하여 원가절감을 하여도 이익을 크게 늘릴 수는 없었다. 더구나 발주량이 적기 때문에 고성능 기계를 도입해도 연간 조업량도

29_Halliday and McCormack(1973, 117). 한편 병기 재생산 이후 4차방 이전까지 경단련은 유도미사일 연구, 전투기 등의 생산 주문을 얻기 위한 활발한 활동을 벌여 성공했다. 4차방 이전의 이런 경단련 활동에 대해서는 經済団体連合会(1978, 412-419, 543-545)를 참고하라.

되지 않는 경우가 많았다. 따라서 기계공업 부문에서 방위산업 부문의 이익률은 비(非)방산 부문 기계공업의 이익률보다 못한 실정이었다. 그럼에도 불구하고 방위 제조업체는 병기 수주에 전력을 기울이고 있었다. 기업의 채산성을 도외시한 개발이기는 하지만, 국가의 예산으로 개발한 기술을 타 부문에 유용할 수 있으며 이후 방위산업의 성장성에 기대를 걸고 있었기 때문이었다.

일본 정부 또한 방위산업계의 이런 움직임에 호응하여, 4차방 중에 "기업 노력으로 장비 생산가격이 계약 금액보다 싸질 경우" 보상금을 지급하기로 했으며, 장비 연구와 개발 면에서도 "계약 납기보다 빨리 납입하거나 방위청에서 요구한 성능보다 뛰어날 경우" 이를 보상한다는 '보상금지급제도' 실시의 방침을 굳혔다.[30] 방위산업에 활력을 불어넣은 4차방 총액은 인건비 상승분을 포함하여 당초 5조 8,000억 엔에 이르렀다. 장비품의 발주 총액이 3차방의 세 배에 해당하는 1조 5,600억 엔으로 연간 3,000억 엔이 된다. 이에 따라 연간 1,000억 엔의 방위산업 시대는 끝나고 4차방부터는 3,000억 엔의 전략산업으로서 방위산업은 산업계의 총아로 등장하게 되었던 것이다.

당시 방위산업을 바라보는 재계의 또 다른 시각으로서는 소위 '불황기의 안전판'이라는 시각이었다. 즉 이윤율이 일정하기는 하지만 경기변동의 영향을 받지 않는 방위산업의 특성은 닉슨쇼크, 오일쇼크 등과 같은 당시의 국제정치·경제적 상황에서 기대를 모았던 것이다. 당시 미국에서는 군수산업이 디플레 대책으로서의 성격을 갖고 있었으나, 일본에서도 1954년

30_"防衛調達方式を拔本改革,"『日本經濟新聞』(1971/06/07).

의 불황기에 조선업계가 함정 건조로 명맥을 유지한 경험이 있었다. 1970년대 초의 조선 호황기에 조선업계는 함정 건조에 나서고 싶지는 않았으나, 4차방에서는 함정 건조가 연간 2만 톤으로 3차방의 1만 톤에 비교하면 두 배가 되었을 뿐 아니라 대규모 불황기에 일정한 작업량을 확보할 수 있었다는 점에서 방위산업은 업계에 매력적인 분야였던 것이다.

특히 재계는 일본의 경제가 당시까지와 같이 고도성장을 계속할 수 없을 것으로 전망하고 있었기 때문에, 4차방은 물론 이후의 방위 계획에 기대를 걸고 있었다. 심지어 경단련 방위생산위원회에서는 불황이 닥쳐 노동력이 남아돌게 되었을 때, 현재 GNP의 1%인 방위생산을 2%까지 끌어올리면 불황 타개가 가능하다는 안까지 마련하고 있었던 것으로 알려졌다. 따라서 방위산업계에서는 "미국으로부터의 라이선스생산은 팬텀 전투기를 마지막으로 하자"는 소리가 높아지고 있었다. 4차방부터 항공기 등 고도의 장비를 자주 개발하여 국산화하면 1건 당 수백억 엔의 대형 프로젝트가 되며, 이것만으로도 불황시의 안전판으로는 충분할 것으로 인식한 것이다(木川田榮 1971, 89-91). 뒤에서 언급하겠지만, 4차방 총액은 애초의 원안에서 조금 축소되어 1972년 10월 4조 6,300억 엔으로 각의에서 결정되었다. 그러나 앞에서 언급한 바와 같이 이런 거액의 방위비를 사전에 범위를 확정하여 확보하는 방식은 일본의 예산 단년도주의에서 유일한 예외에 속하는 것이다.[31]

31_이에 대해서는 이 책의 제3장을 참고하라.

2. 개별 자본의 움직임

4차방은 그 규모 면에서 방위산업체들에게 장기간에 걸친 작업량을 보장하는 것이었기 때문에 각 제조업체는 수주전에 적극적으로 착수할 자세를 보였다. 더군다나 4차 방위력정비계획에는 4차방뿐만 아니라 4차방 이후의 장비도 4차방의 기술 개발비로 계상되어 있었기 때문에, 각 제조업체의 수주 획득 경쟁이 치열했다. 특히 4차방 원안이 국산화에 중점을 두고 그 대부분이 항공기에 집중되어 있다는 점과, F4E 팬텀, RF(정찰용) 팬텀, 국산 수송기 C1, 초음속 고등 연습기 XT2 등 3차방 기간 중에 개발 단계에 있었던 병기가 일제히 4차방에서 조달하게 되어 있다는 점은 업계에 큰 매력이었던 것이다.[32]

이들 업체 가운데 방위청 계약에서 주도적인 역할을 담당한 것은 미쓰비시중공업으로 대표되는 미쓰비시그룹이었다. 1968년에는 방위청 계약 총액의 20%가 미쓰비시중공업이, 그리고 13%를 미쓰비시전기가 차지하

32_물론 일본에서 병기 재생산이 이뤄지고 난 후 4차방까지의 기간에 있어서도 일본의 방위산업은 상당한 신장세를 보여 왔다. 앞서 4장에서 살펴본 바와 같이 한국전이 일본의 재무장을 위한 기반을 마련했다면, 방위생산의 본격화는 1958년부터 시작된 방위력정비계획에 근거한 것이었으며 이는 베트남전쟁으로 더욱 확대되었다. 한국전과 베트남전쟁에 사용하기 위한 무기 또는 병기산업은 일본의 전후 경제 회복 및 경제성장에 결정적인 역할을 담당했다. 1951년부터 60년까지 미국이 일본에서 받은 군비 조달액은 60억 달러로 연간 6억 달러에 달했으며, 한국전쟁이 종결된 후인 1958~59년간에는 (일본의) 수입액 중 약 14%를 충당함으로써 만성적인 수지 균형 문제에 시달리고 있는 나라에 중요한 혜택이었던 것이다. 1965년 이후에는 베트남전쟁의 확대로 일본은 또다시 엄청난 혜택을 입었다. 이런 측면에서 볼 때 전후 일본 경제의 회복은 주로 전쟁 물자의 수요로 형성되었다고 할 수 있을 것이다. 이에 대해서는 Halliday and McCormack(1973), 특히 pp. 107-108을 참고하라.

표 5.2 | 주요 경제 단체의 미쓰비시 관련자(1970년대)

주요 경제 단체 및 직책	이름	미쓰비시 내 직책
경단련 부회장	고노 후미히코	미쓰비시중공업 회장
방위생산위원회 위원장	오카노 야스지로	미쓰비시중공업 전(前) 사장, 당시 고문
재정금융위원회 위원장	다자네 와타루	미쓰비시은행 사장
항공위원회 위원장	후지이 후카조	미쓰비시중공업 고문
전자위원회 위원장	세키 요시히사	미쓰비시전기 고문
일본병기협회 회장	오쿠보 겐	미쓰비시전기 사장
일본항공산업협회 이사장	마키타 요이치로	미쓰비시중공업 사장

자료: Halliday and McCormack(1973, 110).

여 계약액의 33%를 미쓰비시그룹이 차지했다. 1969년에는 미쓰비시그룹의 이 두 기업체가 총 방위 계약의 45%를 차지했으며, 그중 미쓰비시중공업의 계약액은 700억 엔을 넘어 계약고의 약 38%를 차지했다(Halliday and McCormack 1973, 109). 이런 미쓰비시그룹의 지배력은 경단련 내의 조직에서도 드러난다. 1952년 8월 경단련 내에 방위생산위원회가 설립된 이래, 2차 대전 당시 미쓰비시중공업 사장이었던 고코 기요시를 필두로 회장단에는 항상 미쓰비시의 인물이 간여하고 있었다.

방위생산위원회가 무기 및 군수품 제조와 관계있는 100여 개 이상의 기업체들을 위한 연구, 로비 활동 및 마케팅을 책임지는 중심적인 기구라는 점은 이미 언급했지만, 방위산업체에 대한 미쓰비시의 통제력은 1970년에 놀라운 수준에 도달해 있었다(Halliday and McCormack 1973, 115-116). 당시 미쓰비시가 일본 산업체들의 조직에서 차지하고 있는 비중은 〈표 5.2〉에서 확실히 나타나고 있다.

더군다나 1969년 9월 12일에 열린 26개 기업 사장단 회의인 '금요회'에서는 1970년대에 동 그룹이 추구해야 할 노선을 제시하면서 두 번째 항목에서 "국가의 친밀한 지원자로서의 미쓰비시–방위산업, 로켓 개발, 해양 개발, 핵산업, 정보산업에서 미쓰비시의 지배력을 강화하고, 특히 무기 생산에 있어서 결함 없는 무기를 계속 제조하고 미쓰비시의 시장 점유율을 확대하기 위해 현재의 고도의 기술 수준을 유지한다"[33]고 하여 방위산업의 중요성을 역설하고 있다.

소위 '미쓰비시군수창'이라고 일컬어지는 미쓰비시중공업의 마기타 요이치로(牧田與一郞) 사장은 "1964년에서 1970년 기간 사이 우리 회사의 방위생산 비율은 약 4%에 불과하다"[34]고 말하면서 미쓰비시가 방위산업을 중시하고 있다는 인상을 불식시키고 싶어 한다. 그가 언급한 방위산업 비율 4%, 즉 미쓰비시중공업의 방위 계약액이 기업 총 매출액의 4%에 불과하다는 것은 당시에는 사실이었지만, 이후 이 비율은 점점 증대하고 있다. 즉 이 책의 제3장 〈표 3.12〉에서 보다시피 1990년대 이 비율은 17%대로 치솟았으며, 이후에도 10%대를 계속 유지하고 있다.

더군다나 미쓰비시가 4차방 당시 일본 경제 전체에서 차지하는 비중을 보면 그 내용은 단순하지가 않다. 당시 미쓰비시그룹의 규모를 보면 자본금은 약 5,300억 엔(1970년 7월 말)으로 일본 전체 기업의 5.9%를 차지하고 있었으며, 총 매상은 약 6조 8,300억 엔(1969년도)으로 일본 전체 기업의 4.6%를 점하고 있다. 그리고 총 자산은 약 9조 4,000억 엔(1970년 3월 말)으로 일본 전체 기업의 9.2%를 차지하고 있었다.[35]

33_이 회의에서 제시된 첫 번째는 "개발자로서의 미쓰비시-대규모 주택 공급, 신도시 및 상가의 건설 등에 의한 대중 노선의 증진"이며, 세 번째는 "세계기업으로서의 미쓰비시-해외 원자재 및 시장의 개발, 해외에 자본의 수출과 같은 국제 활동에서 미쓰비시의 단합된 힘을 행사한다"고 하고 있다. 이의 구체적 내용에 대해서는 『日刊工業新聞』(1969/09/13)을 참고하라.

34_"企業の焦點: 三菱重工業,"『日本經濟新聞』(1971/06/14).

5. 4차방의 최종 결정과 항공기 개발을 둘러싼 갈등

1. 4차방의 최종 결정

1971년 원안 발표 후 미·중 접근에 의한 극동에서의 긴장 완화 움직임, 항공기 공중 추돌 사건, 오일쇼크에 의한 불황의 심화 등 국내외 정세를 반영하여, 방위비의 대폭적인 증가에 대한 강한 비판이 일본 국내에서 나타났다. 이런 비판으로 결국 원안의 수정이 불가피해지게 되어 1971년 12월 에사키 마스미(江崎眞澄) 장관 등 방위 관계 각료 협의로, 4차방은 1972년도부터 발족하지만 내용은 1972년 3월까지 결정하기로 하고 4차방의 정식 결정은 해를 넘기게 되었다.

그러나 이에 앞서 1971년 4월의 방위청 원안에 있었던 T-2 연습기, RF4E 정찰기 등이 4차방의 정식 결정이 이뤄지기도 전에 1972년도 예산에 포함되는 사태가 발생했다. 이에 야당은 4차방 결정에 앞서서 그 내용이 방위 예산에 포함된 것은 소위 '문민 통제'에 어긋난다 하여 반발, 국회 심의가 중단되는 사태가 발생했다. 이리하여 정부는 기존의 안이었던 소위 '나카소네 원안'을 백지 철회하고 다시 방위청 원안을 만들게 되었다.[36] 1972년 8월 다시 결정된 방위청 원안은 금액과 내용이 방대했던 이전의

35_미쓰비시에 비해 미쓰이(三井)는 전후의 중화학공업화에서 미쓰비시에 뒤떨어졌으며, 스미토모 또한 전후의 급속한 발전에도 불구하고 미쓰비시보다는 뒤떨어졌던 것으로 알려졌다. 이에 대해서는 城田登·山村喜晴·白西紳一郎(1971)을, 그리고 일본의 6대 기업집단에 대해서는 公正取引委員會事務局(1992); 李德熙(1992)를 참고하라.

36_"四次防 防衛廳原案決まる,"『朝日新聞』(1972/08/02).

나카소네 원안보다는 후퇴한 것이었으며, 이를 토대로 4차방은 결국 최초의 안에서 1년 반이 지난 1972년 10월에 주요 항목이 겨우 국방회의와 각의에서 결정을 보게 되었다(藤原彰 著 1987, 132).

한편 이와 함께 국방회의에서는 ① 국방회의의 정식 멤버로서 통산, 내각관방, 과학기술, 국가공안의 4각료를 추가한다, ② 국방회의에서 결정하는 중요 사항으로서 전차, 호위함, 잠수함, 작전용 항공기, 주요 미사일 병기를 첨가한다는 내용이 결정되었다. 결정된 4차방, 즉 1972~76년간의 5개년 방위력정비계획은 경비 면에서 최초안보다는 약간 감소되었다. 총 경비 4조 6,300억 엔, 임금 인상분을 포함하면 당초의 5조 8,000억 엔에서 약간 감소하여 5조 1,000억 엔이 되었지만 그럼에도 불구하고 이 액수는 3차방의 약 두 배가 된다. 구체적인 내용은 육해공 모두 신예 장비를 충실화하는 것으로 다음과 같다.

육상자위대는 18만 명 체제를 확립하고 화력, 기동력을 증강하기 위해 전차 280량(이 중 신형 160량), 장갑차 170량(이 중 신형 136량), 자주포 90문, 헬리콥터 154기(원안 169기), 항공기 159기를 정비하고 지대공미사일의 호크부대 3군(郡)을 증설한다. 해상자위대는 주변 해역 방위 능력과 안전한 해상 교통의 능력 향상을 지향한다. 이를 위해 대잠 헬리콥터 적재함 등 호위함 13척(원안 15척), 잠수함 5척을 포함한 함정 54척, 약 6만 5,000톤(원안은 59척, 7만 5,000톤)을 건조한다. 또한 고정익 대잠기 43기, 대잠 헬리콥터 34기(원안 38기)를 정비한다. 4차방 완성 시의 해상 세력은 약 21만 톤으로 된다. 항공자위대는 오키나와를 포함한 방공 영격(迎擊) 능력 향상을 위해 영격 전투기 팬텀 4EJ 46기(원안 52기)를 취득한다. 육상, 해상 작전의 지원 능력 향상을 위해 대지(對地) 지원 전투기 기종을 선정하여 68기 취득(원안은 국산 FSY2 개조형 96기)한다. 신정찰기 RF4E 14기를 수입하고 신국

표 5.3 | 제4차 방위력정비계획의 비교(나카소네 원안, 방위청 원안, 정부 결정안)

		방위청 원안(71.4.27) (나카소네 원안)	방위청 원안 (72.8.1)	정부 결정 (72.10.9)
〈육상자위대〉				
전차	61식	180	120	120
	신형	240	160	160
장갑차	60식	34	34	34
	신형	237	136	136
작전 헬리콥터	HU1H	81	55	55
	V107	34	26	20
〈해상자위대〉				
대형헬기	호위함	2	0	0
중형헬기	호위함	0	2	2
미사일	호위함	1	1	1
방공	호위함	2	1	1
대잠	호위함	3	3	3
일반	호위함	11	8	6
잠수함	호위함	9	5	5
항공기	P2J	45	43	43
항공기	PSI	16	9	9
대잠헬기	HSS2	41	38	34
〈항공자위대〉				
팬텀	F4EJ	76	52	46
정찰기	RF4E	18	14	14
대지전투기	FST-2개조형	126	96	68
수송기	C1	30	30	24
연습기	T-2	80	73	59
총 경비 (인건비 개정액 포함)		약 5조 2천억 엔 (약 5조 8천억 엔)	약 4조 8천억 엔 (약 5조 3천억 엔)	약 4조 6천억 엔 (약 5조 1천억 엔)

자료: 『朝日新聞』(1971/04/28; 1972/08/02; 1972/10/09).

산 수송기 C1 25기(원안 30기)를 취득한다. 또한 신초음속 연습기 T2 59기(원안 73기)를 취득한다. 방공 능력 강화를 위해 나이키부대 1군을 편성하고 1개 군을 준비(원안은 2개 군 편성)한다. 4차방 완성 시의 방공 능력은 약 820기로 된다.[37] 결정된 4차방의 주요 장비를 원안과 비교해 보면 〈표 5.3〉과 같다.

한편 9일 결정된 임금 개정액을 제외한 총액 4조 6,300억 엔의 제4차

방위력정비계획에 대해 센가 경단련 방위생산위원회 사무국장은 "이 규모는 GNP 1% 약(弱)에 그치므로 사회보장비 등과의 균형을 취하고 있다. 이 정도 규모라면 국민적 합의도 얻을 수 있을 것이다. 4차방의 기본인 장비 국산화도 일단 지켜졌다"[38]고 했으며 다마키(玉置敬三) 일본병기공업협회장(도시바 사장)은 "이제까지의 추세로 보아 전체적인 틀은 타당하다. 이것으로 우리나라 방위산업에 국산화의 방향이 세워졌다"[39]고 논평했다. 업계로서는 만족한다는 반응을 나타내었던 것이다. 그렇다면 4차방에서 기업들이 특히 관심을 가졌던 개별 항공기의 경우 어떻게 되었는지에 대해서 살펴보도록 하자.

2. FST-2와 T-2

4차방의 기술 개발 관계에서 주목을 받고 있었던 것은 대지 지원 전투기인 FS-T2개(개조형), T-2(연습기), AEW(조기 경계기), PXL(차기 대잠 초계기), HX(차기 국산 헬리콥터), 단거리 SAM(단거리 지대공미사일) 등의 항공기와 유도미사일 개발이었다. 이 중 특히 방위산업계가 관심을 갖고 있었던 것은 FST-2 개조형, T-2, AEW와 PXL이었다. 이 중에서 FST-2 개조형과 T-2는 4차방 결정 최종 단계까지 국산과 수입 사이에서 쟁점이 되었다.

이 결정에서 대장성은 T-2 초음속 연습기와 FST-2 개조형 대지 지원

37_"四次防の主要装備の内容,"『朝日新聞』(1972/10/09).

38_"'目玉'通って好感,"『朝日新聞』(1972/10/09).

39_"'目玉'通って好感,"『朝日新聞』(1972/10/09).

전투기를 미국산 전투기로 수입할 것을 요구했다. 이에 대해 방위청은 T-2는 이미 시험 제작기(試製作機)가 만들어졌으며 성능도 뛰어나다는 이유로 이를 반대했다. 이런 대장성과 방위청의 대립 사이에서 다나카 수상과 미키 부총리는 "값싼 것이 있으면 수입하는 것이 어떤가"라고 하여, 결국 관계 사무차관으로 이뤄진 국방회의 간사회에서 결정하게 되었다. 여기서는 ① T-2기를 수입, FST-2 개조기를 국산화, ② FST-2개(개조형)를 수입, T-2를 국산화라는 두 가지 안을 방위청과 대장성에 제시했다.[40]

이와 같은 안에 대해 방위청은 연습기로서는 이미 개발에 84억 엔을 투입하여 실제로 시험 제작기도 만들고 있는 국산의 T-2(73기)를, 또한 대지 지원 전투기에는 이 T-2를 개조한 FST-2 개조기(96기)를 채용할 것을 요구했다. 반면 대장성은 당시 과잉 공급되고 있던 달러를 줄이는 데 협력할 것과, 수입한다면 1기당 2/3 정도의 예산으로 필요 수량을 구입할 수 있다는 점에서 연습기에 미국 노드롭사의 F5B, 대지 전투기에 F5E을 수입할 것을 주장했다.

이와 같은 대장성의 자세에 방위청도 어느 정도 달러 감소에 협력하지 않으면 안 된다는 측면에서 일부 수입을 받아들이면서도, 실제로 전투에 쓰이는 대지 지원 전투기에 대해서는 폭격 조준 성능이 높고 전천후 전투기라는 점을 들어 국산 FST-2 개조형을 채용할 것을 강력히 요구했다. 이에 대해 대장성은 2기종 전부의 수입까지 요구하지는 않더라도 수입한다고 한다면 ① 연습기의 경우 이미 1972년도 예산에 T-2가 20기 계상되어 있으므로 변경하지 않는 것이 좋다, ② 대지 지원 전투기를 수입하는 편이

40_"四次防, 總額四兆六千三百億円-T2の國産化で難航-,"『朝日新聞』(1972/10/07) 夕刊.

숫자도 많고 총액 약 4억 달러에 이르는 달러 감소책에 도움이 된다는 점에서 대지 지원 전투기의 수입을 주장했다.[41]

수입과 국산화를 둘러싸고서 난항을 거듭하고 있었던 초음속 연습기와 대지 지원 전투기의 정식 결정을 위해 가이하라(海原) 국방회의 사무국장이 중심이 되어 방위청과 대장성 사이의 조정을 모색했으나 여기서도 결론을 내리지 못했다. 이에 정부 당국과 재정 당국은 T-2의 국산화가 본궤도에 오른 점, 전체 수입 가격이 크다는 등의 이유에서 ① 연습기는 T-2, ② 대지 지원 전투기는 수입한다는 방침을 정했다.

이에 대해 방위청은 ① 연습기는 1972년도 예산에서 동결되어 있는 국산 T-2기 20기에 첨가하여 미국에서 F5B를 수입해도 좋다, ② 대지 지원 전투기는 국산인 FST-2 개조형으로 한다고 주장했으나 8일 밤 정부 수뇌와 대장성 측이 이런 방위청안을 거부했기 때문에, 방위청은 원안대로 양 기종의 국산화를 강력히 주장했다.[42] 결국 최종 결정에서는 방위청의 주장대로 되어 연습기에는 미쓰비시중공업이 주계약자로 되어 제작하는 T-2 초음속기를, 대지 지원 전투기에는 T-2를 개조한 FST-2 개조형을 채용하기로 결정이 되었다. 즉 모두가 국산화되었던 것이다.

이런 결정에 대해 모리야(守屋學治) 일본항공공업회이사장(미쓰비시중공업 부사장)은 "항공기공업의 명운을 건 것"이라고 하여 정부 결정을 환영했다. T-2에 대해 경단련 방위생산위원회의 센가 사무국장은 "일단 결정된 것이 바뀌는 것은 안 된다. 국산화는 당연한 것"이라고 하고 있으며, T-2, FST-2 개조형의 주 계약 회사로서 일본 최대의 방위생산 제조업체인 미쓰

41_"四次防, あす決定,"『朝日新聞』(1972/10/08).
42_"防衛廳, 兩機種とも國産主張,"『朝日新聞』(1972/10/09).

비시중공업은 "T-2는 이미 국가 방침에 근거하여 개발을 끝내어 양산체제를 갖추고 있는 단계라서 조마조마했다. 하청 회사를 포함하여 500개 관련 회사가 큰 타격을 받지 않게 되었다"고 했다. 부 계약 회사인 후지중공업 또한 "만약 T-2가 수입으로 전환되었다면 당장 공장 조업에 공백이 생겨 250명 정도의 인원 정리가 필요하다"[43]고 정부 결정에 만족을 나타내었다. 결국 모두가 국산화됨으로써 방위청과 재계 측의 압력이 성공을 거두었던 것이다.

장비 국산화가 항상 관철되는 것은 아니었다. 즉 방위청의 경우 기본적으로 장비 국산화 방침을 취하고 있기는 하지만 때와 경우에 따라서 크게 변화한 경우가 있다. 장비의 수가 적고 국산화해도 양산 효과를 기대할 수 없는 RF4E 팬텀 정찰기가 그 한 예다. RF4E는 차기 주력 전투기인 F4EJ의 개조 정찰기로서 F4EJ를 국산화하기로 되어 있었기 때문에 RF4E도 국산화할 예정이었다. 그러나 장비의 수가 18대로 적을 뿐 아니라 미국 맥도널 더글러스사의 기술 지도로 국산화하면 가격이 비싸져 제조업체가 오히려 불만을 가질 수 있기 때문에 수입하기로 결정을 보았다. 요컨대 방위청은 수량이 많지 않은 장비는 수입하는 방향으로, 또한 방위 제조업체가 어려움에 빠지게 되면 조기 발주나 수리 의뢰를 하는 방법 등으로 방위 제조업체의 입장을 배려해 주었던 것이다.[44]

43_"國防會議, 四次防を正式決定,"『朝日新聞』(1972/10/09).

44_예를 들면, 항공자위대의 정찰비행대는 3차방 말 현재 겨우 하나에 불과했으며 이것도 F86F 지원 전투기의 개조형인 RF86F 20기뿐이었다. 이 F86F는 한국전에서 활약한 것으로 성능 면에서 상당히 뒤떨어져 4차방 이후 주력기로서의 역할을 하기 힘든 상태였다. 이 때문에 방위청은 신예 정찰기 RF4E를 채용할 것을 결정했다. 방위청은 당초 오키나와 반환과 함께 방위 범위가 확대되었기 때문에 4차방에서 정찰비행대를 배증할 계획을 세우고

3. AEW와 PXL

한편 당초 국산화 방침이었던 AEW와 PXL은 1972년 10월 9일의 4차방 주요 항목 결정 시 "국산화 문제는 백지로 하고 수입안을 포함하여 국방회의 사무국에 전문가회의를 설치하여 검토한다"[45]고 했다. 즉 최종 결정에서 백지 환원이라는 결과가 되어 국산화 추진에 제동이 걸리게 되었던 것이다. 이런 결정에 대해 이미 PXL의 연구·개발에 들어가 있었던 가와사키중공업은 "우리나라 산업은 부가가치가 높은 기술 집약형으로 이행하지 않으면 안 되는 데도 만약 PXL을 수입한다고 한다면 문제다"[46]고 반발하는 태도를 보였다. 반면 AEW의 경우 이후의 국방회의와 전문위원회에서 필

있었으나, RF4E가 1기에 20억 엔 이상의 고가 장비여서 타 장비와의 균형을 취하기 위해 반 이하인 18기로 줄였다. 이에 대해 방산업계에서는 "장비 수가 극단적으로 줄어들어서는 국산화하면 오히려 비싸게 되고 18기 납입 후의 설비를 놀려 둘 이유가 없으므로 처음부터 수주를 받지 않겠다"고 하는 의견이 강하여, 이를 방위청이 받아들여 수입에 착수하게 되었던 것이다. 방산업계에 대한 방위청의 이런 배려는 RF4E뿐만이 아니었다. 업계의 수요가 저조했던 1971년 상반기에는 방위청이 항공기에 대해 이례적으로 조기 발주를 한 적도 있었다. 이는 정부가 경기 침체를 방지하기 위해 공공투자를 상반기에 집중시킨다는 정책을 착수한 데 근거한 것이지만, 3차방 발주가 일단락되고 4차방 수요가 시작되기 전의 시기에 어려움을 겪고 있던 방산업계를 만족시킨 점은 말할 것도 없다. 1971년의 발주 항공기는 F4EJ 전투기 48기, C1 제트 수송기 2기, MU2 수색기 2기, OH6J 관측용 헬리콥터 10기, P2J 대잠 초계기 11기 등 합계 106기였다. 항공기와 함정은 육상 병기에 비하여 조달액이 큰 만큼 발주 시기가 통상적으로 회계연도 말이 되어서야 이뤄지는데 1970년도에 발주된 병기도 회계연도 말인 1~3월에 많이 이뤄졌던 것이다. 방위청은 1971년의 항공기 조달 예정 기수 가운데 F4EJ를 제외한 각종 장비를 같은 해 9월까지 72%를 발주하고 있다. 더구나 자위대기의 수리 등 수리 관계도 예정보다 앞당겨 상반기에 집중시키고 있는 점을 보면 방산업계에 대한 방위청의 배려를 알 수 있다.

45_"對潛しょう戒機 2機種國産の可否審議,"『朝日新聞』(1973/08/07).

46_"'目玉'通って好感,"『朝日新聞』(1972/10/09).

요 대수(약15대)가 너무 적어 비경제적이라는 이유로 수입이 결정되었다. 경제계도 이에 동의, 반발이 적극적으로 나타나지는 않았다(『朝日年鑑』 1975, 274).

1) 달러 삭감 문제와 PXL 문제의 대두

1972년 10월 9일의 국방회의에서 AEW와 PXL이 백지 환원된 데에는 T-2, FST-2의 사례와 같이 당시 달러 삭감 문제에 대한 미국 측의 강력한 압력이 작용했기 때문이었다. 다나카·닉슨회담이 시작된 것이 1972년 9월 1일이었으나 이보다 앞서 달러 삭감 문제가 대두되었다. 당시 일본의 외화 보유고는 1971년 7월에 80억 달러, 1972년 7월에 배로 증가하여 160억 달러가 되었다. 당시의 미국 측에서 볼 때는 상당히 불만스런 숫자였으며 실제로 다나카·닉슨 회담 전부터 달러 삭감 문제는 대두되고 있었다.[47] 닉슨 정부의 신경제정책 이후 통산성은 국제무역정책에 있어 새로운 압력에 직면하고 있었으며, 이는 항공산업을 진작시키려는 성 내의 항공장비국과 갈등을 빚고 있었다.

미국과 유럽의 기업들은 공세적인 수출 촉진책을 펴고 있었으며, 이는 잠재적으로 거대한 일본 무기 시장을 겨냥한 것이었다(Green 1995, 67). 특히 미국과의 통상 마찰을 우려한 통산성은 달러 삭감의 일환으로 방위청에

47_전후 전 세계적 차원에서 전개된 미국의 군사력 전개(한국전, 베트남전 등)로 미국은 국제수지상으로는 적자였지만 무역수지에서는 흑자를 나타내고 있었다. 그러나 1970년 들어 미국이 전후 최초의 무역 적자를 기록하게 되면서부터는 국제수지 적자가 더욱 심화되게 된다. 1971년 나타난 닉슨 대통령의 '신경제정책'은 미국의 이런 위기감을 반영한 것이었다. 당시 닉슨 대통령이 이를 직접 언급한 것에 대해 일본 정부는 상당히 놀랐던 것으로 알려졌다.

방위 장비품에 대한 긴급 수입을 요청했다. 그러나 이 단계에서 4차방 계획이 공표는 되지 않았지만 대체적인 세목은 이미 결정되어 있었기 때문에 방위청은 1972년도 예산을 이미 제출한 상태였다. 이런 상황에서의 긴급 수입이라는 통산성의 방침에 대해 경제계에서는 당연하게도 격렬한 반발이 나타났다. 4차방 계획에서 방위청은 3차방 기간 중 수입액의 약 두 배에 달하는 약 10억 달러 정도의 물품 수입을 이미 계산하고 있었다.[48] 방위청에서는 이런 수입 계획이 있는데도 더 이상 긴급 수입을 하게 되면 4차방 계획 자체의 근본부터 재검토하지 않으면 안 되는 실정이었으므로 도저히 힘들다는 것이 방위청의 통산성에 대한 답변이었다.

그럼에도 불구하고 당시의 분위기는 어쨌든 긴급 수입이 필요하다는 상황이었으므로 경단련은 외국환 회계에 특별회계를 설치하여 달러를 먼저 지불하도록 하는 방안을 제시했다. 방위청이 이를 해마다 변제를 해나가면 4차방이 5개년 계획이므로 5년 안에 변제를 할 수 있다는 것이 경단련 측의 안이었다. 단 이런 조치를 정부가 취한다면 무엇을 긴급 수입할 것인지에 대한 것은 확실히 해야 하며 경단련에서도 이를 논의해 보겠다는 것이었다. 여기서 PXL의 국산화 문제에 대한 검토가 행해지게 되어 1972년 10월의 국방회의에서 커다란 의제로 등장하게 되었다(エコノミスト 編集

48_그 내용을 보면, 먼저 F4EJ 관계가 52기분 1억 4,000만 달러였는데 국산화율이 대체적으로 약 6할 정도였으나 상당한 부품을 수입하는 것이었다. 다음으로 RF4E는 완전 수입으로 9,000만 달러였다. T2와 FST2의 경우에는 합하여 약 170기분 정도로서 3억 달러였는데 이 가운데에는 영국 롤스로이스사의 엔진 수입분도 포함되어 있었다. 그리고 C1이 30기분 6,000만 달러였다. 미사일 관계에서는 호크(저공용 지대공미사일)가 5,000만 달러, 타타(함선 탑재 미사일)가 4,000만 달러로 합하면 방위청의 직접 수입분이 7억 5,600만 달러였다. 이 외에 간접 수입이 있었고 이것을 포함하면 대체적으로 10억 달러 정도가 된다(エコノミスト 編集部 1978, 304).

部 1978, 305). 이런 측면에서 보게 되면 결국 당시의 미·일 관계는 대등하다기보다 보호자-피보호자, 후견인-피후견인과 같은 비대칭적이고 불균형한 관계였으며, 이런 불균형성을 일본 정부나 경제계 또한 당연하게 받아들이는 상황에서 PXL의 수입 문제가 대두되게 된 것이다.

2) 백지 환원과 경단련의 대응

이때의 국방회의에서 PXL, AEW의 국산화 문제가 갑자기 의안으로서 등장하였으므로 경단련은 전혀 대응 자세가 갖춰져 있지 않았다. 왜냐하면 4차방의 세목 결정은 당초부터 예정되었던 의제였으나 PXL, AEW의 문제는 방위청과 경단련이 전혀 생각하지 않고 있었기 때문이었다. 오히려 당시 방위청과 경단련이 걱정하고 있었던 것은 T-2였다. T-2는 앞서 언급한 바와 같이 의회가 예산을 결정하기 전에 정부가 예산을 먼저 상정한 소위 '예산 선취(先取) 문제'로 예산이 동결되었기 때문에, 국방회의에서 이를 해제시키지 않으면 곤란하다는 생각에서 경단련은 오직 여기에 초점을 맞춰서 움직이고 있었다.

그러나 경단련의 이런 움직임과는 다르게 국방회의에서 PXL, AEW의 국산화는 백지 환원이라는 결과로 나타났다. 그리고 이후 국방회의에서 전문위원회를 설치하여 국산화할 것인지 수입할 것인지에 대한 공식적인 결정을 한다는 것이었다. 여기서 전문위원회의 역할은 PXL, AEW의 국산을 전제로 하여 연구·개발을 진전시키는 것이 타당한가에 대한 판단 자료를 국방회의에 제공하는 데 있었다. 따라서 전문위원회가 결정권을 갖고 있는 것은 아니었지만, 국산화와 수입을 둘러싼 논쟁에 커다란 영향을 끼칠 것은 분명했다.[49]

국방회의 간담회에서 전문위원회 설치가 결정된 것이 1972년 10월이었으며 위원을 임명하여 전문위원회가 정식으로 발족한 것이 이듬해인 1973년 8월로 전문위원회 발족까지 10개월이 걸렸다.[50] 방위생산위원회에서는 이전부터 국방회의의 우쓰미 히토시(內海倫) 사무국장에게 위원회의 조기 개최를 계속 요구하고 있었기 때문에, 이런 지연은 곧 국산화에 대한 경단련의 주장을 방위청이 수용하기 어렵게 되었다는 것을 의미하는 것이었다. 위원회 조기 개최라는 경단련의 주장에 대해 우쓰미의 회답은 "문제가 매우 중요하다. 신중히 하지 않으면 안 된다. 국방회의 간담회에 곧

49_해상자위대 구상에 따르면 PXL은 4발 제트, 중량 약 50톤, 최대 속력 약 800Km로 1시간 만에 해상에 진출한 후 7시간 동안 대잠 초계 등의 임무를 하도록 되어 있었다. 1기당 약 100억 엔 예상으로, 해상자위대는 100기 가까운 배비를 희망하고 있었기 때문에 총액 1조 엔이라는 대규모 프로젝트로 간주되고 있었다. 수입의 경우 유력 후보기로 고려되고 있었던 것은 미 해군이 당시 쓰던 대잠 초계기 록히드 P3C로 이는 4발 터보 프로펠러, 최대 속력은 시속 약 800Km였으나 수색용 장비는 진보된 것을 탑재하고 있었다. 미 해군의 예상으로는 1기 33억 엔이나, 일본이 수입하면 개발비 분담 등으로 이보다 비싸게 될 것으로 전망하고 있었다. AEW는 비행기에 대형 레이더를 탑재하여 침입기를 조기 발견하거나 영격기의 유도를 하는 것으로, 항공자위대는 4차방 작성 단계에서는 수입을 희망했으나 1971년 4월 당시 나카소네 방위청 장관이 국산화할 것을 결정, 탑재용 레이더 등의 개발이 진전되어 왔었다. 국산의 경우는 C1 제트 수송기(가와사키중공업)의 기체를 이용하는 안이 유력했으며, 수입의 경우는 미 해군의 그라만 E2C가 유력 후보였다. 항공자위대는 20기 정도의 배비를 희망하고 있었으며 구형인 E2B가 1기당 약 60억 엔이 나가는 것으로 알려져 있었다["對潛しょう戒機など 2機種國産の可否深意," 『朝日新聞』(1973/08/07)].

50_エコノミスト 編集部(1978, 306). 전문위원회는 위원장에 호리코시(堀越二郎) 일본대학 교수(2차 대전 시 유명한 '零戰 전투기'의 주임 설계자)를 비롯하여 이와야(岩屋一) 농림어업금융공고(公庫) 부총재(전 대장성 이재국장), 요시미쓰(吉光久) 일본개발은행 이사(전 통산성 중공업국장), 쓰치야(土屋清) 총합정책연구회 이사(경제 평론가), 사이토(齊藤有) 일본전자공업진흥협회 전무이사, 그리고 전자공학, 항공기공학, 기계공학을 각각 전공하는 대학교수 3인(高木昇 동경대 명예교수, 村山堯 동해대 교수, 栗野誠一 일본대 교수)으로 구성되었다. 이에 대해서는 "對潛しょう戒機など 2機種國産可否深意," 『朝日新聞』(1973/08/07) 참고.

이어서 전문위원회를 개최한다면 결론은 스스로 확실히 나온다. 그 때까지 냉각기간을 가질 필요가 있다"[51]는 것이었다.

그러나 전문위원회가 1973년 8월에 발족했음에도 답신 발표는 1974년 12월 29일이 되어서야 나왔을 뿐 아니라, 이 답신의 내용 또한 애매해서 어느 쪽으로도 유리하게 해석할 수 있는 것이었다. 즉 답신에서는 "PXL의 국산화나 수입 방안 중 어느 것도 반대할 수 있는 결정적인 이유를 발견하지 못했다"[52]고 국방회의에 보고했던 것이다. 이런 위원회의 모호한 태도는 문제를 다시금 국방회의에 넘겨주는 결과가 되었으며, 국방회의는 다시 '전문가의 의견'을 방위청과 해상자위대에 구할 수밖에 없게 되었다. 그러나 동 위원회는 AEW 항공기에 대해서는 필요 대수(약15대)가 너무 적어 비경제적이라는 이유로 수입해야 한다고 건의했다(한승주 1976, 166).

PXL에 대한 답신에 대해 신문에서는 애매하다고 언급했으나, 수입파는 수입에 비중을 둔 답신으로 간주했으며 경단련에서도 그렇게 생각한 것으로 알려져 있다.[53] 그럼에도 불구하고 경단련에서는 이 답신에 대한 명확한 답변을 정부에 요구했다. 왜냐하면 PXL, AEW에 대해서는 나카소네 장관의 기본 방침에 따라 방위청이 예산 조치를 이미 강구하고 있었기 때문이다. 즉 PXL에 대해서는 1970년도에 2,300만 엔, 71년도에 약 3억 엔이 지출되고 있고, 1972년도 예산에서도 세출이 1억 3,700만 엔, 국고채무부담행위가 5억 4,900만 엔 책정될 예정이었다.

한편 AEW에 대해서도 1972년도 예산에서 세출분으로서 2,800만 엔

51_"對潛しょう戒機など 2機種國産可否深意," 『朝日新聞』(1973/08/07)

52_"對潛しょう戒機など 2機種國産可否深意," 『朝日新聞』(1973/08/07)

53_경단련에서는 이를 '햄릿 답신'이라고 명명했다.

이라는 예산이 책정될 예정이었다. 특히 PXL는 가와사키중공업 등이 자기 돈을 들여 PXL 기체의 실물 모형을 이미 완성한 단계였다. 이런 상황을 배경으로 경단련에서는 당연히 PXL의 국산화를 요구했던 것이다. 우쓰미 사무국장 또한 "국산화를 요구하는 것은 산업계로서는 당연한 것이다. 많이 해주시오"(エコノミスト 編集部 1978, 306)라고 답변했었다. 이에 경단련에서는 관계 회사를 소집하여 국산화 계획을 재검토했던 것이다.

PXL에 대한 최초의 국산화 계획은 대체적으로 1971년경에 나타났다. 국방회의 전문위원회의 답신이 나온 것이 1974년 12월이었으므로, 1971년 최초의 PXL 국산화 계획안과 국방회의 전문위원회 답신과의 사이에는 시간적으로 약 4년이 경과하고 있다. 이는 결국 국방회의 전문위원회가 경단련의 국산화 계획안을 근거로 PXL의 국산화를 검토했다는 것을 의미한다. 원래는 전문위원회가 발족했을 때 국산화에 대한 새로운 계획서를 업계에 요구하는 것이 당연한 것이었다. 그러나 이런 절차나 과정이 없이 애매한 답신을 내놓았기 때문에 업계에서는 당황했던 것이었다. 이에 경단련에서는 우쓰미 사무국장에게 새로운 국산화 계획을 제출하겠다는 의사를 표명하여 압력을 가하게 된다. 즉 과거의 계획서에서는 PXL의 개발 기간을 7년, 양산에 들어가는 것을 9년째로 예상했었기 때문에 기간을 줄여 다시 제출하겠다는 것이었다.

새로운 계획안에서 방위생산위원회는 컴퓨터의 발달과 그동안의 기술 축적으로 적어도 2년은 단축시킬 수 있다고 주장했다. 이 새로운 계획안의 자세한 내용을 포함한 예산 요구안과 기술 관계 자료, 그리고 "PXL 개발 및 생산에 관한 제안(각서)"이라는 방위생산위원회의 견해를 함께 방위청에 제출하는 한편, 정부, 자민당의 관계자에 압력을 가했다. 즉 3개월이 걸려 만들어진 새로운 국산화 계획안에서 재계는 과거의 계획서에서 예정하

고 있었던 개발 7년, 양산에 9년째라는 기간을 '연구·개발 5년, 6년째 양산'으로 기간을 줄여서 제시했던 것이다. 개발비는 당시 가격으로 약 500억 엔이고, 1976년도부터 개발을 시작하여 81년도에 양산체제에 들어간다는 것이었다(エコノミスト 編集部 1978, 307).

국방회의 전문위원회의 답신이 나오기 직전인 1974년 11월 방위생산위원회는 "안전보장과 장비의 취득 방법에 대해"라는 의견서도 발표하고 있다. 이 의견서는 기술의 장래 예측에 근거하여 PXL의 국산화에 대한 제3자의 평가를 받은 것이었다. 구체적으로는 12명의 전문가에게 의뢰하여 국산화에 즈음한 내외의 많은 요인, 예를 들면 정치 문제, 에너지 문제, 기술 문제 등 많은 요인을 근거로 하여, PXL의 국산화와 수입 각각에 대한 지지를 계량적으로 파악한 것이었다. 결과는 PXL을 국산화하는 편이 좋다고 하는 국산화 지지론이 압도적으로 많았던 것으로 알려졌다(エコノミスト 編集部 1978, 307).

한편 통산성은 백지 환원 때까지만 해도 국산화에 냉담한 반응을 보였으나 국방회의 전문위원회에서 결론이 나올 때가 되자 갑자기 국산화론으로 돌아섰다. 백지 환원 때까지만 해도 YS11의 후속기인 국산 제트여객기 YX 개발이 본궤도에 오르게 되어 있어서 PXL은 그다지 큰 문제가 되지 않았으나, 세계적 불황으로 YX의 공동 개발 파트너인 미 항공기업계가 부진을 보여 YX 개발이 언제 시작될지 모르는 상황이 되었기 때문에 통산성은 PXL의 무조건 국산화를 주장하고 나섰던 것이다.[54]

54_"P3CとPXL, 決まらぬ對潛哨戒機,"『毎日新聞』(1975/12/16) 夕刊.

3) 수입 찬성론과 국산화 주장

당시 수입 찬성론자들의 주장은 첫째, 미국 비행기가 아닐 경우 그것은 미·일 합동 해상 작전에 커다란 불편을 야기하고, 둘째, 국내 개발은 지나치게 오랜 시일이 필요하며 현재의 P-2J를 수정하는 데 불과한 것으로 끝날 수도 있고, 마지막으로 국내 개발의 비용이 지나치게 클 것이라는 점이었다(한승주 1976, 165). 이에는 일본의 제조업체가 대형기 생산의 경험이 부족하며, 전자 부문이 미국의 P-3C(록히드사의 대잠 초계기)에 미치지 못할 것이라는 우려가 반영되어 있었다. 반면 국산화론을 주장하는 측에서는 P-3C에 탑재하고 있는 전자 장비와 기체가 매우 구식이고, 일본이 컴퓨터 기술의 신기술에서도 뒤지지 않으며, 수입 비용도 수입 상대가 록히드사 한 곳뿐이므로 막상 도입 단계에 들어서면 싸지는 않을 것이라 주장했다. 이에 대해 당시 경단련 방위생산위원회 사무국장이던 센가는 다음과 같이 말하고 있다.

> 캐나다는 차기 대잠 초계기 CP140에서 P-3C의 전자 장비가 아닌 S-3A(P-3C와는 다른 계통의 최신 미국 함재형 대잠 초계기)의 것을 중심으로 교체된 상태이며, 더구나 P-3C 기체의 경우 엘렉트라라는 비행기의 기체를 사용하고 있으나 이는 1950년대에 개발된 것이므로 80년대에는 도움이 되지 않는다. 즉 엘렉트라라는 비행기는 20년 전에는 좋은 비행기였으나 이후 추락 사고를 겪고 난 후에는 전부 비행을 중지하고 결국 이를 개조한 것이 P-3C 기체이다(エコノミスト 編集部 1978, 308).

나아가 일본이 이를 만들 능력이 없다는 데 대해 다음과 같이 다소 감정적으로 주장하고 있다.

일본이 대 작전용 컴퓨터와 소프트웨어를 만들지 못한다고!! 해상자위대는 기체밖에 개발한 적이 없기 때문에 그렇게 말한다. 해막(海幕)의 간부는 조선 공장만이 아니라 일본의 컴퓨터 공장을 한번이라도 견학한 적이 있는가? (중략) 우리는 5년간 PXL을 개발하여 7년째인 1982년에는 국산기를 취항시킬 수 있다고 했다. 수입하면 간단하지만 지나치게 안이한 발상이다. 고생해서 개발하지 않으면 일본의 항공기산업은 진척이 없다. (중략) 수입이 비용이 싸게 든다는 주장은 틀리다. 수입 상대는 록히드 한 개사뿐이다. 정말로 산다고 하면 가격을 올린다. 보급 부품도 자기들 마음대로 가격을 정한다. 상대는 미 국방성이 아니고 제조업체다. 국민 세금을 록히드사에 지불하려고 거두는 것이냐. 현재 P-3C를 사면 이는 '도둑에게 돈을 주는 것'이다. (중략) 좋습니다, 방위청이 PXL을 수입해도!! 후유증이 없다는 자신이 있으면. (중략) 국회에서 큰 문제가 될 테니까.[55]

경단련이 관계자에게 배포한 "차기 대잠 초계기(PXL)의 국내 개발에 대해"에 의하면, 첫째, P-3C를 완전 수입하면 50기에 약 10억 달러의 외화가 유출 되며, 둘째, 항공기업계는 1971년 이후 주요 프로젝트의 개발이 없었는데 4차방 기간 중에도 항공기의 대형 프로젝트가 없으면 개발 기간의 공백이 너무 길어 기술자의 도태와 노령화가 진행될 것이고, 이의 결과 항공기산업의 육성이 매우 곤란하게 될 뿐만 아니라 개별 기술력이 떨어지므로 항공기산업은 중대한 위기에 봉착하게 된다는 것이다. 3차방 기간 중에는 C-1과 T-2의 개발을 했으나 4차방 기간 중에 대형 프로젝트가 없으면 이미 상당 기간의 공백기를 보냈으므로 PXL 이외에 다른 방법이 없다는 것이었다(防衛生産委員會 1976, 140-142). 경단련 입장에서 문제가 되는 것은

55_"P3CとPXL, 決まらぬ對潛哨戒機," 『毎日新聞』(1975/12/16) 夕刊. 이런 그의 주장으로 이에 록히드 사건이 표면화한 이후 센가는 이 무렵부터 록히드 사건을 알고 있었던 것이 아닌가 하여 매우 비난을 받았으나, 실제로는 몰랐던 것으로 이후 밝혀졌다.

소프트웨어 한 가지뿐이므로 소프트웨어를 포함한 연구·개발에 비용을 좀 더 지출하라는 것이었다.

> 방위비 가운데 일본의 연구·개발비는 1%인데 비해 미국은 9%, 프랑스는 17%, 독일은 6%다. 자위대는 인건비 상승으로 파산 상태다. 돈이 없으면 생력화(省力化)하여 인원을 감축하면 연구·개발비 정도는 간단히 마련된다.[56]

이런 주장에 대해 방위청은 오일쇼크 이후 재정난으로 인건비조차 충당하기 곤란한 상황으로 연구·개발비의 증액은 힘들다는 의견을 제시했다(エコノミスト 編集部 1978, 309). 그러나 해군 막료에서는 나름대로 P-3C를 평가하여 그 정도로 움직임이 좋은 비행기는 없다는 반응을 보였다. 해막의 사메지마(鮫島) 막료장은 다음과 같이 말하고 있다.

> 앞으로는 국산으로 해야겠지만 이제는 이미 늦었으므로 미국으로부터 도입하는 것 이외에는 방법이 없다. 일반적으로 대형 제트기를 개발하는 데 7년이 걸린다. 양산화는 9년째가 된다. 대잠 초계기의 생명은 현재도 축적되고 있는 전자병기와 전술 컴퓨터로 결정된다. P-3C와 같은 뛰어난 컴퓨터, 특히 소프트웨어는 3~5년으로는 개발이 불가능하다. 소프트웨어가 나쁘면 비행기를 아무리 잘 만들어도 어림짐작으로 바다 속의 잠수함을 찾는 것과 같다. 현재 해상자위대가 주력으로 하고 있는 국산 대잠기 P-2J와 미 해군이 보유하고 있는 P-3C의 능력 차이는 하와이에서의 미·일 합동대잠훈련에서 드러났다. 즉 P-3C가 10분 만에 적 잠수함의 정확한 위치를 포착하는 데 비하여 우리는 1시간 이상 걸려서도 못 찾을 때도 있었다.[57]

56_"P3CとPXL, 決まらぬ對潛哨戒機," 『毎日新聞』(1975/12/16) 夕刊.

57_"P3CとPXL, 決まらぬ對潛哨戒機," 『毎日新聞』(1975/12/16) 夕刊.

이어서 그는 다음과 같이 P-3C 도입을 강력히 희망하고 있다.

> 속도 차이는 P-3C의 완전 자동화, 컴퓨터화된 대잠 시스템 앞에서는 거의 결점이 될 수 없다. P-3C를 라이선스생산 방식으로 만든다면 소프트웨어도 노하우도 일본에서 흡수할 수 있다. 그 편이 항공기공업과 여타 부문으로의 파급효과도 크다. P-3C 도입은 막부 말기의 네덜란드 의학(蘭學事始)이다. 한방의학만으로는 한계가 있다.[58]

이에 대해 경단련에서는 긴급 발진을 할 경우를 고려해야 한다는 이유를 들어 속도가 없는데도 좋다는 견해에는 반대였다. 이 외에도 경단련 주장에 따르면 P-3C에는 큰 문제가 있었다. 즉 캐나다가 록히드사와 계약을 체결하여 P-3C의 기체를 그대로 사용하여 지상 장치 등을 포함하여 6억 9,700만 달러의 계약금을 지불하고 있었는데, 문제는 이 계약이 상호 거래 계약(offset 계약), 즉 제3자에 대한 조건부 계약이었던 것이다. 따라서 만약 일본이 P-3C를 라이선스생산으로 한다고 하여 록히드사와 계약을 할 경우, 록히드사와 캐나다와의 오프셋 계약에 연관되게 된다. 캐나다로부터 날개라든지 동체의 일부를 일본에 가져오게 되는 경우도 생길 수 있는 것이었다.

경단련의 논리에 따르면, 일본 국민의 세금으로 P-3C의 수입 대금이 지불되면 록히드사와 캐나다의 항공기공업 육성을 위해 세금을 지불하게 되는 것이고, 반대로 일본의 항공기업계는 작업량을 잃게 되어 곤란한 상황에 처하게 되는 결과가 된다는 것이었다(エコノミスト 編集部 1978, 308).

58_"P3CとPXL, 決まらぬ對潛哨戒機,"『每日新聞』(1975/12/16) 夕刊.

결정이 지연됨으로써 자동적으로 수입으로 방향이 굳어질 것을 염려한 업계에서는 개발에 자신감을 보이면서 조속한 결정을 요구했다. 당시 요쓰모토(四本潔) 항공우주공업회 회장[59]은 다음과 같이 말하고 있다.

> 우리는 P-3C보다 좋은 비행기를 만들 수 있다는 확신이 있다. 적재하는 병기에 약간 불안감을 보이는 사람도 있다. 그러나 7년으로 100점 만점은 아니더라도 80점의 대잠기는 가능하다. 방위청으로는 불충분하다고 볼지 모르지만 PXL 국산화에 착수했으면 좋겠다. 가능하다, 않다는 문제로 양자가 대립하는 것은 의미가 없다.[60]

이에 대해 당시 방위청 사무차관은 "아직 간단하게 P-3C 도입이라고 할 시기는 아니다. 1976년도 예산에 대잠 관계의 연구·개발비를 요구할 것이다. 예산이 마련되든 안 되든 P-3C를 살 것인가, PXL을 국산화할 것인가 하는 결정은 아직 하지 않았고 결정을 내리기도 어렵다"[61]고 하였고, 결정은 계속 지연되었다. '수입론'은 주로 사용자인 해상자위대와 재정 전문가들이, '국산화론'은 주로 산업계와 기술 전문가 그리고 마지막에 합류한 통산성이 주장하는 형국이었던 것이다. 특히 해상자위대에서는 미국 해군과의 호환성을 주장하며 어떻게든 수입한다는 내부 방침을 취하고 있었다(エコノミスト 編集部 1978, 311). 그러나 호리코시 지로(堀越二郎) 위원장에 의하면 위원회의 합의를 가로막는 무엇보다도 큰 장애는 미국이 항공기와 분리해서 전자장치의 판매를 꺼리고 있다는 점이었다(한승주 1976, 166).

59_당시 그는 가와사키중공업 사장이면서 일본 민간수송기개발협회 회장이기도 했다.
60_"P3CとPXL, 決まらぬ對潛哨戒機," 『每日新聞』(1975/12/16) 夕刊.
61_"P3CとPXL, 決まらぬ對潛哨戒機," 『每日新聞』(1975/12/16) 夕刊.

이와 함께 다시 대두된 달러 삭감론으로 수입 추진론이 강하게 제기되었다(防衛生産委員會 1976, 141).

4) 록히드 사건과 국산화계획의 좌절

1975년 내내 해상자위대와 방위청은 P-3C 수입에 대한 국민 지지를 조성하고 통산성으로부터의 반대 의견을 무마하는 등 PXL 문제의 최종 결정을 위해 노력했다. 이런 교착 상태에서 일본 정부는 1975년 7월 11일, P-3C(록히드사)를 수입한 후 록히드사로부터 제조 방법, 기술을 도입하여 일본에서 라이선스생산을 한다는 방침을 정했다. 즉 정부는 국내 항공기 업체가 국산(국내 개발)을 강력히 요청해 온 것을 고려하여, 어떤 형태로든 국산 물량을 남겨 두는 것으로 하고 대장성, 통산성, 방위청의 3성청 간에 결착을 보았던 것이다.

향후 5년간 80기 전후를 장비하게 될 PXL 도입의 구체적 내용은 1982년부터 1, 2년은 직접 수입하고 그 후 록히드사의 설계에 기초하여 일본에서 생산하는 라이선스생산으로 이행한다는 것이었으나, 라이선스생산의 비율은 이후의 과제로 남겨 두었다.[62] 이에 해상자위대는 1975년 가을 P-3C기의 구매를 공식적으로 건의했으며, 11월 방위청은 P-3C기에 관해 최종 결정을 내려 계약의 서명이 있은 뒤 3년 내에 기체의 인도가 시작될 것임을 밝혔다. 6월초 록히드사의 한 대표는 일본 해상자위대가 자사로부터 약 100대의 P-3C기를 대당 예상 가격 약 2,500만 달러에 구입할 것에 동의했다고 발표했다.[63]

62_"次期對潛しょう戒機, 國産, 當面は斷念ー米のP3Cを導入," 『朝日新聞』(1975/07/12).
63_이런 움직임에 대해 국내 개발을 강력히 촉구한 의견서가 경단련 방위생산위원회에서 발

이런 와중에 1976년 2월초 '록히드 의혹 사건'이 발생했다. 야당과 언론은 즉시 사건의 철저한 조사와 PXL 문제의 재검토를 요구했으며 항공산업계 또한 문제의 조속한 재고와 결정을 요구했다.[64] 미키 수상은 '50기 계약으로 25억 엔의 리베이트'라는 PXL의 의혹에 대해 19일의 기자회견에서 결정을 백지로 돌려 신중히 '재검토'하겠다는 의사를 밝혔으며, 방위청에서는 결정 시기가 늦어질 경우의 대책 마련에 착수했다.[65]

그러나 이런 움직임에도 불구하고 국산화 계획은 더 이상 실현이 어려운 상황이었다. 즉 방위청과 해상자위대는 이미 수입을 전제로 한 PXL 계획을 진전시켜 왔던 것이다. 방위청 관료의 견해로는 국산은 더 이상 실용성 있는 대안이 되지 못했다. 그들의 예측에 의한다면 PXL의 개발 및 생산에는 최소한 다시금 10년이 걸릴 것이기 때문이었다.[66] 이런 국내의 움직임을 배경으로 일본은 애초 미국 측이 거부했던 초계기 전자장치의 구매도 다시금 요구했으나 이는 미국이 거부했으며, 대신 '국방성이 판매 계약의 대리인이 되는 정부 대 정부의 협정'을 제의했다. 이는 일본이 록히드사로부터 직접 항공기를 구입하지 않고도 P-3C를 확보할 수 있게 하려는 의도였다(한승주 1976, 168).

한편 이와는 별도로 1976년 5~7월에 걸쳐 일본열도 주위에 몇 척의 소련 정보수집함이 잠수함 항해 자료 수집을 목적으로 출현했으며, MIG-25

표한 防衛生産委員會(1976)이다. 이의 내용에 대해서는 『朝日新聞』(1975/07/22) 참고.

64_"眞相糾明への態勢整う--ロッキ-ド獻金," 『朝日新聞』(1976/02/11; 1976/02/14) 夕刊과, 2월 20일까지의 신문 곳곳에서 나타난다.

65_"PXLの遅れ豫想し善後策," 『朝日新聞』(1976/02/20).

66_이런 관점에서 1972년 10월의 백지 환원이 국산을 불가능하게 하려는 시간 끌기라는 주장도 나타나게 되었다["PXLと防衛政策-巨額の兵器, 必要か," 『朝日新聞』(1976/03/11)].

망명 사건이 발발했다. 이런 사건들에 대해 미국의 국방 관리와 군사 지도자들은 일본 해공 방위의 취약성을 지적하면서, AEW와 PXL 능력을 강화할 필요성이 있음을 강조했다. 이런 상황에서도 일본 정부의 1976년『방위 백서』, 77년의 국방 예산안, 포스트 4차방(제5차방) 방위 계획 '개요' 등과 같은 1976년에 채택된 방위 문서들 속에서 PXL에 대한 언급은 누락되어 있었다(한승주 1976, 168).

요컨대 1980년대 초 PXL의 배치가 개시되게 되어 있었음에도 불구하고, 일본 정부의 지연 정책으로 일본의 전자, 항공업계는 PXL을 연구, 개발할 시간을 가질 수 없었던 것이다. 결국 1977년 12월의 국방회의에서 P-3C의 채용은 정식으로 결정되었다. 1978년도를 초년도로 한 11년 계획으로서, 초년도 구입할 8기는 수입 3기, 녹다운 4기, 라이선스 국산 1기로 결정되었다.

6. 요약 및 결론

제4차 방위력정비계획이 나카소네 원안, 방위청안을 거쳐 최종적인 정부안으로 나타나는 과정에서, 나카소네 당시 방위청 장관이 큰 역할을 했음을 알 수 있다. 일본의 재계 또한 나카소네를 중심으로 한 방위청의 움직임에 대해 방위생산위원회를 통하여 끊임없이 자신들의 주장을 드러내어 최초의 나카소네 원안보다 축소되기는 했지만 상당 부분을 관철시켰다. 이는 총론적인 4차방 규모뿐만 아니라 FST-2, T-2가 모두 국산으로 결정된 데에서도 명확히 드러나고 있다.

방위청과 재계의 이런 움직임에 대해 대장성은 국방회의를 통해 반대 의사를 나타내지만, 대장성의 의사는 사실상 거의 반영되지 않았다. 이 또한 4차방의 총론적 규모뿐만 아니라 FST-2, T-2의 결정 과정에서 분명하게 드러났다. 이는 이전의 계획들과는 다르게 방위력정비계획이 장기 계획으로 입안됨으로써 대장성의 영향력이 감소되었다는 점에 기인한다. 즉 이 시기 들어 방위력정비계획은 주요 각 성청이 참여하는 국방회의에서 결정됨으로써 이미 정치적 성격을 강하게 띠게 되어 일개 성, 청의 주장이 관철되기 힘든 상황이 되었던 것이다.

'병기 재생산 과정'에서 나타났던 재계의 적극적 움직임은 이 시기 들어서 각론적 수준으로 전환되어, 개별 품목의 개발에 대한 재계의 입장 표명이 두드러지는 양상을 보이고 있다. 이것은 이 시기 들어 재계와 통산성이 방위산업의 양적 측면 못지않게 기술적 측면을 매우 중시하고 있음을 의미한다. 중간 조직을 통한 재계의 의사 표출 또한 계속해서 나타났다. 즉 경단련 방위생산위원회가 관민 합동의 상설적인 대화의 장 설치나 방위심의회 설치를 요구한 것, 그리고 PXL 수입이 문제가 되었을 때 국방회의가 구성한 전문위원회의 조기 개최를 요구한 것 등은 제도로서의 중간 조직에 의한 압력의 전형을 보여 주고 있다.

결국 이 시기 방위산업정책의 일본 내 정책 결정 과정은 대장성이 큰 영향력을 발휘하지 못하는 가운데 방위청과 재계가 주도적으로 이끌어 갔고, 이후 통산성이 가세하여 자신들의 목적을 달성했던 것이다. 4차 방위력정비계획 결정 과정에서 방위청, 통산성과 재계의 움직임에 제어를 가했던 것은 오히려 여론과 야당이었다. 이는 소위 '나카소네 원안'이 야당과 여론의 격심한 반대에 직면, 규모 면에서 상당히 축소되어 다시 입안된 것에서도 드러난다.

총론적으로 보아 4차 방위력정비계획을 둘러싼 정부 내 조직 간의 균열은 재계, 통산성과 대장성의 대립이라는 구도를 여전히 보여 주고 있기는 하지만, 앞의 사례와 비교하여 주요 정치인의 영향력이 훨씬 강하게 드러나기도 했다. 이후 일어난 '록히드 스캔들'에서는 미 군수 업체와 당시 일본 최대의 정계 실력자인 다나카와의 유착 관계가 드러나기도 했으나 이것이 국방회의의 결정을 변경시키지는 못했다. 즉 '재심의'라는 형태로 다시 논의가 되는 듯했으나 원래 계획대로 진행이 되었던 것이다.

한편 미국은 4차 방위력정비계획의 초기 단계와 총론적인 결정 구도에서 직접적인 반응을 보이지는 않았으나 최종 결과에 대해서는 환영한다는 입장을 보였다. 이는 일본의 방위 분담이라는 미국 정책과 상통한다는 측면에서 나오는 것이다. 나아가 미국의 일본 방위산업에 대한 입장 또한 일본의 방위력 강화라는 측면보다는 미·일 간 무역역조라는 경제적 측면에서 고려됨으로써, 이전과는 조금 다른 입장에서 일본의 방위시장에 접근하는 양상을 보여 주고 있다. 즉 1970년 후반 들어서 '달러 삭감' 문제를 들고 나옴으로써 일본에 압력을 가하기 시작했고 이는 AEW, PXL의 수입이라는 결과로 나타나게 되었다. 이것은 이 시기부터 일본의 방위산업을 둘러싼 미·일 간 논의가, 일본의 방위력 강화라는 군사적 성격과 함께 미·일 간 무역역조와 같은 경제적 성격을 띠고서 나타나게 되리라는 점을 의미한다. 특히 이 시기부터 통산성과 재계를 중심으로 뚜렷이 나타나는 기술에 대한 강조와 국산화에 대한 집착은 향후 항공기와 같은 기술집약적 품목에 있어서 미국과의 마찰이 빚어질 것임을 예고하는 전조이기도 했다.

제6장

FS-X 개발과 미·일의 충돌

이 장에서는 FS-X(차기 지원 전투기)가 최초 일본의 독자 개발 계획에서 미·일 공동 개발로 변경되고, 이것이 미 의회의 반대로 세부 항목의 재조정을 거치는 과정을 살펴본다. 이 장에서 구체적으로 살펴볼 내용은 다음과 같다.

첫째, FS-X 계획의 미·일 간 분쟁적인 측면을 살펴보기 이전에, 왜 이것이 미·일 간에 문제가 되었던 것인지에 대한 배경 이해를 위해 FS-X가 가진 정치적, 경제적 의미에 대해 살펴본다. 이어서 이 계획이 나타났을 때 일본 내 각 성청의 입장이 '독자적인 개발'로 통일되어 있었던 것은 아니라는 점, 그리고 독자 개발이라는 방향으로 나아가는 데 있어서 일본의 방위청, 통산성, 재계가 주된 역할을 했다는 점을 밝힌다.

둘째, 일본의 독자 개발 계획에 미국이 개입하게 된 경위와 미·일 간의 협상 과정, 그리고 이 과정에서 나타난 미국의 압력과 일본의 대응을 통하여 일본의 방위산업정책을 둘러싼 일본과 미국의 접근법이 과거와 어떻게 달라졌는지를 알아본다.

셋째, 양국 정부 간의 정식 합의가 미 의회와 상무성의 이의 제기로 재조정에 들어가게 되는 데 있어서 일본 의회와 각 성청이 동의하지 않았음에도 이 과정에 별다른 영향력을 미치지 못했다는 점을 살펴봄으로써, 일본의 방위산업정책에 있어서 이들의 역할이 '병기 생산의 재개' 과정이나 '4차 방위력정비계획' 결정 과정에 비하여 상대적으로 약화되었다는 점을 살펴본다.

1. FS-X 프로젝트의 개요와 정치적·경제적 의미

1. FS-X 공동 개발의 개요

일본의 FS-X의 미·일 공동 개발을 둘러싼 미국의 부시 정권과 일본 정부의 최종 조정은 1989년 4월 말 일단 종료되었다. 이는 1988년 11월 당시 양국 정부 사이에 공동 개발의 교환공문과 양해 각서가 '정식'으로 교환되었으나 미국 신정부의 발족에 따라 '재조정'된 것이었다. 이 프로그램은 미국 역사상 국제 협력에 의한 가장 큰 군사 항공기 개발 프로그램이었으며, 일본 정부가 전후 수행한 가장 큰 항공 무기 연구·개발 프로젝트였다 (Lorell 1995, 1). 그 내용은 일본의 항공자위대가 가진 F-1 지원 전투기[1]를 대체할 지원 전투기로, 록히드[2] F-16C를 기반으로 한 새로운 항공기를 미국과 일본이 협력하여 개발한다는 것이었다. 이런 재조정은 본래 일본 측의 의도는 아니었다. 이미 결착을 본 미·일 정부 간의 정식 합의에 대해 미국 측, 특히 미국 의회와 상무성 등의 클레임으로 '강요된' 것이었다. 즉 미국 측이 이제까지와는 다르게 안보 문제에 통상, 경제문제를 결부시켜 정식 합의에 대한 재조정을 시도한 것이다.

이런 측면에서 FS-X 문제는 일·미 양국 간의 국방, 외교, 무역, 기술 등의 제 측면이 혼재되어 나타난 것이었다. 이는 일본과의 협의를 국방성이 주도하는 데 대해 상무성, 무역대표부(USTR: United States Trade Representative), 그리고 의회 관계자들이 불만을 제기했다는 점에서도 분명히 드러나고 있다(Prestowitz 1988, 38-40). 즉 FS-X 문제는 당시의 미·일 관계에서 발생하고 있었던 경제 마찰의 소용돌이에 미묘하게 휘말려 버린 것이다. 이와 동시에 일본의 경제력 부상에 위기감을 인식한 미국이 당시까지 크게 관용적인 태도를 취해 오고 있었던 안전보장, 즉 방위 협력의 분야에서도 공공연히 자국 중심주의적 성향을 드러내었다는 점에서 매우 충격적인 사건이었다. 이와 같은 미국의 자국 중심주의적 태도는 FS-X의 공동 개발 작업이

1_F-1은 앞장에서 살펴본 4차방 말기에 나타났던 연습기 T-2를 전투기로 개량한 FST-2의 공식 명칭이다. 전후 일본 항공자위대의 전투기는 대별하여 요격 전투기와 지원 전투기로 나누어진다. 헌법 제9조로 인해 일본은 방어만 한다는 점에서, 공격해 오는 적의 전투기를 대상으로 한 공대공 전투를 기본 임무로 하는 것이 요격 전투기이다. 반면 일본에 상륙하는 적 함대를 대상으로 한 공대함 기능을 갖고 자국 지상부대 전투에 대한 지원을 수행한다는 의미에서 이름 붙여진 것이 지원 전투기이다. 전후 일본에서는 '폭격'이나 '공격'이라는 용어를 사용하기 어려우므로 지상부대의 전투를 공중에서 지원하는 '근접 항공 지원'이라는 군사 용어에서 '지원'을 사용하고, 이 임무를 수행하는 기종을 '지원 전투기'라고 지칭하여 독자적인 용어를 만들어 낸 것이다.

2_F-16의 원래 개발자는 제너럴 다이내믹사의 Fort Worth fighter division이였으나 1993년 이것이 록히드로 흡수되면서 그 명칭이 Lockheed Fort Worth Company(LFWC)로 바뀌었다.

진전됨에 따라 더욱 강력해졌다. 그 결과 일본이 초기에 의도했던 독자 개발에서 상당히 변형된 형태로 나타났으며, 이에 따라 일본 측에서도 민족주의적 움직임이 나타나기도 했던 것이다.[3]

양국 관계에 있어서 가장 중요한 안전보장 면에서 양국의 자국 중심주의적 사고가 얽힌 격렬한 갈등의 출현은, 일본에 '미·일 안보 관계에 있어서 새로운 역할 분담'이라는 이제까지와는 다른 사고를 하게 되는 계기를 만들었다고도 할 수 있다. 이런 측면에서 FS-X 문제는 이후의 미·일 관계를 근본적으로 뒤바꿔 놓을 만한 의미를 내포하고 있었던 것이다.

2. FS-X 개발의 정치적 의미

일본의 방위 장비 조달에 있어서 FS-X가 정치적인 복잡성을 띠게 된 이유는 FS-X가 전후 무장을 금지한 일본 헌법의 제한으로 인해 '전투 지원 항공기'라는 생소한 이름으로 나타났다는 점에 있다. 즉 새로운 항공기에 부과된 대함정/제한적인 지상 지원을 겸비한 항공기를 묘사하는 데 있어서 이런 특별한 용어를 사용한 항공기는 세계에서도 찾아볼 수 없었다. 공중 지원 전투기, 전폭기, 공격용 항공기, 전술 전투기라는 용어가 오히려 적당할 것이었다(Ebata 1986, 214). 요컨대 '지원 전투기'라는 용어는 무장력을

3_FS-X가 진행되는 와중에 유명 소설가였던 이시하라 신타로와 당시 소니 회장이었던 모리타 아키오(盛田昭夫)가 공저(共著)한『'NO'と言える日本』(光文社, 1989)이 출판되었다. 이 책은 미국에서 수정주의자들에 의해 반미적이라고 하여 큰 반향을 불러일으켰고 일본에서도 베스트셀러가 되었다. 이런 성공으로 이후 石原愼太郎, 渡部昇一, 小川和久가 지은『それでも 'NO'と言える日本』(光文社, 1990)과, 石原愼太郎, 江藤淳이 지은『斷固'NO'と言える日本』(光文社, 1991)이 연이어 출판되었다.

금지하고 있는 일본의 평화 헌법의 한계 때문에 나타난 것이었다. 이는 일본 국회에서 FS-X 논의가 한창이던 1987년 12월 8일 중의원 내각위원회(參議院內閣委員會)에서 니시히로 세이키(西廣整輝) 정부위원이 야당 의원의 질문에 답변하는 중에 다음과 같이 장황하게 언급한 데에서도 나타나고 있다.

> 우리나라 지원 전투기가 갖고 있는 임무는 다른 나라의 전투기가 갖고 있는 임무와 비교하여 매우 다목적, 다용도로 사용되고 있다는 점에서 이해를 구하고 싶습니다. 이는 제한된 방위력에서 여러 가지 임무를 갖고 있다는 의미에서 다목적이라는 것입니다. 예를 들어 지원 전투 임무라고 하면, 일본에 침공하려고 하는 선박의 해상 저지와 같은 임무, 그리고 육상에 상륙한 상대방과의 지상 전투 임무와 같은 두 가지 임무를 갖고 있습니다. 이는 다른 국가에서는 통상적으로 해상 저지는 해군기가 분담하고 지상 전투의 지원 전투 임무는 공군기 또는 육군기가 담당하는 것이지만, 일본의 경우는 두 경우 모두 동일 기종인 지원 전투기가 담당하는 임무입니다. 더 중요한 점은 일본에서 지원 전투 임무를 행하는 3개 대의 전투기부대는 동시에 일본의 방공 임무를 분담하고 있다는 것입니다. 방공 전투기부대 10개 대, 지원 전투기부대 3개 대, 합하여 13개 대로서 평시의 영공 침범 임무를 포함한 방공 임무를 분담하는 것으로, 방공 전투 임무도 지원 전투기부대가 갖고 있는 것이므로 다목적 항공기라고 이해해 주시기 바랍니다. 또 한 가지 언급할 점은 일본의 지리적 특성에 관련된 것입니다. 주지하다시피 일본은 가늘고 긴 (국토적) 지형을 갖고 있습니다. 이런 지형적 특성을 가진 일본이 제한된 방위력으로 국토를 지키기 위해서는, 예를 들어 상대방이 침공하는 경우 (중략) 상대방은 어느 곳이라도 마음먹은 대로 침투할 수 있기 때문에 상대방이 육상에 침투하기 전에 해상에서 저지하는 것이 가장 효율적인 방위 방법입니다. 이런 점을 고려하면 그에 맞는 항속 거리를 가지는 항공기가 필요한 것으로서 이에 항공기가 갖고 있는 특성, 항속 거리, 이륙 거리와 같은 것에 대해 고려하지 않으면 안 되는 것입니다.[4]

타 국가들에 위협적인 인식을 심어 주지 않기 위해 '해군, 공군, 육군'이라는 용어 대신에 '육상, 해상, 항공자위대'라는 용어를 사용하고 있는 것과 같이, '전투기 지원'(fighter support)이라는 용어도 이런 맥락에서 이해할 수 있다. 즉 일본 방위청은 덜 공격적이고 덜 방어적인 이미지를 나타내기 위해 이런 용어를 사용했던 것이다(Chinworth 1992, 133). 항공자위대가 지원 전투기를 FS-X라고 명명한 데는 법률적인 제약성이라는 또 다른 고려 사항이 있었다. 즉 항공자위대는 차세대 항공기로서 방위청이 사용했던 공식적인 명칭인 요격기를 원했으나, 요격기의 숫자는 〈방위 대강〉으로 이미 제한되어 있었다.[5] 이런 제한을 극복하기 위해 방위청은 새로운 항공기에 요격 기능을 부가하여 이 새로운 항공기를 '전투기 지원 항공기'라 불렀다. 따라서 FS-X는 실제로 지상 공격용 항공기의 성능을 갖고 있는 요격기였던 것이다(Ebata 1986, 214-216).

이런 수사적인 표현으로 인해 나타난 실제적인 결과는 두 가지가 있었다. 첫 번째는 다목적 기능을 갖춘 독특한 항공기를 강조함으로써 일본 방위에 필요한 것은 타 국가들의 것과는 다소 구별된다는 측면을 강조함으로써 국내 개발 항공기를 정당화시킬 수 있었다는 점이다. 두 번째로 대폭적인 개량 없이는 외국 항공기가 이를 대체할 수 없다는 점에서 외국 항공기의 접근을 배제시키고자 했던 것이다(Chinworth 1992, 134). 즉 FS-X가 기존의 외국 항공기로는 대체 불가하다는 안보상의 이유를 표면적으로 내세

4_"弟百十一回國會(臨時會)における防衛論議,"『防衛アンテナ』(1988, 41).

5_〈51방위 대강〉(1976)에서는 항공자위대가 전투기, 수송기 등을 포함한 작전용 항공기를 430대 가지게 되어 있었다. 이는 13전투비행대이며 이 중 10개 비행대는 요격대, 나머지 3개 비행대는 지원비행대였다. 따라서 이 숫자가 변하지 않으면 항공자위대는 요격기를 증대시킬 수 없었다. 〈방위 대강〉의 자세한 내용에 관해서는 이 책의 제3장을 참고하라.

워, 국내 개발을 정당화하려는 경제적 측면을 희석시키고자 했던 것이다. 사실 이후 FS-X를 둘러싸고 계속해서 중요시되었던 문제가 순전히 경제적인 것이었다는 점에서도 이는 나타난다. 즉 FS-X 개발 사업은 차기 전투기라는 점 때문에 표면적으로는 군사적 성격을 갖고 있었지만, 그 이면에는 항공기산업이 가진 첨단산업적 특성상 경제적, 기술적 성격 또한 가지고 있었던 것이다.

3. FS-X 개발의 경제적 성격

1) 수입 무기 체계의 비용 문제

항공기를 독자 개발하고자 하는 일본 내의 움직임에는 전후 들여온 미국 항공기에 대한 불만이 자리 잡고 있었다. 일본에서는 이를 수입 무기 체계의 비용으로 인식하고 있다(Green 1995, 29). 미국으로부터 계속해서 항공자위대에 들어온 항공기는 여러 가지 요인으로 비용의 급속한 상승을 가져왔다. 항공자위대가 처음으로 가졌던 주력 전투기는 한국전에서 활약한 노스 아메리칸의 F-86 세이버였다. 이후 1962년부터는 록히드사의 F-104, 1971년부터는 맥도널 더글러스사의 F-4 팬텀, 그리고 1980년부터는 같은 회사의 F-15 이글을 도입함으로써 일본은 계속해서 신예기를 도입해 왔다. 이들의 도입 가격을 보면 최초 F-86의 도입 때는 한 대당 약 1억 6,000만 엔, F-104는 약 4억 엔이었으며 F-4는 약 17억 엔, F-15는 약 69억 엔으로 점점 증가하고 있다. 특히 F-15의 가격은 그 후로도 계속 상승하여 18기 조달을 예정하고 있었던 1986년도 예산 요구에서는 1기당 약 109억 엔이 되었다.[6] 이의 주된 이유는 더 높은 성능을 달성하기 위한 더 고도의 재질 비용과 증가된 전자 부품 때문이었다.[7] 이런 추세는 일본 회사들이 개발한 무기 체계에서도 나타나는데, 대표적인 것은 육상자위대의 탱크와 해상자위대의 신소재 헬리콥터 MH 53E였다.[8]

그러나 항공기의 경우, 자위대 간부들과 예산 계획 입안자들은 미국 무기 체계에 대한 완전한 의존이 실질적인 문제점이라고 인식하고 있었다. 미국 장비에 의존할 수밖에 없기 때문에 미국의 설계 명세에 장비를 맞춰야 하며, 이 때문에 일본 회사들도 미국 무기 체계에서 사용되고 있는 같은 재료와 전자 장비에 의존해야만 한다는 것이다. 새로운 개량품이 소개되면 일본의 제조업체는 구 장비에 대한 지원이 중단되기 때문에 새로운 미국의 장비를 구입해야만 되고 따라서 비용은 다시 증가한다는 인식을 갖고 있었다. 이를 만약 국내 생산으로 한다면 방위청은 가격, 질, 부품 선택에 있어서 더 많은 재량권을 갖게 되어 미국에 대한 의존에서 벗어나게 될 것이라는 생각이었고, 이는 곧 장비의 국내 개발에 대한 의욕을 자극했던 것이다. 이와 관련하여 방위청의 한 간부는 다음과 같이 말하고 있다.

6_"防衛費の 斷面(4)," 『朝日新聞』(1985/12/19).

7_예를 들어 한 방위청 담당자는 방위비의 상승을 가져오는 가장 큰 요인으로서 주요 병기의 가격 상승을 들고 있으며, 이런 가격 상승의 이유에 대해 "병기에 대폭적으로 채택되는 전자 장비가 매우 고가이며 고도의 재료 사용이 증가하고 있기" 때문이라고 말하고 있다["防衛費の 斷面(4)," 『朝日新聞』(1985/12/19)].

8_육상자위대의 61식 전차는 1961년도 도입 당초 1량당 약 9,400만 엔이었으나 이것이 74년도 도입의 74식 전차에서는 1량당 약 2억 9,300만 엔이 되었고 86년도의 기산 요구 가격에서는 약 4억 엔이었다. 또한 89년도부터 도입 예정인 새 전차는 약 7억 엔으로 전망되었다. 한편 1986년도 기산 요구에 4기의 조달이 포함되어 있었던 해상자위대의 신소재 헬리콥터 MH 53E는 1기당 약 57억 엔이었다["防衛費の 斷面(4)," 『朝日新聞』(1985/12/19)].

일본이 병기 면에서 거의 미국 일변도를 계속하고 있기 때문에 비싼 장비를 살 수 밖에 없는 상황이다. (중략) 미국은 확실히 세계 일류의 병기를 일본에 제공하고는 있지만, 헬리콥터 등 동등한 수준의 것을 다른 나라에서 구입하면 더 싸게 살 수 있는 경우에도 미국제를 선택하는 경우가 많다. 그 배경에는 미국이 호환성(interoperability)을 이유로 미국제 병기의 사용을 권하는 것도 있다. (중략) 또한 미국은 F-15에 탑재되어 있는 컴퓨터를 신형으로 바꾸면서 일본도 신형으로 구입하지 않으면 안 된다고 한다. 이에 대해 담당자가 종래의 것으로도 좋다고 했지만 구형은 더 이상 제조하지 않는다는 (미국 측의) 대답에 (값싼 구형으로는) 바꿀 수도 없다. 이 결과 또한 1억 가까운 비용이 상승하게 된다. 국산품이라면 가격에 대한 교섭이 가능하다. 미국으로부터 구입하는 것은 거의 미국 측이 말하는 대로이다.[9]

더군다나 항공기의 경우 F-15 계획이 이전의 항공기 계획들과 비교하여 국내 부품의 비율이 감소했다고 일본의 방위 관계자들은 판단했다. 당시 일본의 산업계는 F-104의 85%를 국내에서 생산했다고 평가하고 있으며, F-4의 경우는 90%를 국내 생산했다고 생각하고 있었으나, F-15의 경우는 70%에 불과한 것으로 생각했다. 질적으로는 F-15의 기술이전이 훨씬 뛰어날 수도 있으나, 일본의 산업계와 정부는 기술에 비하여 너무 많은 비용을 지출했다고 생각했다. 이런 국내 생산 비율의 하락 현상을 저지하기 위해 일본은 그들 자체의 항공기를 만들어야 한다고 생각했던 것이다(Chinworth 1992, 137). F-15 계획을 경험하고 난 후 CCV(Control Configured Vehicle, 디지털 컨트롤화)와 다른 연구·개발 계획이 막 시작되어 겨우 초창기에 들어섰을 무렵, 일본의 회사들은 미국의 회사들이 일본 방위청에 대체/부품 분

9_"防衛費の 斷面(4)," 『朝日新聞』(1985/12/19).

야 적정 가격의 2~3배를 제시, 항공기에서 이익을 남기고 있다고 생각했다. 요컨대 일본의 산업계는 방위청이 미국 기업들의 탐욕에 희생되고 있다고 간주했던 것이다.[10]

2) 기술적 파급효과

FS-X 개발 사업이 가진 경제적 성격의 또 다른 측면은 기술적인 것이다. 일찍부터 통산성은 항공산업이 부가가치가 높고 타 산업 부문에 대한 기술 파급효과가 클 뿐만 아니라 대기업들을 사양 산업 부문에서 구출해 낼 수 있는 잠재력 있는 산업으로 파악했다(Samuels and Whipple 1989, 275). 전후 일본이 패전 후유증으로 항공산업에 있어서 공백기를 겪고 있는 동안 구미 제국의 초음속 제트전투기 설계 기술은 비약적으로 발전했다. 즉 패전과 함께 20년 이상의 공백을 경험했던 일본의 경우 항공 분야에서의 최첨단 기술 습득을 위해서 많은 기초 기술의 연구·개발이 필요했던 것이다. 이와 같은 연구·개발은 1970년대 초기 기술연구본부에 독자 연구의 틀이 마련됨으로써 이뤄졌다. 즉 이전까지는 자위대로부터의 정식 요구가 없으면 연구 예산이 인정되지 않았으나, 독자 연구가 가능해짐으로써 기술연구본부는 자위대의 요구에 구애받지 않고 독자적인 판단으로 프로젝트를 가동시킬 수 있게 되었던 것이다.

이런 독자 연구로 일본은 항공 부문에 있어서의 기술적 열위를 극복할 수 있는 많은 뛰어난 성과를 올렸다. 1978년에 이미 일본은 방위력을 향상시키고 미국 장비와의 호환성을 강화하기 위한 프로그램의 일환으로 미국

10_한 잡지는 다음과 같이 이를 표현하고 있다: "미국인들은 (방위청의) 약점을 무례하게 이용하는 경향이 있다"(Keiichiro 1986, 6).

표 6.1 | 방위청 기술연구본부의 주요 연구·개발 프로그램

연구 분야	비용(10억 엔)	기간(회계연도)
선투기 설계	0.3	1973~87
복합 재료	1.7	1974~87
T-2 CCV 프로그램	6.1	1978~85
화기 제어 레이더	4.4	1981~87
Mission 컴퓨터	2.4	1983~88
기상용 전자전시스템	1.7	1985~89
관성항법장치	1.0	1985~88
스텔스	0.3	1986~89

자료: Lorell(1996, 85).

전투기인 F-15의 공동 생산 또는 라이선스생산을 시작했다. 앞서 언급한 바와 같이 통산성 또한, 항공산업이 부가가치라는 측면뿐 아니라 타 산업 부문에 대한 기술 파급효과가 다른 어느 산업보다 큰 것으로 인식하여 이미 1970년대에 항공우주산업을 핵 발전, 정보산업과 함께 핵심 산업으로 선정했다. 이 결과 1980년대 초 상용 제트엔진 개발에 대한 정부 지원은 컴퓨터 연구 지원금과 거의 동등했으며, 텔레콤, 에너지 그리고 차세대 기초 기술 분야에 대한 지원을 능가하는 수준이었다. 따라서 〈표 6.1〉에서 보는 바와 같이 1970년대부터 차세대 항공기의 핵심 기술로 인식되고 있던 기술 개발이 방위청의 연구·개발 계획으로 이미 이뤄지기 시작했으며, 이는 FS-X를 염두에 둔 '장래 항공기에 관련된 주요 기술 연구'라는 형태의 기술 주도형 프로젝트로 계속 수행되었다(Lorell 1996, 84-96).

이런 프로젝트들은 개별적으로 수행되었기 때문에 이 연구 프로젝트들 사이에 특별한 관련성은 없어 보인다. 그러나 이 프로젝트들이 모두 FS-X의 핵심이 되는 중요 기술이었다는 점에서 산업체와 방위청 기술연구본부의 밀접한 협력이 없이는 이뤄지기 힘든 연구들이었다(畑貴司 1993, 20). 실

제로 방위청 기술연구본부와 산업계에서는 이런 프로젝트들을 새로운 항공기의 독자적인 개발로 연결시키겠다는 의도를 프로젝트의 초기 단계에서부터 분명히 드러내었다. 즉 CCV 연구가 시작된 지 얼마 지나지 않은 시점에서 미쓰비시중공업은 FS-X가 1980년대 말에 시작될 것이라 예상했음에도 불구하고, CCV 기술을 FS-X에 구체화시킬 것임을 분명히 밝혔던 것이다.[11] 요컨대 이전부터 수행해 온 프로젝트들을 중심으로 기초연구에 대한 성과가 나타나게 되자 통산성과 일본의 방위산업체는 FS-X의 국내 개발을 통하여 일본의 항공기 관련 산업을 활성화시키고자 했던 것이다.

2. 독자 개발 계획의 대두와 과정

1. 독자 개발 계획의 대두

FS-X 문제의 시작은 1982년 7월의 국방회의에서 56중업(소화 56년도 중기방위력정비계획)이 결정되었을 때부터였다. 이 계획에는 항공자위대가 보유하고 있는 F-1지원 전투기의 후속기로서 우선 1대분을 구입한다는 내

11_Brown(1987, 47-49). 이에 대해 한 경제 잡지는 "이것은 (미쓰비시중공업이) FS-X와 병행하여 CCV 개발에 임할 것이라는 점을 의미한다"고 했다["Interest in Making New Weapons is Mounting in Defense Industry," *Japan Economic Journal*(September 2, 1980)].

용이 있었다.[12] 1977년도에 미사와(三澤)에서 최초의 비행대[13]를 편성하여 운용에 들어갔던 F-1은 미사와 기지의 제3항공단에 2개 비행대, 지쿠조(築城) 기지의 제8항공단에 1개 비행대, 합계 3개 비행대가 배비되어 있었다. F-1은 당초 계획대로 비행 운용되면 1990년도에는 최초의 비행대 분이 노후되어 후속기가 필요해지기 때문에, 56중업 계획의 최종 연도인 1987년도에 필요한 비행대 분 24기(정수 18기와 예비기 6기)를 구입한다는 계획이 세워졌던 것이다.

그러나 항공자위대 내부에서는 F-1이 계획상으로 1990년도에 내구 수명이 끝나지만 오일쇼크로 비행시간이 많이 줄었던 시기가 있었다는 점, 또한 예상한 것보다는 사고가 적어서 예비기가 남아 있다는 점, 그리고 F-4 전투기의 강도를 재검토한 결과 10년 정도의 내구 수명의 연장이 가능하다는 점이 밝혀졌기 때문에, F-1도 10년까지는 아니더라도 상당한 연장이 가능할 것이라는 의견이 나왔다. 따라서 개발 기간 10년을 고려하면 1987년도 구입은 불가능하지만, 노후화의 시기가 1997년으로까지 연기된다면 가능성이 있다는 점에서 국산화가 검토되었다. 즉 항공자위대에서는 F-1 전투기가 국내 개발로 만든 전투기이기 때문에 이것의 후속기도 가능하면 국내 개발로 하고 싶었던 것이며, 이런 의견은 이미 항공자위대와 방위청 내

12_일본 항공자위대의 주력은 물론 전투기이지만 이 전투기부대는 영격 주체와 (지상 전투, 해상 공격의) 시원 주체로 구싱되어 있다. 영격용은 미국의 F-15를 도입하여 일본이 라이선스생산을 하고 있으나 당시의 지원용 전투기는 일본 국산의 F-1기가 운용되고 있었다. 이 F-1은 1997년부터 내용 연수가 다 되어 은퇴하게 되기 때문에 일본 정부는 후속기의 검토, 즉 ① 국내 개발, ② 현 보유기의 전용, ③ 외국기의 도입에 착수할 것을 중기방위력정비계획(1985년 9월에 결정)에서 결정해 놓고 있었다(西島良知 1989, 14).

13_1개 비행대는 18대의 항공기와 예비 항공기 6대, 도합 24대로 구성되어 있다.

표 6.2 | FS-X 개발 이전에 라이선스생산된 미국 군용기

전투기	헬리콥터	기타
North American F-86F Lockheed F-104J McDonnell-Douglas F-4EJ McDonnell-Douglas F-15J	Boeing KV-107 Sikorsky S-61A Bell UH-1B/H Sikorsky SH60 Boeing CH-47 Bell AH-1S Hughes OH-6	Lockheed T-33A Lockheed P-2J Lockheed P-3C

자료: Lorell(1996, 60),

표 6.3 | FS-X 개발 이전 일본의 자체 개발 군용기

전투기	제트 훈련기	기타
미쓰비시 F-1	후지 T-1A 미쓰비시 T-2 가와사키 T-4	신메이와(新明和) US-1 가와사키 C-1

자료: Lorell(1996, 61).

국에서 광범위하게 파급되어 검토되고 있었다.[14] 다시 말하면, 〈표 6.2〉, 〈표 6.3〉에서 나타난 바와 같이 전후 일본에서 생산된 전투기는 4차방 말기에 T-2 훈련기를 전투기로 개조한 F-1(FST-2)을 제외하고는 거의 모두 미국 항공기를 라이선스생산 방식으로 만든 것이었기 때문에 국산 개발에

14_F-1은 고등 제트 연습기 T-2를 원형기로 이를 개조 개발하여 만들어진 것이다. 원형기인 T-2는 1967년에 미쓰비시중공업을 주계약자로 하여 후지중공업 등의 일본 내 제조업체가 협력하는 형태로 개발이 시작됐고, 1972년 봄부터 양산기를 부대에 납입하여 교육 훈련을 시작했다. F-1 지원 전투기는 복좌(複座)인 T-2를 기본으로 하여 단좌(單坐)인 경전투기로 한다는 구상하에 1973년에 T-2 생산 라인에서 2기를 선별, 별도 라인에서 개량, 수리하여 시험을 하여 실용화되었다. 따라서 연습기로서의 T-2와 전투기로서의 F-1의 생산은 거의 동등하게 이뤄졌으며 F-1은 1975년부터 1979년까지 약 70기 정도가 생산되었다(久野正夫 1989a, 154-155).

대한 의욕이 높았던 것이다.

시간적으로 개발이 가능하다는 점에 착안하여 방위청은 1983년 12월에 관계 참사관 회의를 열어 "항공자위대의 FS-X를 국내 개발하기 위한 기술적인 가능성을 약 1년 반에 걸쳐 검토한다"는 방침을 정했다(久野正夫 1989b, 77). 이리하여 1985년 1월 운용 책임자인 모리(森) 항공막료장이 연구 책임자인 오오모리(大森) 기술연구본부장에 운용 요구 사항을 제시하며 이를 만족시키는 FS-X를 개발하는 것이 가능한지에 대한 검토를 의뢰한 결과, 그해 9월 오오모리 기술본부장의 뒤를 이은 야마시타(山下) 기술연구본부장으로부터 "엔진을 제외하면 국내 개발은 가능하며 기간은 10년 정도 걸린다"는 회신을 받았다(久野正夫 1989a, 157).

2. 각 성청의 논의와 산업계의 노력

1) 일본 내 각 성청의 논의

방위청의 1986~90 회계연도 구입 계획 자금은 자체 개발 비용과 1991~95 회계연도에 실시할 배치 비용, FS-X의 실행 가능성에 대한 연구 자금을 포함하고 있었다. 국내 개발로 방향을 굳힌 기술연구본부는 일본 항공산업계의 역량에 대한 내부 조사를 시작하여 앞서 언급한 몇몇 부분, 즉 엔진과 조립 등을 제외하고는 국내 산업계가 F-1을 대체할 새로운 항공기를 개발, 생산할 수 있다고 결정을 내렸다.[15] 국내 생산이라는 기술연구

15_"Japanese Propose FS-X Domestic Development," *Aviation Week & Space Technology*, September 30(1985, 25). 이 보고서에 의하면 스물네 가지 형태의 표준 항

소의 결정과 노력에 대해 일본 정부는 이런 결정을 정당화시키는 작업에 착수했다. 타국, 특히 미국의 예상되는 비판과 영향력을 고려하지 않으면 안 되었던 것이다(Chinworth 1992, 141). 더군다나 정부 내의 의견도 반드시 일치하는 것은 아니었다.

그러나 이를 위해서는 국내 개발의 필요성과 불가피성, 즉 "세계에서 현재 사용되고 있는 전투기를 조사해 보아도 현재 개발하려고 하는 FS-X기의 요구 성능을 만족시키는 것은 없다"라는 자료가 필요했다. 이에 항공자위대는 입수 가능한 세계의 일선 전투기 15기종을 검토하여, 그중에서 미국 맥도널 더글러스사의 F/A-18, 제너럴 다이내믹사의 F-16, 유럽 공동개발인 파나비아사의 토네이도(Tornado)를 선정하여 세 기종으로 후보군을 좁혔다. 이 세 기종에 대한 질문서의 형태로 자료를 수집하고 더 나아가 1986년 5월에는 해외 자료 수집팀을 구미에 파견하여 데이터 수집을 했으며, 각 사로부터는 1987년 4월 현재 사용하는 기종의 능력 향상에 대한 설명을 요구하여 들었던 것이다.[16]

검토의 결과 방위청은 제시된 FS-X와 비교될 수 있는 외국의 항공기로서 F-16, F/A-18과 유럽의 토네이도를 대상으로 선정했다. 토네이도는 초기에 FS-X로서의 가능성이 있는 항공기로 언급이 되었으며 라이선스생산이 제시되기도 했으나 미국 항공사들과의 협상력을 높이기 위한 것이었지 실질적인 가능성이 있었던 것은 아니었다. 즉 타 기종을 선정했을 경우 나

공기를 조사의 기본으로 삼았던 것으로 알려졌다.

16_久野正夫(1989b, 78). FS-X 계획에 있어서 F-16과 F/A-18의 유용성을 나타낸 방위청의 첫 번째 질문지는 1985년 11월에 DSAA(Defense Security Assistance Administration)에 제출되었다. 이것이 DoD(미 국방성)가 FS-X에 공식적으로는 최초로 개입한 것이다.

타날 미국의 압력, 그리고 이전까지 나타났던 관대한 기술이전을 고려하면 F/A-18이 가장 가능성 있는 후보자였다.[17] 그러나 미국이 기술이전에 관대하기는 했으나 핵심 기술에 대해서는 '블랙박스'로 남겨 둠으로써 기술 접근을 엄격히 제한했다.[18] 더구나 1982년 미 의회 회계검사원(GAO)의 보고서는 국방성의 공동 개발 계획을 비판하면서, 국방성의 공동 개발 계획이 부주의하게 일본 항공우주산업계의 성장을 돕고 있으므로 기술이전을 더욱 엄격히 제한해야 한다고 했다(US General Accounting Office 1982). 미국의 첨단 기술에 대한 더 이상의 접근이 불가능할 뿐 아니라 자신들이 스스로 장비를 수리할 수 없다는 측면에서 항공자위대는 독자적인 장비 개발을 진지하게 고려했으며, 이는 결국 국내 개발에 대한 지지를 끌어내는 결과를 가져왔다.

그러나 이 단계에서 FS-X에 대한 정부의 광범위한 동의가 이뤄진 것은 아니었다. 제안된 항공기는 각 성의 내부에서, 그리고 각 성청 사이에서 격렬한 토론을 불러일으켰다. 방위청 내국은 국내 개발을 옹호한 반면, 반대론자들은 문제에 대한 불충분한 검토 또는 이 프로젝트가 미국과의 안보 관계에 미칠 악영향과 실현 가능성 등을 들어 부정적 견해를 피력했다.[19]

17_"初めの西歐機導入も'トーネード'(獨,英,伊開發)浮上,"『讀賣新聞』(1985/03/18).

18_어떤 의미에서는 F-15의 라이선스생산에서 미국 측이 넘겨주기 거부한 '블랙박스' 부분은 향후 기술연구본부가 개발해야 할 항공기의 연구 항목을 규정지은 것이라 할 수 있었다.

19_이 무렵 방위청 내에는 구 해군의 기술사관을 중심으로 한 국산파와, 구 육군 조종사를 중심으로 한 수입파가 있었다. 국산파가 국내 개발을 주장하는 데 반해, 수입파는 실적이 없는데 항공기를 개발하는 것이 가능할 리가 없다는 논리로 국산보다 성능이 좋고 가격이 저렴한 기종을 미국으로부터 구입하는 편이 국가를 위한 것이라는 반론을 폈다. 국산파는 개발 기회가 주어지지 않으면 실적이 있을 리가 없으므로 다소의 위험을 무릅쓰고라도 개발해야 한다는 주장을 폈으나, 이것이 대세를 점하지는 못했다.

한때 항공자위대는 F-15의 추가 생산과 F-16의 구입을 모색한 것으로 보도되었으며, 이에 대해 방위청의 고위 관료들은 차세대 지원 전투기(FS-X)를 옹호한 것으로 보도되었다. 통산성은 자체 논의를 거친 후 이런 전투기 프로젝트가 민수용 항공기를 개발하고 있는 국내 산업계에 미칠 영향을 고려하여 결국 국내 개발의 입장을 취했다. 직접적으로 그 토론에 참가하지는 않았지만 궁극적으로 방위청의 항공기 예산을 승인하게 될 대장성은 가장 비용이 적게 드는 선택을 선호했다. 마지막으로 외무성은 미국과의 무역역조와 쌍무적인 안보 관계를 고려하여 미국의 이익을 만족시키는 방편으로서 외국 항공사와의 공동 생산을 지지했다. 관련 조직 가운데 방위청과 산업계의 국내 개발 주장에 대해 외무성이 가장 회의적이었다(Chinworth 1992, 141-142).

이런 점에서 보면 일본이 독자적으로 항공기를 개발하는 데 대한 필요성과 능력에 대한 회의도 일본 내에 있었던 것이다. 특히 일본의 무기 수출 금지 원칙으로 인한 제한된 시장 규모를 고려하면, 독자 개발은 높은 개발 비용을 초래할 수도 있는 것이었다. 대장성과 외무성은 기본적으로 반대했으며, 통산성과 방위청의 일부 인사도 확신하지 못하고 있었다. 그럼에도 불구하고 항공산업이 가진 경제적, 기술적 중요성과 국내 개발이 가능하다는 기술연구본부의 판단, 그리고 기술이전을 제한하려는 미국의 태도 등으로 국내 개발을 선호하는 세력이 우세했으며, 미국의 압력이 없는 상태에서 국내 개발은 우세를 점할 수 있었던 것이다.

2) 초기 산업계의 노력

일본의 산업계는 미국 항공기에 대한 지난 몇 년간의 협력 작업으로부터 완전한 일본제 항공기를 제작할 수 있다는 입장을 취하고 있었다. 즉 일본 정부와 산업계는 F-104, F-4, F-15 계획으로부터 항공기와 관련한 미국의 기술을 많이 습득했을 뿐 아니라, 이런 기술은 일본 자체적인 기술로 더욱 강화되어 차세대 항공 계획에서는 어느 정도만 미국의 기술적인 도움이 있다면 자체 항공기 개발이 가능하다고 생각하고 있었던 것이다. 이에 산업계는 정부에 대한 압력을 계속하기 위해 방위청과 기술연구소에 항공기의 설계도를 회람시키면서 서류상의 항공기를 이미 개발하고 있었다.

FS-X의 초기 설계도는 1985년 초에 이미 완성되었다. 정교하면서 상세한 설계도라기보다는 70년대 중반 이후에 개발되었던 일본의 기술 수준(canards, CCV 기술, 스텔스 등)을 반영한 국내 항공기를 제시한 것이다. 이는 일본 항공기의 '설계'가 이미 존재하기 때문에 완전한 생산이 가능하다는 점을 나타내고자 한 것이었다. 이런 작업에 간여했던 회사 중 가장 선두에 나섰던 미쓰비시중공업은 FS-X의 개발 비용을 2,000억 엔으로 추산했다.[20] 이와 함께 미쓰비시중공업의 수뇌는 기술력 계승이라는 측면에서도 FS-X를 국내 개발하고 싶다는 의사를 방위청에 전달했다. T-2를 개발하고서 20여 년이 경과했기 때문에 T-2 개발 경험자가 남아 있는 동안에 기술

20_이는 당시 환율로 11억 8,000만 달러였다. 이 비용은 과소평가된 것이었으며, 미쓰비시중공업이 국민들과 정부의 승낙을 받아 내기 위해 의도적으로 과소평가한 것인지 또는 그 비용으로 그런 항공기를 개발할 수 있다고 정말로 믿었는지는 확실치가 않다. 이런 추정은 일단 이 계획이 미국과의 공동 개발에 들어가게 되어, 특히 미국이 F-16 컴퓨터 코드와 다른 요소들(전투기 총 개발 비용의 약 60%가 소프트웨어 개발과 기초 기술 설계 작업이다)에 대한 일본 방위청의 접근을 거부하게 되었을 때 논쟁거리를 제공하는 격이 되었다. 이에 대해서는 Ebata(1986, 216) 참고. 친워드는 그 이유가 "아마도 미쓰비시중공업이 항공기를 개발하는 데 있어서 비용을 절감할 수 있다고 여겼던 중요한 이유는 미국 회사로부터 부수적인 기술 도움을 고려하고 있었기 때문일 수도 있다"고 주장하고 있다(Chinworth 1992, 143).

을 다음 세대에 계승해야 한다는 점을 들어 통산성과 방위청에 국내 개발을 호소했다. 이 같은 호소는 항공자위대에도 공감을 불러일으켜 수입파가 다수인 조종사들도 지원 전투기의 국내 개발에 동조하는 자가 많이 나타나게 되었다.[21]

산업계의 압력으로 일본 방위청 내의 항공막료감부(航空幕僚監部, Air Staff Office)에서도 국내 항공기에 대한 내부적인 로비 활동을 계속했으며, 항공자위대 또한 국내 항공기의 여러 가지 모형을 만들도록 산업계에 제안했다. 이런 움직임은 국내 항공기를 정당화하여 국내 개발을 시도하려는 노력이었다. 특히 경단련 방위생산위원회는 국산화에 대한 자신감을 보이면서 강력히 국산화를 주장했다. FS-X 개발에 대한 기자회견에서 가나모리 마사오(金森政雄) 경단련 부회장 겸 방위생산위원회 위원장(미쓰비시중공업 회장)은 기자회견에서 "병기라는 것은 자신이 만들고, 자신이 움직이고, 자신이 고쳐야만 고성능을 유지하면서도 비용이 싸게 든다"[22]고 하여 국산으로 할 것을 정부에 강력히 요구하면서 기술적으로도 자신이 있다고 주장했다.

이런 측면에서 보게 되면 일본이 자체 전투기를 개발하고 싶어 하는 점은 관민을 불문하고 전후 일본 항공 관계자들에게 공통된 점이었다. 전전 항공기 개발에 간여하고 있었던 많은 기술자들은 전후 항공기산업이 부활

21_이는 기술연구본부가 T-2 시험 제작기를 항공자위대로부터 빌려 조종 계통을 모두 디지털 컨트롤화(CCV 기술)하고 싶다는 신청을 했을 때 항공자위대가 쾌히 동의한 데에서도 나타나고 있다. T-2기의 CCV 프로젝트는 1978년 예산이 인정되어 1985년까지 비행 시험이 계속되었으며, 이 시험으로 획득된 디지털 제어 소프트웨어 기술에 대한 자신감으로 산업계, 항공자위대, 기술연구본부, 통산성은 국내 개발을 주장했던 것이다.

22_"FSX國産化, 强く要求,"『朝日新聞』(1986/07/18).

되면서 미쓰비시, 가와사키, 후지중공업 등의 기업에 입사했다. 또한 방위청 탄생과 함께 구 해군의 기술사관이 항공자위대와 기술연구본부에 들어가 있었다. 이들은 전후 최초의 일본제 초등 제트 연습기 T-1을 개발함으로써 전투기의 국내 개발에 대한 의지를 나타내었다. 그리고 이 개발은 당시 방위청 내에서 국산파의 입지를 강화시켜 줌으로써 1960년대 중반 C-1 수송기와 T-2 초음속 연습기의 국내 개발, 그리고 이후 T-2를 개조한 지원전투기 F-1의 개발에 결정적 역할을 했다. 일본의 항공 관계자들은 이런 자신감을 바탕으로 F-1의 후속기가 될 FS-X의 국내 개발을 강력히 주장했던 것이다.

3) 독자 개발 계획이 갖는 의미

앞서 살펴본 바와 같이 차세대 항공기의 핵심 기술로 인식되고 있던 기술 개발에 대한 일본 정부와 산업계의 노력은 FS-X 계획 이전인 1970년대 말 방위청이 시작한 연구·개발 계획에서부터 이미 시작되고 있었다. 즉 이 시기에 기술연구본부의 재정 지원으로 기초적인 항공기 연구가 활발히 이뤄졌던 것이다. 그리고 기술연구본부가 시작한 연구·개발 계획은 CCV (Control Configured Vehicle) 연구를 비롯한 기본적인 기체 기술, 전자, 소재 부문에 집중되어 있었다.[23]

이와 같은 연구·개발 계획이 1970년대 말부터 시작되었다는 것은 일본이 F-1의 대체 항공기를 일찍부터 고려했다는 것을 의미한다. 대체 항공기를 고려한다는 것은 항공기가 가진 리드 타임(lead time)을 고려해 볼 때

23_이에 대해서는 宮本勳(1988, 50-59); 宇垣大成(1988, 28-37)을 참고하라.

쉬운 문제는 아니다. 즉 F-1이 1977년에 도입되었으므로 설계 도안에 따른 20년간의 기간을 고려하더라도 방위청은 늦어도 1990년 중반까지는 F-1의 대체기를 가져야만 했던 것이다. F-1은 개발에서 배치까지 거의 10년이 걸렸으나 차세대 항공기는 적어도 이보다는 더 오래 걸릴 것이었다. 즉 최종 결정이 내려져서 정부 예산이 승인된 후의 (특히 오랫동안의 공급자였던 미국과의 결별을 고려한다면) 오랜 리드 타임을 고려해야 되는 것이다 (Chinworth 1992, 135).

이런 측면에서 보게 되면 방위청이 대체 항공기를 생각했던 것은 사실상 1970년대 초에 차세대 주력 지원 전투기(Fight-Support Aircraft, F-1)를 개발하려는 결정이 내려지자마자 시작되었다고 해도 과언이 아니라고 보인다. 즉 전후 일본이 가졌던 거의 모든 항공기 가운데 유일하게 자체 개발했던 것이 F-1이었으므로, 이 후속기 또한 자체 개발하려는 의도를 가지고 있었던 것으로 보아야 할 것이다. 전후의 전투기 결정에서 일본 정부가 산업계의 편에 서서 국산화 노력을 보인 것이 F-1을 제외하고는 거의 없다는 점에서 보면 이는 더욱 뚜렷하게 알 수 있다.[24]

24_이런 점에서 볼 때 F-1 지원 전투기는 예외적인 경우라 할 수 있을 것이다. 항공자위대의 전투기는 모두 외국 전투기의 라이선스생산 방식의 형태를 띠고 있었다. 일본 최초의 전투기인 노스 아메리칸의 F-86F/D, 그리고 이후 록히드의 F-104(230대, 1963~67년), 맥도널 더글러스의 F4EJ(140대, 1971~81년), F-15J(187대, 1981~90년)에서 보다시피 주로 미 공군이 채용하는 전투기를 그대로 받아들였던 것이다. 한편 전후 일본의 항공산업은, 1955~65년간(소화 30년대)은 라이선스생산으로 선진 기술을 최대로 습득했고, 1965~75년간(소화 40년대)에는 국내 개발, 생산을 보다 본격화했으며, 1975~85년간(소화 50년대)은 국제 공동 개발이 크게 진전되는 단계였다. 따라서 1952년 이후 방위청이 구입한 3,000대의 각종 비행기도 라이선스생산이 75%, 국내 개발은 18%, 나머지(200대 정도)는 직수입한 것으로 나타났다(金在洙 1989, 14-15).

그러나 방위청이 전면적인 관리, 통제를 하고 최종적인 사용자라고는 해도 많은 점에 있어서 방위청의 뜻대로만 되는 것은 아니었다. 즉 국내 개발은 최초 개발 단계에서부터 항공자위대의 선택권이었지만, 어떤 부문에서는 일본 산업계의 능력으로 여전히 불가능한 부분이 있었다. 예를 들어 FS-X의 엔진은 일본 국내의 엔진 전문 기업인 이시카와지마하리마(石川島播磨)중공업으로서도 한계가 있어 외국의 도움을 받아야 할 것이고, 기체 조립 기술 또한 매우 한정되어 있어서 이 분야에서도 외국에서 도입해야 할 기술이 있는 것으로 간주되었다(Chinworth 1992, 135-136, 141). 따라서 방위청과 기술개발본부조차도 처음부터 FS-X의 국내 개발에는 중요한 부분의 해외 유입이 있을 것이라는 점을 인식하고 있었다.

3. 공동 개발 계획의 대두, 합의와 양국의 마찰

1. 미 국방성과 미 산업계의 초기 대응

당시 미 국방성은 일본 방위청이 세 가지 대안을 고려하고 있다고 생각했다. 즉 외국의 항공기를 수입하는 방안과 새로운 항공기를 국내 개발하는 방안, 그리고 F-4EJ를 개량하는 방안이었다. 미국의 항공 회사들 또한 FS-X 계획에 관심은 갖고 있었지만 아직 확실치도 않은 항공기에 대해 그들이 경쟁하게 될 경우의 불리한 점을 잘 인식하고 있었다. 맥도널 더글러스사와 제너럴 다이내믹사는 FS-X를 독자 개발하고자 하는 일본 산업계와 방위청의 의도를 알지 못하고 단순히 자신들이 갖고 있는 기존의 항공기를 개량할 수도 있다고 생각했다(Ebata 1986, 215).

F/A-18 개발사인 맥도널 더글러스와 주 고객인 미 해군은 일본 방위청이 F/A-18을 선택하여 항공기를 개량할 수 있기를 바랐다. 왜냐하면 이럴 경우 기존의 F/A-18이 갖고 있던 문제점을 해결하면서 그 비용은 일본이 부담하게 될 것이기 때문이었다. 제너럴 다이내믹사 또한 유럽에서 개발이 기대되고 있었던 애자일 팰컨(Agile Falcon)의 자금을 조달하기 위한 수단으로 FS-X 계획에 관심을 갖고 있었다. 왜냐하면 미국 정부의 예산 사정으로 이런 항공기의 자금을 조달할 방법이 없었던 것이다(Chinworth 1992, 142-143).

더군다나 새로이 시행된 의회 결의안은 동맹국과의 공동 작업 방위 계획을 장려하고 있었다. 또한 계속된 달러의 평가절하로 외국의 구매자들은 미국의 생산품과 서비스에 매력을 느끼고 있었다. 항공기의 개선 필요성, 빠듯한 미국의 예산, 동맹국과의 공동 작업 장려, FS-X 계획에서 기존의 미국 항공기가 그대로 채택될 가능성이 희박하다는 비관적인 평가가 어우러져 미 국방성은 현존하는 항공기를 개선하도록 공동 개발하는 방안을 고려하게 되었다(Chinworth 1992, 143).

FS-X 선택에 대한 연구를 완결 짓기 위한 외국 항공기 검토의 일환으로, 방위청의 항공 관계자들은 미 국방성과 미국의 항공회사들에 1986년 6월 30일까지 응답을 요구하는 두 번째 질문지를 제출했다. 이는 1987 회계연도를 위해 1986년 8월까지 예산 요구서를 제출해야 하기 때문이었다. 두 번째 질문지에 대한 미국 산업계와 국방성의 회신은 6월말에 맞추어 정확히 도착했다. 그러나 일본 측의 평가 작업으로 검토 과정은 지연되었으며 따라서 계약자들은 1986년 10월까지 공식적인 제안서를 만들 수가 없었다. 맥도널 더글러스와 제너럴 다이내믹사의 대표자들은 FS-X에 요구되는 조건에 대한 일본 방위청의 브리핑을 듣고 공식적인 제안서를 만들기 위해 1986년 10월에 동경을 방문했다. 이후 미국 대표들은 이 회의에서 방위청이 제안한 여러 가지 요구 조건들이 사실상 처음으로 소개되었다고 주장했다. 한 가지 필수적인 요구 조건은 이 항공기가 쌍발 엔진을 가져야만 한다는 점이었다.[25]

한편 국내 개발을 가장 강력하게 지지했던 방위청 기술연구본부팀은 미국 기업들의 설명에 대한 일본 방위청의 반응을 밝히고, 이 계획의 진전 상황을 국방성에 설명하기 위해 1986년 12월 워싱턴을 방문하게 된다. 당시 국방성은 FS-X가 요구하는 조건들이 너무 까다로우며, 개발 비용 또한 터무니없이 낮게 책정되어 있는 것을 우려하여 맥도널 더글러스의 F-15E를 선택하든지 또는 다른 대안을 찾아볼 것을 제안했다.

2. 미 의회의 개입과 공동 개발 계획의 대두

외국 모델을 배제한 방식의 FS-X에 대한 방위청의 계속적인 시도에, 동경의 국무성 대표와 CIA는 일본의 독자적 개발이 방위비를 낭비하는 것일 뿐 아니라 미국 장비와의 호환성을 어렵게 만들 것이고, 나아가 일본의 무기 수출 금지 원칙도 포기될 가능성이 있다는 우려를 나타내었다(Noble

25_이런 사태에 직면하여 제너럴 다이내믹사의 대표들은 결국 하룻밤을 새워, 이후에 SX-4로 명명된 두 개의 엔진을 장착한 F-16 개념을 개발해 낸 것으로 알려졌다(Chinworth 1992, 144).

1992, 11). F-15와 F/A-18의 개발자인 맥도널 더글러스사, 그리고 F-16의 개발자인 제너럴 다이내믹사 또한 일본이라는 큰 시장을 잃어버릴 가능성과 강력한 경쟁자의 출현 가능성을 우려하여, 미 정부를 상대로 일본의 국내 개발을 저지하기 위한 로비에 나섰다(Lorell 1995, 12). 미국 정부의 강력한 행동만이 일본의 이런 움직임, 즉 차세대 전투기의 일본 국내 개발을 방지할 수 있다고 보았던 것이다.

그러나 국무성과 국방성은 여전히 FS-X 프로젝트가 지닌 경제적, 기술적인 의미를 알지 못했을 뿐 아니라, 일본과의 협상에 대한 미국 내의 압력에도 둔감했다. 그들의 우선 사항은 국방과 외교였다. 일본이 FS-X에서 중점을 두고 있는 것이 자국의 항공산업 발전과 이를 통한 첨단 기술의 습득임이 분명했음에도 불구하고, 국무성과 국방성은 국방과 경제를 연계시키기를 거부했다. 나아가 1986년 전반기 일본 측 관계자들과의 협의에서 로널드 레이건(Ronald Reagan) 대통령과 캐스퍼 와인버거(Caspar Weinberger) 국방장관은 국방 관계의 독자성을 주장하면서, 일본은 그들의 군사적 필요에 가장 적합한 것을 선택해야 한다는 논리로 일본 정부에 대한 압력 행사를 거부했다(Lorell 1996, 107-110). 이에 힘입어 일본 방위청은 미국 항공기의 완성품 구입과 공동 생산 계획은 고려의 대상이 되지 않는다는 점을 국무성과 국방성에 알렸다. 국무성과 국방성의 이런 인식에 변화가 온 것은 미 의회에서의 비판을 계기로 해서였다.

국무성, 국방성과는 다르게 미국 의회에서는 FS-X가 전반적인 무역, 기술 문제로 인식되어, 당시 첨예화되고 있었던 양국의 무역 분쟁과 관련해 논의되기 시작했다. 미 의회에 있어 당시 일본과의 관계에서 가장 중요한 문제는 무역 적자였다. 이 외에 달러의 가치 하락, 미국에 대한 일본 투자의 쇄도, 일본 시장에 대한 접근의 어려움 등으로 일본에 대한 부정적 인식이 팽배해 있었기 때문에, FS-X를 독자 개발하고자 하는 일본의 계획에 대한 비판 또한 강력하게 나타났다(Noble 1992, 13). 이의 결과 FS-X 문제는 미–일 간에 당시 현안 문제였던 쇠고기·오렌지의 대일 수출, 일본제 반도체의 수입 통제, 간사이 신공항의 건설 공사에 대한 입찰 제한, 도시바 기계의 COCOM 위반 사건 등 FS-X와는 직접적으로 관계가 없는 문제들과 함께 거론되는 상황으로 발전되었다. 이와 같은 미 의회의 움직임은 일본이 미국과의 무역에서 취하는 막대한 무역 흑자를 미국의 항공기를 수입함으로써 상쇄시켜야 한다는 것을 의미하는 것이었다.

미국 의회와 여론의 비판이 나타난 1986년 후반 일본 정부는 일종의 타협안을 고려하게 된다. 즉 미 의회의 비판 이후 양국 관계의 악화를 우려하여 일본의 국방회의가 FS-X 계획에 대한 입장을 '국내 개발'에서 '개발'로 묘사함으로써, 공식적으로 그 입장을 바꾸어 공동 개발 방안을 찾기 시작했던 것이다(鍛治壯一 1987, 15-18). 의회와 미국 내의 비판적인 여론에 직면하여 미 국방성 또한 태도를 바꾸어, FS-X가 현존하는 미국 항공기에 의거해야 된다는 주장을 함으로써 공동 개발에 대한 의중을 나타내기 시작했다(Lorell 1996, 111-114).

그러나 이 단계에서 나타난 공동 개발에 대한 양국의 인식에는 상당한 차이가 있었다. 일본 방위청과 산업계에 있어서 '공동 개발'이라는 것은 일본 기업체의 지도하에 자신들의 필요에 따라 외국의 것을 선별하여 국내 항공기를 개발함을 의미하는 것이었다. 그러나 미 국방성에 있어서 공동 개발이라는 것은 공동 생산의 연장, 즉 현존하는 것을 단순히 복제하는 것이 아니라 개량시키는 것을 의미하는 것이었다.[26] FS-X의 공동 개발을 둘러싸고서도 처음부터 양국 간에 많은 문제를 야기할 소지가 있었던 것이다. 실제로 FS-X를 둘러싼 많은 부수적인 논쟁들은 이런 견해들의 차이점에서 나타난다(Chinworth 1992, 144-145).

미 국방성의 태도 변화에 양국의 안전 소위원회가 열리는 동안인 1987년 1월, 기술연구본부는 일본 방위청의 선택이 F-16이나 F/A-18의 변형, 또는 국내 항공기로 귀착될 것이라는 점을 밝혔다. 뒤이어 1987년 봄 미국의 항공기 제조업체는 방위청에 제안서를 제출하고 브리핑을 실시했다. 브리핑이 끝난 후 미국 정부는 일본의 항공기 개발 능력에 대한 자체 평가를 통하여, 일본의 기술연구본부와 산업계가 기술상의 상당한 진전을 이뤘지만 이런 기술들로 새로운 항공기의 개발이 확실하게 성공한다는 보장은 없다는 견해를 나타내었다. 더군다나 미 국방성은 새로운 항공기의 개발 비용이 미쓰비시중공업이나 기술연구본부가 추정한 액수의 2~3배가 될 것이라고 평가했다. 이런 내용의 보고는 일본의 자체 항공기 개발에 대해 반대 입장을 취하고 있던 인사들뿐 아니라 미국과의 공동 개발로 정치적 타협점을 모색하고 있던 인사들의 입장을 강화시키는 결과로 나타났다(Chinworth 1992, 145). 이에 대해 미쓰비시중공업, 기술개발본부, 방위청 등 국내 개발 옹호자들은 일본 비행기의 우수성을 증명하려 노력하기 시작했다.[27]

26_일본이 주장하는 '자주'(autonomy), '공동 생산'(co-production), '공동 개발'(co -development)의 의미가 미국과 다르다는 것은, 1985~86년 SH-X 대잠 헬리콥터를 둘러싼 미·일 간의견 차이에서 이미 나타났었다. 이에 대해서는 Green(1995, 93-94)을 참고.

27_Lorell(1996, 110-111); "三菱重工など5社, FSX自主開發へ連合: 米主導に巻き返し," 『日本經濟新聞』(1987/02/15).

3. 일본 산업계와 방위청의 반발

FS-X가 국내 회사로부터 벗어나 외국의 회사와 공동 생산하게 될 경우 일본 항공산업계에 미치게 될 가장 중요한 문제는 경제적인 것이었다. 일본 항공산업계의 염려는 P-3C와 F-15J 생산 라인이 1990년대 중반이 되면 끝나 생산 전망이 불투명해진다는 점뿐 아니라, 항공산업 분야의 계속적인 고용효과[28]가 없어짐으로써 항공 관련 기술자들의 일자리가 없어진다는 것이었다. FS-X 결정이 지연됨으로써 산업체는 유휴노동력과 유휴 생산 시설의 활용 문제뿐 아니라, 생산력과 시설을 확장된 상태로 유지해야 하는지에 대한 문제에 직면했다. 이런 측면에서 각 기업체와 방위청은 이전 모델의 항공기 생산을 계속함으로써, 즉 F-15의 경우에는 F-4를 생산하고 FS-X의 경우에는 F-15의 생산을 계속함으로써 이 문제의 해결을 모색했다 (Chinworth 1992, 137-138).

그러나 유휴 생산 설비의 문제는 거의 모든 기업체가 직면한 문제였으므로 일본 기업들에게만 독특한 것은 아니었다. 따라서 일본의 정책 결정자들이 걱정한 것은 FS-X 개발 결정이 국가적인 산업 차원에서 생산에 미칠 충격에 대한 것이었다. 일본 정부와 산업계는 세계적 수준으로의 항공산업 발전을 바라고 있었다. 상업적 항공기를 개발하려는 노력에도 불구하고 일본에서의 항공기산업은 대체적으로 군사적 판매에 한정되어 있었다.[29] 따라서 산업의 하부 구조를 유지하기 위해서는 또 다른 군사 항공기

28_과거 25~30년간 항공산업계에 고용된 인원수는 2만 6,000여 명이었다.

29_이 당시 일본에서 항공산업의 군수 의존은 약 75%에 달했다. 이에 대해서는 이 책의 제3장을 참고하라.

를 개발하는 것이 필수적이었다. 만약 앞으로 몇 년 동안 일본의 항공기 회사들이 그런 생산량을 확보하지 못한다면 이는 일본 항공산업의 생존과 직결될 것이고, 항공산업 육성이라는 산업정책 목표 또한 위협을 받게 될 것이었다. 산업계는 FS-X 프로젝트가 산업계 내부의 항공산업 능력을 확실하게 제고시킬 수 있으며, 이에서 축적된 기술을 젊은 세대의 항공 전문가들에게 넘겨줄 수 있는 마지막 기회라고 보았다. 한 잡지는 이런 우려를 다음과 같이 언급하고 있다.

> FS-X의 국내 개발이 좌절되면 더 이상 개발할 것이 아무것도 없을 것이다. FS-X의 개발은 일본의 항공산업이 세계의 제조업체들 가운데서 이미 흔들리고 있는 지위에서 패배하는 것이다(Keiichiro 1986, 6).

일본 산업계의 한 관계자 또한 미국의 언론인에게 이런 우려를 다음과 같이 나타내고 있다.

> 비용이나 군사적인 문제보다도 더 중요한 것이 있다. FS-X의 문제는 이제 갓 피어나는 일본 항공산업의 생존 문제와 관련된 것이다. F-1 설계 문제를 둘러싸고 벌어졌던 1960년대의 열띤 논쟁을 회상하면서 사사키 씨는 오늘날의 FS-X 문제도 그와 똑같은 것이라고 말한다. 만약 일본이 그 항공기를 만들지 않는다면 일본의 기술자들은 자신들의 기술을 다음 세대에게 전수해 주지 못할 것이고 일본은 항공기산업에서 영원히 뒤떨어지게 될 것이다(Yoder 1986, 1, 20).

요컨대 국산화를 옹호하는 정부 관리들이나 산업계에 있어서 FS-X라는 기회를 잃는다는 것은 설계, 기체 조립 능력을 향상시킬 기회를 영원히 상실한다는 의미였다. 특히 일본 산업계는 항공기를 개발하고 제조하는 스스로의 능력에 대해 자신감을 갖고 있었으며, 자위대와 방위청 또한 일반적으로 자국의 장비와 개발 능력이 미국과 대등하거나, 영국보다는 우수하다는 생각을 갖고 있었다.[30] 반면 미국의 무기는 질과 신뢰도, 명성 면에서 비판이 증대되고 있었으며, 이런 비판은 F-15 생산 기간 동안에도 계속되었던 것이다. FS-X 논의가 진행되고 있을 때 경단련 방위생산위원회의 의장인 마사오 카나모리는 "우리 스스로 이를 만들 경우 우리는 높은 수행 능력을 가진 것을 낮은 가격으로 생산할 수 있다"고 주장했다.[31]

이상에서 나타난 바와 같이 FS-X의 국내 개발이 미국과의 공동 개발로 거의 결정되어 감에도 불구하고, 재계에서는 국내 개발을 위한 태도를 버리지 않았다. 이는 한편으로는 여론의 지지를 위한 것이기도 했지만, 또 다른 한편으로는 공동 개발을 하더라도 어디까지나 일본 산업계가 주도하겠다는 것을 일본 정부와 미국 정부에 나타내는 것이기도 했다. 이는 경단련 방위생산위원회의 다음과 같은 주장에서도 나타나고 있다.

> 당 위원회에서는 FS-X 개발에 있어서 이전부터 국산 자주 개발을 위해 기회 있을 때마다 관계 방면에 적극적으로 움직였으나, 방위청은 1987년 10월 "일본 주도하에 일·미의 뛰어난 기술을 결집하여 미국기 F-16을 개조 개발한다"고 결정했다. 양국의 개발 분담, 성과의 귀속 및 그 이용 등의 문제에 대해서는 향후의 정부 간 교섭에 맡기지만, 방위 장비품 공동 개발의 중요성에 비추어 보아 당 위원회로서는 계속 정보 수집에 노력함과 함께 필요에 따라 관계 방면에 적절한 압력을 가하기로 한다(経済団体連合会 1988, 125).

30_"防衛費の斷面(6)," 『朝日新聞』(1985/12/22).

31_"FSX國産化, 强く要求," 『朝日新聞』(1986/07/18).

11월에는 FS-X의 일·미 공동 개발에 대한 양국의 정부 간 결정이 드디어 조인되었다. FS-X는 주요 장비에 관한 일·미 공동 개발의 최초 사례인 만큼 담당 제조업체로서는 이후 모범이 되는 실적으로 하고 싶다. 금후 일·미 간에 개발 작업 분담 등은 곧 결말이 나게 되어 있으나, 미국 측에는 일본의 주체성을 존중하여 어른의 자세로 교섭에 임해 주기를 바란다(金森政雄 1989, 16).

4. 공동 개발 계획의 합의와 미 의회의 반대

1) 공동 개발에 대한 합의

1987년 가을로 접어들자, 일본에서는 FS-X 계획을 국내 항공기로 할 것인가 공동 개발 프로젝트로 할 것인가에 대한 일본 내의 교착을 타개하기 위해서 '정치적 결단'[32]이 필요하다는 점이 분명해졌다(Chinworth 1992, 146-147). 나카소네 수상의 임기가 끝나게 됨에 따라 그의 지지자들, 그중에서도 특히 방위청 장관인 구리하라 유코(栗原祐幸)는 정권이 이양되기 전에 이 문제에 대한 해결책을 모색했다. 일본 산업계의 국내 항공기 지지자들은 몇 기의 FS-X 모형을 만들기 위해 마지막 타협을 시도했다. 이런 표본을 만들게 되면 외국 항공기들과 비교, 검토를 하게 될 것이고, 이는 결국 국내 산업체가 국내 항공기를 만드는 것을 사실상 보장해 줄 것이라 확신했기 때문이었다. 구리하라는 이런 생각이 국내 생산을 지지하는 새로운 정부가 권력을 잡을 때까지 문제를 일시적으로 보류시키려는 의도가 있다고 생각하고 이런 제안을 거절했다(Chinworth 1992, 147).

32_이는 사실상 총리의 결정을 의미하는 것이다.

한편 미국 의회의 압력은 한층 고조되어 일본이 군사 예산을 세 배로 증대시킬 것을 요구하는가 하면, 코콤 규정을 위반한 도시바에 대한 제재를 요구했다. 나아가 미국 정부에 일본이 미국 전투기를 채용하도록 일본 정부에 압력을 가할 것을 요구했다. 1987년 7월 미 상원에서는 "일본이 차기 지원 전투기 FS-X를 미국으로부터 구입하도록 대일 압력을 가한다"는 것을 만장일치로 가결했다(Lorell 1996, 153). 이는 포괄 무역 법안의 부대 결의로서 일본이 미국의 전투기를 완성기로서 구입하도록 한다는 것이었다. 결의 자체는 상원의 의견 표명으로서 법적인 구속력은 없지만 때마침 발생했던 도시바의 코콤 위반 사건과 관련하여 일본에 대한 미 의회의 분위기는 매우 험악했으며, 따라서 이런 의견 표명이 미 정부에 미치는 압력은 상당한 것이었다.

결국 당시 방일 중이었던 와인버거가 구리하라 방위청 장관과 회담하여 일본의 국내 개발안을 누르고 일·미 공동 개발이라는 절충안을 내놓기에 이르렀다.[33] 즉 1987년 10월 와인버거와 구리하라 방위청 장관은 '미국

33_물론 이 이전인 6월 일본 방위청 사무차관이 워싱턴을 방문하여 새로운 항공기의 공동 개발을 공식적으로 제안했었다. 이에 대해 미 국방성은 자체 평가한 비용을 제시하면서 이런 제안을 거절하고 대신에 F-15, F-16 또는 F/A-18의 개량형을 제안했다. 따라서 이 시기의 논의는 기존 미국의 전투기를 기초로 FS-X를 고려하는 데 초점이 두어졌던 것이다. 이런 타협은 공동 개발의 서로 다른 견해를 반영하면서도 양 정부의 요구를 만족시키는 정치적인 것이었다고 할 수 있다. 즉 일본 측으로서는 '고유의' 전투기를 가질 수 있게 되며, 미국 측으로서는 최초로 기술 제공을 약속한 미국의 동맹에 대해 산업계의 이익을 옹호했다는 주장을 할 수 있었던 것이다. 그러나 이 공동 개발 계획은 일본 내의 실무자들에게서는 그다지 지지를 받지 못했다. 즉 실무자들은 여전히 독자적인 개발을 바랐던 것이다. 그러나 상급 관리들의 정치적 결정에 직면하여 실무자들은 FS-X 기준에 가장 적합하다는 항공기인 F/A-18에 관심을 가졌다. F/A-18은 궁극적인 독자 전투기 생산이라는 일본 산업계의 장기적인 목표를 만족시킬 뿐 아니라, 일본 내에서 개발된 기술을 구체화시키기 위한 기회

기를 원형으로 하여 개조 개발'에 합의했다는 공동 개발 계획을 발표했다. 방위청의 발표 이후 마지막 제안 설명(presentation)을 하기 위해 제너럴 다이내믹사와 맥도널 더글러스사는 팀을 파견했다. 그리고 뒤이어 10월 23일에 열린 일본 정부의 안전보장회의에서, "FS-X 사업은 일·미의 뛰어난 기술을 결집, 일·미 공동 개발에 의하여 F-16을 개조·개발한다"고 하는 결정이 내려졌다. 10년간 1,650억 엔을 들여 FS-X를 개발한다는 계획이었다.

이 발표에서 일본은 단발 엔진 때문에 진지한 고려 대상이 되지 않았던 F-16이 FS-X 계획의 기준이 될 것이라 발표하여 미국 측 관계자들을 놀라게 했다. 왜냐하면 공동 개발 계획이 한창 논의되던 1986년 중반까지만 해도, 일본 산업계와 일본 정부는 미쓰비시중공업이 F/A-18의 설계, 도면, 그리고 기술 정보를 제공받는 것을 공동 개발의 가장 바람직한 선택으로 보았기 때문이었다. 즉 공동 개발 계획이 나오던 초기 단계만 해도 맥도널 더글러스의 정보와 도움을 이용하여 미쓰비시중공업이 자신의 항공기를 개발한다는 것이 가장 유력했었다.[34]

그동안 계속해서 오직 쌍발 엔진만을 주장하고 있었던 방위청이 단발 엔진을 선택한 데에는 비용 문제와 맥도널 더글러스사가 과거 F-15 계획에서 보여 주었던 태도 때문이었다. 일본 방위청과 산업계는 과거의 계획에서 보여 준 맥도널 더글러스사의 수행 태도에 전혀 만족하지 않았다. 물론

가 많을 것이라고 생각했기 때문이었다. 따라서 만약 공동 개발 계획이 채택된다면 F/A-18이 가장 유력한 후보기였다. 그러나 이 시점까지만 해도 일본에서는 완전한 국내 개발 항공기에 대한 지지가 여전히 강력했다. 이에 대해서는 Chinworth(1992, 145-147; 220)를 참고.

34_"支援戰鬪機, 次期も國産,"『朝日新聞』(1984/02/06).

제너럴 다이내믹사와의 작업이 더 나을 것이라는 보장은 없었지만 일본 정부와 산업계는 그들이 맥도널 더글러스사와 거래했던 내용을 제너럴 다이내믹사에서 알고 있을 것이라 생각했다(Chinworth 1992, 147). 일본의 이런 태도는 곧 일본 정부와 산업계에서 가장 중요시했던 것이 바로 공동 개발을 통한 기술 습득에 있었다는 것을 증명하는 것이라 할 수 있을 것이다.

미국과 협력하여 공동 설계하고 공동 수정한다는 결정은 일본 국내에서 격렬한 반발을 불러일으켰다. 그럼에도 불구하고 일본 측은 '수정된 F-16'기라는 범위 내에서조차 원래 자신들이 의도했던 많은 목표를 달성할 수 있을 것이라고 믿고 있었다. 일본은 미국으로부터 사실상 조건 없는 기술이전을 요구했다(Prestowitz 1988, 38-40). 일본의 한 항공 분석가는 "결국 80%는 일본의 것이 될 것이다"라고 말했다(Keiichiro 1986, 6). 일본 측은 개조되는 항공기가 근본은 미국의 것임에도 불구하고 그 작업에서 일본의 '주도권'을 계속 강조했다.[35] 그러나 이 시점에서 공동 개발의 조건은 여전히 모호한 상태였다. 미국은 구체적인 내용의 협상을 할 준비가 되어 있지 않았으며, 일본 측 또한 개발 단계나 생산 단계에서의 역할에 대해서 확실한 언질이 없었다.[36] 즉 세부적인 사항들은 여전히 결정되지 않은 채로 협상이 진행 중이었음에도 미 의회는 FS-X에 대한 논의에서 떠나 있었던 것이다.

미 의회가 다른 문제에 매달려 있는 동안 일본 측은 작업에 돌입했다. 미쓰비시중공업은 독자적인 연구·개발이 미국 측의 의심을 증폭시키고 따

35_"FSX共同開發論: 三菱重工業社長 飯田庸太郎氏, 主導權握り人才育成,"『日本經濟新聞』(1987/05/ 17).

36_공동 개발의 초기 논의에 대해서는 Lorell(1996, 174-177)을 참고하라.

라서 기술이전에 대한 협상을 더욱 어렵게 만들 것이라는 점에도 불구하고 FS-X에 관한 독자적인 연구·개발을 계속할 의도가 있음을 나타내었다.[37] 일본 방위청은 미국과의 협상이 여전히 타결되지 않았음에도 불구하고 FS-X에 대한 연구·개발을 진전시키기 위해 100명으로 구성된 프로젝트 팀을 구성했다.[38]

2) 세부 항목의 결정

세부 항목 협상 과정에서 양국에 가장 중요한 문제가 되었던 것은 작업량과 기술이전에 관한 문제였다. 먼저 작업량에 관한 문제는 양국 산업체에 있어서 가장 민감한 문제였다. 왜냐하면 개발 계획과 생산 계획에서 근본적인 문제점으로 대두되는 것이 바로 작업량이 될 것이었기 때문이다. 일본 측은 작업량을 명기하지 않을 것을 주장한 반면 미국 측은 40%의 작업량을 주장했다.

그러나 새롭게 개발될 항공기의 경우, 가치라는 측면에서 전자 장비와 항공 전자공학이 항공기 비용의 거의 50%, 많으면 60%를 차지할 것으로 예상되었으며 일본 회사들이 실질적으로 이런 부품의 거의 대부분을 떠맡게 될 것이라는 점에는 의문이 없었다. 이것이 의미하는 바는 만약 일본 정부가 최소한 40%라는 수치에 동의한다면 일본 회사들로서는 항공기의 날개나 다른 부품에 대한 작업량이 거의 없어진다는 것이었다.[39] 이는 개조의 핵심이랄 수 있는 주 날개의 생산을 누가 담당하느냐에 대한 논의와 관련

37_"日の丸FSX研究續行: 三菱重工, 日米共同開發と竝行し," 『産經新聞』(1988/01/16).

38_"FSX開發へ大型チ-ム," 『日本經濟新聞』(1988/04/17).

39_여기서 엔진의 가격은 개발 계획의 작업량에 포함되지 않았다(Sneider 1988, 1, 42).

된 것이었다.[40]

일본 정부는 표면적으로 날개 생산 작업이 예산상으로나 계획 기간에 맞추기 위해서나 일본 측이 해야 한다고 주장했지만, 더 중요한 이유는 미국 측 참가자들의 작업 생산량에 맞춰서 일본 국내 기업들에도 가능한 한 같은 정도의 생산량을 확보해 주기 위한 것이었다.[41] 만약 미국 회사들이 개발 작업의 35% 또는 그 이상의 작업을 차지하게 되면, 항공 전자 장비의 개발·생산은 거의 일본 회사들이 맡을 것이기 때문에, 나머지 대부분을 차지하는 기체 부분은 거의 미국 회사들이 차지하게 될 것이었다. 더군다나 향후 FS-X가 일본의 국내 항공기산업에서 차지하는 중요성을 알고 있었던 일본 회사들은 자신들의 역량을 드러내거나 개발할 수 있는 역할을 찾았다.[42] 협상이 진행되고 있는 동안에도 미쓰비시중공업은 나고야 작업장 내에 FS-X를 위한 설계 본부를 설립함으로써 자신들이 이 계획을 주도할 것임을 공공연히 나타내었다.[43]

40_이는 FS-X의 합성 날개를 제너럴 다이내믹사가 생산하는 것에 대한 논의의 중요성을 나타내는 것이었다. 주익은 종래의 금속 날개 대신 카본 섬유 복합체로 만들어질 예정이었으며 이는 중량 경감을 위해서였다. 미국 정부와 제너럴 다이내믹사는 이 부분에서의 일본 기술이 ATF(Advanced Tactical fighter), A-12, Agile Falcon fighter에 유용할 수 있다고 생각했다(金基奭 1989, 14).

41_다니엘 스나이더(Daniel Sneider)는 이것이 아마도, 미쓰비시중공업이 FS-X 생산에 있어서 하청 업체들에게 비공식적인 약속을 했기 때문이었을 것이라 보고 있다. 즉 하청 업체들에게 약속한 작업량이 있었기 때문에 미국의 작업량을 보장해 주면 미쓰비시중공업은 그 약속을 지킬 수 없게 된다. 미국 관계자가 설명한 대로 "미쓰비시중공업은 자신들의 하청 업체를 먹여 살리는 문제점을 안고 있었던 것이다"(Sneider 1988, 42).

42_예를 들어 후지중공업은 자신들이 개발 중인 날개 기술로 그 계획에 참가하려 노력하고 있었으며, 이런 노력은 자체 비용으로 날개 부분을 제조하는 데까지 나갈 가능성도 있었다. 몇몇 관측자들은 후지중공업의 기술이 미쓰비시중공업보다도 뛰어나다고 생각했다(Sneider 1988, 1, 42).

두 번째로, 양국 사이에 문제가 되는 것은 기술이전 또는 습득에 관련된 문제였다. 양측은 두 가지 기술이 특히 중요하다는 데 의견의 일치를 보았다. 첨단 갈륨비소(GaAs, gallium arsenide) 반도체를 이용한 레이더(active phased array radars) 제조와 일체 성형 기술을 이용한 주 날개(一體成型主翼, co-cured composite wings) 제조였다. 미국 측 또한 두 기술을 개발은 한 상황이었지만 실제 적용에 있어 일본 측이 미국보다 앞선 기술을 가졌다. 이후의 협상에서 주요 쟁점이 되었던 문제는 후자인 일체 성형 주익이었다. 전자, 즉 갈륨비소 반도체를 이용한 레이더와 마찬가지로 미국 측은 복합물질과 소재에 대한 경험을 갖고 있었으나 — 실제로는 미국 측이 발명한 것이다 — 일본 측과 같이 전체 날개를 동질화하지는 못했던 것이다. 특히 제너럴 다이내믹사는 합성 기술(composites technology)에서 뒤떨어져 있었다.

미국 측은 날개 부분을 만들 기회가 주어진다면 제너럴 다이내믹사가 그 기술을 완전히 습득할 수 있을 것이라 믿었다(Noble 1992, 17-18). 1년간에 걸친 협상 이후에도 양국 정부의 양해 각서에서는 날개 부분에 대한 타협이 이뤄지지 않았다(Lorell 1996, 195-196). 미쓰비시중공업과 제너럴 다이내믹사와의 라이선스 협정에서 구체화된 마지막 타협안에서는 설계 단계에서 미쓰비시가 다섯 개의 날개 세트를, 그리고 제너럴 다이내믹사가 두 개의 날개 세트를 만들기로 하였다. 다른 모든 문제점과 마찬가지로 생산 단계에서의 구체적인 내용은 여전히 언급이 없는 상태였다.

그럼에도 불구하고 몇 달간의 협상 끝에 양국은 1988년 1월 3일 양해

43_“MHI to Set Up Design Center,” *Aerospace Japan Weekly*, No.871(1988, 5).

각서를 위한 주요 조항들에 대해 일치를 보았다. 작업량 분담에 대한 최초의 발표는 미국 측 회사들에 최소 35%에서 최대 45%를 보장해준다는 것이었다. 이에 상당하는 생산량도 보도가 되었으나 최종 결정이 이뤄지지 않았기 때문에 이는 단지 '신사협정'일 수밖에 없었다. 양해 각서 협상의 마지막 단계에서 일본 정부가 취한 입장은, 개발 작업량에서 양국 정부가 2:1의 비율에 합의했고, 금액 면에서도 일본이 2, 미국이 1이라는 점에 동의했다고 하는 것이었다. 총 계획 금액은 70억 불로 추정되었다. 뒤이어 2월에 미국은 일본 방위청에 개정된 양해 각서 초안을 제출했다. 미 국방성의 입장은 세 가지 원칙 — 미·일 간 정치적 관계의 지속, 양국 안보 관계의 공고화, 미국 산업계의 이익 유지 — 으로 나타났으나 미 의회의 관심은 세 번째에 집중되어 있었다. 따라서 미 국방성 또한 이를 중요시할 수밖에 없었으며, 이 때문에 엔진 생산에 관한 정보는 양해 각서가 조인될 때까지 일본 측에 유출되어서는 안 된다는 결정이 도출되었다(Chinworth 1992, 149).

이런 양해 각서를 바탕으로 1988년 6월의 양국 국방장관회담에서는 ① 공동 개발 관리 사업은 일본 방위청이 한다, ② 주 계약사는 일본 기업으로 한다, ③ 개발비는 전액 일본이 부담한다, ④ 개발의 결과 얻어지는 기술은 전부 방위청에 귀속된다, ⑤ 작업 분담은 일본 측 55~65%, 미국 측 35~45%로 한다, ⑥ 기술운영위원회를 설치한다는 요지의 합의가 이뤄졌다(金基奭 1989, 10-11). 그리고 5개월 후인 1988년 11월 29일, FS-X 사업에 대한 교환공문 및 양해 각서에 양국 정부가 조인함으로써 FS-X 사업은 공동 사업으로 결정되었다.

결국 1987년 10월부터 시작되었던 협정은 부속 문서인 세부 항목에 있어 양국 간의 이해가 첨예하게 대립함으로써 결정이 늦어져 1988년 11월에야 체결이 가능했던 것이다. 최종적으로 결정된 내용은 ① 일본 측이 제시하는 운용 요구에 따라서 F-16을 개조 개발, ② 방위청이 계획, 관리하고 개발 경비를 부담, ③ 주계약자는 일본 기업, 미국 기업은 하청 계약자로 참가, ④ 일·미 간의 작업 분담은 경제적 효율성 등에 기초하여 금후 결정, ⑤ 미국 측은 F-16의 기술 정보를 일본 측에 적절히 공여, 일본 측은 개발 성과를 미국 측에 적절히 공여한다는 것이었다.[44]

방위청은 같은 날 일본 측의 주계약자로 미쓰비시중공업, 부계약자로 미국의 제너럴 다이내믹사, 가와사키중공업, 후지중공업을 지명하여 제조업체 간의 라이선스 협정을 서두르도록 지시했다. 그러나 정부 간의 합의는 이뤄졌지만 미쓰비시중공업과 제너럴 다이내믹사의 절충은 잘 진전되지 않았다. 앞서 언급한 바와 같이 미·일 간 작업 분담은 정부 간의 협의에

44_합의 내용을 좀 더 구체적으로 살펴보면, 우선 설계 단계에서 6기의 항공기가 만들어지며 생산 단계에서 130기가 만들어진다. 설계 단계의 예산은 12억 달러(많은 관계자는 이 수치가 비현실적이라고 생각했다),생산 단계에서는 50~60억 달러가 계상되었다. 예정되었던 대로 미쓰비시중공업이 주계약자로 지명되었다. 이에 따라 제너럴 다이내믹사는 자신들의 항공기를 개조하는 데 부계약자가 되었다. 설계를 위해 계상된 12억 달러 중 미국 측은 35~45%(Aviation Week의 추정으로는 35% 이상)를 맡게 되었다. 항공기의 동체는 F-16C에서 큰 변화가 없었던 데 반해 날개, 항공 전자공학 부문(avionics)과 무기는 일본 측이 개발하게 되었다. 엔진에 대해서는 어떤 명확한 언급도 없었으나, 미국 측이 공동 개발 또는 기존의 미국 측 엔진에 대한 공동 개조를 '주도한다'(taking the lead)는 언급이 있었다. 일본이 F-16 기술에 접근하고 제너럴 다이내믹사가 기체 조립(systems integration)에 도움을 주는 대가로 미국은 F-16에서 파생되는 부수적인 모든 일본 기술과 장비들을 무료로 가져올 수 있다. 물론 이는 미국 측이 필요한 기술들을 확인해 요구할 수 있다는 것을 상정하는 것이었다. 그리고 이런 협정으로 F-16으로부터 파생되지 않는 일본 기술들을 획득할 수도 있다고 미국 측은 보았던 것이다. 흥미로운 점은 이 협정에 대한 일본 측 설명에서, 이 조항에 대한 언급 대신 "개발 과정에서 습득된 모든 기술 정보는 일본 방위청에 속한다"는 것을 강조하고 있다는 점이다. 기술이전은 항공자위대와 미 공군의 사령관이 공동 의장을 맡으면서 신설될 '기술조정위원회'(Technical Steering Committee)가 처리하게 되어 있었다. 이에 대해서는 Noble(1992, 16-17) 참고.

서 미국 측이 35~45%를 맡는다고 결정되었으나, 이는 제너럴 다이내믹사의 지분뿐만 아니라 전자기기도 포함되어 있기 때문에 제너럴 다이내믹사가 주로 떠맡을 기체 부분은 약 30%였다(久野正夫 1989b, 78-79).

기술 습득 또한 쉽게 해결될 수 있는 문제는 아니었다. 즉 제너럴 다이내믹사는 자신들의 기술적 약점인 복합 재가공 기술을 이 개발 계획에서 습득하고자 주익 제조에 참여하려 했으나, 일본 측이 날개를 따로 따로 한다는 것은 무리라는 점에서 반대했던 것이다. 결국 비행 훈련용 시험 제작기 4기 가운데 1기분의 주익과 강도시험기, 피로시험기 각각의 한쪽 날개를 제너럴 다이내믹사가 분담하게 되었다. 이 외에 기체 뒷부분의 동체, 조종 시스템의 일부, 전자기기, 시스템 조정의 일부 등도 분담하게 되었다. 그리고 F-16 기술 가운데 일본이 필요로 하는 것을 공여하기로 한 라이선스 협정이 1989년 1월 12일에 체결되었다(久野正夫 1989b, 80).

3) 미 의회와 매스컴의 반대

그러나 양국 간에 양해 각서가 조인되었다고 해서 FS-X 문제가 완전히 종결된 것은 아니었다. 임시 양해 각서가 조인되고 난 후 미 의회와 매스컴을 중심으로 이에 대한 반대 여론이 거세게 나타났다. 미국의 한 언론에서는 이 협정에 반대하는 다음과 같은 내용의 기사를 싣고 있다.

> 이 협정은 미국 산업계가 알고 있는 많은 핵심 기술들을 주요 경쟁자들이 모두 습득할 수 있도록 하고 있다. (중략) 항공기체의 70~80%가 바뀔 것이다. 일본 측이 F-16에 첨가하려고 하는 대부분은 미국이 대가를 요구하고 일본이 그 대가를 지불해야만 하는 항목들이다. 일본인들이 F-16 계획의 많은 기술들을 스스로 습득하도록 도운 후에, 미국의 항공산업계는 (일본의) 새로운 독점적인 과정에 접근을 제한당할 수도 있다. 이런 동일한 과정은 차기 제트전투기와 마찬가지로 일본 측

이 차기 상업용 항공기를 만드는 것을 도울 수도 있다. (중략) 40~50년간에 걸쳐 미국의 항공 기술자들이 노력하여 확보한 중요 부분의 기술적인 우위가 펜을 긁적거림으로써 헛되이 되게 할 수는 없다(Noble 1992, 19).

이 외에도 상무성 대일 무역 담당 심의관을 지냈던 클라이드 프레스토비츠는 워싱턴포스트지에 "일본에의 시혜: 왜 70억 달러의 항공 기술을 주는가"라는 비판적인 논문을 게재하여 다음과 같이 주장하고 있다.

처음에는 TV, 그다음은 VCR, 그리고 반도체. 이제 의회와 행정부가 빨리 조치를 취하지 않으면 미국은 곧 일본이 오랫동안 취해 왔던 거대한 부를 주게 될 것이다. 이것은 항공기 제조에서의 선두 자리이다. 이 부문은 미국의 첨단 기술이 지배하는 마지막 영역이다. (중략) (FS-X는) 미국 소비자들의 비용으로 개발되어 온 기술을 아주 헐값에 일본에 넘기게 될 것이다. 일본의 주된 관심은 방위가 아니라 항공산업과 여타 첨단 기술산업에서 미국을 따라잡는 것에 있다.[45]

의회와 매스컴이 반대하는 주된 내용은 세 가지로 집약될 수 있다(久野正夫 1989b, 82-83). 첫째, FS-X 협정에 따라 일본에 F-16에 관한 기술을 건네주면, 일본은 민간의 개발에 그 기술을 이용하여 미국의 항공기산업에 커다란 타격을 미치게 될 것이다. 이런 의견은 자동차에서 비롯되어 고화질 TV, 반도체, 슈퍼컴퓨터 등 하이테크 산업에서의 역전 현상을 겪었던 미국이 FS-X도 이런 전철을 밟을 것이라는 인식에서 나온 것이었다. 미 통

45_Prestowitz(1989). 형평을 기하기 위해 워싱턴포스트지는 로버트 갈루치(Robert Gallucci) 전 국방장관의 "FSX 계획은 베푸는 것이 아니다"라는 투고도 싣고 있으나, 반대론에 압도된 형태였다. 다른 매스컴에서도 경쟁적으로 많은 지면을 할애하고 있으나 그 내용은 의회의 반대 의견 등의 소개가 많은 것으로, 전체적으로는 반대 의견을 나타내고 있었다.

상대표부가 그해 4월에 발표한 무역장애연차보고서 중에서도 "일본 정부는 20년 이내에 항공기산업을 중점 산업으로 육성할 계획을 갖고 있다. 이는 미국의 항공우주산업에 직접 영향을 끼치는 것이다. 현재 일본은 미국제 항공기를 가장 많이 수입하는 국가이기는 하다. 그러나 일본이 그 목표에 도달하면 미국의 항공기산업은 헤아리기 힘든 손실을 입게 될 것이다"라고 언급하고 있다(Mowery and Rosenberg 1985, 10). 실제로 대부분의 항공 전문가들은 전투기에 채용되는 기술이 상업용으로 전환될 수 있다는 데 동의하고 있다. 뉴욕타임스에 나타난 FS-X 반대론 또한 이런 의견에 입각한 것이었다.

둘째, FS-X로 미국이 일본에 제공하는 것에 비하여 일본이 미국에 주는 것은 적다는 것이었다. 프레스토비츠가 워싱턴포스트에 실은 논문의 부제로 되었던 "왜 70억 달러의 항공 기술을 제공하는가"라는 의견이 이를 대표하고 있다. 이 글에서는 "제너럴 다이내믹사는 설계, 생산, 개량에 쏟아 넣은 70억 달러에 이르는 기술을 모두 제공한다. 그 대가로서 제너럴 다이내믹사가 받는 것은 4기의 개발용 원형기에 대한 4억 4,000만 달러의 하청 작업, 그 후 130기의 생산에서 받을 수 있는 제조 쉐어와, 일본 측 기술이 앞서 있어 이전될 것으로 전해진 일본의 레이더 및 복합재 기술, 그리고 향후의 생산에서 들어오게 될 7,500만~1억 5,000만 달러의 로열티다"(Prestowitz 1989)라고 하고 있다. 또한 미 의회의 조사 기관인 회계검사원에 의하면 일본으로부터 받을 수 있는 레이더, 복합 재료 등의 기술은 이미 미국에서 연구 또는 개발이 끝난 것뿐임에도 불구하고, 이에 대해 개발 비용이 50~70만 달러나 들어간 F-16을 왜 제공하는가라는 것이었다(U.S. General Accounting Office 1989, 8-10).

셋째, 대일 무역 적자를 개선하기 위해 왜 F-16을 전부 사지 않는가 하는 점이다(久野正夫 1989b, 82). 앞서 언급한 회계검사원은 "미국 측의 교섭 당사자는, 칼라 힐스(Carla A. Hills) 통상대표와 로버트 모스베커(Robert Mosbacher) 상무장관이 주장하는 바와 같이 미 전투기의 대일 수출을 신중히 추구하지 않았다"고 하고 있다. 프레스토비츠 또한 "왜 일본은 방위 분담을 증가시키라는 커다란 압력이 행해지고 있는 상황에서도 미·일 양국에 부족한 재원을 낭비하고 무역 문제를 악화시켜 최선이 아닌 방위력 정비의 길을 선택하는가, 왜 미국은 이에 협력하는 것인가?"(Prestowitz 1989)라고 주장하고 있다.

요컨대 협정 반대론자들에 따르면 기술적 측면에서도 미국이 그다지 얻는 게 없다는 것이었다. 즉 이들이 볼 때 당시 일본이 우위에 있는 것으로 여겨졌던 첨단 레이더(APAR: advanced phased-array radar)나 일체 성형 주익 기술은 미국 산업체에서도 갖고 있는 기술이며, 일본의 기술은 증명된 것이 아니라는 것이다. 반면 미국 측의 가장 핵심 기술은 전반적인 시스템 통합(system integration) 기술과 함께 무기와 비행 특성들을 통제하는 기본 코드(source code)로 알려진 컴퓨터 프로그램, 그리고 고열 합금과 디지털 연료 펌프와 같은 다양한 엔진 기술들이었다. 미 공군의 한 기술자는 "그들(일본 산업체)은 우리가 정말 필요로 하는 아무 것도 갖고 있지 않다. 우리가 이용할 수 없는 기술과 우리의 전투기 기술을 왜 바꾸려 하는지 그 이유를 모르겠다"(Chinworth 1992, 151)라고 하고 있다.

또한 양해 각서 후 미국 산업계는 자신들의 기술을 보호하려 해도 그렇게 할 수 있는 구체적인 방법이 없었다. 더군다나 각서 조인 후 국방성과 일본 관리들은 F-16 기술을 빨리 양도할 것을 촉구했다. 미쓰비시와 제너럴 다이내믹사가 라이선스 협정에 서명하자마자, 미 행정부가 〈무기수출통제법〉 제36조 D항에서 요구되는, 의회 동의를 위한 라이선스 협정서를 제출하지 않았음에도 불구하고 기술은 유출되기 시작했다. F-16은 1970년대의 구식 기술이라는 일본 측 주장에도 불구하고 기본 코드들을 이용한 디지털 비행 통제 컴퓨터는 새로운 것이었다(Noble 1992, 17-19). 각서 조인 후 나타난 이런 일련의 움직임과 반대론자들의 주장은 FS-X 문제가 양해 각서 조인으로 끝난 것이 아니라 미 의회에서 다시 논의될 것이라는 것을 알리는 전조이기도 했다.

4. 최종 조정안

1. 미 의회의 반대와 재조정

반대 측의 주장은 미국에 새 행정부가 들어서게 됨에 따라 의회에서 본격적으로 논의되기 시작했다. 우선 양측의 양해 각서와 라이선스 협정에는 미국의 기술이 일본으로 유출되는 항목이 있기 때문에, 미 정부가 〈무기수출관리법〉에 의거하여 의회에 통고, 30일 이내에 2/3 이상의 다수로서 양원이 반대 법안을 성립시키지 않는 한 자동적으로 발효되게 되어 있었다. 그러나 미국 새 행정부 인사들에 대한 청문회를 계기로 FS-X 공동 개발에 대한 의회의 반대 의견이 계속해서 나타났다.[46]

46_우선 1월 25일의 제임스 베이커(James Baker) 국무장관 공청회를 시작으로 한 부시 신 정권 각료에 대한 공청회에서, 헬름즈 상원의원(공화당)은 베이커 국무장관, 힐스 통상대표

결국 양해 각서가 조인되었다 해도 FS-X 논의가 끝난 것은 아니었다. 워싱턴에 새 정부가 들어서게 된 것을 기회로 미 의회는 양해 각서를 또다시 검토하기 시작했던 것이다. 협정의 반대자들은 일상적인 의회의 인준 과정뿐만 아니라 새로이 들어선 부시 행정부의 각료 인준 청문회를 통하여 이 문제를 다시 한 번 제기할 기회를 가지게 되었다. 초기에 의회가 보였던 즉각적인 문제점은 작업량이었음에도 불구하고, 계속된 의회의 토론은 두 가지 문제, 즉 경제적 효과와 양국의 상대적 기술 수준에 집중되었다.[47]

첫 번째 문제점인 경제적 효과 측면에서는 일본에 대해 선진 기술을 이전하는 것이 타당한가 하는 데 집중되었다. 일본은 이미 선진국으로서 미국과의 무역에서 해마다 500억 달러의 무역 흑자를 기록하고 있었으며 국내 항공산업을 발전시킨다는 목표를 공언하고 있었다. 제너럴 다이내믹사는 미국 산업계가 그 개발 계획에서 12억 달러로 추산되는 35~45%의 작업량과 이에 상당하는 생산 작업량을 받게 될 것이라는 점을 인용하면서 이 협정이 미국의 경제적 이익에 도움이 될 것이라고 법안의 통과에 노력

등에게 차례로 FS-X 공동 개발에 대해 질문하면서 정부 결정을 재검토할 것을 요구했다. 그리고 31일에는 헬름즈 의원과 빙햄 상원의원(민주) 등이 상무성과 통상대표부가 FS-X 교섭에서 배제되었던 것에 항의하는 문서를 정부에 제출했다. 2월 9일에는 딕슨 상원의원(민주)과 20명의 상원의원이 부시 대통령에게 교섭의 재검토를 촉구하는 결의안을 제출했으며, 2월 14일에는 하원의 레바인 의원(민주), 베커 의원(공화) 등 초당파 24명의 의원이 기술 공여 승인을 요구하는 통고가 있으면 불승인의 결의안을 제출할 것을 명기한 편지를 대통령에게 보냈다. 2월 23일에는 하원의 에너지-상업위원회가 FS-X 협정에 관한 공청회를 열었으나 대다수가 반대 의견을 나타내었다.

47_이 외에도 미 의회의 토론은 공동 방위 계획에 대한 양국의 인식, 그리고 FS-X 문제에 대해 일본 정부가 일관성을 보이고 있는 데 반해 미국 정부가 일관성을 견지하지 못하고 있는 점을 중심으로 이뤄졌다. 이에 대해서는 Lorell(1996, 205-238); Chinworth(1992, 149-161)를 참고.

했다. 미 국방장관 딕 체니(Dick Cheney)는 FS-X 계획에서 미국의 산업계가 맡을 총액은 25억 달러, 개발 단계에서 약 4억 8,000만 달러, 이 계획이 끝날 때까지 총 2만 2,000명의 고용 효과가 있을 것으로 추산했다. 제너럴 다이내믹사는 생산 부분에서 작업량을 20~30억 달러로 추산했다.[48] 반대론자들은 이런 단기간의 이익보다는 F-16의 기술이전이 야기하게 될 산업계 경쟁력의 침식과 경쟁국의 경쟁력 강화를 우려했다. 반대론자들이 보기에 일본 산업계와 정부가 F-16 기술에 대해 기꺼이 사례를 하겠다는 사실 자체가 바로 이런 점을 증명하는 것이었다.[49]

두 번째 중요한 논쟁점은 양국 간의 협정에서 얻게 될 순수한 기술적인 소득에 관한 것이었다. FS-X 비판자들은 미국의 조세 부담자들의 비용으로 육성된 기술을 일본이 싼 가격으로 대량 획득하려 한다고 느꼈다. 반면 이 조약에 찬성하는 인사들은 미국이 처음으로 항공 분야의 새로운 기술을 유입할 기회를 얻었다고 주장했다. 일본의 자금으로 개발된 첨단 레이더나 일체 성형 주익이 바로 그것이었다.

이런 와중에서 다케시타 노보루 일본 총리는 미국을 방문하여 〈FS-X 공동 개발 협정〉이 산업, 무역뿐 아니라 일본의 방위 능력 개선의 측면에서 바람직한 것을 강조하고, 방위 문제를 무역 문제와 연계시키지 말 것을

48_"FSX Deal Gives U.S. 'Vital' Production Technology, GD Says," *Aerospace Daily*, Feb. 3(1989, 196).

49_예를 들어 앨런 딕슨(Alan Dixon) 상원의원은 의회의 토론에서, 일본이 항공기를 개발하는 데 필요한 막대한 금액을 지출하는 주된 이유는 국내 항공산업을 강화시키기 위한 것이지 안보상의 이유는 아니라고 주장했다. 그는 일본 정부가 FS-X의 국내 개발에 필요한 것보다 많은 39억 달러를 지출할 것으로 추산했으며, 항공기 1대당 F-15 완제품의 가격인 2,000만 달러보다 많은 4,000만~5,000만 달러를 지출할 것으로 추산했다(Chinworth 1992, 150, 221).

주장, 미 의원들을 설득하는 한편 미 의회의 조속한 승인을 촉구했다. 그러나 미 의회의 반발과 상무성, 무역대표부의 비판으로 부시 대통령은 FS-X 안을 의회에 제출하기 전에 부서 간 논의를 거칠 것을 지시했고, 결국 2월 14, 15일 양일간에 걸친 수뇌부회의에서 FS-X 협정을 재검토할 것을 결정, 3월 10일을 목표로 이를 실시할 것을 발표했다.

그러나 이 와중에도 반대 의견이 속출, 3월 10일에는 군사소위원회에서 빙햄 위원장이 반대 의견을 나타내는가 하면 미 행정부 내에서도 협정 파기론이 나오는 등 결국 작업 분담과 기술이전에 대해 협정 내용을 명확히 하기 위한(to clarify) 회담을 일본에 요구하게 되었다(久野正夫 1989b, 8). 이런 과정을 보면 FS-X에 대해 미국의 행정 부서들과 의회가 상반된 정책 목표, 즉 안보적 측면의 목표와 경제적 측면의 목표를 각각 가지고 있었다는 점을 알 수 있다. 의회, 상무성과 기타 행정 부서가 경제 우선의 정책 목표를 가지고 있었다면, 국무성과 국방성은 미·일 관계와 군사적 측면에 중점을 둔 안보 우선의 정책 목표를 가지고 있었던 것이다(Lorell 1995, 27-29).

이의 결과 3월 20일 마쓰나가 노부오(松永信雄) 주미 대사에게 미국 측이 대통령의 견해로서, ① F-16 비행 제어 등 기본 소프트웨어 정보의 공여 제한 등 기술이전에 대한 미 정부의 결정 우선권, ② 생산 단계에 있어서 미국 측 쉐어의 최대한 확보, 일본으로부터의 기술 공여 보증 등에 대한 일본 측의 합의를 요청함으로써 다시 미·일 절충이 시작되었다. 이 때문에 방위청의 니시히로 세이키(西廣整輝) 사무차관이 급히 방미, 제임스 베이커 국무장관, 모스베커 상무장관과 회담했으나 합의에 도달하지 못하고 28일에 교섭을 일단 중단했다. 결국 일본 정부는 1989년 3월 30일, 1989년도 예산에 들어 있었던 FS-X 예산을 가지고 미국 측과의 합의도 없는 상태에서 미쓰비시중공업과 계약을 체결하게 되었다.

한편 일본 국내에서는 다케시타 총리가 사임할 의사를 표명하면서 그 전에 FS-X 문제를 매듭짓기 위해 서두르고 있었으나, 관료 차원에서는 미국 측의 조건에 대한 격렬한 반발로 결정이 지연되고 있었다. 다케시타 수상은 리쿠르트 스캔들과 소비세 도입으로 입지가 매우 약화되어 있어 오자와 이치로(小澤一郞)에게 타협 책임을 맡겼다. 이에 오자와 관방차관이 나서서, 관료 간의 합의가 이뤄지지 않는다면 워싱턴에 가서 스스로 세부 항목에 대해 무조건 미국 측과 합의를 할 수밖에 없다는 의사를 나타내면서 관료들에게 압력을 가했다(Noble 1992, 24). 이런 오자와의 압력에 4월 10일 협의가 재개되어, 마쓰나가 주미 대사와 야마모토 장비국장이 절충하여 28일 합의에 대한 조정이 이뤄졌다.

흥미로운 점은 이 시기에 오자와가 이미 당내 중간 리더였음에도 불구하고 이때까지 방위정책이나 외교문제에 전혀 경험이 없었다는 점이다. 그의 경험은 국내 문제, 특히 건설산업에 주로 집중되어 있었다. 다케시타의 사임을 염두에 둔 레임덕 현상과 오자와의 이런 결단에 직면하여 방위청은 굴복했으며, 결국 협정은 곧 타결을 보았다. 4월 28일 베이커 국무장관과 주미 대사 마쓰나가 노부오가 세부 협상의 재협상 결과(letters of clarification)에 서명함으로써 재협상은 결말을 보게 되었다. 이는 '불공정 무역 조항'에 대한 보고서가 예정된 하루 전이었다. 협정 내용[50]에 대해 그레고리 노블(Gregory W. Noble)은 다음과 같이 평가하고 있다.

50_Noble(1992, 25). 재조정된 상세한 내용은 공식적인 발표에 명확히 나타나고 있지 않다. 이것이 이후 의회의 오해와 회의를 불러일으킨 원인 중 하나이다. 물론 다른 문서가 교환되었을 것으로 보이지만 여전히 비밀로 분류되어 있다. 이에 대해서는 Noble(1992, 61)의 주 70을 참고하라.

새 협정의 내용은 기본적으로 미국 측에 유리한 것이었다. 일본이 격렬하게 저항했다는 사실은 미국 측이 잘못했다는 것을 역설적으로 보여 주는 것이다. 새로운 협정에서는 생산 단계에서 미국 측에 거의 40%를 보장했다. 모호했던 엔진 문제에 있어서는 완곡한 표현으로 공동 생산(에 가능한 접근)을 하기로 했다. 일본 측이 요구했던 50%의 공동 생산은 언급되지 않았다. 컴퓨터 기본 코드에 대해서는 단지 무기 통제 시스템에만 일본이 접근할 수 있으며, 상업용 항공에 적용될 가능성이 있는 비행 통제 코드는 포함되지 않았다. (중략) 가장 중요한 문제들은 기술 확인과 이전(Technology identification and transfer)에 관련된 것이었다. (중략) 기본적으로 미국 측의 기술에서 파생되어 미국이 대가 없이 사용할 수 있는 기술과, 일본이 독자적으로 개발한 기술의 구분이 명확히 되었다. 상무성이 양국 간의 기술조정위원회(Technical Steering Committee)에 참여하게 되어, 미국 측은 일본의 생산 현장에 상주 인원을 둘 수 있는 권리를 갖게 되었으며 이리하여 아무런 대가 없이 설계의 각 단계에 참여할 수 있게 되었다. 이런 수정안에 대해 항공 관련 언론들은 이 거래에 대한 지지 의사를 표명했다.[51]

2. 일본 의회에서의 논의

제3국으로의 기술이전을 규제하는 조항의 결여, 작업량의 불명확성, 그리고 일본이 애초에 독자적인 항공기를 가지려 했을 때 공동 개발 협정을 맺고 싶지 않았던 점 등으로 일본 국회가 이 각서에 대해 많은 의문점을 갖고 있었다는 점 또한 살펴볼 필요가 있다.[52] 의회 내, 심지어는 정부 내의

51_Noble(1992, 25). 이 외에도 재조정된 내용에 대해서는 Prestowitz(1988, 56); 『朝日新聞』(1989/05/02) 夕刊을 참고.

52_일본 국회 내의 논의에 대해서는 "Diet to Vigorously Scrutinize FSX Accord," *FBIS Daily Reports: East Asia*(1988, 2); "弟百十一回國會(臨時會)における防衛論議," 『防衛

다른 성에 있는 많은 사람들이 FS-X 계획을 통하여 미국에 전해진 일본 기술이 일본 정부의 찬성으로 제3국으로 이전될 수 있다는 양해 각서의 조항을 걱정했다. 물론 일본의 정책이 미국을 제외한 어떤 국가로의 기술 유출도 금지하고 있으므로 많은 측면에서 이는 논의의 여지가 있는 문제이다. 더 나아가 방위 부문에 적용되는 기술 수출에 대한 걱정은 의원들 사이에서도 일치되지 않았으며 주로 야당에 한정된 것이었다. FS-X의 경우 제3국으로의 수출에 대한 공공연한 우려는 (특히 당시 집권 자민당의 경우에) 단순히 FS-X 관련 기술이 미국으로 이전되는 것을 방해하려는 이유였던 것이다.[53] 분명치 않은 작업량에 대한 의회의 걱정은 미 의회의 걱정과 같은 것이었다. 양국의 정치인들은 그 각서하에서 자국의 기업들이 가능한 한 이익을 볼 수 있는 명확한 보장을 바랐던 것이다.

마지막 문제점, 즉 미국에 혜택이 되는 계획에 일본이 자금을 조달한다는 문제는 다른 문제점들보다 가장 감정적인 것이고 일본 정부 내에서도 민감한 문제점으로 남아 있었다. 일본의 관료들과 의원들은 일본 방위청이 전적으로 자금을 조달하는 이 계획에 미국 측이 자신들의 의견을 제시하면서 참여를 주장하는 데 대해 몹시 분노했다. 사실상 일본이 느끼는 감정은, 양해 각서에서 수행 단계에 이르기까지 미국이 실질적으로 이 계획의 모든 조건을 지시하고 있으며 누가 이 계획의 자금을 조달하고 있는지에 대해서

アンテナ』(1988, 39-44); "第百十四回國會(常會)における防衛論議,"『防衛アンテナ』(1989, 33-35)를 참고하라.

53_일본 기술의 상당 부분은 이미 미국 무기들에서 적용되고 있었으며 이 중 많은 부분은 제3세계로 판매되었다. 그러나 이 경우는 일본 기업들이 미국의 계약자들에게 판매한 완제품의 형태였다. 그러나 FSX의 경우는 완제품이 아닌 Know-How로서 잠재적인 기술로 순수하게 이전될 것이었다. 이런 종류의 기술이전은 완제품 판매와는 형태가 다른 것이다.

는 완전히 잊어버리고 있다는 것이었다. 미국의 관리들은 수십 년간 미국이 일본에 취해 온 우선적인 기술이전과 앞선 미국의 경험이란 측면에서 이런 것이 적절한 것이라 대답할 수도 있을 것이다. 그럼에도 불구하고 비용 문제와 관련된 요소는 일본에서 감정적인 문제로 강하게 남아 있었으며 양해 각서의 마지막 단계에 이르러서도 의원들을 분노하게 했던 문제였다.[54]

3. 미 의회의 저항과 최종 결정

5월 1일 부시 대통령은 FS-X 공동 개발에 수반되는 대일 기술 공여를 의회에 통고했다. 미국의 산업계는 새로운 협정에 대해 크게 만족했지만 의회의 불신과 저항은 계속되었다. 그럼에도 불구하고 5월 11일 상원 외교위원회는 앨런 딕슨 의원 등으로부터 제출되어 있었던 불승인을 요구하는 결의안을 9:8로 부결했으며, 16일에 열린 상원 본회의도 반대 결의안을

54_전 운수상이었으며 『'노'라고 말할 수 있는 일본』의 저자이기도 했던 이시하라 신타로는 미국의 상원의원들이 "무례하고 거만하다"고 했으며, 자민당 정조위원회 방위부회는 협정을 무효화하고 독자 개발할 것을 주장했다. 즉 1989년 6월 21일 당 본부에서 열린 자민당 국방 3부회(국방부회, 안전보장조사회, 기지대책특별위원회) 합동부회에서는, 일·미 FS-X 공동 개발 계획에서 미국 측이 개발을 양보하지 않는 비행 제어용 컴퓨터 소프트웨어에 대해 "미국 제품에는 고장 실적이 있고 불안하므로 자위대의 파일럿은 탈 수 없다. 스스로 책임을 질 수 있는 것을 우리의 손으로 개발해야 한다"는 등 자주 개발을 구하는 주장이 강력히 대두되었던 것이다["ソ-スコ-ド國産强く主張, FSXで 自民國防部會," 『朝日新聞』 (1989/06/22)]. 한편 이런 일본에서의 반대론이 미 의회와 대립 중이었던 부시 행정부의 입장을 강화시킨 측면도 있다.

표 6.4 | FS-X 공동 개발의 전개 과정

	주요 내용
1982. 7.	- 56중업 결정으로 F-1 후속기 검토.
1983.12.	- FS-X 국내 개발의 기술적 가능성 검토 방침 결정.
1985. 1.	- 모리 항공막료장, 기술연구본부장에게 FS-X의 국내 개발 가능성 검토 의뢰. * 미·일 시장 분야별(MOSS) 협의 시작.
1985. 9.	- 엔진 외에는 국내 개발이 가능하며 기간은 10년 정도 걸린다는 답신. - 나카소네 총리, 국방회의와 각의에서 1986~90 회계연도의 신 중기방위력정비계획 승인. F-1전투기의 대체기 선택을 위한 개별 연구 결정. 공식적인 FS-X 계획 채택. - 방위청을 위시한 대다수의 정책 결정자, 미쓰비시중공업을 비롯한 5대 방산업계는 국산화를 강력 주장. * 플라자 합의.
1985. 10.	- 대상 기종 F-16, F/A-18, Panavia로 좁혀짐.
1985. 11.	- F-16, F/A-18에 대한 방위청의 질문지가 DSAA에 도착.
1986. 1	- 미 국방성, 일본 측 요청 자료 제공과 함께 F-16, F/A-18의 수정형 제시.
1986. 2.	- 제너럴 다이내믹사, 맥도널 더글러스사 관계자 일본 방문. - 제너럴 다이내믹사, F-16C의 구입 또는 라이선스생산 제시.
	- 미 의회와 여론의 비판, 무역과 FS-X를 연계시키려는 움직임 나타남.
1986. 7.	- 방위청, 공동 개발을 제4의 공식 대안으로 채택.
1986. 9.	* 미·일 반도체 협정.
1986. 12.	- 유럽형 전투기 토네이도의 배제.
1987. 1	- 제17차 미일안보회의에서 미국은 양국 군대의 호환성(interoperability)을 강조함으로써 일본의 FS-X 개발에 대해 간접적으로 압력 행사.
1987. 2.	- 일본의 5대 방산업계 'FS-X 민간합동연구회' 발족.
1987. 3.	- 댄포스 상원의원, 미국의 대일 무역 적자 해소 수단으로 미국 전투기 구매 요구. - 일본 방산업계, 비용 면에서 자체 개발이 합리적이라 반박.
1987. 4.	* 미, 반도체 협정 위반을 이유로 대일 제재.
1987. 5.	* 도시바의 COCOM 위반 사건 발생.
1987. 6.	- 와인버거, 구리하라에 미국 전투기의 수정 활용안 제시. 미·일 공동 개발 계획 제안. * 미국 의회, 도시바 생산품의 수입 금지안 가결.
1987. 7~8.	- 미 상원 일괄무역법안, '일본이 차기 지원 전투기 FS-X를 미국으로부터 구입하도록 대일 압력을 가한다'는 댄포스와 버드 결의안을 만장일치로 가결.
1987. 8.	- 나카소네 총리, 미국 요구에 주의를 기울일 것을 시사 ⇒ 미·일 공동 개발안 채택의 암시.
1987.10.	- 미국과 일본, 공동 개발 계획 발표, 협상 시작. - 방위청, FS-X의 기술 베이스로 제너럴 다이내믹사의 F-16 결정. - 나카소네 총리, 방위청 결정을 공식적으로 승인. 일본의 독자 개발 계획 완전히 포기.
1987. 11.	- 미·일 양국 세부 사항 규정을 위한 협의 개시, 1988년 4월 이전에 조건에 대한 합의를 볼 것에 동의.
1988. 6.	- 양국 정부, 잠정적 MOU에 사인.
1988. 9.	- 미 국방성, FS-X에 대한 향후 일본과의 공동 생산 계획에서 상무성과 협의 의무화(Defense Authorization Bill).
1988. 11.	- 제너럴 다이내믹사와 미쓰비시중공업 간의 실무 논쟁에 양국 정부 개입 시작. - 정부 간 MOU 사인, 일본 측 비밀 유지 요구.
1989. 1.	- 양 기업 간 기술원조 협정(licensing agreement) 체결. - 의회, 부시 내각 지명자 대상 청문회에서 FS-X 문제 제기. - 부시 행정부, 초기 결정 과정에서 배제되었던 부처와 부처 간 협의 시작.

2.	- 부시 행정부, FS-X 협정 재검토 결정. - 자민당 일부 의원, 미국의 재협상 비난, 협상 파기 요구, 자민당 지도부는 무시. - 미 행정부 내에서 국무성, 국방성과 상무성, 무역대표부로 의견 분열. ⇒ 상무성과 무역대표부는 협정의 수정 주장.
3.	- 부시, FS-X 공동 개발 잠정적 승인 발표, 세부 사항에 대한 'clarification' 요구. - 니시히로 사무차관, 체니 국방장관, 모스베커 상무장관, 스카우크로프트(Scowcroft) 국가안보 보좌관을 개별적으로 만나 부시가 제안한 조건에 대한 답신 전달.
4.	- 마쓰나가 주미 대사와 키미트(R. Kimmitt) 국무성차관의 2차 협상. - 다케시타 사임 의사 결정, 4/28 까지 FS-X 협상을 마무리하도록 지시. - 4/28 부시, 미·일 간 최종 합의가 이뤄졌음을 공표.
5.	- 부시, 의회 동의 요구. - 부시, FS-X 와 관련된 대일 기술 공여를 의회에 통고. * 슈퍼 301조의 대일 적용.
6.	- 자민당 일부, FS-X 협정 파기 요구, 자민당 지도부는 무시.
9.	- 버드 수정안에 대한 부시 거부권의 무효화를 위한 의회 투표, 1표차로 부결.
1990. 2.	- MHI와 제너럴 다이내믹사, 기술이전 합의문 발표. ⇒ 일체 성형 복합 날개 기술을 제너럴 다이내믹사에 이전해 주는 대가를 방위청이 미쓰비시중공업에 지급.

47(찬성):52(반대)의 근소한 차이로 부결했다.[55] 일본에서는 방위족 의원을 중심으로 협정에 대해 신랄한 불만이 쏟아졌다. 그러나 이런 불만들은 자민당 지도부에 의해 무시되었다. 미국에서는 버드(Byrd) 결의안에 대한 부시 대통령의 거부권을 무력화시키려는 시도가 한 표 차이로 부결되었다. 결국 양국 모두가 주요 정치인들의 정치적 결정으로 협상을 마무리했던 것이다.

이제까지 살펴본 FS-X에 대한 미·일 간의 협상 과정을 일지상으로 정리하면 〈표 6.4〉와 같다.

55_그러나 동시에 본회의는 일본으로의 기술이전 금지를 위한 상무성의 권한 강화, FS-X의 생산 쉐어를 40% 이상으로 할 것 등을 내용으로 하는 상원의원 버드(Byrd)의 결의안을 72:27의 압도적인 표차로 가결했다. 상원의 심의에 뒤이어 하원은 5월 23일의 외교위원회에서 FS-X의 '조건부 승인 결의안'을 26:12로 가결했으며, 마찬가지로 본회의는 6월 7일 '조건부 승인 결의안'을 62:55로 가결했다(久野正夫 1989b, 81).

5. 요약 및 결론

초기에 일본의 독자적인 국산화 방침으로 출발했던 FS-X 계획은 미국의 압력으로 공동 개발로 결론지어졌다. 앞서 살펴본 바와 같이 이 후속기는 4차방 말기의 FST-2(F-1)와 마찬가지로 일본의 독자적인 국산 방침이 가장 유력했으나, 미국의 압력으로 공동 개발로 진전된 것이었다. 이런 미국 압력의 배경에는 미·일 무역에서 일본이 얻고 있는 엄청난 대미 흑자에 대한 미국 측의 강력한 불만 때문이었으며, 이런 대미 흑자를 미국의 군용기, 항공기 제조업 부문에서 상쇄하려고 하는 의도였던 것이다. 그러나 실제로 구체적인 협상에 들어가자 일본은 자신들의 주요 목적을 달성하는 데 있어서 미국보다 훨씬 뛰어난 능력을 보였다. 즉 FS-X 작업의 많은 부분이 일본에서 수행될 수 있었을 뿐 아니라, 자신들이 뒤떨어진 기술은 적극 접근하여 습득하면서도 자신들이 앞선 기술 영역에 대해서는 미국의 접근을 사실상 제한하는 데 성과를 거두었던 것이다. 일단 결정은 공동 수정/공동 개발로 되었지만, 일본 측은 기술 습득과 개발이라는 목표 아래 서로 정보를 공유하면서 비교적 일치된 모습을 보여 주었다.

FSX에 대해서는 방위청이 전면 관리, 통제를 하는 최종 사용자인 관계로 방위청의 의사가 중요시되었다. 방위청의 결정에 있어서 방위 장비의 정비, 부품 수입 등을 미국에 의존함으로써 나타난 불만이 큰 요인으로 작용했다. 통산성의 경우는 차세대 항공기가 가진 기술·경제적 파급효과를 고려하여 국내 개발을 지지했다. 대장성은 초기의 논의에 직접적으로 참여하지는 않았지만 때마침 나타나기 시작한 '엔고'의 영향으로 수입 항공기의 단가가 싸질 전망이 보이자 수입 지지의 입장을 보였다. 외무성은 초기부터 미국과의 불균형 무역과 쌍무적인 안보 관계를 고려하여 미국의 이익을 만족시키는 방편으로 외국 항공사와의 공동 생산을 지지했다. 산업계는 전후 계속해서 방위 장비의 국산화를 이루기 위해 압력을 가하고 있었으며 이는 미국과의 공동 개발 계획이 진행되고 있던 와중에도 계속되었다. 산업계, 통산성, 방위청의 국산화 주장에 대해 외무성이 가장 회의적이었다. 이런 측면에서 보면 FS-X의 국내 개발에 대해 일본 내의 모든 조직의 의사가 일치되었던 것은 아니었으며, 국내 개발에 대한 반대 의견과 국내 개발을 위한 산업계의 능력에 회의도 있었던 것이다.

미국의 방위산업체인 맥도널 더글러스사와 제너럴 다이내믹사가 이런 일본의 국내 개발 계획에 대한 우려를 미 행정부에 최초로 전달하였으며, 이에 따라 국무성과 국방성이 일본과의 협의에 착수했다. 초기의 협의에는 일본 방위청과 미 국무성, 국방성, 그리고 일본의 산업계와 미국 방산업계 간의 협의가 시작되었다. 그러나 협의 과정에서 작업량과 기술이전 등의 조건에 대한 합의의 어려움으로 협상은 교착 상태에 빠졌다. 이런 교착 상태는 다케시타 총리가 사의를 앞두고 '정치적 결단'을 내리는 것으로 타개가 가능했다. 1990년 2월 미쓰비시중공업과 제너럴 다이내믹사가 기술이전 협정을 발표함으로써 최종적으로 FS-X 사업은 공동 사업으로 결정되었다. 초기 협상 단계에서 국무성과 국방성은 외교·안보적인 차원에서 이 문제에 접근함으로써 FS-X가 가진 경제적·기술적 의미를 파악하지 못했다. 즉 국무성과 국방성은 자신들의 정책 목표를 안보에 둠으로써 FS-X의 경제적 측면을 제대로 파악하지 못했으며, 이에 경제적 측면에 정책 목표를 둔 의회와 상무성, 여론의 반발을 초래했던 것이다. 이의 결과 미 의회와 여론은 협상의 재조정을 요구하게 되었으며, 1989년 4월 재조정에 대한 합의가 성립되었다. 이런 미국 측의 태도에 대해 자민당 정조회의 방위위원회와 통산성, 방위청, 재계에서는 다시금 독자 개발을 주장하는 등 반대 의견을 나타내었다. 그럼에도 불구하고 이런 주장은 받아들여지지 않았다.

제7장

탈냉전기 일본의 방위산업

이 장에서는 탈냉전 이후 일본의 방위산업이 지향하는 방향을 미국 군수산업체와의 협력을 통한 새로운 시장으로의 진출이라는 측면에서 살펴본다.[1] 이 장에서 구체적으로 살펴볼 내용은 다음과 같다.

첫째, 탈냉전과 함께 나타난 군수산업의 환경 변화를 일본과 미국을 중심으로 살펴본다. 여기서 미국 군수산업의 환경 변화를 살펴보는 이유는 변화된 환경에 적응하기 위한 미국 군수산업체의 노력이 시장 확장으로 규모의 경제를 실현하고자 했던 일본 방위산업체의 노력과 이해관계가 일치했기 때문에 양국 방위산업의 협력이 가능했다고 보기 때문이다. 이어서

• 이 장은 2010년 『국방연구』 제53권 제2호에 실린 필자의 논문 "탈냉전기 미국과 일본의 방위산업 협력"을 대폭 수정 보완한 것이다.

1_이 장에서 일본 방위산업정책을 둘러싼 일본 국내의 논의 과정은 다루지 않는다. 왜냐하면 미·일 간 방산 부문 협력에서 일본 내 주요 행위자들 간의 갈등은 거의 나타나지 않았기 때문이다.

양국 방산업계의 이해관계가 일치함에도 불구하고 왜 그동안 양국 방위산업의 협력이 제대로 진전되지 않았는지를 검토함으로써 미일기술포럼이 출범하게 된 배경에 대해 살펴본다.

둘째, 미일기술포럼에서 논의된 주요 내용은 무엇인가에 대한 분석이다. 이에 대한 해답은 미·일 방산업계의 의도가 실질적인 차원에서 어떤 양태로 구체화되어 나타나고 있는지를 밝혀 주게 될 것이다. 이를 위해 미일기술포럼이 시작된 이후 주요 의제로 대두된 민·군 겸용 기술의 강조, 환경 사업으로의 영역 확장, BMD 논의에서 나타난 양국 방산업계의 협력, 주일 미군의 재편에 따른 비군사적인 사업 부문에의 참여, 그리고 '전략적 병참'(Strategic Logistics)이라는 다섯 가지 주제를 중심으로 살펴보게 될 것이다.

셋째, 미일기술포럼에서의 논의가 초기와 후기 사이에 어떤 차이점이 드러나며 이런 차이점은 왜 나타나는지에 대해 살펴본다.

1. 탈냉전과 군수산업의 환경 변화

냉전체제가 해체되면서 전 세계적 규모에서 전개되었던 미소 간 대립은 종식되었다. 냉전체제의 해체라는 국제 질서의 구조적 변화는 군사적으로는 미국의 패권주의, 경제적으로는 다원적인 양상을 보이면서 나타났다. 또한 냉전 시기에 비해 안보보다는 경제가 상대적으로 중요시됨으로써 각국에서 경제가 매우 중요한 과제로 대두되었다. 이의 결과 과거 안보에 투입되었던 자원은 경제로 전환되었으며, 이는 결과적으로 전 세계적인 대규모의 군비 삭감으로 나타났다. 이러한 군비 삭감은 제2차 세계대전 이후 나타났던 군비 삭감 가운데 가장 대규모였다. 제2차 세계대전 이후 1980년대 중반 정점에 달했던 세계의 군사력은, 1996년 들어서는 군비 측면에서는 거의 절반, 무기와 군 인력의 측면에서는 25% 이상이 감소하는 양상을 보였다. 당연한 결과로서 무기 생산 부문의 고용 또한 1996년 들어서는 1987년에 비해 거의 90% 가까이 감소하는 충격적인 모습으로 나타났다 (Bonn International Center for Conversion 1998, 289-307).

1. 미국 군수산업의 환경 변화

탈냉전 들어 나타난 이런 군비 삭감은 각국에 많은 문제점을 안겨 주었으며, 이는 냉전 시기 방대한 군사력을 보유하고 있었던 미국에서도 마찬가지로 나타났다. 냉전 시기 미국 군수산업은 국가 안보 요구에 맞추어 의도적으로 유지된 결과 과도한 공급 능력을 유지하고 있었으므로 구소련의 해체와 함께 이런 과도한 설비는 합리화될 필요가 있었다. 즉 냉전 시기에 유지되어 왔던 군수산업토대는 탈냉전 시기의 안보 환경과는 부합되지 않는 측면이 있었던 것이다. 이에 클린턴 행정부는 비대화된 군수산업의 문제점 해결에 착수하면서 대규모의 전환 프로그램을 실시하게 된다. 이의 주 내용은 군 인력의 전환, 군수 의존적 기업의 민수 중심 기업으로의 전환과 고용 인원의 재배치, 그리고 기지 폐쇄에 따른 여러 가지 문제점의 해결 등이었다.[2]

탈냉전 이후의 이런 군비 삭감으로 미국의 군수산업체들이 위기에 직면한 것은 당연한 것이었다. 더군다나 이런 군사비의 감축이 내용적 측면에서 전반적으로 균형을 맞추어 삭감되는 것이 아니라, 무기 획득 예산의 감축에 훨씬 두드러져 나타나고 있다는 점(Markusen and Costigen 1999, 9)에서 군수에 특화된 기업이 갖는 위기감은 심각한 것이었다. 즉 군사비의 삭감이 정부 부문의 민간인이나 군인보다는 민간 산업 분야에 더 큰 영향을 미치고 있었으며, 이는 결과적으로 민간 산업 분야의 극심한 인력 감축으로 나타났던 것이다.[3] 레이건 행정부 당시의 정점 시기에 비해 1993년까지 방위 예산 지출은 30%(약 1,000억 달러) 삭감된 데 비해, 무기 구입 예산은 50%가 삭감되었다는 데서 이런 사실을 알 수 있다.[4] 특히 1998년의 군사비 지출은 GDP 대비 3%로서 제2차 세계대전 이후 최저 수준을 나타내고 있었다. 결국 군인들은 유사시를 대비하여 보존되고 있는 반면 군수산업체 인력은 계속 일자리를 잃고 있는 상황이었던 것이다.

이런 사태에 직면하여 미국 행정부와 군수산업계는 군비 삭감이 가져올 충격을 최소화하면서도 군수 부문에서의 산업토대와 기술 토대를 유지하기 위한 여러 가지 방안들을 모색하게 되었다. 구체적으로 고려되었던 것은 민수와 군수 겸용 기술의 개발, 발달된 민수 기술의 군수 기술로의 전

2_이 시기에 나타났던 전환(conversion) 프로그램은 총 경비 약 165억 달러에 달하는 방대한 것으로서 국가 차원에서는 산업의 재배치, 실업 문제의 해결 등과 관련된 것이었다. 이에 대한 자세한 내용은 김진기(2003)를 참고하라. 그리고 '전환'과 관련해서는 김진기(2004b); Sandler and Hartley(1995, 284-302)를 참고하라.

3_예를 들어 1987년 무기 구입 예산이 정점에 달한 이후로 방위 관련 기업에서 총 130만 명에 달하는 대규모 해고가 이뤄졌으며, 맥도널 더글러스 1개 회사에서만 18개월 만에 1만 명이 일자리를 잃은 것으로 나타나고 있다(Gansler 1995, 6).

4_냉전 이후 미국의 군사비가 절정에 달했던 시기를 살펴보면, 한국전 시기의 12%를 정점으로 그 이후 방위 지출은 GDP의 6%로, 그리고 베트남전에서는 8.5%에서 그 이후 5%로, 그리고 레이건 행정부 시기에는 약 6.5%에서 그 이후 3% 정도로 나타나고 있다.

환, 해외 기업과의 공동 개발 등이었으며, 이의 결과 안보 면에서의 동맹국인 동시에 민수 부문의 많은 분야에서 선진 기술을 갖고 있었던 일본과의 공동 개발, 기술협력 등을 모색하게 되었다. 더구나 군수에 특화된 미국 군수산업체와는 달리, 일본의 방산업계들은 민수 부문에 적용 가능한 기술뿐 아니라 생산, 판매 등 민수의 모든 부문에서 미국 군수산업체에 비해 상대적으로 풍부한 경험과 노하우를 가지고 있었던 것이다.

2. 일본 방위산업이 처한 문제점

이 책의 앞부분에서 살펴본 바와 같이 일본의 방위산업은 한국전쟁에 소요되는 군수 지원 장비에 대한 미국의 주문으로 시작되었다. 그러나 제한된 자원으로 방위력을 증강시키는 것이 바람직하지 않다는 당시 요시다의 경제 우선주의와, 방위산업에 부정적 시각을 견지하고 있었던 대장성의 반대, 그리고 방위산업에 부정적인 여론 등으로 일본의 방위산업은 여러 가지 제약에 묶이게 되었다. GNP 대비 1% 상한, 무기 수출 금지, 비핵 3원칙 등 일본의 방위산업을 둘러싼 여러 가지 제약 요소들은 이의 결과였다. 일본의 정책 담당자들 또한 안보를 중심으로 한 방위생산보다는 방위생산이 미칠 경제적, 기술적 영향에 더 중점을 둠으로써, 방위산업정책을 일반적인 산업정책의 일환으로 간주했다.[5] 따라서 방위 물자 생산이 미국

5_물론 이와 같은 일본의 태도가 안보적 측면에서 자주적 무기 생산능력을 발전시키는 데 관심이 없었음을 의미하는 것은 아니다. 앞에서 살펴본 바와 같이 1960년대 이후 일본은 해외 공급자들에 대한 의존에서 탈피하기 위해 대부분 장비의 국내 제조를 위해 노력했으며, 따

과는 다르게 방위청이 아닌 통산성의 감독하에 놓이게 되었던 것이다. 예를 들어 〈항공기제조법〉 〈무기및포탄제조법〉 같은 법은 "사기업들이 위치 선정, 소유권, 사용된 기술의 형태, 투자 등 많은 것들에 대한 세세한 정보들을 통산성에 제공할 것"(Kataoka and Myers 1989, 68)을 요구하고 있다. 통산성의 항공장비국은 탄약과 무기뿐 아니라 모든 항공기와 부품의 생산에 대한 실질적인 감독권을 부여받았다.

방위산업을 안보적 측면이 아닌 경제적 측면에서 파악하는 이런 사고를 재계도 더 말할 나위 없이 갖고 있었다. 특히 개별 기업 수준에서 일본의 기업인들은 방위산업을 기업의 일반적인 경제활동을 향상시키기 위한 하나의 수단으로 간주했다. 방위산업에 대한 재계의 이런 시각은 경단련에 설치된 방위생산위원회가 "미국과의 제휴하에 극동 지역 방위생산 강화와 동남아시아 경제 부흥에 일본의 공업력, 기술 등으로 협력"(経済団体連合会 1978, 59)하기 위한 목적으로 설치된 데에서 이미 알 수 있었다. 즉 패전 직후 폐허 상태의 일본 경제에서 한국전으로 나타났던 군수산업 특수는 일본 기업들에게 매우 매력 있는 것이었지만, 경제적 측면에서 다른 산업과 특별한 차이가 있는 것은 아니었다. 따라서 일본 경제가 회복되어 조선산업 등 다른 산업 분야가 외화 획득에 있어서 각광을 받음과 함께 병기에 대한 관심은 저하되었다. 더군다나 통산성은 항상 타 산업과의 균형을 병기산업에 대한 관할권 주장의 근거로 내세우고 있었으나, 타 산업 배려의 입장에서 행정의 중점이 1955년 이후 석유화학공업 육성으로 이행하자 통산성에 있어서 병기산업은 이들 중점 정책의 그늘에 가리는 존재가 되었다.

라서 '국산화'가 일본의 방위 조달 토론에서 가장 중요한 요소 중의 하나가 되었다.

산업 부문에서 나타나는 정부의 상대적 무관심 못지않게 국민들이 갖고 있는 방위 문제에 대한 거부감 또한 강한 편이다. 이 때문에 일본의 기업은 갖고 있는 기술이 비군사적 기술일지라도 방위 기업과의 상담으로 국내에서 군사 부문과 관련이 있는 기업으로 평가받는 것을 두려워한다. 즉 정부 정책의 상대적 무관심, 병기산업에 대한 국민들의 부정적 시각 등으로 방위산업은 일부 대기업을 제외하고는 기업들로부터 외면당하고 있었던 것이다. 방위산업에 대한 기업들의 이런 시각은 일본의 공식적인 무기 수출 금지 선언으로 더욱 악화되었다. 무기 수출을 금지당함으로써 일본의 방산업계들은 병기의 개발, 생산과 판매를 위한 규모의 경제를 이루기 어려웠고, 이의 결과 일본의 방위산업체는 일본 국내에서 방위산업을 발전, 확장시키는 데 어려움을 겪어 왔다. 결국 부족한 정부 조달 자금과 예산, 한정된 연구·개발 투자, 충분한 생산량과 이윤이 보장되지 않는 적정 규모 이하의 경제, 방위산업에 대한 부정적 인식 등이 일본의 방위산업계가 갖고 있었던 어려움이라 할 수 있을 것이다.

이와 같이 일본의 방위산업은 미국과는 다른 환경에 있었기 때문에, 무기 획득에 대한 일본의 접근법은 몇 가지 특징을 갖고 나타났다. 우선 첨단 군사적 성능, 군수에 특화된 성능을 강조하는 미국의 무기 획득과는 다르다. 새뮤얼스가 지적하듯이 일본의 방위산업토대가 가진 군사적 역할과 사명은 다른 고려 요인들에 비해 부차적이다. 일본에서의 방위생산은 새로운 생산물에 대한 안정된 시장이라는 측면과, 연구·개발 자금을 마련하는 수단으로, 그리고 첨단 기술과 역량을 개발하는 수단으로 기능하는 것이다 (Samuels 1994, 170-171). 새뮤얼스 이외에도 일본의 방위산업 발전 전략이 미국의 군수 특화 발전 전략과는 다른 민·군 겸용 기술 발전 전략에 기초하고 있다는 점을 많은 연구들은 지적하고 있다.[6] 일본의 방위산업체는 방위에 특화된 업체가 거의 없다. 즉 민수생산과 군수생산이 모두 가능한 체제를 갖추고 있는 것이다. 이는 기업 차원에서는 건전한 매출 구조를 갖는다는 장점이 있지만, 정부 차원에서는 수리·유지·보수 비용이 많이 든다는 단점을 내포하고 있다.

일본의 방위산업에서 나타나는 또 다른 특징으로는 물량이 제한되어 있어 규모의 경제를 이루기 어렵기 때문에, 기업들이 지속적 수입을 확보하기 위해 정부로부터의 장기 계약에 초점을 맞추었다는 점을 들 수 있다 (U.S. Congress 1995, 22). 이런 어려움 때문에 산업계는 정부가 자금을 지원하는 방위 관련 연구·개발의 예산 증가와 군사 장비의 국내 부품 비율을 높이는 데 힘을 기울였다. 그리고 이에 따른 정부 지원으로 일본 방위생산의 국산화 과정은 이후 20년에 걸쳐 신속히 진행되어, 4차방 들어서는 일부 첨단 품목을 제외한 거의 모든 품목에 대한 국산화가 이뤄졌던 것이다.[7]

이상에서 살펴본 바와 같이 탈냉전 들어 미국과 일본의 방위산업계가 갖고 있는 어려움은, 미국의 경우 군수 특화 발전 전략이라는 냉전적 유산으로, 그리고 일본의 경우 헌법상의 제약, 무기 수출의 금지, 방위산업에 대한 부정적 여론 등과 같은 구조적 한계로 인해 나타나고 있었다. 즉 미국

6_새뮤얼스의 경우 문화적 측면에서 메이지유신 이래 형성되고 구축되어 왔던 일본의 기술 민족주의에 초점을 맞춘 것이라면, 다른 논자들은 구소련이나 전후 미국의 군수산업정책에서 나타났던 군수 특화 기술 발전 전략과는 다른 민·군 겸용 기술 발전 전략에 대한 일본 정부의 역할에 초점을 맞춰서 분석하고 있다. 이에 대해서는 Samuels(1994, 14-32); 김진기(2003, 106-108); 민성기(1996, 133-138)를 참고.

7_앞 장에서 살펴본 바와 같이 일본 자위대 장비의 국산화율은 제3차 방위력정비계획이 종료되던 1970년대 초에 이미 90%를 상회하고 있었다. 특히 높은 기술이 요구되는 함정의 경우 99%의 국산화율를 보이고 있으며, 심지어는 항공기의 경우에도 89%의 국산화율을 보이고 있다. 이에 대해서는 이 책의 3장, 그리고 Drifte(1986)를 참고.

의 경우 삭감된 방위 예산, 군수에 특화된 산업구조 등으로 탈냉전의 환경에서 또 다른 생존 전략을 모색하지 않을 수 없었으며, 일본의 경우 방위생산이 일본 시장만을 대상으로 한 것이기 때문에 전체 정부 예산에서 점하는 비중이 적을 뿐만 아니라 수주액 또한 적어 규모의 경제를 실현할 수 없다는 한계를 갖고 있었던 것이다. 이의 결과 탈냉전 이후 연구·개발비의 대폭 삭감에 직면한 미국의 방위산업은 일본 기업이 갖고 있는 민생 기술에 눈을 돌리게 되었던 것이며, 일본의 방위산업계 또한 미국 방위산업계와의 협력으로 규모의 경제를 모색하게 되었던 것이다. 그러나 이와 같은 양국 방산업계들의 사정과는 달리, 양국의 방위산업 간 협력은 제대로 진전되지 않았다.

3. 양국 방산 협력의 장애 요인과 미일기술포럼의 출범

미국과 일본은 탈냉전 이전부터 양국 방위산업 협력에 대한 정부 수준의 협의를 가져왔다. 즉 양국 안보 문제에 관한 주요 협의의 일환으로 '미일장비기술정기협의'(S&TF, US/Japan Systems and Technology Forum)[8]가 설치되어 있었다. 그러나 이와 같은 정부 수준의 협의에도 불구하고 양국 방위산업의 협력은 거의 진전되지 않았다. 그 주된 이유로는 첫째, 미국은 국

8_이것은 방위청 사무차관과 미 국방차관(연구기술 담당)의 협의로 설치되었으며, 주요 참가자로 일본은 방위성 경리장비국장과 육막의 장비부장, 해막의 기술부장, 공막의 기술부장, 기술본부 기획부장 등, 미국은 국방성 국제협력국장과 육해공군 관계자, 미국 대사관 대표 등으로 구성되었고, 1980년 9월 최초의 모임을 가진 이후 2006년 9월까지 25회에 걸쳐 개최되었다(朝雲新聞社編集局 2009, 475).

방성이 광범위한 분야에 걸쳐 국립연구소를 운영하고 있는 데 반해 일본 방위청의 경우 기술연구본부를 제외하고는 방위산업에 대한 직접적인 기술 연구의 기반을 갖고 있지 않았다는 점이다. 따라서 정부 수준, 구체적으로 방위청 기술연구본부가 가진 방산 기술 중 미국이 관심을 가질만한 군수 기술은 거의 없었다.

둘째, 첫 번째의 연장선상에서 미국이 관심을 가진 일본의 많은 기술을 민간 기업들이 갖고 있었으므로 양국의 방위산업 간 협력은 제대로 진전되지 않았다. 뿐만 아니라 당시 일본 기업들이 가지고 있는 기술들이 군수에 특화된 기술이 아니라 민수에서 개발되어 군수로 이전된 범용 기술들이기 때문에,[9] 안보상의 이유로 이런 기술의 이전을 강제하기에는 한계가 있었다는 점을 들 수 있다. 즉 미국이 관심을 갖는 일본의 기술은 산업용에서 출발하여 군수용으로 확장된 범용 기술이었을 뿐 아니라 기술에 대한 소유권 또한 모두 민간 기업이 갖고 있기 때문에 방위청이 이들 기술의 이전을 강제하기 어려웠다. 정부 간 기술이전 또한, 미·일 간 합의를 실시하는 방법으로는 현실적으로 그다지 큰 의미가 없었다. 예를 들어 1983년 1월 일본 정부는 무기 수출 3원칙의 예외 조치로서 이미 〈대미무기기술제공협정〉을 체결했으며, 같은 해 11월의 미·일 교환공문(November 1983 Exchange of Notes, Japan-U.S)[10]에서 일본으로부터 미국으로의 군사기술 이전을 규정하여 일본의 방위 관련 기술을 미국으로 이전할 것을 촉진했음에도 불구하고, 실질적인 기술이전은 제대로 진전되지 않았던 것이다.

이런 정부 수준의 미·일 간 방위산업 협력 방안에도 불구하고 일본의

9_이에 대해서는 이 책의 제3장을 참고.

10_이의 구체적 내용에 대해서는 朝雲新聞社編集局(2009), 특히 pp. 842-844 참고.

경우 민간 기업에 대한 정부의 통제와 지시가 제대로 관철되고 있지 않았기 때문에, 정부 간 협의의 실무적 구체화를 위한 방안으로 방위산업체가 중심이 된 미일기술포럼이 등장하게 되었던 것이다. 기존에 존재했던 방위산업 협의의 장이 정부 주도로 이뤄지는 데 반해, '미일기술포럼'은 민간 주도의 성격이 강했다. 물론 구성원 중에 직간접적으로 양국 정부의 안보 관계자가 다수 포함되어 있다는 점에서 완전한 민간 주도라기보다는 반관반민의 성격이 강하다고 할 수 있다.[11] 그러나 여기서 중요한 점은 양국 정부간에 이뤄진 협의를 구체적으로 산업계 차원에서 어떻게 대응해 나갈 것인가에 초점을 맞추어 미일기술포럼이 출범했다는 점이라고 할 수 있을 것이다.

11_이는 이 모임의 창설에 주도적 역할을 한 제임스 아워(James Auer, 밴더빌트대학 공공정책연구소 일본연구센터 소장, 전 미 국방성 일본부장)가 "우리 센터는 미 국방성의 민간 싱크탱크로서 미·일 기술 교류 문제를 담당하고 있다"(『日本經濟新聞』 2007/11/23)고 한 언급에서도 알 수 있다. 한편 1990년 제1회 포럼부터 2009년도 제20회 포럼까지 이 포럼에 참가한 인사들의 면면을 보면, 미국과 일본의 주요 군수산업체, 업계 단체, 국방성, 방위성(구 방위청), 경제산업성(구 통산성) 등의 관계자들이 망라되어 나타난다. 경제산업성, 방위성, 미 국방성 등의 관계자 외에 2009년까지 이 포럼에 정기적으로 참가한 업체나 단체를 보면, 일본 측에서는 후지중공업, IHI, 가와사키중공업, 미쓰비시중공업, 샤프, 일본방위장비공업회 등이 있으며, 미국 측에서는 보잉, BAE Systems, Raytheon, 록히드 등으로 양국의 주요한 방산업계가 모두 포함되어 있다.

2. 미일기술포럼과 일본의 방위산업

미일기술포럼이 개최된 이후로 논의된 내용은 〈표 7.1〉에 나타나 있다. 우선 초창기 포럼[12]에서 양측이 제기했던 내용은 다음과 같다: 첫째, 일본의 기업들은 일본으로부터 미국으로의 군사기술 이전을 인정한 1983년의 교환 문서(EON: Exchange of Notes)를 잘 인식하고 있지 못하다. 둘째, 미국과 일본의 방산업계들이 상호 투자의 좋은 기회를 포착하는 데 방해가 되는 장벽이 있다. 셋째, 군수 부문에서 '바이 아메리칸'(buy American) 정책 때문에 일본 기업이 미국에서 기회를 얻는 것이 제한되고 있다. 넷째, 복잡하고도 성가신 수출 통제 규정은 기술이전 및 상호 호혜적인 기술협력을 억제하고 있다. 다섯째, 정치적·조직적 문화의 차이는 법적 장애가 없음에도 공동의 노력을 저해하고 있다(日米技術フォーラム事務局 2007, 2).

이런 인식에 기초하여 이후 매년 논의되었던 내용은 항목별로 다양하게 나타나고 있지만, 큰 틀에서는 민·군 겸용 기술의 개발과 발굴, 양국의 방위정책에 따라 방산업계에서 취해야 할 조치, 기술뿐 아니라 시스템·물류 등에서 민수 부문의 역량과 군수 부문의 역량을 통합 운용할 수 있는 가능성 등으로 나타나고 있다. 한편 군수 부문에 관한 일본에서의 제약성이나 기본적인 문제점이 여전히 해결되지 않고 있다는 미국 측의 불만에 대해 일본 측은 여러 가지 조치들을 취하고 있다. 즉 1983년의 교환 문서에

12_제1회 미일기술포럼은 1990년 5월 밴더빌트대학 공공정책연구소 미일연구센터의 주최로 개최되어, 미국과 일본의 기업인 17명의 원탁회의 형태로 실시되었다. 첫 번째 포럼에서 논의의 중심이 되었던 것은 미·일 간 기술이전으로, 세부적인 항목으로는 기술이전의 현황, 기술협력 활동, 일·미 방위 투자 환경, 투자에 대한 관심과 제약 사항, 미·일 교류의 활성화 등이었다(淺川大作 1994, 41).

서 일본의 군사기술을 미국에 이전이 가능하도록 한 이후, 범용 기술(DUT, Dual Use Technology)의 수출은 기본적으로 가능하도록 했던 것이다.

이후에도 일본 정부는 1996년 4월 〈미·일 물자 및 서비스의 상호 제공 협정〉, 1999년 8월 〈BMD 관련 미·일 공동 기술 개발 협정〉, 2005년 〈BMD 방어용 요격미사일의 미·일 공동 개발 협정〉 체결 등으로 미국에 적극 협력하는 자세를 견지하고 있다. 또한 미국의 기술이 일본에 제공되었을 경우, 이의 보호 및 보안 조치와 관련하여 2007년 8월에는 〈군사 정보 포괄 보호 협정〉(GSOMIA, General Security of Military Information Agreement)을 맺어 미국과 기밀 정보 공유가 가능하도록 했다. 그리고 2008년의 〈우주기본법〉에서는 '평화 목적'에 대한 해석을 '비군사'에서 '비공격'으로 바꿈으로써, 우주 이용을 방위 분야로 확대할 수 있는 길을 열어놓았다. 또한 탄도미사일의 공동 개발과 생산에 대한 특례를 인정했을 뿐 아니라 그 외의 공동 방위 사업에 관해서도 특례 조치를 마련했던 것이다.

이상에서 살펴본 일련의 협정과 정부 차원의 구체적 조치들은 양국이 정부 수준에서의 상호 협력이 필요하다는 것에 이미 합의했음을 나타내며, 그 구체적인 행동으로 양국 방산업계 간 협의와 협력이 이뤄지고 있는 것이다. 이런 법률적, 제도적 검토·수정과 함께 매년의 포럼에서 일관되게 제기되었던 주요한 안건은 민·군 겸용 기술에 대한 강조, 미·일 방산업계의 협력하의 환경산업, BMD 시스템 등으로의 사업 영역 확장, 그리고 일본 민간 기업의 물류 체계를 군수 부문에 활용하기 위한 조치로서 '전략적 병참'을 들 수 있다.

1. 민·군 겸용 기술에 대한 강조

미국의 민수 기술에 대한 관심은, 1980년대 들어서 전자 통신, 컴퓨터 자동화 및 신재료 등의 분야에서 국제시장에서의 격심한 경쟁으로 민수품의 성능과 품질이 군수 장비 못지않게 급속히 향상되는 추세에 따른 것이었다. 즉 1970년대까지 미국의 기술혁신은 대부분 군에서 선도되어 민수 분야로 이전, 파급되는 'Spin-off' 과정을 거쳤으나, 이후 세계시장의 급속한 국제화로 민수 제품들의 경쟁이 격화됨으로써 보다 많은 첨단 기술이 민수 분야에서 개발되어 군수 분야로 역류하는 'Spin-on' 현상을 보였던 것이다.

이의 주된 이유로는 첫째, 민수 시장에서 요구하는 제품의 성능 조건이 군수 시장의 성능 조건을 능가함으로써 민수품의 성능이 향상되었을 뿐 아니라, 둘째, 신기술 개발 비용을 정부의 안정된 구매정책이 아니라 소비재의 대량 판매를 통해 조달할 수 있게 되었으며, 셋째, 민수 상품의 생산 주기가 군수품보다 짧아 군수품보다 훨씬 더 시장에 유연하게 반응해야 했기 때문이었다(Samuels 1994, 28). 자크 갠슬러(Jacques S. Gansler)는 상업용 컴퓨터, 통신 장치, 디스플레이와 감지 시스템이 두 배에서 열 배가량 싸고, 다섯 배나 빨리 구할 수 있으며, 보다 믿을 수 있고, 기술적으로 1~3년 정도 앞서고 있어 험한 환경에서도 잘 견딜 수 있다고 언급하고 있다(Gansler 1988, 70).

이런 측면에서 국방 예산의 한계에 직면한 미국의 군수산업계가 일본의 민수 기술에 관심을 갖는 것은 당연했다. 이는 1990년 제1회 포럼이 열린 이후부터 민·군 겸용 기술에 대한 주제가 항상 논의되고 있다는 점에서도 드러나고 있다.[13] 포럼에서는 민·군 겸용 기술에 대한 강조가 두 가지 측면에서 나타난다. 첫 번째는 포럼 초기 미국 측의 의도를 반영한 것으로서 탈냉전 이후의 방위 예산 삭감에 대응하는 방안의 하나로, 발달된 민수 기술의 군수 적용 또는 군수 기술의 민수 적용 가능성을 모색하여 비용 절감과 함께 새로운 시장을 개척하는 것이다. 두 번째 측면은 주로 일본에서 제기된 것으로서, 민·군 겸용 기술을 통한 방위 역량 강화가 방위력 증강에 부정적인 일본의 국내 여론을 희석시킬 수 있을 뿐 아니라 여론의 직접적인 주목을 덜 받게 된다는 것이다.

일본의 발달된 민수 기술을 군수 기술에 접목시키고자 하는 노력은 탈냉전 이후 비대화된 군수산업의 재편에 착수했던 미국의 군수산업계에 충분히 매력적인 방안이었다고 할 수 있을 것이다.[14] 이에 미일기술포럼에서는 일본의 민수 기술 가운데 군수 적용이 가능한 기술이 무엇인지, 그리고 군수 기술 가운데 민수로의 활용이 가능한 기술이 무엇인지에 대한 구체적 검토가 거의 매년의 포럼에서 행해지게 된다. 즉 범용 기술에 해당하는 구체적 기술에 대한 검토에 착수하여, 해마다 이를 목록화해 어떻게 접근할 것인지가 논의되었다. 대표적인 예로서 1999년의 제10회 포럼에서는 미국 보잉사의 항공기인 C-17의 개량, F-15 레이더의 민생 이용 가능성, B-767

13_사실 일본의 민수 기술에 대한 미국 측의 관심은 이미 1980년대부터 있었다. 즉 미국의 방위과학위원회는 1984년에 이미 일본이 인공지능, 세라믹 등 16개 기술 분야에서 미국의 군사기술을 훨씬 앞지르고 있다고 평가하면서 일본이 발달된 민수 기술을 토대로 군수 기술에서도 상당한 성과를 보이고 있다고 언급했던 것이다. 이에 대해서는 米國防省·國防科學委員會(1984)를 참고. 뿐만 아니라 FS-X의 공동 개발 프로젝트에서도 미국의 방산업계는 일본의 민간 기업체가 보유한 기술의 군수 전용 가능성을 적극 요구했던 것이다.

14_탈냉전 이후 미국 군수산업의 재편에 대해서는 Pages(1999); Stowsky(1999); Oden(1999); Bonn International Center for Conversion(1998); Buzzanco(1999); 김진기(2003)를 참고하라.

을 AWACS(Airbone Warning and Control System, 공중조기경보기)로 활용 가능한지 등이 논의되고 있으며 록히드마틴, 일본의 후지중공업, 미쓰비시중공업 등의 기술 가운데 범용으로 활용 가능한 기술이 무엇인지에 대한 설명과 검토도 함께 이뤄지고 있다(浅川大作 1999, 18-25).

한정된 예산하에서 민·군 겸용 기술 개발을 통하여 활로를 모색하고자 하는 방산업계의 노력은 이후에도 계속 나타나고 있다. 즉 2006년의 제17회 포럼에서는 "미·일 모두 예산 억제가 계속되는 현실에서 범용 기술(DUT)의 활용에 대해 토의가 행해졌다"고 하여 국방비가 억제되고 있는 현실에 대한 대응책으로 범용 기술 개발에 계속 초점을 맞추고 있음이 나타났다. 일본 측 참가자 또한 "방위청이 예산 부족을 보충하는 하나의 방법은 기술원을 방위청 내의 연구나 민간 방산 부문 이외의 다른 곳에서 구하는 기술 출처의 다양화에 있으며, 방위청은 겸용 기술의 도입을 촉진시키기 위해 방위산업, 대학 연구 그룹 및 정부 연구 조직 사이의 연대를 희망하고 있다"는 점을 들고 있다(日米技術フォーラム事務局 2006, 6-7). 실제로 방위성이 펴낸『헤이세이 19년판 일본의 방위 백서』에서는 '민생 분야와의 관계 강화'로서 다음과 같이 언급하고 있다.

> 방위성 기술연구본부에서는 민간 부문의 뛰어난 기술을 조사해 도입, 추진하는 노력을 하고 있으며, 이 일환으로 올해부터 기초(요소) 기술 연구에 관한 데이터를 선정, 기업뿐 아니라 대학이나 독립 행정법인 등의 연구 기관에 대해서도 폭넓게 공모하는 조사 연구 사업을 새롭게 도입한다. 이런 사업을 활용함으로써 이제까지 방위성과 직접 관련이 없었던 대학, 독립 행정법인 등의 연구 기관이나 방위산업 이외의 기업으로부터도 뛰어난 기술을 폭넓게 도입함을 지향하고 있다(防衛省 2008, 354).

즉 군수 적용 가능성이 있는 기술 발굴뿐 아니라 조사 연구 차원에서도 민간 부문의 모든 연구 기관을 포함한 사회 전 분야의 연구 기관을 동원하겠다는 것이다. 제17회 포럼에서는 겸용 기술과는 조금 다른 의미의 '다중 적용'(multi application)이란 개념도 등장하고 있다. 즉 17회 포럼에서 일본 기업 참가자는 기업·국방성·방위청 및 그 외의 수요자가 그 제품이 민·군의 양쪽에서 많이 사용될 수 있는 '다중 적용'의 관점에서 제품과 기술을 보아야 한다고 주장하고 있다.

'다중 적용'이란 방위청과 국방성 등 수요자가 기업과 함께 민·군 공통의 기술이나 제품을 개발하고, 그것을 민·군 양 방면에서 많이 사용하게 만드는 방법이라고 설명하고 있다. 즉 민수용 제품은 일반적으로 군수용보다 제품의 수명이 짧거나 민수와 군수의 사양이 다를 수 있기 때문에, 겸용(dual use) 대신 '다중 적용'의 관점에서 접근해야 한다는 것이다. 나아가 다중 적용 기술의 경우 군수와 민수 모두에 관련된 기업 및 연구 그룹에 대해서는 인센티브를 부여할 것을 주장하면서, 이럴 경우 이런 기술이 일본 기업의 중요한 수출원이 될 수 있을 것이라고 주장하고 있다(日米技術フォーラム事務局 2006, 8).

범용 기술에 대한 미·일 방산업계들의 이런 노력은 양국 방산업계 모두의 이익에 부합하는 것이라 할 수 있다. 우선 미국 방산업계로서는 장기적 관점에서 기술협력에 중점을 둔 광범위한 무기 부문 협력 전략을 구축함으로써, 연구·개발에 필요한 많은 경비를 절감할 수 있을 뿐 아니라 민수 영역으로의 사업을 확장할 수 있는 기회를 가질 수 있다. 다음으로 일본의 방산업계 또한 미국의 방산업계와 공동으로 국제 비즈니스를 창출함으로써, 일본이라는 한 국가 내에서 실현할 수 없었던 규모의 경제를 실현할 수 있을 뿐 아니라 방위력 증강에 대한 부정적인 여론도 피해 갈 수 있는 것이다. 나아가 양측 모두 민간 부문의 나은 기술을 응용할 수 있을 뿐 아니라 이 기술을 군수 부문에 적용함으로써 새로운 기회를 창출할 수 있다.

요컨대 민·군 겸용 기술·제품의 개발과 생산, 나아가 다중 적용 접근법의 채용으로 소위 처음부터 민·군 겸용으로 이용 가능한 기술·제품 개발을 추진함으로써 군사 예산 억제하에서도 효과적·효율적인 군사기술·군수품을 개발하고 생산을 진전시킴과 함께, 그것이 '일본 기업의 수출 촉진'으로 연결됨으로써 방위 역량 강화에 부정적인 여론도 희석시킬 수 있다는 것이다. 나아가 이런 정책을 취하는 것은 군수산업 관련 기업들 자체이지만, 군수산업계로부터의 제안이 국방성, 방위성에 수용될 것이라는 점도 언급하고 있다.

2007년의 제20회 포럼에서는 포럼 출범 이후 실시되어 온 민·군 겸용 기술의 개발 전략에 대해 세 가지 측면에서 평가를 내리고 있다. 첫째, 민·군 겸용 제품과 기술의 활용에 있어서 민간 기업의 기술 자산 관리는 커다란 성과를 거두고 있다는 것이다. 이 경우 군수에서 민수로의 전환(spin-off)보다는 민수에서 군수로의 전환(spin-on)에서 현저한 성과를 거두고 있다고 보았다. 군수 부문에서 민수로 전용된 대표적인 사례로서는 갈륨비소의 사용에 관한 것으로 이를 민생용 기상레이더에 적용한 것을 들고 있다(日米技術フォーラム事務局 2007, 8-9). 둘째, 국가 간 공동 기술 개발 전략에 대해서는 미국과 일본에서 우주용으로 개발한 재료의 경우가 전형적인 사례로 제시되었다. 셋째, 대학의 기술을 활용하는 경우 그 실적이 저조하여, 가장 성공한 사례라도 연간 2~300만 달러에 불과하여 아직 기대에 미치지 못한다고 언급하고 있다.[15]

2. 미·일 방산업계의 협력에 의한 사업 영역의 확장

방위산업은 최대의 수요자가 국가이므로 국가의 방위정책에 많은 영향을 받을 수밖에 없다. 따라서 미일기술포럼에서도 양국 정부의 방위정책을 실무적으로 뒷받침하면서 민수로의 영역 확장을 꾀하고자 하는 노력이 주로 나타나고 있다. 미일기술포럼에서 논의된 사업으로는 많은 것이 있으나 대표적인 것으로 환경 사업으로의 영역 확장, 일본의 BMD 참여, 주일 미군 재편에 따른 부수적인 사업으로의 영역 확장을 들 수 있다.

1) 환경 보전 사업에 대한 방산업계의 참여

환경 사업에 대한 양국 방위산업계 협력의 가능성에 대해서 1993, 94년의 포럼에서 간단한 논의가 이뤄졌으나, 1995년의 제6회 포럼에서는 구체적인 논의가 이뤄지고 있다. 미일기술포럼에서 환경 사업이 거론되게 된 이유는, 미국 방산업계 대부분이 환경 사업과 관련을 맺고 있을 뿐만 아니라 미 국방성과 에너지성의 주요 환경 정화 프로그램에 참여하고 있기 때문이었다. 이 프로그램은 냉전 시대 병기 연구와 개발, 제조 등으로 오염된 방위 시설 및 에너지 시설의 환경 정화를 목적으로 하는 것이었다. 미국 방산업계의 이와 같은 노력은 환경 부문의 기술과 경험을 미국뿐 아니라 국제적으로도 민생 부문으로 확장하여, 오염 제거 및 오염 방지에 활용하고자 하는 의도가 담긴 것이었다.[16] 예를 들어 1995년의 제6회 포럼에서는

15_日米技術フォーラム事務局(2007, 11). 민수에서 군수로 전환된 기술의 구체적인 효과에 대해, 2009년 포럼에서는 과거 수년간 민수에서 군수로의 전환이 매우 증가하여 10억 달러대에 이를 것으로 예상하고 있다.

히타치, 도시바 등 일본 업체들의 리사이클 시스템이 어떻게 전개되고 있는지, 그리고 양국의 업체들이 협력하여 미 국방성과 에너지성의 주요 환경 프로그램에 어떻게 참여할 것인지를 별도의 세션을 마련하여 논의하고 있다(淺川大作 1995, 34-37).

환경 정화 사업과는 별도로 환경적으로 안전한 설계·제조법도 미국 방산업계, 특히 항공우주산업 및 전자산업체들로부터 주목을 끌었다. 즉 일본과 미국의 항공우주산업 및 전자산업은 환경 면에서 건전한 설계·제조에 충분히 기여할 수 있는 기술과 능력을 가진 고도 기술산업이기 때문에, 환경 파괴를 방지할 수 있는 국제적 관심사에 미국과 일본의 기업들이 협동하여 참가할 수 있는 방안을 모색하고자 하고 있다(淺川大作 1997, 33).

2) BMD 공동 연구·개발을 통한 미래 유망 사업의 발굴

BMD(탄도미사일 방어)는 일본의 참여가 기정사실화되던 2003년 이후부터 매해 의제로서 등장하고 있다.[17] 일본의 BMD 참여 결정 이듬해인 2005년 5월의 제16회 포럼에서는 "미·일의 방위산업과 방위산업정책의

16_淺川大作(1995, 32). 구체적인 예로서는 마틴마리에타의 에너지 시스템, 록히드엔지니어링&서비스, 레이시온엔지니어스 등을 들고 있다.

17_일본이 BMD에 착수하기로 한 계기는 1998년 8월 북한의 대포동 시험 발사였다. 즉 일본은 시험 발사 직후인 10월 안전보장회의를 열어 'BMD에 관한 미·일 공동 기술 연구'에 대한 심의를 하여 1999년도부터 해상 배비형 시스템에 대한 미·일 공동 기술 연구를 승인하기로 결정, 그 경비로서 1999~2006년까지 약 269억 엔을 계상했던 것이다. 이후 2000년 8월 각의 결정을 거쳐 방위청과 미 국방성이 이 연구를 실시하기 위한 MOU에 서명했으며, 2004년 12월 각의의 결정을 거쳐 방위청은 미 국방성과 '탄도미사일 방위에 관한 양해 각서(MOU)'를 체결했던 것이다. 그리고 2006년 6월 BMD개발에 대한 양국 정부 간 정식 합의가 이뤄져 미·일 공동 개발이 시작되게 된다. 이에 대해서는 朝雲新聞社編集局(2009), 특히 pp. 163-166을 참고.

변화"로서 "일본 정부가 2000년 12월에 행한, BMD 공동 연구와 관련된 부품과 기술을 무기 수출 제한에서 제외한 결정은 미·일 양국에 있어서 가장 중요한 정책적 진전"이라 평가하고 있다.[18] 동시에 "BMD는 무기 수출 3원칙으로부터 제외한다는 정책이 발표되었으나, 실행 면에서는 많은 문제가 있다"고 하면서 심사 체제, 허가 기준, 외교상의 영향, 대미 무기 수출의 틀에 대한 미·일 합의, 미·일의 BMD에 관한 양해 각서(MOU) 부속 문서의 추가, 수출 가능한 구체적 조건을 모색할 것 등을 언급하고 있다(日米技術フォーラム事務局 2005, 2-3). 뒤이어 2006년의 제17회 포럼에서는 "미·일의 방위 협력은 수년간 착실히 진전되고 있다. 최근 10년간 많은 공동 연구도 실행되었으며, 특히 미사일 방위의 공동 개발 연구가 진전되었다"고 하면서 다음과 같이 언급하고 있다.

> 그동안 정책 수준의 논의에서 미·일의 역할, 임무 및 능력에 관한 논의로 나아갔으며, 이에 따라 미·일의 산업계가 공동의 해결책을 구할 때 어느 분야가 중요한지 명확히 될 것이다. (중략) 정책 논의와 임무, 역할이 결정되면 군사 협력도 진전된다. 미·일의 공동 작업은 기술, 병참, 장비 개발 면에서 더욱 실제적인 것이 될 것이다. 미국과 일본에서 실현 가능한 정책은 급속히 늘어나고 있다. 미사일 방위는 방위산업에 있어서 일회성의 중요한 동력이 되고 있기는 하지만, 더욱 광범위한 군사 협력 전략과 이에 따른 거대한 산업 협력을 위한 기회의 작은 부분에 지나지 않는다. 미사일 방위는 단기적이면서 중요한 선례가 될 것이다(日米技術フォーラム事務局 2006, 12-13).

18_BMD 공동 개발로 미국에 제공되는 무기를 어떻게 처리할 것인가에 대해, 2005년 12월 "BMD 미·일 공동 개발에 있어서 미국에 필요한 무기에 대해서는 엄격한 관리하에 공여하도록 한다"는 관방장관 담화가 발표되었다.

요컨대 BMD가 그 자체로서는 미·일 방산 협력의 작은 부분이고 일과성에 불과하지만, 미·일의 군수산업계에 있어서는 '중요한 동력'이며, 이것이 양국 산업 협력의 중요한 선례가 되어 이를 계기로 우주 사업 등과 같은 장래성 있는 사업을 더욱 발굴할 수 있다는 것이다.

3) 주일 미군 재편에 따른 민수산업으로의 영역 확장

2006년 5월 발표된 주일 미군 재편에 따른 구체적인 방안 또한 미·일 포럼에서는 주요한 의제로서 논의되고 있다. 즉 이듬해인 2006년의 제17회 포럼에서 "이번의 포럼에서는 (중략) 미·일 기지 재편에 대한 결정이 가장 중요한 것이라 생각된다"(日米技術フォーラム事務局 2006, 2)고 하고 있으며, 제18회 포럼 참가 보고에서도 "미·일 양국이 직면한 가장 중요한 정책 과제의 하나는 재편에 관한 2006년 합의의 실시다. (중략) 이번 포럼에서는 재편 프로그램의 실시에 관한 최신 정보가 제공되었다"고 언급하여 재편 프로그램에 대한 정보가 제공되었음을 시사하고 있다. 이어서 "재편 및 작전 관련해서는 이하의 분야에서 산업 협력이 전망된다"고 하면서 ① 후텐마(普天間) 대잠 시설의 조사·설계 업무, ② 괌으로의 이전에 따른 준비, ③ 미 공군의 비행 훈련, ④ 정보 공유, ⑤ 미군 해상 전력에서 SM-3(해상 배비형 요격미사일) 방비의 증강, ⑥ 해상자위대 이지스함의 SM-3 대응, ⑦ 일본의 PAC-3(지상 배비형 지대공유도탄 패트리어트) 배비의 촉진을 들고 있다(日米技術フォーラム事務局 2007, 3-4).

그러나 주일 미군 재편에 따른 미일기술포럼의 논의에서는 위에서 살펴본 군수 부문에서의 직접적 협력과는 또 다른 중요한 내용이 있었다. 즉 주일 미군의 재편으로 이뤄질 새로운 설비 분야에서는 네트워킹, 통신, 보안 등의 분야에서 높은 수준의 기술이 요구될 것이므로, 민생 부문의 발달된 기술을 토대로 한 미·일 방위산업계의 협력이 필요하다는 것이다. 나아가 재편과 관련된 거의 대부분의 조달이 상업용으로 이뤄지기 때문에, 무기 수출 3원칙과 같은 수출 관리상의 제약이나 양국의 정책에 의한 제약도 거의 받지 않을 것이라 하고 있다. 즉 이미 미군 병기에 사용되고 있음에도 불구하고 무기 수출 3원칙으로 제약을 받고 있는 품목의 경우 상업용 조달로 이런 규제를 피해 갈 수 있다는 것이다.[19] 나아가 이런 품목들을 상업용으로 조달함으로써 '무기 수출 3원칙'의 적용을 받지 않겠다는 것이었다. 이에 대해 군사 평론가인 후지이 하루오(藤井治夫)는 10년 전에 이미 일본의 '무기 수출 3원칙'이 유명무실화했다면서 다음과 같이 말하고 있다.

> 무기 수출 3원칙이 생긴 후에도 빠져나갈 구멍은 있다고 계속 지적되어 왔다. 특히 전자 제품이 문제되고 있으나 이번에 미국의 관계 단체 자료에서 그 의문이 구체적으로 나타난 것이다. (중략) 무기 자체의 정의는 '군대가 사용하는 전투용 물건'이라고 한 제한이 붙어 있음에도 전자 제품은 회색(灰色) 영역으로 남아 있다. 기기(機器) 그 자체로서 사용되고 있는 13품목의 이름이 확실히 드러난 것은 새로운 문제점이며 이 중 화기관제장치(火器管制裝置) 등은 군사적 용도 이외에는 거의 생각하기 어렵다(『每日新聞』 1991/01/28).

더 나아가 주일 미군 재편과 관련된 설비와 프로젝트는 무기를 직접 포함하지 않기 때문에 여론의 찬성을 얻기도 쉬우므로 더욱 광범위하게 미·일 산업 간 협력이 가능하다고 보고 있다(日米技術フォーラム事務局 2007, 11).

19_가장 대표적인 사례가 항공기 부품이다. FS-X 사례에서도 나타난 바와 같이 탄소섬유, 날개 등은 일본 기업들의 기술력이 미국보다 나은 것으로 나타났다. 이런 부품을 민간항공용과 군수용으로 구별한다는 것은 사실상 불가능하다.

이 문제는 '새로운 비즈니스 모델'이라는 항목에서도 다음과 같이 언급되고 있다.

> 이번의 포럼에서는 BMD 이외에 금후 미·일 협력을 추진할 가능성이 있는 분야가 새로이 지적되었다. 예를 들면, 군의 재편은 (중략) 미·일의 산업계가 협력 가능한 새로운 분야이다. 어떤 참가자는 재편이 금후 10년 이상에 걸쳐 중요한 미·일 협력 분야가 될 것이라고 지적했다. 재편에 필요한 민간 기술과 민생품의 도입에 우선 힘을 쏟으면 미·일 기업의 방위 욕구를 충족할 수 있고, 새로운 협력 관계를 구축한 위에 직면하는 법적 장애는 낮아지게 될 수밖에 없다(日米技術フォーラム事務局 2007, 31).

이상의 예들은 미·일 간 방위 협력 프로그램에 있어서 방위산업체 간의 직접적인 협력도 중요하지만, 이를 계기로 이 프로그램들과 직간접적으로 관련된 산업 영역에까지 사업을 발굴하고 영역을 확장하기 위해서도 양국 방위산업계가 협력해야 한다는 점을 논의하고 있다. 즉 탈냉전 이후 미군의 세계적 규모의 재편(transformation), 그리고 이와 관련된 주일 미군의 기지 재편에서도 양국 군수산업 간의 협력이 향후 장기에 걸친 '미·일 협력의 새로운 분야'로 인식되고 있는 것이다. 나아가 주일 미군 재편과 같은 프로그램의 경우 이에 필요한 민간 기술, 민생품을 도입함으로써 무기·병기와 관련된 분야에서 탈피하여 민수 영역으로 진출하고자 하는 노력이 나타나고 있다. 그리고 2007년의 제18회 포럼 이후에는 이런 현안들을 구체화시키기 위해 필요한 기술 또는 제품 항목들에 대한 구체적인 검토가 행해지고 있다.[20]

20_구체적으로, 2007년에는 항공기/항공 우주, 무인기(UAV), 미 해군의 원자력 안전·추진 기

3. 일본 민간 기업의 물류 시스템 활용을 통한 전략적 병참

민간 영역으로 사업을 확장하고자 하는 미국 군수 업체들의 시도는 일본 민간 업체들이 전 세계적으로 전개하고 있는 물류 시스템을 이용하려는 노력으로 나타나, '전략적 병참'이라는 형태가 된다. 즉 2005년의 포럼에서 미 국방성은 병참의 변혁, 각각의 부대에 대한 병참의 가능성, 통합 병참의 지원에 필요한 산업 능력의 조사를 목적으로 하는 미일병참포럼을 제안하면서, 이의 결과 나타나게 될 후방 지원 시스템이 양국의 산업을 발전시킬 수 있는 기회가 될 것이라 하고 있다(日米技術フォーラム事務局 2005, 7-8). 그리고 이와 같은 통합된 병참 시스템을 구축하기 위해 법률을 제정하고 규칙 및 관습을 장기간에 걸쳐 변경할 필요가 있다고 하면서, 구체적으로는 다음과 같은 네 가지를 들고 있다. 첫째, 동맹 국가들과의 병참 변혁 및 사업 시스템의 근대화에 관한 조정, 둘째, 세계적 규모의 공급 거점에 대한 물자와 역무 지원의 재편, 셋째, 방위산업의 세계적 전개를 위한 자금 제공, 넷째, 전략적 조달 필요성의 증대이다(日米技術フォーラム事務局 2005, 8-10).

요컨대 일본의 방위산업은 전 지구적으로 전개되고 있지는 않으나, 일본 각 기업들의 민생 부문은 세계적 물류 시스템을 갖추고 있으므로 범용 제품이나 범용 기술로 방위 시스템의 지원이 가능할 수 있다는 것이다. 즉

술, 선진 기술 시스템의 신속한 개발에 필요한 도구인 모델링과 시뮬레이션(Modelling and Simulation), 비냉각 적외 센서, 초전도 레이더, 의사 결정 지원 시스템, 갈륨비소 소자, 경량화 기술 등을 들고 있으며, 2008년에는 추락하지 않는 비행기(비선형 비행 제어), 적외 센서, 고출력 레이저, 모델링과 시뮬레이션(Modelling and Simulation), 소형의 휴대용 발전기 등이, 그리고 2009년에는 네트워크 시스템, 선진 항공관제 시스템, 이동형 브로드밴드 시스템, 소형 위성 시스템 등이 있다.

미군의 전 세계적 군사전략 추진과 이에 따른 미국 군수산업의 전 세계적인 전개에 일본의 민·군 겸용 제품과 물류 시스템을 이용함과 동시에, 미국 군수 업체들 또한 이 분야로의 진출을 시도하려는 구상이 엿보이고 있는 것이다. 이는 양국 산업체의 협력이 하드웨어의 측면뿐 아니라 소프트웨어 부문에까지 확대되고 있음을 의미하는 것이다.

3. 탈냉전 이후의 미·일 동맹과 방산 협력

미일기술포럼에서 논의된 바를 초기부터 살펴보면 초기에는 다소 추상적이고 당위론적 차원에서 양국 방산 협력에 대한 논의가 이뤄지고 있으나, 2000년대 들어오면 훨씬 구체적이고 실질적인 사업을 중심으로 논의가 전개되고 있다는 점을 알 수 있다. 초기와 후기의 이런 차이점은 바로 탈냉전 시기의 초기와 후기에 나타난 양국의 안보 인식 변화와 미·일 동맹의 성격을 반영한 측면이 강하다. 즉 탈냉전 초기 양국의 안보 인식과 후기의 안보 인식을 비교하면 조금의 차이점이 드러난다. 따라서 양국 방산 협력의 배경이 되는 양국의 안보 인식 변화를 탈냉전 초기와 후기로 나누어서 간략하게나마 살펴볼 필요가 있다.

1. 탈냉전 이후 양국의 안보 인식 변화와 미·일 동맹

냉전 붕괴 후 미국의 안보정책에 대해서는 다양한 의견들이 있으나, 그럼에도 불구하고 이들 견해는 적어도 두 가지 점에서 공통점을 보이고 있었다. 즉 많은 지역적 분쟁들이 더 대규모로, 그리고 더 위험한 전쟁으로 발전할 가능성이 있다는 점과, 러시아, 중국과의 새로운 갈등 위험성이 존재하고 있다는 것이다.[21] 일본과 관련해서는 아태 지역 안보에서 차지하는 일본의 역할 증대와 미일안보체제가 상정해 왔던 목표의 수정이란 측면에서 살펴볼 수 있다. 즉 미국이 과거 담당해 왔던 아태 지역에서의 역할을 앞으로는 일본과 공동으로 추진할 뿐만 아니라 지역적 범위에 있어서도 과거의 '극동'에서 '아태 지역의 안정과 평화 유지'를 강조함으로써 일본의 군사작전 영역이 아시아·태평양 지역으로 사실상 크게 확대되게 된 것이다. 이를 반영하여 나타난 것이 1995년의 〈07대강〉, 1996년의 '미·일 신안보 선언', 그리고 1997년 9월 개정된 '가이드라인'이었다.

그러나 이와 같은 탈냉전 초기의 미·일 안보 관계는 이후의 사태 전개를 반영하여 커다란 전기를 맞게 된다. 즉 당시까지와는 다른 새로운 전쟁의 양상들이 표출되기 시작한 것이다. 이는 시기상의 차이는 있지만 일본과 미국에서 거의 동일하게 나타났다고 할 수 있다. 일본의 경우 이런 계기는 1998년 8월 북한이 대포동 1호를 추진체로 사용하여 인공위성의 궤도 진입을 시도했다는 것이고, 미국의 경우는 2001년의 9·11 테러와 중국의 급부상이라고 할 수 있다. 일본에게 충격을 주었던 북한의 대포동 발사는 일본이 BMD를 추진하는 직접적인 계기로 작용했다. 물론 북한은 이미 1993년 5월 노동 미사일을 시험 발사한 이후 실전 배치를 하기 시작했지

21_사실 이런 다양한 견해가 나타난 것은 당시 미국의 미래 안보 위협에 대한 명확한 모습이 전문가들 사이에서 결여되어 있다는 것을 나타낸다고 할 수 있다. 이 시기에 나타났던 다양한 안보정책논의에 대해서는 Bischak(1999)을 참고.

만, 1998년의 시험 발사가 일본에 충격을 준 것은 북한이 이미 대륙간 탄도미사일의 핵심 기술을 개발, 보유하고 있다는 점이었다. 이 결과 부시 행정부의 출범과 함께 진행되고 있었던 미사일방어체제의 구축은 9·11 테러를 계기로 더욱 탄력을 받게 되었으며, 일본 또한 이에 적극 참여하는 양상을 보이게 되었던 것이다.

한편 이 시기에 나타났던 중국의 급부상 또한 미국과 일본의 경계심을 자극하기에 충분한 것이었다. 이 당시 나타났던 중국의 급부상은 몇 가지 측면에서 살펴볼 수 있다. 우선 무엇보다도 중국의 경제 규모가 폭발적으로 성장하고 있었으며, 이런 경제성장이 군비 증강으로 이어지고 있었다는 점이었다. 참고로 세계은행에서 발표한 통계에 의하면 *2006 QDR*[22]이 나타나기 전인 2004년 당시 주요국의 경제 규모(GNI)는 미국과 일본이 약 12조 달러와 4조 7,000억 달러로서 여전히 1, 2위를 나타내고 있었으나,[23] 미국은 엄청난 부채를 안고 있었으며 일본 또한 장기적인 전망은 그다지

22_미국이 공표하는 안전보장에 관한 보고서는 세 가지 종류로 대별할 수 있다. 첫 번째는 백악관이 발표하는 "국가 안보 전략"(*The National Security Strategy*), 두 번째는 국방성의 민간인이 중심이 되어 작성하는 "국가 군사 전략"(*National Defense Strategy*), 그리고 마지막으로 합참본부의 군부가 작성하는 "국가군사전략계획"(*National Military Strategic Plan*)이다. *QDR*(*Quadrennial Defense Review Report*, 4개년 국방검토보고서)은 이 세 가지 보고서에 기초하여 그 전략을 실시하기 위한 병력 구성, 병력 근대화 계획, 예산 계획 등에 대해 4년마다 수정하여 그 결과를 의무적으로 의회에 제출하게 되어 있는 보고서이다. 즉 국방성의 민간인과 합참본부의 군부가 협력하여 시대 변화에 따른 병력 구성의 수정을 구체적으로 어떻게 할 것인지에 대한 의견을 모은 것이기 때문에, 그 전문에 "QDR은 계획(programmatic)이나 예산(budget)서가 아니다"[*Quadrennial Defense Review Report*. Feb. 6(2006, vi)]라고 밝히고 있음에도 불구하고 미국 국방 전략에 대한 가장 포괄적인 보고서라고 할 수 있다. 1997년에 제1차 *QDR*이 나온 이후 4년마다 발표하고 있다.

23_http://www.worldbank.org/data/quickreference/quickref.thm(검색일: 2006/06/02).

밝지 못한 편이었다.[24] 두 번째로, 2004년 당시 중국의 무역량이 1조 1,500달러로 미국과 독일에 뒤이어 세계 3위를 기록했다. 일본의 1조 700억 달러를 훨씬 넘어서는 것이었다.[25]

이 시기 들어서는 무역 양상 또한 변화를 보이고 있다. 즉 1992년에서 2002년까지 일본은 중국의 가장 큰 무역 상대국이었지만, 2003년에는 유럽연합에 뒤이어 2위를 기록하더니 2004년도에는 유럽연합과 미국에 뒤이어 3번째 교역 상대국이 됨으로써, 중국과의 무역에서 일본의 비중은 감소하고 있다. 특히 중국의 대미 무역은 2004년 34%나 증가, 중국은 2004년 시점에서 캐나다와 멕시코에 이어 세 번째로 큰 미국의 무역 상대국이기도 했다.[26] 이는 국제 통상 문제에 있어서 중국의 영향력이 과거와는 다르게 증대되고 있음을 의미하는 것이었다.

마지막으로 중국의 급속한 산업화가 야기할 에너지 부족 또한 어떤 식

24_일본의 미래를 비관적으로 보는 많은 전문가들은 일본의 인구 감소를 그 이유로 들고 있다. 일본 총무성이 2005년 조사한 바에 의하면 2005년도에는 전년 대비 인구 증가율이 조사가 시작된 1968년 이래 가장 낮은 수치를 기록한 것으로 나타났다. 전국의 남성 인구도 조사가 시작된 이래 가장 낮은 수치를 기록했다. 연소자와 생산연령인구 또한 조사 개시 이래 매년 감소하는 반면, 노년 인구는 조사 개시 이래 매년 증가하고 있는 것으로 나타나고 있다. 일부 인구학자들은 21세기 말에 이르면 일본 인구가 오늘날의 1억 2,770만에서 거의 2/3나 감소하여 1910년 인구와 같은 수준인 4,500만 명으로 줄어들 것으로 예상하고 있다. 중국의 경제가 그 인구가 가진 엄청난 수요와 상대적으로 낮은 개인 부채 수준, 그리고 공식 통계에 잡히지 않은 지하경제를 고려할 때 향후 수십 년 동안 계속 성장할 것으로 예상되는 반면, 일본의 미래는 불확실한 것이다. 이에 대해서는 Johnson(2005); Pilling(2005); 모리시마 미치오(1999); 總務省(2005)을 참고.

25_http://www.worldbank.org/data/quickreference/quickref.thm(검색일: 2006/06/02).

26_2003, 2004년 중국의 대유럽/일본/미국 무역액을 살펴보면, 1,578억 6,000달러/1,263억 3,000달러/1,335억 5,000달러(2003년), 2,113억 8,000달러/1,696억 달러/1,678억 3,000달러(2004년)로 나타나고 있다(中華人民共和國 國家統計局 2005, 631-634).

으로든 세계의 에너지를 장악하고 있는 미국과의 충돌로 이어질 수밖에 없다는 것이다. 즉 급격한 산업화에 따른 중국의 에너지 부족이 주변국과의 영토 분쟁에서 중국이 공세적 자세를 취하게 만들 가능성을 배제할 수 없게 되었다. 그 대표적인 예가 바로 일본과의 센가쿠 열도 분쟁이다. 중국과 일본의 사이에서 센가쿠 열도가 분쟁 지역으로 본격화된 것은 1969년 이뤄진 센가쿠 주변 해역에 대한 국제연합 아시아극동경제위원회(ECAFE: Economic Commission for Asia and the Far East)의 탐사로 이 지역에 걸프 지역에 맞먹는 원유와 천연가스 부존 가능성이 밝혀진 이후였지만,[27] 탈냉전 이후 중국의 급속한 경제성장에 따른 에너지 경쟁이 본격화됨으로써 이 지역에서의 분쟁 횟수 또한 급속하게 증대되었던 것이다.

이상과 같은 북한과 중국에 대한 일본과 미국의 경계심이, 〈16대강〉(2004)과 *2006 QDR*에서 반영되어 나타났던 것이다. 즉 일본의 〈16대강〉이 〈07대강〉(1995)과 비교하여 가장 다른 점이 중국과 북한을 직접 거명하면서 경계심을 표출한 것이라면,[28] 미국의 국방 전략 지침서인 *2006 QDR*이 *2001 QDR*[29]과 비교하여 가장 큰 차이점을 보이는 것 또한 중국에 대한 우려를 직접적으로 표현한 서술이었다.[30] 나아가 〈16대강〉과

27_이에 대해서는 김진기(2004a); Suganuma(1996)를 참고.

28_〈16대강〉과 〈07대강〉의 내용에 대해서는 이 책의 제3장을 참고.

29_1997년부터 작성되기 시작한 *QDR*은 4년마다 발표되는 것이므로 *2006 QDR*은 세 번째 *QDR*이다. 그러나 *2001 QDR*의 경우 2001년 9월 30일 나온 것이기 때문에 9·11 테러 이후의 전략 환경 변화를 제대로 반영하고 있지 못하다. 실제로 *2001 QDR*은 9·11 테러 직후 급하게 내용 기술을 변경한 것으로 알려져 있다.

30_중국에 대한 서술 이외에 *2001 QDR*에 없는 것으로 *2006 QDR*에서 나타나는 부분은 대략적으로 다음과 같다: 미군을 더 신속하게 더 멀리 작전을 구사할 수 있게 해야 한다, 기술적 진전, 정보 능력 개선, 정밀 무기의 발달로 동등한 장비 또는 더 적은 장비와 인원으로 더

*2006 QDR*을 비교해 보아도 유사한 점이 곳곳에서 나타나고 있다. 물론 일본의 〈16대강〉과 *2006 QDR*이 일단 분량 면에서 매우 큰 차이를 보이지만, 그럼에도 불구하고 이 둘 사이에 공통적으로 나타나고 있는 키워드는 테러와의 전쟁, 중국과 북한에 대한 우려, 기동성과 유연성에 대한 강조, 통합 작전 능력의 강조 등으로 거의 동일하다. 이런 측면에서 본다면 2006년 5월 발표되었던 주일 미군 재편은, 그동안 미국이 추구해 왔던 국방 재편 노력이 주일 미군에서 현실화되어 나타남으로써 실행 단계에 옮겨지고 있다는 점을 보여 준다.[31]

요컨대 1998년 북한의 대포동 미사일 실험, 2001년의 9·11 테러, 중국의 급부상을 계기로 미국과 일본의 전략은 지역적으로 중국 견제로 나타나고 있으며, 이를 위한 수단이 이 지역에서의 권력 공유와 MD(Missile Defense, 미사일방어)체계 구축이고, 이것이 구체화되어 나타난 것이 결국 2006년의 주일 미군 재편인 것이다. 주일 미군 재편에서 나타나고 있는 동맹의 모습이 공동 훈련, 기지의 공동 사용, 통합 작전 등의 구체적 사안에까지 미치고 있다는 점은 미·일 동맹 구도가 냉전 시기에서 한 단계 더 진

나은 전투 능력이 가능하다는 기술 등이다. 또한 전 세계 미군의 재배치를 통하여 과거의 정적인 방어 태세에서 전 지구에 걸쳐 분쟁 지역에 신속한 타격을 가할 수 있는 능력에 강조점을 두고 있다. 그리고 안보 환경의 변화에 따라 강조되어야 할 것으로 다음과 같은 점들을 들고 있다: 위기 시작 후의 반응(reactive)으로부터 문제가 위기로 진전되지 않도록 하는 예방적 행동(proactive)으로, 평화 시 계획에서 신속 적응 계획으로, 위기에 기반을 둔 계획에서 능력에 기초한 계획으로, 정적인 방어와 진지 중심의 군대에서 기동전과 원거리 이동 작전의 군대로, 정적인 동맹에서 동적인 파트너십으로, 함정과 항공기 등에 대한 강조에서 정보와 지식에 대한 강조로, 미군이 수행하는 과업에서 동맹국의 능력 구축으로 초점을 두어야 한다(*2006 QDR* 2006, vi-vii). 이에 대해서는 김진기(2007)를 참고.

31_이는 공동 선언 발표 후 미 해군 원자력잠수함의 일본 내 기항이 급증하고 있는 데에서도 드러나고 있다. 이에 대해서는 『朝日新聞』(2006/06/26)을 참고.

전했음을 보여 준다.[32]

2. 미·일 동맹의 성격 변화와 포럼 내용의 변화

탈냉전 시기 나타난 미국과 일본의 안보 인식이 초기와 후기에 차이를 보인다면, 이런 차이점은 방산 협력을 위한 포럼에서도 그대로 반영되어 나타나고 있다. 즉 초기의 논의 과정에서는 기술이전의 현황, 범용 기술 현황과 협력, 일·미 방위 예산의 현황, 조달 개혁, 미국 방위산업의 구조 조정 등 주로 양국에서 전개되고 있는 상황에 대한 의견 교환이 주로 나타나고 있으나, 포럼이 진행되는 과정에서 BMD 시스템, 주일 미군 재배치와 관련된 사업, 방위청의 조달 개혁 등 사업들이 훨씬 구체화되어 나타나고 있는 것이다.

포럼에서의 방산 협력 논의가 구체화되기 시작하는 시점을 시기적으로 보면 대체적으로 2000년을 전후한 시기로, 북한의 대포동 시험 발사와 일본의 BMD 착수 시점과 거의 일치한다. 즉 일본이 MD의 해상 배비형 시스템에 대한 미·일 공동 기술 연구를 승인하고, 그 경비로서 1999~2006년까지 약 269억 엔을 계상했던 것이 1999년이라는 점을 고려하면 북한의 대포동 시험 발사가 하나의 계기로 작용한 것이라 볼 수 있다. 특히 2003년의 제14회 포럼에서는 무인기·보안 기술·M&S(Modelling & Simulation)

32_김호섭은 주일 미군 재편으로 인한 새로운 미·일 동맹을 냉전기, 냉전 종결기(제2세대 미·일 동맹)와 구분하여 '제3세대 미·일 동맹'이라 지칭하고 있다. 이에 대해서는 김호섭(2006)을 참고.

기술·인도적 지뢰 처리차의 개발·성층권 플랫폼(Platform)의 재생 가능 연료 전기 시스템·감마선 이미지 센서 등 구체적인 품목을 지정하여 공동 연구·개발을 논의하고 있으며 이는 이후의 포럼에서도 계속 이어지면서 더욱더 구체화되고 있다.

MD를 계기로 미일기술포럼이 더욱 구체화의 단계로 들어섰다면, 주일미군 재배치와 관련된 논의에서는 양국 방산업계가 공동으로 기지 이전 작업에 참여하고 주요 병기에 대한 기술 개발과 생산을 공동으로 진행한다는 점에서 거의 일체화의 단계로 나아가고 있음을 보여 준다. 한편 2006년 이후부터 나타나기 시작하는 병참에 대한 언급, 그리고 주요 프로그램과 기술 개발 프로그램에서 나타나는 항공 우주 분야·해상 플랫폼·이동형 브로드밴드 시스템·소형 위성 시스템 등은 다분히 중국을 의식한 성격의 프로그램이라 할 수 있으며, 2009년 나타나고 있는 네트워크 시스템·선진 항공관제 시스템·선진 시뮬레이션 시스템 개발과 같은 프로그램은 협력의 범위가 하드웨어뿐 아니라 소프트웨어 분야로 확대되고 있음을 보여 주고 있다. 대표적인 예가 '전략적 병참'이라 할 수 있을 것이다. 방산 부문의 이런 일체화 경향은 앞서 살펴본 양국 방위정책의 일체화가 산업 부문에 투영된 것이라 할 수 있다.

4. 요약 및 결론

탈냉전 들어 미·일 양국의 방위산업 협력은 정부 차원이 아니라 기업 수준의 실무적인 협력으로 확대되고 있을 뿐 아니라 내용적으로도 냉전 시기보다는 더욱 구체화되어 진전되는 양상을 보여 주고 있다. 이는 앞서 살펴본 바와 같이 한편으로는 탈냉전 들어 나타난 안보 환경의 변화에 적응해야만 하는 미국 군수산업계와, 또 다른 한편으로 일국 내의 방위산업 규모로는 규모의 경제를 실현하기 어려웠던 일본 방산업계들의 이해관계가 맞았기 때문이었다.

그러나 양국의 방위산업체가 추구하고 있는 민·군 겸용 기술의 개발, 환경 보전 사업으로의 진출 논의, BMD를 통한 미래 유망 사업의 발굴, 주일 미군 재편에 따른 비군사적 사업 부문으로의 진출, 그리고 전략적 병참이라는 커다란 흐름의 귀결점은 결국 군수산업체가 민수산업으로의 영역 확장을 시도하고 있는 것에 다름 아니라는 점도 나타났다. 즉 미일기술포럼에서 논의되는 제반 아이템들은, 발달된 민수 기술을 토대로 하여 양국의 군수산업체가 민수로의 영역 확장을 하고자 하는 기술들을 중심으로 논의가 이뤄지고 있는 것이다. 이런 측면에서 보면 양국의 방위산업 협력은 한편으로는 양국 정부 정책의 결과이기도 하지만, 또 다른 한편으로는 어려움에 직면한 양국 방산업계가 활로를 모색하는 과정에서 나타난 '자본의 논리'라는 성격도 지니고 있다.

한편 미일기술포럼에서의 주요 논의 사항은 탈냉전 초기와 후기에 조금의 차이점이 드러났다. 즉 초기에는 추상적이고 일반론적인 차원에서 양국 방산업계 간 협력이 논의되었으나, 2000년 중반 이후부터는 매우 구체화되어 나타나는 것을 알 수 있었다. 이는 바로 탈냉전 후반기 들어 나타난 북한의 미사일 발사와 9·11 테러 등에 의해 양국 안보 인식이 변화함에 기인한 것으로서, 구체적으로는 BMD, 주일 미군 재편 등과 같은 사업에서의 협력으로 나타났다.

요컨대 양국 방위산업의 협력은 탈냉전 이후 나타난 양국의 안보 인식의 변화와 안보정책 변화의 연장선상에서 파악 가능하지만, 그 계기는 어디까지나 국가 수준에서 양국이 자국의 방산업계가 안고 있는 어려움의 해소를 위한 사업 기회를 제공하려 한 데 따른 것이었다. 양국 방산업계 간의 협력은 자본의 논리가 관철되는 양상으로 나타나고 있지만, 이는 어디까지나 양국 정부 수준의 의지 또는 정책에 따른 결과가 자본의 논리와 일치했기 때문이었던 것이다.

표 7.1 | 미일기술포럼에서의 주요 논의 사항(1990~2009)

회차 (년도)	주요 협의 내용
제1회 (1990)	- 일미 간 기술이전 : 기술이전의 현황, 기술협력 활동, 일미 방위 투자 환경, 투자에 대한 관심과 제약 사항, 일미 교류의 활성화.
제2회 (1991)	- 지적 소유권에 관한 개념과 행사. - 정부 지원 및 조달에 관한 법률. - 기업의 수직적 통합 및 계열화
제3회 (1992)	- 개별 기업의 현황과 전망 : 항공우주산업, 전자산업, 건설엔지니어링산업. - 참가 기업에 최적/가능한 협력 형태 : 항공우주산업 및 전자산업에 있어서 협력 형태, 협력 형태의 장점, 단점. - 기술협력의 관리.
제4회 (1993)	- 환경보호 및 병기 해체의 현황과 장래 계획에 대하여 : 미국, 일본 및 타국에 있어서 방위산업의 정리, 통합과 군민 전환(미국 : 국방성, 에너지성, 환경보호국 및 각 기업의 상황, 일본 : 정부 및 각 기업의 상황), 합동 토의 및 시장 평가. - 환경보호 및 병기 해체 분야에 대한 기업의 능력 : 미국 기업, 일본 기업, 기업의 연합. - CIS 및 동유럽에서 일미 협력의 가능성.
제5회 (1994)	- 일미 방위산업의 다운사이징(downsizing) 및 군민 전환. - 미 국방성의 조달 개혁 노력 : 군민 산업 통합, 범용 기술 제품 제조. - 페리 이니셔티브 : 국방 예산 삭감의 환경에서 향후 장비품의 연구 개발, 장비화를 효율적으로 진전시키기 위한 군, 산업계의 대응. - 일미 방위 협력, 범용 기술협력. - 환경 및 비군사화(demilitarization).
제6회 (1995)	- 군민 통합 : 미국 국방 예산의 개요, 국방 기술 산업 기반(Defense Technological- Industrial Base)의 재구축, 민생품 및 역무(役務) 조달 확대의 저해 요인과 대책, 미국의 범용 기술 전략. - 환경 보전에 대하여 : 히타치의 리사이클링 시스템에 대한 질문 집중.
제7회 (1996)	- 주제: 제조업 분야에서의 일미 기술협력, 제조업 혁명(CALS : Continuous Acquisition and LIfe-Cycle Support), 환경 보전 및 공해 방지. - 성과의 개요 : 신 방위대강 및 신 중기방위력정비계획의 개요, 미국의 국방 예산 삭감 상황, 신 중기방위력정비계획이 방위산업에 미칠 영향, 미쓰비시전기의 제조 기술, 방위기술에 의한 신 시장 개발 및 민생 기술의 방위 시장 적용, 제조업의 연구 개발 전략, 일본에서의 CALS 현황, 항공기 CALS에 대하여, CALS 개요, 도시바에서의 CALS 현황과 이후의 과제, 미국에서의 CALS, 환경 보전 문제, 병기 제조와 환경, 항공우주산업과 환경 프로젝트, 폐가전 처리 플랜트의 운전 보고.

제8회 (1997)	- 의제 : 일미 방위 예산의 현황, 조달 개혁, 미국 방위산업의 구조 조정 상황, 새로운 방위 관련 민생 기술 개발 프로젝트, 방위 장비품에 대한 민생 기술의 적용, 항공기 제조에서 경비 삭감 전략 등, 미일 산업계의 협력을 더욱더 촉진시키기 위해 해결해야 할 문제점. - 성과의 개요 : 미 국방 예산의 개황, 일본 방위 예산의 개황, 미국에서의 방위산업 구조 조정 동향, 미일안전보장산업포럼(IFSEC : US-Japan Industry Forum for Security Cooperation)에서의 논의, IFSEC의 배경, 첨단 마이크로파 장치 개발과 민수 활용, NEC의 사업부에 있어서 비 방위 사업 활동과 그것이 방위 사업 활동에 미치는 영향, 연료 전지 관련 기술, 일본의 항공엔진 기술, 범용 기술 프로그램, 무인기 저비용 설계, 항공기 동체 패널의 신 조립법, 민생품의 군수품으로의 전용(COTS : Commercial Off The Shelf) 접근법, 차세대 제조 프로젝트(Next Generation Manufacturing Project).
제9회 (1998)	- 주요 의제 : 방위산업을 둘러싼 환경 변화, 향후 프로그램에 있어서 협력의 가능성, 방위 관련 분야의 범용 기술 개발 전략. - 성과의 개요 · 방위산업을 둘러싼 환경 변화 : 거대 기업합병의 영향, S & TF의 상황. · 향후 프로그램에 있어서 협력의 가능성 : 항공우주 프로그램, MPA(Maritime Patrol Aircraft), TMD(Theater Missile Defense). · 방위 관련 분야에 있어서 범용 기술 개발 전략.
제10회 (1999)	- 성과의 개요 · 미국의 기술 개발 프로그램의 동향: DARPA(Defense Advanced Research Project Agency)의 개요. ·군민 통합/범용품, 범용 기술. ·조달 개혁, 무기 수출 3원칙. - 의사록 논의 주제 · DARPA와 그 활동, Hyper/Super-Sonic Engines R&D Project(이시가와지마하리마중공업),Civil Military Integration(보잉사), Research on Current Status of Dual Use Technology(통상산업성), FHI Current Activities(후지중공업), Effective Use of Dual Use Technology(미쓰비시중공업), The Goal to Turn Manufacturing into a Compatitive Weapon(록히드마틴사), Acquisition Reform(일본방위장비공업회), US-Japan Defense Equipment Cooperation(미 국방성), TRW in Japan(TRW사).
제11회 (2000)	- 주 내용 : 안전보장 환경의 변화, 비즈니스 수법의 변화가 미일 협력에 미치는 영향(기술이전과 라이선스 수출, 기업의 M & A), 민생 기술과 범용 기술의 중요성(CALS, 정보전, 항공우주산업), 향후 가능성이 있는 주요 프로그램(BMD, 초계기 P-3C의 후속기).
제12회 (2001)	- 주 내용 : 정치적 환경의 변화, 일본 방위산업의 상황, 방위 조달과 국제 협력, 조달 업무 실시 요령의 변경, 지적 소유권 및 수출정책, 공동 개발의 성과(F-2 Program), 새로운 분야. - 발표 내용의 개요 : 정책 면에서의 방위 조달과 국제 협력(GAR Associates), 산업계 관점에서의 방위 조달과 국제 협력(Northrop Grumann), 중기방위력정비계획(일본방위장비공업회), 일본의 방위산업과 기술 기반의 유지 강화(경제산업성), 미일 안전보장(미 국방성), 미일 장비 협력(미 국방성), F-2 전투기의 공동 개발(미쓰비시중공업), 산업계 관점에서 본 정부 업무 처리 방식의 변화와 조달 개혁(Northrop Grumann), 보잉의 미일 공동 프로그램(보잉사), 정보 보안 대책의 현황(미쓰비시전기), 모바일 PC에 관한 기술과 군사 전용의 가능성(후지쯔)
제13회 (2002)	- 발표 및 논의 내용 · 정보 기술 : 정보 보안에서의 인증 기술(후지쯔시스템총합연구소). · 미일 공동 프로그램 모델 : 방위 분야(BMD 미일 공동 개발 프로젝트), 상업 분야(로켓엔진 개발 프로젝트, 신 복합재료와 국제 공동 프로그램에의 적용, 고정익 날개 ·헬리콥터·무인기에서 후지중공업의 국제 공동 사업), 군민 범용 기술. - 정책적 틀 : 항공우주방위산업의 과제와 정책(일본), 2002년도 방위 예산의 개요(일본), 9.11 이후 미국의 본토 방위(미국), 미일 방위 프로그램에 대하여(미국).
제14회 (2003)	- 정책적 틀 : 무기 수출 3원칙, 미일 방위 협력의 진전(미일 안전보장의 현황, 미국이 본 무기 수출 3원칙, 기술이전: 수출 관리와 산업 보안의 필요성), 일본의 방위 조달과 향후 과제, MD, 미국의 기술 개발 전략과 중소기업정책. - 기술 : 무인기, 안전 기술(생물·화학병기·폭발물 탐지 기술, 화학제 탐지 기술), Modelling & Simulation 기술, 인도적 지뢰 처리차의 개발, 성층권 Platform의 재생 가능 연료 전기 시스템, 감마선 이미지 센서. - 미일 공동 프로그램 관련 사항 : MD, 다목적 해상기(MMA) 및 초계기(P-X).
제15회	- 미일 방위정책에 관한 제 문제 및 방위산업의 동향 : 일본 방위정책의 수정, 미국 방위정책의 전망, 미일

(2004)	장비 협력의 현황과 장래 동향(다목적 해상기, 전략적 병참, BMD, 무인기), 일본의 방위/민생산업의 동향. - 미일의 범용 기술 개발 : 무인기의 개발, GPS Program, 갈륨 질화물(GaN)의 개발, 항공 우주 기술의 위기관리에의 적용 등. - 미일 양국의 전망 : 장래 미일 협력을 뒷받침할 방위 예산.
第16회 (2005)	- 미일의 방위산업과 방위산업정책의 변화 : 무기 수출정책, 방위 계획. - 기술 협력, 전략적 병참. - 무기 수출 관리 및 투자 문제 : 미국의 수출규제정책, 일본 기업의 미국 방위산업 참여, 미국 제품의 구입 촉진정책, 계약 관행 등. - 기술 부문 : 우주항공, 탄도미사일 방위 문제의 개념(통신 시스템에 대하여), 전자 장비. - 아시아 정세와 미일 안전보장 관계.
第17회 (2006)	- 정책의 변화와 미일 공동 추진 부분 : 미군의 재편, 양국이 공동으로 협력하여 추진해야 할 영역. - 방위청의 조달 개혁과 조직 개편 : 조달 개혁, 통합 운용. - 방위산업의 현황과 방위 조달정책 : 일본의 방위 예산과 조달 동향, 범용 기술 도입의 과제, 미국 방위산업의 현황과 전망, 일본의 기술 개발에 대하여, 미일 공동의 전망. - 기업 측 활동과 향후 전망 : 실적 베이스의 병참, 주요 프로그램(항공기, 탄도미사일 방위기술, 해상 platform), 기술 개발 프로그램(전자 가속 기술, 나노 기술 등).
第18회 (2007)	- 정책 : 방위성으로의 변경, 미군 재편의 상황, 무기 수출정책, 중장기 기술 견적. - 방위 예산과 방위산업 : 일본의 상황, 미국의 상황, 미일 공동의 새로운 분야. - 기술과 프로그램 : 항공기/항공우주, 무인기, 탄도미사일 방위 시스템, 미 해군의 원자력 안전·추진 기술, Modelling & Simulation, 효율이 좋은 함선용 초전도 모터의 개발 상황(일본 기업), 갈륨질소(GaN) 소자, 장비품의 경량화 등. - 비즈니스 모델 : 기술 투자와 민생품 기술의 도입, 국내 기업 간 협력, 미일 기술 교류, 미군 재편에 따른 시장 전략의 수정. - 미일 방위기술 협력의 검토 사항 : 민군 겸용 기술, 수출 관리, 협력 분야(적외선 센서, 차세대 원자력 추진 시스템용 소재, 개인 장비 시스템 등), 새로운 사업 모델, 요구 성능 등에 관한 정보 교환.
第19회 (2008)	- 방위산업정책/방위산업의 동향과 과제 : 미일의 방위산업 협력(협력 상황, 무기 수출 관리정책), 협력의 장애. - 미일 기업의 협력 : 항공기 탑재 레이더에 있어서 미일 기업의 협력. - 중소기업의 전략 : 미국 중소기업의 성공 사례 발표(기업 전략, 저가격 군민 범용 기술의 개발과 지원). - 양국의 군민 범용 기술에 대한 토의 : 비군사적 긴급사태에 대응을 위한 시스템 기술 등, 경량화 차량. - 기술 분야의 발표 : 떨어지지 않는 비행기(비선형 비행 제어), 일본 기업(적외 센서)의 미국 시장 진입과 과제, 미국 기업의 고출력 레이저(High Energy Laser), Modelling and Simulation, Network Centric Operation(NCO)의 개발과 실험, 정보처리기술 등. - 기타 : GaN 소자, 멀티센서 네트워크 등.
第20회 (2009)	- 정책 및 방위 기업 트렌드와 논점 : 일본의 정책 전환(우주 이용, 방위계획 대강, 군사 정보 포괄 보호 협정, 무기 수출, 일본 방위 기업의 방위 조달 예산과 연구 개발 투자의 감소), 미국의 인식(일본 방산업체의 자세와 문제점), 광범한 무기 협력(선진 기술의 신속한 적용, 공동 국제 비즈니스의 새로운 아이디어와 방법의 창출 등). - 기술 개발 전략 : 민간 기술의 다양화와 기술 자산 관리, 국가 간 협력, 대학과 라이선싱 및 협력 전략. - 비 군사 안전보장 기술 및 협력 : 네트워크 시스템, 선진 항공관제 시스템, 이동형 Broad Band System, 소형 위성 시스템, 선진 시뮬레이션(시스템 개발), 선진 기술 협력(실질적 훈련, 동력원 기술로서 Solar Electric Cells와 연료 전지).

자료 : 1994~2009 미일기술포럼(各年度) 참가 보고.

제8장

나오는 글

1. 전후 일본 방위산업정책의 결정 과정에서 나타난 각 변수들의 역할

1. 미·일 관계

1) 비대칭적 미·일 관계와 일본의 방위산업

국제정치·경제적 환경과 이를 반영한 미국의 대일정책은 일본의 방위산업에 결정적 영향을 끼치고 있다. 우선 일본 방위산업의 재개가 냉전의 격화와 이를 배경으로 나타난 점령정책의 변화로 가능했다는 점은 이를 명확히 나타내어 주고 있다. 그러나 당시 국제정치·경제 질서에서 차지하는 미국의 헤게모니적 지위와 대일 영향력이란 측면에서 미국이 적극적으로 개입했다면 방위산업의 활성화라는 통산성과 재계의 노력이 대부분 관철될 수 있었음에도 불구하고, 미국은 그럴 의도를 갖고 있지 않았으며 그럴 필요성도 없었다. 왜냐하면 당시 세계 정치·경제 질서에서 미국의 지배력을 위협하는 요소는 사실상 거의 없었으며, 일본의 병기 재생산 또한 미국의 잉여 군수 물자 처리처 또는 미국 군수산업체의 하청 이상의 의미를 갖지 못했기 때문이다.

미국이 '비군사화'라는 점령정책 초기의 기조를 바꾸어 일본에 병기 재생산을 허가한 것은 한국전에 기인한 급박한 상황 때문이었다. 그리고 이 시점에서 일본 방위산업에 대한 미국의 개입은, 국가기구를 통한 공식적인 개입보다는 시민사회의 한 부문인 재계를 통하여 간접적으로 표출되었다. 물론 이에는 비군사화라는 초기 점령정책의 공식적인 기조, 그리고 비대칭적인 미·일 관계가 큰 영향을 끼쳤다. 이의 연장선상에서 한국전 후 일본의 방위산업 활성화 논의에 미국은 그다지 간여하지 않았다. 물론 MSA 원조를 통한 일본의 방위력 향상에는 관심을 가지고 있었을지라도 방위산업 활성화를 위한 일본 국내의 논의에는 간여하지 않고 있다. 이는 미국이 당시 일본의 방위산업에 그다지 이해관계를 가지지 않았음을 보여 준다.

일본 방위산업에 대한 미국 정책 변화의 시작은 1970년대 초반부터 나타나기 시작한 미국 경제력의 쇠퇴와 궤를 같이 한다. 1971년 닉슨 대통령이 발표한 '신경제정책'은 전후 국제정치·경제 질서에서 차지하고 있었던 미국 주도의 국제 질서가 붕괴되고 있다는 조짐이었다. 이는 결국 4차방 말기 AEW, PXL에 대한 수입 압력으로 나타났으며 이는 그대로 관철되었다. 따라서 4차방 초기의 정책 결정 구도가 주로 일본의 국가기구 내에서, 즉 방위청, 재계, 통산성 대 대장성이라는 형태로 전개되었다면, 4차방 말기 들어서는 PXL, AEW의 수입 압력을 둘러싸고서 미 행정부가 개입되는 양상으로 전개되었다. 즉 미국 경제의 쇠퇴와 함께 미국의 수입 압력이 나타났던 것이다. 그럼에도 불구하고 이 시기까지 일본의 방위산업에 대한 미국의 태도는 경제, 기술적 측면보다는 안보적 차원의 성격을 띠고 있었다.

2) 미·일 관계의 구조적 변화와 일본의 방위산업

1980년대의 국제정치·경제적 상황은 미국 경제력의 상대적 쇠퇴가 더욱 진전된 가운데서 나타난다. 일본 또한 80년대 이후 들어서 종전까지 단순히 구미의 기술을 따라가던(catch-up) 입장에서 벗어나 기술 개발의 선도적 입장에 서게 됨으로써, 과학기술적 측면에서 과거와는 다른 양상을 보이기 시작했다. 이런 가운데 1985년의 시점에서 나타났던 미국의 최대 채무국으로의 전락과 일본의 최대 채권국으로의 부상, 그리고 세계 반도체 시장에서의 미·일 역전이라는 다분히 상징적인 사건들과 함께 무역마찰의 심화로 양국 안보 관계는 경제적 영향을 받을 수밖에 없었다. 따라서 FS-X 문제 또한 당시 노정되고 있었던 미·일 무역마찰의 소용돌이에 휩싸이게 됨으로써 매우 복잡하게 전개되었다. 이 사례는 이전 사례들과는 달리 일본 대 미국의 국가 간 대립과 협상이라는 형태를 띠었다.

FS-X 문제에 대한 미국의 초기 접근법은 미·일 간의 안보적 측면을 고려한 과거의 관성을 그대로 답습한 상태로 나타났다. 따라서 미 국방성이 전면에 나서서, 미·일 간 군사 작전에서의 호환성(interoperability)을 고려한 공동 개발을 주장했다. 그러나 협상이 진전됨에 따라 FS-X가 가진 첨단 산업적 성격과 이에 따른 경제적 파급효과, 산업계의 이해관계가 드러나면서 미 의회가 개입하게 되었고, 상무성과 무역대표부가 가세하는 양상으로 전개되었다. 이들은 당시 무역 부문에서 나타났던 미·일 간 갈등을 반영하여 일본에 대해 매우 강경한 입장을 보였다. 다시 말하면 미국은 초기에는 안보적 측면에서 접근함으로써 국방성이 협상에 나섰으나, 당시 심화되고 있던 양국 간 무역마찰을 반영하여 상무성과 무역대표부가 협상에 나섬으로써 경제적 측면으로 입장의 변화를 보였던 것이다. 따라서 국방부가 주도했던 안보적 측면에서의 협상은 상무성이 주도하는 경제적 측면에서의 재협상 과정을 겪게 되었다. 반면 일본의 경우 방위청, 통산성과 재계를 중심으로 한 초기의 국산화 주장이 시종일관 나타났을 뿐만 아니라, 방위산업에 대한 일본의 시각이 경제적, 기술적 파급효과라는 점 또한 변함없이 드러났다.

일본의 방위산업정책을 둘러싼 일본과 미국의 접근법은 FS-X 사례에서 종전과는 확연히 달라졌음이 드러났다. 우선 방위산업에 대한 일본의 접근법은 시종일관 정치·안보적 차원 보다는 경제·기술적 차원에서 진행되었다. 즉 미국이 일본의 안보를 책임지는 한, 일본은 안보에 대한 고려보다는 방위산업이 가진 산업적, 기술적 측면에 더 관심을 쏟을 수 있었던 것이다. 한편 FS-X 이전까지 일본의 방위산업에 대한 미국의 접근법은 경제·기술적 차원보다는 일본의 안보, 그리고 미·일 관계라는 측면에서 주로 진행되었다. 관대한 조건의 기술 지원이나 장비 지원은 이의 결과였다. 그러나 FS-X를 계기로 미국은 일본의 방위산업이 가진 경제·기술적 성격에 주목하기 시작했으며, 이의 결과 일본의 방위산업정책과 논의들에 대한 미국의 개입도 이전과는 다른 양상으로 전개되고 있다는 점이 드러나고 있다. 요컨대 미·일 관계가 보호자와 피보호자 또는 후견인과 피후견인이라는 관계에서 대등한 동반자 또는 글로벌 파트너의 관계[1]로 구조적인 변화를

1_마쓰우라(松浦晃一朗)는 미·일 외교의 흐름을 제1기에서 제4기까지로 나누어 각각 보호자와 피보호자의 관계, 후견인과 피후견인의 관계, 대등한 동반자 관계, 글로벌 파트너의 관계

일으키는 과정에서 나타난 갈등의 대표적인 예가 FS-X였던 것이다.

3) 탈냉전적 국제 질서와 일본의 방위산업

냉전적 국제 질서의 붕괴와 탈냉전적 국제 질서의 전개 또한 양국의 방위산업에 커다란 전환점으로 작용하고 있다. 탈냉전이라는 국제 질서의 구조적 변화로 전 세계의 방산업계, 특히 미국의 군수산업체는 어려움에 봉착했다. 일본의 방위산업체들은 질적으로 우수한 장비의 생산이 가능했음에도 불구하고 무기 수출 금지 원칙으로 인해 일본에만 한정된 시장 안에서 규모의 경제를 실현하지 못하여 어려움을 겪고 있었다. 이에 양국 방위산업체가 직면한 어려움을 타개하기 위한 방안으로 미일기술포럼이 결성되어, 민·군 겸용 기술의 공동 연구·개발과 신사업으로의 공동 진출 등의 방안이 모색되었다.

이런 와중에 나타난 동북아 지역의 새로운 안보 환경은 양국 방위산업체들에게 새로운 기회로 다가왔다. 북한의 미사일 시험, 중국의 부상으로 인한 역내 새로운 안보 환경의 조성은 양국 안보 인식에 변화를 가져왔으며, 이는 새로운 차원의 미·일 동맹으로 진전되었던 것이다. 이의 구체적 모습은 BMD의 공동 연구·개발, 주일 미군의 재편으로 나타났으며, 이는 곧 양국 방위산업에 새로운 기회를 제공하는 계기로 작용했다. 협력의 구체적인 내용을 보면 민·군 겸용 기술의 공유에서 더 진전되어, 신무기의 공동 개발과 생산, 민수로의 영역 확장 등이 나타나고 있다. 요컨대 양국의 안보 인식 변화가 군사적 측면에서 미·일 안보 관계의 새로운 지평을 열었

로 전개되어 왔다고 분석했다. 이에 대해서는 松浦晃一朗(1992, 32-47) 참고.

다면, 산업적 측면에서는 양국 방위산업체의 협력을 더욱 진전시키는 계기로 작용하고 있는 것이다.

특이할 점은 이런 움직임이 민간 기업의 물류 시스템을 활용한다든지, 양국 방산업계가 협력하여 새로운 사업 영역을 개척한다든지 하는, 과거의 민·군 겸용 사업에서 더 진전된 형태로 나아가고 있다는 점이다. 이는 방위산업이 시스템 종합 산업으로 민수산업, 특히 중화학공업과의 기술 연계성이 강하다는 측면을 넘어서서 서비스 산업과도 관련을 맺기 시작했다는 것을 의미하는 것이다. 나아가 과거의 방위산업체들이 안보의 논리 아래 국가의 규제를 직접적으로 받았다면, 탈냉전 이후의 미·일 간 방위산업 협력에서는 과거에 비해 자본의 논리가 상대적으로 좀 더 적극적으로 표출되고 관철되는 양상이 나타나고 있다는 것이다.

결국 탈냉전 들어 미·일 양국의 방위산업 협력이 출발은 정부 차원의 양국 안보 협력에서 시작되었을지라도, 일단 산업체 수준의 협력으로 들어가서는 내용적 측면에서 훨씬 구체화되어 나타남으로써 자본의 논리가 관철되는 양상을 보여 준다. 나아가 미일기술포럼에서 나타나고 있는 양국 방위산업의 협력은 일본의 방위산업이 무기 수출 금지 3원칙을 피할 수 있는 결정적 전환의 계기를 마련해 주고 있다. 왜냐하면 미국 군수산업체들과의 협력으로 생산되는 장비나 무기는 이미 일본이라는 국가의 주권을 초월할 수 있는 개연성을 충분히 갖고 있기 때문이다.

2. 일본의 국가기구

1) 성청 간 대립 구도

냉전 시기 전체적으로 일본 방위산업에 대한 정책 결정의 대결 구도는 대장성 대 통산성과 재계라는 양상이었다. 물론 이 과정에서 통산성이나 방위청 내부, 또는 재계 내 개별 산업체 간의 균열 구조가 나타나기도 했지만 전반적인 방위산업정책의 결정에 큰 변수가 되지는 않았다. 대장성과 통산성이 정책 결정의 중심에 있다는 점은 일본의 방위산업정책이 안보적 측면보다는 경제적 측면에서 다뤄지고 있다는 점을 분명히 나타내고 있는 것에 다름 아니다.

한국전쟁 후 당시의 일본 경제 규모에서 타 부문 산업에 비해 상대적으로 비대화된 방위산업을 활성화시키려는 재계의 노력은 주로 통산성을 통하여 표출되었다. 이런 재계와 통산성의 시도에 대해 대장성은 균형재정을 강조하고 정부 재정 지원을 통한 방위산업 육성에 대한 반대 입장을 분명히 함으로써 이를 적극적으로 막으려 했으며, 이는 결과적으로 성공을 거두어 방위산업 비대화는 저지되었다. 정부 지원에 의한 산업 육성이라는 통산성의 정책 사고, 재정정책의 틀 속에서 균형재정을 중시하는 대장성의 사고는 모두 전전의 경험에서 비롯되는 것이었다.

정부 지원에 의한 산업 육성이라는 통산성의 정책 사고는 전전, 전시 중의 정책들이 전후에 명칭은 조금 다를지라도 비슷한 내용으로 부활하는 데에서 알 수 있으며, 이를 적극 추진했던 인사들은 혁신 관료, 통제 관료들로서 이들은 '역코스' 과정에서 주로 통산성, 방위청, 재계 등으로 재결집했다. 점령 기간이었던 1945~52년은 사실상 전전의 지배계급이 재집결하는 시기였다. 반면 대장성의 경우 전전 군국주의 세력에 의한 지나친 군비 지출이 적자재정을 야기하여 경제 위기가 나타났으며 이는 곧 전쟁으로 연결되었다는 쓰라린 경험을 갖고 있었으므로 방위산업 육성에 대한 정부 재정 지원에 단호히 반대했다. 전전과는 달리 강력한 권력을 가진 군부가 존재하지 않음으로써 대장성의 입장은 관철될 수 있었다. 당시 자민당 수뇌부의 전면적 지지를 받은 것이 또한 대장성의 건전재정주의였다.

방위산업에 대한 정부 성청 내의 대결 구도가 변화를 보인 것은 일본의 방위산업이 질적인 도약을 맞게 되는 제4차 방위력정비계획 기간이었다. 제4차 방위력정비계획이 입안되고 시행되는 과정에서는 나카소네와 같은 거물 정치인의 영향력이 지대하다는 점이 드러났다. 3차 방위력정비계획 말기부터 '자주방위 구상'과 이에 따른 '병기 국산화 계획'은 나카소네가 방위청 장관에 취임함으로써 더욱 적극적으로 전개된 것이다.

이와 같은 의욕적인 방위력정비계획의 추진이 가능했던 것은 국내적 배경과 국제 환경적 변화라는 두 측면에서 살펴볼 수 있다. 국내적 배경이 된 것은 그동안 일본이 이룩했던 비약적인 경제성장으로 미국의 무상 원조가 거의 소멸되었다는 점과 함께 기술적으로도 일본의 기업들이 상당한 진전을 이룩했다는 점이다. 따라서 일본의 산업정책 또한 그동안의 '양적 성장' 일변도에서 첨단산업정책 중심의 '질적 성장'으로 변화하게 되었다. 국제 환경적 변화로는 1970년에 나타난 닉슨독트린으로 미국이 각국의 자조 노력을 강조한 점과, 소련 극동함대의 무력 증강 등을 들 수 있다. 또한 4차 방위력정비계획 실시 기간 중에 나타난 1975년의 베트남 붕괴, 뒤이은 카터 대통령의 주한 미군 철수 계획 발표 등으로 이런 일본의 '자주방위 구상'이 상당한 국민의 지지를 받았던 점을 들 수 있다.

제4차 방위력정비계획을 보면 초기에는 방위청, 통산성과 재계의 의견이 관철되고 있으나, 후기에는 조금 다른 양상이 나타남을 알 수 있다. 즉

PXL과 AEW의 수입을 둘러싼 재계와 관료, 관료와 정치인, 재계와 정치인 간의 갈등 구조 속에서 '국방회의'라는 자민당 내 주요 정치인 차원에서 '수입'이라는 결정이 내려져, 이것이 재계와 일부 관료들의 반대에도 불구하고 그대로 관철되었다. 제4차 방위력정비계획에서 각 행위자가 방위산업에 대해 보여 준 시각은 조금 차이가 드러났다. 즉 나카소네와 방위청은 방위산업을 안보적 측면에서 바라본 면이 강하다면, 통산성과 재계는 여전히 산업적 측면에서 방위산업을 바라보는 시각이었다. 특히 4차방 말기 대두되었던 AEW, PXL 사례의 경우, 전자가 방위력의 향상을 위한 질적 측면을 강조함으로써 장비의 국산화에 상대적으로 덜 민감했다면, 후자의 경우 '산업 및 기술 토대'라는 입장에서 첨단 장비의 국내 개발을 통한 산업 기술의 향상에 더 관심이 있었던 것이다.

2) 주요 정치인의 역할 증대

FS-X의 경우 미국이라는 외압의 존재 앞에서 일본 내 성청 간의 대립 구도는 상대적으로 드러나지 않았다. 즉 일본 내에서도 초기부터 FS-X의 독자 개발에 대한 비판 의견이 있었으나 미국의 개입과 강력한 압력 앞에서 이는 별로 노출되지 않았으며, 앞의 사례들에 비해 일본 엘리트 지배 구조 내의 균열상은 심각하게 나타나지 않았다. 이를 앞서 살펴보았던 두 가지 사례와 비교해 보면 일본에 대한 외부 압력이 강할 경우 일본 내 엘리트들의 균열 구조는 희석되어 나타나는 데 비해, 외부 압력이 없을 경우 이런 균열 구조가 상대적으로 더 뚜렷이 드러난다는 점을 알 수 있다.

한편 미·일 간의 협상이 교착 상태에 빠졌을 때 이를 해결한 것은 일본의 주요 정치인이었다는 점도 언급되어야만 한다. 즉 양국 관료들 간의 이해가 상충되어 해결을 보지 못하고 있을 때 관료들에게 압력을 가하여 결과적으로 미국 측 요구를 수용하도록 한 인물은 바로 당시 자민당의 최대 파벌로서 다케시타(竹下)파의 실력자였던 오자와였다는 점에서 주요 정치인의 영향력은 단적으로 드러난다.

FS-X 사례가 보여 주는 바는 이 시기의 일본 방위산업이 이미 일본이라는 한 국가의 안보적인 차원의 문제가 아니라, 미국과 일본 양국 간의 외교·통상적인 문제로 확대되고 있다는 것이다. 따라서 일본 내의 결정 구조 또한 일국 내의 산업정책에 머무르지 않게 됨으로써 관료 수준의 합의와 결정보다는 주요 정치인을 중심으로 결정이 이뤄지는 양상을 보인다. 이는 마지막 단계에서의 협상이 주미 대사를 통하고, 관료 수준에서 합의가 이뤄지지 못했을 때 방위 문제 전문가가 아닌 오자와가 미국과의 협상에 나선 데에서도 분명히 드러나고 있다. FS-X에서 보여 준 오자와의 영향력은 일본에서 주요 정치인이 지닌 영향력을 보여 주는 단적인 예였던 것이다.

이런 측면에서 이 시기의 일본 방위산업은 이미 일본이라는 국가의 일국적 차원이 아니라 미·일 간 수준에서 논의되게 되며, 이 과정에서 일본의 주요 정치인들의 역할이 의회나 관료들보다 상대적으로 중요시됨을 알 수 있다. 이와 함께 4차방 말기의 PXL, AEW 수입 결정에서 나타난 바와 같이, 미국의 압력이라는 외압이 존재하여 관료들 간의 합의를 보지 못하는 국면에서는 주요 정치인이 결정적인 역할을 한다는 점도 드러난다.

3) 탈냉전과 일본 방위산업의 국제화

탈냉전 시기에 나타난 미·일 양국 간 방위산업 협력에 대해서는 관료들 간의 갈등이나 대립 양상이 전혀 드러나지 않았다. 이는 다음과 같은 몇 가지 이유로 설명할 수 있다.

첫째, 탈냉전적 국제 질서의 전개와 함께 나타난 양국 안보 인식의 변화와 새로운 차원의 미·일 동맹으로 양국의 안보정책이 양국 군의 일체화를 지향하는 양상으로 나타남으로써, 양국 간 방위산업 협력은 일본 내의 일개 성청이 간여할 수준의 문제를 넘어섰다. 즉 탈냉전과 함께 나타난 양국의 방위산업 협력 문제는 미일안보조약이라는 구조 속의 문제로 자리 잡고 있는 것이다.

둘째, 양국 간 방위산업의 협력은 표면적으로는 양국 산업체의 주도로 시작되었기 때문에 정부 각 성청이 간여할 여지가 거의 없었다는 점이다. 물론 정부의 안보, 산업 관계자가 다수 참여하는 반관반민의 형태로 운영이 되기는 하지만 협력 사업의 주체는 어디까지나 민간 기업들이었다. 주체가 민간 기업들이며 협력 사업의 내용이 미국과 일본의 방산 기업들 간 공동 연구나 개발, 사업의 발굴 등이기 때문에 각 성청의 이해관계가 충돌할 여지가 거의 없었던 것이다.

셋째, 미국 군수산업체와의 협력은 일본이라는 좁은 시장에서 방위산업에 치중함으로써 나타나는 위험성을 크게 감소시켜 줄 뿐 아니라, 무기 수출 금지로 규모의 경제를 실현하는 데 어려움을 겪고 있는 일본 방산업계들에게도 큰 도움이 되기 때문에 일본 정부로서도 반대할 이유가 없었다. 이는 탈냉전 후 경단련이 무기 수출 3원칙에 대한 수정을 건의한 것이나, 일부 자민당 정치권에서 나타났던 무기 수출 완화론과도 맥을 같이 하고 있다.

넷째, 1970년대 이후 각 성청에서 나타났던 국제화 노력의 일환으로 관료들의 해외 근무 기회가 대폭 나타남으로써, 탈냉전 이후 국제파 관료들이 이미 각 성청의 중심 세력이 되었다는 점이다.[2] 즉 전후 초기 일본의 각 성청을 장악했던 인사들이 과거 전전의 통제적 사고, 그리고 전쟁이라는 엄혹한 시기를 거치면서 형성된 국가주의적 사고의 영향을 많이 받고 있었다면, 탈냉전 이후 시기 들어서는 이들이 전후 세대로 교체되어 국제주의적 사고를 가진 관료들이 대거 등장함으로써 과거와 같은 국산화에 대한 집착 또는 국가 중심적 사고는 매우 약화되는 경향을 보이고 있다.

다섯째, 이와 관련하여 세계화, 상호 의존의 증대와 함께 과거 외무성으로 일원화되어 있던 외교 창구가 다원화됨으로써 관료들의 국제화는 더욱 진전되는 양상이라는 점도 언급되어야만 한다. 즉 과거 외무성 중심의 정무 외교가 국제화와 함께 경제, 과학기술, 문화 등 다방면에 걸쳐 다원화되어 나타나고 있는 것이다. 이의 결과 대장성, 통산성 등과 같은 타 성청도 재외공관이나 다른 기관을 통해 해외 유관 기관들과 연락의 창구를 마련함으로써 국제 감각을 익힌 결과 과거의 국가 중심적 사고가 많이 약화된 것이다.

이상에서 살펴본 여러 요인 중 물론 가장 결정적인 것은 구조적 요인, 즉 탈냉전 시기 들어 나타나는 양국 간 방산 협력이 미·일 안보 구조의 틀 내에서 이뤄지고 있기 때문에 일본 내 각 행위자가 간여할 수준의 문제가 아니었다는 점일 것이다.

2_예를 들면 통산성은 세계 곳곳에 일본무역진흥회(JETRO)를 두고 있으며, 대장성 또한 재외공관이나 국제기관, 연구소 등에 해외 인력을 상주시키며 정보 수집과 의견 교환을 하고 있다. 일본의 각 성청은 1970년대부터 국제파 관료를 키우는 데 힘을 기울여 통산성의 경우 70년대 후반기에 국제파가 이미 간부급에 진출하고 있다. 이에 대해서는 脇山俊(1994)을 참고.

3. 제도로서의 재계 단체와 중간 조직

전후의 '병기 재생산' 과정에서는 재계 조직이 미국과의 관계에서 가장 주도적인 역할을 했다. 이는 전후 초기 미군의 점령정책에 일본의 민주화, 비군사화라는 대원칙이 설정된 단계여서, 일본의 국가기구들이 방위산업 정책에 관심을 쏟을 여유가 없었던 데 기인하기도 했다. 즉 당시 정치인들은 미국과의 '강화'와 이에 따른 '독립'이 주된 관심사였기 때문에 방위산업 정책에 실질적으로 간여할 여유가 없었다.

그러나 다른 무엇보다도 일본에서 병기 재생산이 가능했던 이유는, 경제문제가 가장 중요하며 이를 위해서는 점령 당국의 의도가 무엇인지를 정확하게 파악하는 것이 필요하다는 재계 지도자들의 정세 판단이 선행되어 있었기 때문이었다. 즉 중국의 공산화, 한국전이라는 국제 상황의 변화는 미국의 대일정책을 재고하게끔 하는 요인이 되었으며, 이런 국제 정세의 변화를 재계가 적확하게 포착하여 병기 재생산에 적극적으로 나섰던 것이다. 이런 재계의 움직임은 주로 점령 당국과의 직접적인 교섭으로 이뤄졌다. 방위산업에 대한 재계의 시각은 전적으로 경제적 측면, 즉 산업적 측면의 것으로서 안보적 고려는 부차적 요인이었다. 동시에 방위산업을 이용한 미군 물자 조달에 초점이 맞춰져 있어 방위산업이 가진 기술적 측면 또한 부차적이었다.

두 번째 사례인 제4차 방위력정비계획의 경우 점령 시기와는 다르게 일본의 국가기구가 정비된 상태였다. 따라서 4차방의 결정 과정에서 재계가 어떤 역할을 했는지에 대한 구체적인 자료는 드러나는 바가 없다. 이는 초기 방위산업의 육성이 대장성의 반대로 좌절된 이후 재계가 방위산업에 대한 공공연한 주장을 피하고 은밀하게 활동함으로써 재계의 움직임이 표면적으로 잘 드러나지 않게 되었다는 점에 기인한다.

정책 결정 과정에서 재계가 자신들의 의사를 반영하기 위한 기제로는 공식적인 것과 비공식적인 것을 들 수 있다. 공식적인 것으로는 심의회, 연구회, 간담회와 같은 중간 조직을 들 수 있으며, 비공식적인 것으로서는 정치자금, 인적 관계와 낙하산 인사 등을 들 수 있다. 전자의 경우 4차방까지는 인적 구성이 대체적으로 전전 인사들 또는 그들과의 정서적 공감대를 갖고 있는 인사들의 영향력 아래 있었으므로 통산성, 재계의 주장이 많이 반영되어 나타났다. 후자, 즉 비공식적으로 맺어지는 재계와 정계, 관료의 연결 고리가 방위산업정책에서 재계의 의사를 관철하는 직접적인 통로라는 증좌는 없으나, 적어도 재계의 의사가 상당 부분 반영되리라는 것은 유추 가능하다. 록히드 사건과 같이 그동안에 발생했던 수차례의 '의혹'(疑惑) 사건에서도 이런 점은 충분히 드러나고 있다. 4차 방위력정비계획의 경우 이것이 확정된 후 재계 지도자들이 환영과 만족감을 표시한 데서 재계의 의사가 충분히 반영되었음을 알 수 있다.

그러나 1970년대 들어 일본의 경제적 위상이 높아지고 미·일 경제 관계에서 미국의 압력이 구체적인 형태를 띠고 나타나면서 방위산업에 대한 재계의 영향력에는 변화가 나타났다. 이는 일본 경제의 국제화에 따라 방위산업이 일본 국내 차원이 아닌 미국이 개입되는 국제 차원의 문제로 비화된 데 따른 것이다. 4차 방위력정비계획 말기에 나타난 PXL과 AEW의 수입 압력 요구는 이것이 구체화된 것이었으며, 여기서 보인 재계와 정치인, 관료 간의 균열 구조는 미국의 압력이 일본의 방위산업정책의 결정 구조에 참여하는 엘리트들의 결합력에 영향을 끼칠 수 있음을 보여 준다. 즉 1980년대 이후 일본 경제가 국제사회에서 차지하는 비중이 높아지고 이런 추세가 더욱 심화되어가는 과정에서는 국가 대 국가라는 차원에서 논의가 이뤄지므로, 재계의 역할은 상대적으로 축소될 수밖에 없었던 것이다. 이는 4차 방위력정비계획 말기의 PXL 수입과 FS-X 사례에서 재계의 주장이 그다지 반영되지 않는 과정에서 분명히 알 수 있었다.

그러나 탈냉전 들어 나타나기 시작한 미·일 간 방산업계의 협력은 방위산업정책과 관련하여 재계의 움직임이 국가의 경계를 넘어서는 모습을 보여 주고 있다. 즉 일본이라는 경계를 벗어나 미국의 거대 군수 업체들과 함께 공동 연구·개발에 착수하는가 하면, 또 다른 한편으로는 미국의 군수 업체들과 함께 방위산업에 국한되지 않는 새로운 영역을 모색하는 것이다. 그러나 이런 현상이 일본의 방위산업체들이 자신들의 가치 체계, 즉 기술의 국산화나 토착화 또는 '이해 당사자 자본주의'(stakeholder capitalism)로 상징되는 일본식 자본주의의 가치를 전면적으로 포기한다는 것을 의미하는 것은 아니다. 일본의 기업들이 자신들의 가치 체계를 쉽게 포기하지 않을 것이라는 점은, 1990년대 초부터 시작된 소위 '잃어버린 20년'이란 엄혹한 기간 동안에도 미국식의 '주주 자본주의'(stockholder capitalism)에 저항하면서 자신들의 가치를 지키고자 노력하는 모습에서도 엿볼 수 있다. 즉 미국 군수 업체들과의 협력을 모색한다고 하더라도 이런 협력이 자신들의 가치 체계를 포기하는 협력은 아닐 것이다.

이 책의 앞부분에서 제기했던 문제들과 관련하여, 그리고 앞서 살펴본 각 사례들의 역할을 전체적으로 관통하여 살펴보면 다음과 같은 점을 알 수 있다.

첫째, 전후 일본 방위산업의 수립과 입안에 있어 각 변수들의 역할을 살펴보면 초기에는 재계와 관료가, 그리고 3차방과 4차방을 전후해서는 관료들과 정치인이 중심이 되는 모습을 보이지만, 탈냉전 이후에는 미국과 일본 산업체의 영향력이 매우 중요하게 나타났다. 따라서 전후 일본의 방위산업에서 관료들 또는 그들의 정책이 절대적이었다는 주장은 몇 개 사례들에서만 적용될 수 있을 것이다.

둘째, 전후 일본의 방위산업이 질적인 측면을 중시하게 되는 것은 제4차 방위력정비계획을 전후한 시기였다. 즉 전후 일본 방위산업이 재개되는 시점에서 상대적으로 더 중요시되었던 것은 방위산업의 질적 측면보다는 양적 측면이었다.

셋째, 메이지 시기 이후 일본 사회의 문화 또는 관습으로 굳어졌던 기술 민족주의가 전후의 일본에서도 지속될 수 있었던 궁극적 원인은 전전과 전시를 통하여 일본을 지배했던 지배 엘리트들이 전후에도 계속 일본 사회의 지배 엘리트를 구성했을 뿐 아니라 이들이 심의회, 위원회 등의 중간 조직을 통해서도 계속 활동할 수 있었기 때문이었다. 즉 전전과 전후의 외양적 변화에도 불구하고 전전과 전후의 인적인 연속성은 정책의 연속성으로 이어졌을 뿐 아니라, 전전의 사고방식(ethos), 문화, 관습이 계속 일본 사회를 지배할 수 있는 토양이 되었던 것이다.

마지막으로 뒷부분에서 부연 설명이 이뤄지겠지만, 전후의 일본 방위산업정책이 전전과 다른 점은 이것이 국가 경제의 전체적 틀 또는 민간경제와의 관련성 속에서 이뤄졌다는 점이다.

2. 향후 일본의 방위산업은?

일본의 방위산업정책에 간여하는 관료, 정치인들과 재계 인사들에게서 공통적으로 드러나는, 또는 이들이 공유하고 있는 인식은 방위산업을 일반 산업의 한 부분으로 파악한다는 점이다. 따라서 방위산업정책 또한 일반 산업정책, 더 크게는 거시 경제정책의 한 부분이다. 방위산업이 한국전을 계기로 재개되어 이후 이를 좀 더 활성화시키고자 하는 통산성의 노력이 산업토대라는 측면에서 나타난 것이라면, 이를 억제하고자 했던 대장성의 노력은 재정정책이라는 좀 더 거시적인 경제정책에서 나온 것이었다. 어느 성청이나 방위산업을 안보적 차원에서만 파악하는 시각은 나타나고 있지 않다. 자민당 수뇌부 또한 안보적 측면에서 방위산업을 고립적, 분산적으로 파악하는 것이 아니라, 국가 전체의 경제적 측면을 고려한 대장성의 건전재정주의를 지지하는 입장이었다. 이는 방위산업이 가진 경제적 측면 또는 산업토대라는 측면에서 바라보는 시각과 일맥상통한다. 그리고 군수에 특화된 것이 아니라 민수를 고려한 이와 같은 일본의 방위산업정책은 전전의 쓰라린 경험이라는 역사적 배경에서 자연스럽게 형성되어 나타난 것이다.

미국과 구소련이 군수와 민수 사이의 장벽을 설정하여 군수 기술을 보호하는 데 초점을 두었다면, 일본은 '방위산업토대'(DIB) 또는 '방위기술 및 산업토대'(DTIB)라는 측면에서 방위산업에 접근함으로써 방위산업과 기술의 민수 적용 가능성에 중점을 두어 방위산업을 육성해 왔다. 전후 일본이 순차적으로 발전시켜 온 자동차, 전자, 컴퓨터, 자동화 및 신재료, 항공우주산업의 궤적은 일본이 개발한 주요 병기들의 국산화와 궤를 같이하여 나타나고 있다. 더구나 일본의 이들 산업은 국제시장에서의 경쟁으로 성능과 품질이 크게 향상됨으로써 미국의 군수 장비들과는 다르게 시장성도 겸비하고 있다. 이는 방위산업이 시스템 종합 산업으로서 민수산업, 특히 중화학공업과의 기술 연계성이 강하다는 측면을 일본이 일찍부터 간파하고 있었다는 의미다.

'민·군 겸용 기술 개발 전략'은 국가 경쟁력의 기초가 되는 기술력을 향상시킬 뿐 아니라 첨단 장비로 무장한 기술 집약형 군사력을 갖추는 가장 경제적이고도 효율적인 전략임을 전후의 일본은 보여 주고 있다. 그리고 이런 개발 전략은 방위산업을 고립, 분산적인 산업으로서가 아니라 국가의 총체적인 산업토대와 관련지어 다룰 때 성공적으로 수행될 수 있다는 것을 일본의 방위산업정책은 보여 주고 있다.

군수에 특화된 것이 아니라 민수를 고려한 방위산업정책, 민·군 겸용 기술 개발 전략, 경제적·산업적 토대와의 관련성에서 취해지는 정책 등 방위산업정책에서 나타나는 일본의 이런 접근법은 쉽게 바뀌지 않을 것이다. 왜냐하면 전후 일본이 취해 온 이런 발전 전략은 방위산업이 가진 리스크를 경감시켜 줄 뿐 아니라, '경제 발전'과 '국가 안보'라는, 근대국가의 출현 이후 모든 국가들이 추구하고 있는 목표를 동시에 달성할 수 있는 방법임이 일본을 통해 증명되었기 때문이다.

탈냉전 직후 서구의 주요 군수산업체들이 극심한 어려움에 직면하여 대규모의 흡수, 합병과 같은 구조 조정을 겪는 동안 일본의 방위산업체가 그다지 큰 어려움을 겪지 않았던 것은 의도적이든 아니든, 민수를 고려한 방위산업정책을 고수했기 때문이었다. 뿐만 아니라 군대 아닌 군대 조직을 첨단 장비로 무장시키면서 기술 대국, 경제 대국으로 성장한 오늘날의 일본은 민·군 겸용 기술 개발 전략과 경제적 토대를 고려한 방위산업정책이 낳은 결과인 것이다.

탈냉전 이후 전개되고 있는 미·일 간의 방산 협력은 이제 하드웨어 중심의 민·군 겸용 기술 개발에서 또 다른 차원으로 이행하고 있다. 즉 미일 기술포럼에서 나타나듯, 민간 기업의 물류 시스템을 이용한 '전략적 병참'

의 도입으로 양국의 방위산업 협력은 민수 영역의 하드웨어 기술을 활용하는 차원에서 한 단계 더 나아가 이제 서비스 영역으로 확대되는 양상을 보이고 있다. 이런 측면에서 향후 진전될 민·군 겸용 기술은 제조업뿐 아니라 서비스 영역, 나아가서는 관리, 운영까지 확대되어 나타날 것이고,[3] 이럴 경우 거대 방산업계의 출현은 장비 제조업뿐 아니라 군수 보급 부문으로까지 확대되어 나타날 것이라고 예상해도 무리는 아닐 것이다. 나아가 서비스 영역에서의 거대 기업 출현과 미·일 간 방산업계들의 협력이 국적을 초월한 자본의 논리로 결합될 때, 세계화로 상처 입었던 근대국가의 주권은 자본의 논리에 어떻게 대응할 것인가. 양국 간 방산 부문의 협력이 국가의 필요에 의해 정치적으로 추진되었다면, 이의 결과 나타날 수 있는 거대 군수 기업의 출현과 그 영향력, 또는 거대 자본과 시장의 논리를 국가가 통제할 수 있을 것인가.

탈냉전 이후 급속도로 진전되고 있는 미·일 간 방산 부문의 협력은 1960년대 이후 다국적 기업의 출현과 비 국가 행위자들의 영향력 증가로 나타났던 '주권의 한계'(Sovereignty at Bay)[4]와는 또 다른 성격의 '주권의 한계'를 가져올 수 있는 개연성을 갖고 있으며, 이는 다른 자본의 세계화와는 그 파괴력이 비교가 되지 않을 정도로 클 것이다. 왜냐하면 자유주의자들이 주장하는 국가주권의 무력화가 산업자본이나 상업자본의 세계화 또는 탈국적화를 배경으로 나타났다면, 이에 대한 현실주의자들의 반박은 주로 군사력을 바탕으로 한 근대국가의 속성 또는 패권적 권력을 배경으로 하고

3_21세기에 민·군 겸용 기술이 정보, 서비스, 운영 분야까지 확대 융합될 것이라는 주장에 대해서는 Toffler and Toffler(1995)를 참고.

4_이에 대해서는 Vernon(1973)을 참고.

있기 때문이다. 즉 미·일 간 방산 부문의 협력은 근대국가의 출현 이후 마지막까지 국적을 가진 산업으로서의 지위를 간직하고 있는 무기산업의 국적 또는 주권을 약화시킬 가능성이 있다는 점에서 이제까지 진행되어 왔던 '주권의 한계'와는 그 성격이 다른 것이다. 다시 말해 방위산업 부문의 협력은 근대국가의 특징 중 하나인 폭력 수단의 독점적 지배를 근본적으로 뒤흔들 수 있는 여지가 있기 때문에 그 파괴력이 다른 자본의 세계화와는 다를 것이다.

세계화의 진전과 함께 시장의 힘은 이미 국가권력을 능가하는 모습들을 보여 주고 있다. 이런 상황에서 방산 부문의 국가 간 협력은 시장에 대해 국가가 갖고 있었던 마지막 권력으로서의 폭력 수단이 시장으로 넘어갈 개연성을 보여 준다. 나아가 방산 부문의 상호 의존과 협력은 시장의 힘에 의해 모든 국가나 사회에서 나타나는 것이 아니라, 국가의 힘에 의해 군사적 동맹 관계에 있는 국가들 사이에서 블록의 형태로 나타날 것이라는 점에서 자유주의자들이 지향하는 상호 의존적 국제 질서와는 양상이 다를 것이다. 즉 경제적인 블록과는 다른 차원에서, 부품의 상호 조달, 무기의 공동 생산과 같은 군사적 블록으로 나타날 가능성이 높으며, 이런 군사적 블록 내에서 자연스럽게 개별 국가들의 위계질서가 정해질 것이라는 점에서 상호 의존적 국제 질서와는 그 성격이 다르다. 이럴 경우 이 위계질서의 아래쪽에 위치한 국가에서 가장 먼저 '주권의 한계'가 나타날 수도 있을 것이라고 한다면 지나친 논리의 비약일까. 나아가 이런 '주권의 한계'로 국가가 자본과 시장의 논리를 통제하지 못할 때 과연 어떤 일이 일어날까. 탈냉전 이후 일본에서 나타나고 있는 '무기 수출 3원칙'의 무력화 움직임은 바로 이를 반영하는 것은 아닐까.

참고문헌

〈한국 자료〉

구상회. 1998. “국가 과학기술 전략과 민·군 겸용 기술.” 김형국·유석진·홍성걸 엮음. 『과학기술의 정치·경제학』. 도서출판 오름.

金基奭. 1989. “FS-X, 美-日共同開發事業의 問題點.” 『國防과 技術』 Vol.128, 10월호. 防衛産業振興會.

金在洙. 1989. “日本의 T-4 훈련기와 FSX 개발.” 『國防과 技術』 Vol.121, 3월호. 防衛産業振興會.

김진균 외. 『군신과 현대사회: 현대 군사화의 논리와 군수산업에 관한 연구』. 문화과학사.

김진기. 1995. “일본의 군사력 평가.” 『전략연구』 제I권. 한국전략문제연구소.

_____. 2001. “전후 일본을 보는 하나의 시각.” 『21세기 정치학회보』 제11집 1호. 21세기 정치학회.

_____. 2003. “탈냉전 이후 미국 군수산업의 전환에 관한 연구.” 『한국정치학회보』 37집 1호. 한국정치학회.

_____. 2004a. “영토 분쟁 지역에 대한 일본 정부 접근법의 비교 연구.” 『국제지역 연구』 제9권 제1호. 국제지역학회.

_____. 2004b. “전환 연구의 이론적 제 문제.” 『평화연구』 제12권 2호. 고려대학교 평화문제연구소.

_____. 2007. “주일 미군 재배치의 배경과 전략적 의도: 미, 일 양국의 국방 정책 지침서를 중심으로.” 『한국동북아논총』 제12권 제1호 통권42집. 한국동북아학회.

_____. 2010. “탈냉전기 미국과 일본의 방위산업 협력: 미일기술포럼에서의 논의를 중심으로.” 『국방연구』제53권 제2호. 국방대학교 국가안전보장문제연구소.

김학준. 2003. 『한국전쟁: 원인·과정·휴전·영향』. 博英社.

김호섭. 2006. “제3세대 미·일 동맹과 한미 동맹.” 한국국제정치학회 하계학술회의 발표 논문.

모리시마 미치오 지음. 장달중 외 옮김. 1999. 『왜 일본은 몰락하는가』. 일조각.

민성기. 1996. 『한국 방위산업』. 문원.

박상섭. 1994. “근대 사회의 전개 과정과 사회과학의 형성 및 변천.” 소광희 외 지음. 『현대의 학문 체계』. 민음사.

스티븐 리드 지음. 최은봉 옮김. 1997. 『일본 특이론의 신화 깨기』. 도서출판 오름.

어수영. 1990. “방위정책의 변화와 국민 여론.” 『일본평론』 제1집. 사회과학연구소.

염재호. 1994. “일본의 경제성장과 정부의 역할.” 최상용 외 지음. 『일본·일본학: 현대 일본 연구의 쟁점과 과제』. 도서출판 오름.
윤정석. 1990. "일본의 방위산업과 산군 관계." 『일본평론』 제1집. 사회과학연구소.
李德熙. 1992.『日本企業集團硏究』. 産業硏究院.
이매뉴얼 월러스틴 지음. 성백용 옮김. 1994. 『사회과학으로부터의 탈피』. 창작과 비평사.
이매뉴얼 월러스틴 지음. 이수훈 옮김. 1997. 『사회과학의 개방』. 당대.
찰머스 존슨 지음, 장달중 옮김. 1984. 『일본의 기적』. 박영사.
한승주. 1976. "일본의 대잠 초계기 선정에 관한 논쟁." 『국제정치논총』 제16집. 한국국제정치학회.

〈중국 자료〉

中華人民共和國 國家統計局 編. 2005.『2005 中國統計年鑑』. 中國統計出版社.

〈일본 자료〉

鎌田慧. 1979.『日本의 兵器工場』. 東京: 潮出版社.
経済団体連合会 防衛生産委員會. 1964.『防衛生産委員會十年史』. 東京: 經濟團體連合會防衛生産委員會.
経済団体連合会. 1962.『經濟團體連合會 十年史(上)』. 東京: 經濟團體連合會.
______. 1963.『經濟團體連合會 十年史(下)』. 東京: 經濟團體連合會.
______. 1978.『經濟團體連合會三十年史』. 東京: 經濟團體連合會.
______. 1988.『昭和62年度 事業報告』弟47號.
______. 1999.『經濟團體連合會五十年史』. 東京: 經濟團體連合會.
高柳光壽・竹內理三 編.『日本近現代史 小辭典』. 1989. 東京: 角川書店.
公正取引委員會事務局 編. 1992.『日本の 六大企業集團:その組織と行動』. 東洋經濟新報社.
久野正夫. 1989a. "FS-Xの日米分擔問題."『軍事硏究』3月號.
______. 1989b. "FS-Xと 日米の思惑."『軍事硏究』8月號.
宮本勳. 1988. "FS-Xの母體F-16Cの搭載電子機器."『軍事硏究』4月.
權鎬淵. 1995. "シビリアン・コントロールからみた日本の防衛政策の決定過程." 東京大學大學院總合文化硏究科 博士學位論文.
吉原公一郎. 1988.『日本の兵器産業』. 東京: 社會思想社.
金森政雄. 1989. "日米防衛技術協力では日本の主體性を."『經團連月報』1月.

今井賢一. 1989. “企業グループ.” 今井賢一・小宮隆太郎 編. 『日本の企業』. 東京: 東京大學出版會.
鍛治壯一. 1987. “七顚八起のFSX.”『世界』11月號. 東京: 岩波書店.
大嶽秀夫 編. 1984.『日本政治史の爭點』. 東京: 三一書房.
大嶽秀夫 編・解說. 1991.『戰後防衛問題資料集: 第一券 非軍事化から再軍備へ』. 東京: 三一書房.
______. 1992.『戰後防衛問題資料集: 第二券 講和と再軍備の本格化』. 東京: 三一書房.
______. 1993.『戰後防衛問題資料集 : 第三券 自衛隊の創設』. 東京: 三一書房.
藤原彰. 1987.『日本軍事史(下)』. 東京: 日本評論社.
陸軍省新聞班. 1964. “國防の本義と其强化の提唱.”『現代史資料(5)-國家社會主義運動(二)』. 東京: みすず書房.
每日新聞社 軍事問題取材班. 1982.『兵器 ビジネス』. 東京: 每日新聞社.
木原正雄. 1994.『日本の軍事産業』. 東京: 新日本出版社.
木川田榮. 1971.『軍國主義と 日本經濟』. 東京: 三一書房.
木下博生. 2003. “新年を迎え對米武器技術協力を振り返る.”『月刊JADI』1月.
米國防省·國防科學委員會. 1984. “日米武器技術協力報告書.”『世界週報』9/25.
防衛生産委員會. 1976. “次期對潛哨戒機(PXL)の國内開發について(1975. 11. 25. 成案).”『昭和50年度經團連事業報告』第35號(5月).
防衛省 編. 2008.『平成20年版 日本の防衛』. 防衛省.
防衛廳.『防衛白書』各年度. 大藏省印刷局.
______.『防衛年鑑』各年度. 防衛年鑑刊行會.
______.『防衛アンテナ』各年度. 東京: 防衛廳 長官房廣報課.
______.『防衛ハンドブック』各年度.
富山和夫. 1979.『日本の防衛産業』. 東京: 東洋経濟新報社.
富田信男·曾根泰敎 編. 1983.『世界政治の中の日本政治』. 有斐閣.
山本彦助. 1974. “國家主義團體の理論と政策.”『現代史資料(23)-國家主義運動(三)』. 東京: みすず書房.
山本正雄 編. 1972.『經濟官僚の實態』. 東京: 每日新聞社.
西島良知. 1989. “FSXをめぐる日米の思惑.”『コリア評論』No.23(6月). 東京: 民族問題研究所.
石原愼太郎·江藤淳. 1991.『斷固'NO'と言える日本』. 光文社.
石原愼太郎·渡部昇一·小川和久. 1990.『それでも 'NO'と言える日本』. 光文社.
石原愼太郎·盛田昭夫. 1989.『'NO'と言える日本』. 光文社.
石井寛治. 1992.『日本の産業化と 財閥』. 東京: 岩波書店.
城田登·山村喜晴·白西紳一郎 共著. 1971.『三菱軍需廠』. 東京: 現代評論社.

小山弘健. 1972.『日本軍事産業の史的分析』. 東京: お茶の水書房.
小熊英二. 2002.『民主と愛國』. 東京: 新曜社.
松永惠一. 1979.『 日本の防衛産業』. 東京:入門新書.
松浦晃一朗. 1992.『歷史としての日米關係の成功』. 東京: サイマル出版會.
辻清明 編. 1966.『資料戰後二十年史1(政治)』. 東京: 日本評論社.
鹽田庄兵衛·長谷川正安·藤原彰 編. 1984.『戰後史資料集』. 新日本出版社.
永野信利. 1975.『外務省研究』. サイマル 出版會.
宇垣大成. 1988. "決定版!! これがFS-Xだ." 『軍事硏究』(4月).
野口悠紀雄. 2002.『1940年体制—さらば戰時經濟』. 東洋經濟新報社.
有澤廣巳 編. 1966.『資料戰後二十年史2(經濟)』. 東京: 日本評論社.
日米技術フォーラム事務局. 2002. "第13回(平成14年度) 日米技術フォーラム參加報告." 『月刊 JADI』 11月.
______. 2003. "第14回(平成15年度) 日米技術フォーラム參加報告." 『月刊 JADI』 10月.
______. 2004. "第15回(平成16年度) 日米技術フォーラム參加報告." 『月刊 JADI』 10月.
______. 2005. "第16回(2005年度) 日米技術フォーラム參加報告." 『月刊 JADI』 11月.
______. 2006. "第17回(2006年度) 日米技術フォーラム參加報告." 『月刊 JADI』 11月.
______. 2007. "第18回(2007年度) 日米技術フォーラム參加報告." 『月刊 JADI』 11月.
______. 2008. "第19回(2008年度) 日米技術フォーラム參加報告." 『月刊 JADI』 11月.
______. 2009. "第20回(2009年度) 日米技術フォーラム參加報告." 『月刊 JADI』 11月.
猪口孝. 1983.『現代日本政治經濟の 構圖』. 東洋經濟新報社.
猪口孝·岩井奉信. 1987.『"族議員"の硏究 』. 東京: 日本經濟新聞社.
畑貴司. 1993. "FS-Xは離陸するか?" *AIR world* 1月號 別冊.
畑野勇. 2005.『近代日本の軍産學複合体-海軍·重工業界·大學-』. 創文社刊.
前田哲男. 1983.『兵器大國日本』. 東京: 現代史出版會.
齊藤眞·永井陽之助·山本滿 編. 1970.『戰後資料 日米關係』. 東京: 日本評論社.
朝雲新聞社編集局.『防衛ハンドブック』各年度. 朝雲新聞社.
朝日新聞名古屋本社社會部. 1983.『兵器生産의 現場』. 朝日新聞社.
朝日新聞社. 1975.『朝日年鑑 1975』. 朝日新聞社.
足立浩. 2005. "戰後日本の軍需産業と主要企業." 『經濟』 8月.
______. 2008. "日米軍需産業間交流と'融合化'傾向." 『經濟』 6月.
佐藤誠三郎. 村松岐夫. 1986.『自民黨政權』. 中央公論社.
佐佐木隆爾. 1989.『サンフランシスコ講和』. 東京: 岩波書店.
中馬淸福. 1988. "日本の防衛費.いったい何位? NATO方式に從い換算すれば." 『朝日新聞』 (10/19).
中村隆英. 1974.『日本の 經濟統制』. 東京: 日本經濟新聞社.

秦郁彦. 1983.『官僚の 研究』東京: 講談社.

秦郁彦 編. 2002.『 日本近現代人物履歴事典』. 東京:. 東京大學出版會.

______. 2005.『日本陸海軍總合事典』. 東京: 東京大學出版會.

千賀鐵也. 1952. "米國對日發注の變革と新特需を繞る動向."『經濟往來』9月號.

______. 1955. "わが國産業構造の問題と防衛産業."『經團連月報』2月號.

青木昌彦. 1984. 『現代の企業』. 東京: 岩波書店.

______. 1989.『日本企業の組織と情報』. 東京: 東洋經濟新報社.

村松岐夫. 1981.『戰後日本の官僚制』. 東京: 東洋經濟新報社.

村松岐夫·伊藤光利·辻中豊. 1986.『戰後日本の 壓力團體』. 東京: 東洋經濟新聞社.

______. 1999.『日本の政治』. 東京: 有斐閣,

總務省. 2005.『住民基本臺帳に基ずく人口·人口動態 及び世帶數』. 平成17年 3月 31日.

通商産業省 編. 1965.『商工政策史』第十一巻. 通商産業省.

脇山俊. 1994.『官僚が書いた官僚改革』. 産能大學出版部.

榊原英資·野口悠紀雄. 1977. "大藏省·日銀王朝の分析-總力戰経濟体制の終焉."『中央公論』8月號.

淺川大作. 1994. "日米技術フォーラム."『月刊 JADI』7月.

______. 1995. "第6回 日米技術フォーラム参加報告."『月刊 JADI』10月.

______. 1996. "第7回平成8年度日米技術フォーラム參加報告."『月刊 JADI』10月.

______. 1997. "第8回平成9年度日米技術フォーラム參加報告."『月刊 JADI』10月.

______. 1998. "第9回平成10年度日米技術フォーラム參加報告."『月刊 JADI』10月.

______. 1999. "第10回平成11年度日米技術フォーラム參加報告."『月刊 JADI』9月.

______. 2000. "第11回平成12年度日米技術フォーラム參加報告."『月刊 JADI』11月.

______. 2001. "第12回平成13年度日米技術フォーラム參加報告."『月刊 JADI』11月.

経団連防衛生産委員會. 1985.『我が國防衛産業の現狀』.

エコノミスト 編集部 編. 1978.『戰後産業史への證言三』. 東京: 每日新聞社.

エコノミスト.1968.『日本の兵器産業』. 每日新聞社.

『經團連月報』

『産経新聞』

『日本經濟新聞』

『朝日新聞』

『每日新聞』

『讀賣新聞』

『エコノミスト』

〈구미 자료〉

Abegglen, James C. 1958. *The Japanese factory: aspects of its social organization.* Free Press.

______. 1970. "The Economic Growth of Japan." *Scientific American.* Vol.222, No.3 March.

______. 1993. *Management and Worker: The Japanese Solution.* Tokyo: Sophia University Press.

Abegglen, James C. and George Stalk Jr. 1985. *Kaisha: The Japanese Corporation.* New York: Basic Books. Inc. Publishers.

Akaha, Tsuneo and Frank Langdon. 1993. "Japan and the Posthegemonic World." Tsuneo Akaha and Frank Langdon ed. *Japan in the Posthegemonic World.* Lynne Rienner Publishers.

Alexander, Arthur. 1993. *Of Tanks and Toyotas: An Assessment of Japan's Defense Industry.* N-3542-AF RAND.

Allison, Gary D. 1987. "Japan's Keidenren and Its new Leadership." *Pacific Affairs,* Vol.60, No.3.

Arrow, Kenneth J. and Michael D. Intriligator ed. 1995. *Handbooks in Economics, Vol 1.* Elsevier.

Baerwald, Hans H. 1959. *The Purge of Japanese Leaders under the Occupation.* University of California Press.

Bates, Robert H. 1997. "Controversy in the Discipline: Area Studies and Comparative Politics." *Political Science & Politics,* Vol.XXX, No.2. June.

Benedict, Ruth. 1954. *The Chrysanthemun and the Sword: Patterns of Japanese Culture.* Charles E. Tuttle.

Benoit, Emile. 1973. *Defense and Economic Growth in Developing Countries.* Lexington Books.

______. 1978. "Growth and defense in developing countries." *Economic Development and Cultural Change,* Vol.26, No.2. University of Chicago Press.

Bischak, Greg. 1999. "Contending Security Doctrines and the Military Industrial Base." Costigan, Sean S. and Markusen, Ann R. *Arming the Future: A Defense Industry for the 21st Century.* New York: Council On Foreign Relations Press.

Bitzinger, Richard A. 2003. *Towards A Brave New Arms Industry?.* Adelphi papers 356. London: International Institute for Strategic Studies/Oxford University Press.

Bonn International Center for Conversion. 1996. *Conversion survey 1996: Global Disarmament, Demilitarization and Demobilization.* Oxford: Oxford University Press.

_____. 1997. *Conversion survey 1997: Global Disarmament and Disposal of Surplus Weapons.* Oxford: Oxford University Press.

_____. 1998. *Conversion survey 1998: Global Disarmament, Defense Industry Consolidation and Conversion.* Oxford: Oxford University Press.

Brown, David A. 1987. "Japanese Industry Urges FSX Fighter Development Despite U.S. Opposition." *Aviation Week and Space Technology,* September 21.

Brzoska, Michael. 1995. "World Military Expenditures." Hartley, K. and Sandler, T. eds. *Handbook of Defense Economics,* Vol.1. Elsevier Science B.V.

Buzzanco, Robert. 1999. "Bernath Lecture-What Happened to the New Left? Toward a Radical Reading of American Foreign Relations-." *Diplomatic History,* Vol.23, No.4 Fall.

Chan, Steve. 1988. "Defense Burden and Economic Growth." *American Political Science Review,* Vol.82, No.3.

Chapman, J. W. M., Reinhard Drifte, and Ian T. M. Gow. 1982. *Japan's Quest for Comprehensive Security: Defense, Diplomacy, Dependence.* New York: St. Martin's Press.

Chinworth, Michael W. 1992. *Inside Japan's Defense: Technology. Economics & Strategy.* New York: Brassey's(US), INC.

Clark, Rodney. 1979. *The Japanese Company.* New Haven: Yale University Press.

Cohen, Theodore. 1987. *Remaking Japan: The American Occupation As New Deal.* New York: The Free Press.

Curtis, Gerald L. 1972. "Organizational Leadership in Japan's Community." *Journal of International Affairs,* Vol.26, no.2.

_____. 1975. "Big Business and Political Influence." Vogel, Ezra F. ed. *Modern Japanese Organization and Decision Making.* California: University of California Press.

Denison, Edward F. and William K. Chung. 1976. *How Japan's Economy Grow so Fast- The Sources of Postwar Expansion.* Washington. D.C.: The Brooking Institution.

Dower, John W. 1999. *Embracing Defeat: Japan in the Wake of World War II.* New York: W. W. Norton & Company.

Drifte, Reinhard. 1986. *Arms Production in Japan: The Military Applications of Civilian*

Technology. Boulder and London: Westview Press.

Dunne, J. Paul. 1995. "The Defense Industrial Base." Hartley, K. and Sandler, T. eds. *Handbook of Defense Economics,* Vol.1. Elsevier Science B.V.

Duus, Peter ed. 1988. *The Cambridge History of Japan,* Vol.6. Cambridge: Cambridge University Press.

Ebata, Kensuke. 1986. "Japan's FS-X decision." *Jane's Defense Weekly,* August 9.

Fukui, Haruhiro. 1988. "Postwar Politics, 1945~1973." Peter Duus ed. *The Cambridge History of Japan,* Vol.6. Cambridge University Press.

Fukuyama, F. 1992. *The End of History and the Last Man*. Simon and Schuster.

Gansler, Jacques S. 1988. "Integrating Civilian and Military Industry." *Issues in Science and Technology* 5. Fall.

_____. 1989a. *The Defense Industry*. Cambridge. Mass.: MIT Press.

_____. 1989b. *Affording Defense*. MIT Press.

_____. 1995. *Defense conversion: Transforming the Arsenal of Democracy*. Cambridge Mass: MIT Press.

Garon, Sheldon M. 1987. *The State and Labor in Modern Japan*. University of California Press.

Gleditsch, Nils P. 1996. *The Peace dividend*. Amsterdam: ELSEVIER.

Gordon, Andrew. 2002. *A Modern History of Japan: From Tokugawa Times to the Present*. Oxford University Press. [김우영 옮김. 2005.『현대 일본의 역사』. 이산]

Green, Michael J. 1995. *Arming Japan*. New York: Columbia University Press.

Halliday, John. 1975. *A Political History of Japanese Capitalism*. New York: Pantheon House.

Halliday, Jon and Gavan McCormack. 1973. *Japanese Imperialism Today*. New York and London: Monthly Review Press.

Hartley, Keith and Todd Sandler eds. 1995. *Handbook of Defense Economics,* Vol.1. Amsterdam: Elsevier.

_____. 2007. *Handbook of Defense Economics,* Vol.2. Amsterdam. NLD: North Holland.

Inoguchi, Kunico. 1987a. *An Emerging Post-Hegemony system*. Tokyo: Chikuma shobo.

Inoguchi, Takashi. 1987b. "The Legacy of Weather Cock Prime Minister." *Japan Quarterly,* Vol.34, No.4.

_____. 1989. "Four Japanese Scenarios for the future." *International Affairs*.

Intriligator, Michael D. 1996. "The Peace Dividend: Myth or Reality?" Gleditsch, Nils P.

ed. *The Peace dividend.* Amsterdam: ELSEVIER.

Johnson, Chalmers. 1982. *MITI and the Japanese miracle: the growth of industrial policy. 1925~1975.* Stanford University Press. [장달중 옮김. 1984. 『일본의 기적』. 박영사]

_____. 1984. "Introduction: The Idea of Industrial Policy." Chalmers Johnson ed. *The Industrial Policy Debate.* San Francisco: The Institute for Contemporary Studies.

_____. 1992. "Japan in Search of a Normal State." *Daedalus,* Vol.121, No.4 Fall.

_____. 1997. "Preconception vs. Observation, or the Contribution of Rational Choice Theory and Area Studies to Contemporary Political Science." *Political Science & Politics,* Vol.XXX, No.2, June.

_____. 2005. *No Longer the "Lone" Superpower: Coming to Terms with China.* JPRI Working Paper No.105, March.

Johnson, Chalmers. ed. 1984. *The Industrial Policy Debate.* San Francisco: Institute for Contemporary Studies.

Johnson, Chalmers and E. B. Keehn. 1995. "The Pentagon's Ossified Strategy." *Foreign Affairs,* Vol.74, No.4 July/August.

Kaplan. Eugene J. 1972. *Japan: The Government-Business Relationship.* Washington. D.C.: U.S. Department of Commerce.

Kataoka, Tetsuya and Myers, Ramon H. 1989. *Defending an Economic Superpower* Boulder. San Francisco and London: Westview Press.

Katzenstein, Peter J. 1988. "Japan. Switzerland of the Far East?" in Inoguchi. T. and Okimoto. D.I. eds. *The Political Economy of Japan. Vol.2: The changing International Context.* Stanford University Press.

Katzenstein, Peter J. and Nobuo Okawara. 1993. *Japan's National Security: Structures. Norms and Policy Responses in a Changing World.* Ithaca. NY: Cornell University Press.

Keddell, Joseph P. 1993. *The Politics of Defense in Japan: Managing Internal and External Pressures.* M.E. Sharpe Inc..

Keiichiro, Kuboniwa. 1986. "Defense Agency Leaning Toward Domestic Fighter." *Japan Economic Journal,* January 25.

Kennedy, Paul. 1987. *The Rise and Fall of the Great Powers.* New York: Vintage Books. [李日洙·全南錫·黃建 共譯. 1988. 『强大國의 興亡』. 韓國經濟新聞社]

Krasner, Stephen D. 1984. "Technology Transfer and Institutional Structures in Japan and the United States." Paper presented for the Conference on U.S. Japan High

Technology, Honolulu.

Krause, Keith. 1992. *Arms and the State: Patterns of Military Production and Trade.* Cambridge: Cambridge University Press.

Kubbig, Bernd W. 1986. "Military-Civilian Spin-Off: Promises. Premises and Problems." *Development and Peace,* Vol.7, No.3, Autumn.

Kurtz, Lester R. ed. 1999. *Encyclopedia of Violence, Peace, and Conflict. Volume 1* San Diego, Academic Press.

Langdon, Frank C. 1963. "The Political Contribution of Big Business in Japan." *Asian Survey,* Vol.3, No.10.

Lorell, Mark. 1995. *Troubled Partnership: An Assessment of U.S.-Japan Collaboration on the FS-X Fighter.* RAND.

______. 1996. *Troubled Partnership: A History of U.S.-Japan Collaboration on the FS-X Fighter.* New Brunswick and London: Transaction Publishers.

Magaziner, Ira C. and Thomas M. Hout. 1980. *Japanese Industrial Policy.* Berkeley: Institute of International Studies, University of California, Policy Papers in International Affairs. No.157.

Markusen, Ann R. and Sean S. Costigen. 1999. "The Military Industrial Challenge." Markusen, Ann R. and Costigan, Sean S. eds. *Arming The Future: A Defense Industry For The 21st Century.* New York: Council On Foreign Relations Press.

Mills. C. W. 1956. *The Power Elite.* London: Oxford University Press. [진덕규 옮김. 1979. 『파워엘리트』. 한길사]

Morishima, Michio. 1982. *Why Has Japan Secceeded?: Westerm Technology and the Japanese Ethos.* Cambridge : Cambridge University Press.

Mowery, David C. and Nathan Rosenberg. 1985. *The Japanese Commercial Aircraft Industry Since 1945: Government Policy, Technical Development, and Industrial Structure.* Northeast Asia-United States Forum on International Policy, Stanford, California: Stanford University.

Murakami, Yasusuke. 1982. "The Age of New Middle Mass Politics." *Journal of Japanese Studies,* Vol.8, No.1, Winter.

Muramatsu, Michio and Ellis S. Krauss. 1987. "The Conservative Policy Line and The Development of Patterned Pluralism." Yamamura, Kozo. and Yasuba, Yasukichi, eds. *The Political Economy of Japan Vol.1.* Stanford University Press.

Nakane, Chie. 1970. *Japanese Society.* Berkeley, CA: University of California Press.

Noble, Gregory W. 1992. *FLYING APART?: Japanese-American Negotiations over the*

FSX Fighter Plane. Berkeley: University of California.

Nordlinger, Eric A. 1981. *On the Autonomy of the Democratic State*. Cambridge, MA: Harvard University Press.

Nye, Joseph S. Jr. 1995. "The Case for Deep Engagement." *Foreign Affairs* July/August.

Odell, John S. 1982. *U.S. International Monetary Policy*. Princeton University Press.

Oden, Michael. 1999. "Cashing In, Cashing Out, and Converting: Restructuring of the Defense Industrial Base in the 1990s." Markusen, Ann R. and Sean S. Costigan eds. *Arming The Future: A Defense Industry For The 21st Century*. New York: Council On Foreign Relations Press.

Okazaki, Hisahiko. 1986. *A Grand Strategy for Japanese Defense*. Lanham, MD: University of America Press.

Okimoto, Daniel I. 1988. "Political Inclusivity: The Domestic Structure of Trade." in Inoguchi and Okimoto eds. *The Political Economy of Japan. Vol.2: The Changing International Context*. Stanford University Press.

_____. 1989. *Between MITI and the Market: Japanese Industrial Policy for High Technology*. Stanford: Stanford University Press.

Pages, Erik. 1999. "Defense Mergers: Weapons Cost, Innovation, and International Arms Industry Cooperation." Markusen, Ann R. and Sean S. Costigan eds. *Arming The Future: A Defense Industry For The 21st Century*. New York: Council On Foreign Relations Press.

Patrick, Hugh. 1986. *Japan's High Technology Industries: Lessons and Limitations of Industrial Policy*. University of Washington Press.

Pilling, David. 2005. "Fall in Number of Men in Japan." *Financial Times* February 23.

Prestowitz, Clyde V. 1988. *Trading Places: How We Allowed Japan to Take the Lead*. New York: Basic Books. Inc. [김석희 옮김. 1989.『왜 美國은 日本에 추월당했나?』. 시사영어사]

_____. 1989. "Giving Japan a Handout." *Washington Post* January 29.

Ramseyer, J. Mark and F. McCall Rosenbluth. 1993. *Japan's Political Marketplace*. Cambridge: Harvard University Press.

Reed, Steven R. 1993. *Making Common Sense of Japan*. University of Pittsburgh Press. [최은봉 옮김. 1997.『일본 특이론의 신화 깨기』. 도서출판 오름]

Rosen, Stephen P. 1988. "New Ways of War: Understanding Military Innovation." *International Security*, Vol.13, No.1.

Ross, Andrew L. 1989. "Full Circle: Conventional Proliferation, the International Arms Trade and Third World Arms Exports." Kwang-il Baek, Ronald D. McLaurin, and Chung-in Moon. eds. *The Dilemma of Third World Defense Industries.* Boulder, CO: Westview Press.

Russet, Bruce M. 1970. *What Price Vigilance?: The Burdens of National Defense.* New Haven: Yale Univ. Press.

_____. 1985. "The Mysterious Case of vanishing Hegemony: Or is Mark Twain really Dead." *International Organization* Vol.39, No.2.

Ruttan, Vernon W. 2001. *Technology, Growth, and Development.* Oxford: Oxford University Press.

_____. 2006. *Is War Nessary for Economic Growth?* Oxford: Oxford University Press.

Samuels, Richard J. 1987. *The Business of the Japanese State: Energy Markets in comparative and historical perspective.* Ithaca, N.Y.: Cornell University Press.

_____. 1994. *Rich Nation. Strong Army: National Security and the Technological Transformation of Japan.* Ithaca and London: Cornell University Press.

Samuels, Richard J. and Benhamin C. Whipple. 1989. "Defense Production and Industrial Development: The Case of Japanese Aircraft." Chalmers Johnson and Tyson, Laura D'Andrea and Zysman, John. eds.. *Politics and Productivity: The Real Story of Why Japan Works.* Ballinger Publishing Company.

Sandler, Todd and Keith Hartley. 1995. *The Economics of Defense.* Cambridge: Cambridge University Press.

Scheetz, Thomas. 1991. "The macroeconomic impact of defence expenditures: Some econometric evidence for Argentina, Chile, Paraguay and Peru." *Defence Economics Vol.3.*

Schumpeter, Joseph. 1942. *Capitalism, Socialism, and Democracy.* New York: Harper.

Sköns, Elisabeth and Dunne, John Paul. 1999. "Arms Production, Economics of." Lester R Kurtz ed. *Enclopedia of Violence, Peace, and Conflict* Vol.1. San Diego, Academic Press.

Smith, R. 1980. "Military expenditure and investment in OECD countries, 1954~73." *Journal of Comparative Economics 4.* ELSEVIER.

Sneider, Daniel. 1988. "U.S. Japanese Negotiations on FSX Work Share Hit Snag." *Defense News* November 28.

Stepan, Alfred C. 1978. *The State and Society: Peru in Comparative Perspective.* Princeton, N.J.: Princeton University Press.

Stewart, D. B. 1991. "Economic growth and the defense burden in Africa and Latin America: Simulations from a dynamic model." *Economic Development and Cultural Change* Vol.40. University of Chicago Press.

Stockwin, J. A. A. 2003. *Dictionary of the Modern Politics of Japan*. London: RoutledgeCurzon.

Stowsky, Jay. 1999. "The History and Politics of the Pentagon's Dual-Use Strategy." Markusen, Ann R. and Sean S. Costigan eds. *Arming The Future: A Defense Industry For The 21st Century*. New York: Council On Foreign Relations Press.

Strange, S. 1987. "The Persistent Myth of Lost Hegemony." *International Organization* Vol.41, No.4.

Suganuma, Unryu. 1996. "Historical Justification of Sovereign right over territorial space of the Diaoyu/Senkaku Islands: Irredentism and Sino-Japanese relations." Ph.D Dissertation, Syracuse University.

Toffler, Alvin and Heidi Adelaide Toffler. 1995. *War and Anti-war: Making Sense of Today's Global Chaos*. Grand Central Publishing.

U.S. Congress, Office of Technology Assessment. 1992. *Building Future Security. Strategies for Restructuring the Defense Technology and Industrial Base*. OTA-ISC-530. Washington. DC: U.S. Government Printing Office.

_____. 1995. *Other Approaches to Civi-Military Integration: The Chinese and Japanese Arms Industries*. BP-ISS-143, Washington. DC: U.S. Government Printing Office.

U.S. Defense Conversion Commission. 1992. *Adjusting to the Drawdown: Report of the Defense Conversion Commission*. Washington. DC: Defense Conversion Commission. Dec 31.

U.S. DoD. 1990. *A Strategic Framework for the Asian-Pacific Rim: Looking Torward the 21th Century*.

_____. 1992. *A Strategic Framework for the Asian-Pacific Rim: Report to the Congress*.

_____. 1993. *Bottom-Up Review: Forces for a New Era*.

_____. 1995. *United States Security Strategy for the East Asia-Pacific Region*.

_____. 1998. *United States Security Strategy for the East Asia-Pacific Region*.

_____. 2001. *Quadrennial Defense Review Report*. September 30.

_____. 2005. *United States Security Strategy for the East Asia-Pacific Region*.

_____. 2006. *Quadrennial Defense Review Report*. February 6.

U.S. General Accounting Office. 1982. *U.S. Military Coproduction Programs Assist Japan in Developing Its Civil Aircraft Industry*. GAO/ ID-82-23, March 18. Washington. D.C.: U.S. Government Printing Office.

_____. 1989 . *U.S.-Japan FS-X Codevelopment Program: Statement of Frank C. Conahan, Assistant Comptroller General*. GAO/T-NSIAD-89-31, May 11.

Vernon, Raymond. 1973. *Sovereignty at Bay: The Multinational Spread of U.S. Enterprises.* New York: Basic Books.

Vogel, Ezra. 1979. *Japan as Number One: Lessons for America.* Cambridge: Harvard University Press.

Ward, Michael D. and D. R. Davis. 1992. "Sizing up the peace dividend: Economic growth and military spending in the United States, 1948~1996." *American Political Science Review* Vol.86, No.3.

Ward, Michael D., D. R. Davis, M. Penubarti, S. Rajmaira, and M. Cochran. 1991. "Military spending in India-Country Survey 1." *Defence Economics* Vol.3

Williams, D. 1994. *Japan beyond the End of History.* Routledge.

Wolferen, Karel Van. 1991. *The Enigma of Japanese Power: People and Politics in Stateless Nation.* London: Macmillan. 1989.

Wolpin, Miles D. 1983. "Comparative Perspective on Militarization, Repression, and Social Welfare." *Journal of Peace Research* Vol.20, No.2. Sage Publications, Ltd..

Yanaga, Chitoshi. 1968. *Big Business in Japanese Politics.* New Haven and London: Yale University Press.

Yeom, Jae Ho. 1989. "A Bureaucratic Organization in a Network Setting: MITI and Japanese Industrial Policy for High Technology." *Ph.D. Dissertation.* Stanford University.

Yoder, Stephan Kreider. 1986. "Japanese Bureaucrats Ar Butting Heads Over Tomorrow's Fighter." *Asian Wall Street Journal Weekly.* April 7

Aerospace Daily

Aerospace Japan Weekly

Aviation Week & Space Technology

BICC Conversion Survey, Annual.

FBIS Daily Reports: East Asia

Japan Economic Journal

SIPRI Yearbook, Annual.

Wall Street Journal+

Washington Post

아연동북아총서 8

일본의 방위산업 전후의 발전궤적과 정책결정

1판1쇄 | 2012년 5월 25일

지은이 | 김진기
펴낸이 | 이내영
펴낸 곳 | 아연출판부
등록 | 2000년 5월 24일 제6-376호
주소 | 서울시 성북구 안암동 5가 고려대학교 아세아문제연구소(136-701)
전화 | 02-3290-1600 팩스 | 02-923-4661
홈페이지 | www.asiaticresearch.org

값 17,000원

ISBN 978-89-90769-38-1 94300
978-89-90769-29-9 (세트)

이 도서의 국립중앙도서관 출판시도서목록(CIP)은 e-CIP 홈페이지(http://www.nl.go.kr/ecip)에서 이용하실 수 있습니다(CIP제어번호: CIP2012002368).